Caro aluno, seja bem-vindo à sua plataforma do conhecimento!

A partir de agora, está à sua disposição uma plataforma que reúne, em um só lugar, recursos educacionais digitais que complementam os livros impressos e foram desenvolvidos especialmente para auxiliar você em seus estudos. Veja como é fácil e rápido acessar os recursos deste projeto.

1 Faça a ativação dos códigos dos seus livros.

Se você NÃO tem cadastro na plataforma:
- acesse o endereço <login.smaprendizagem.com>;
- na parte inferior da tela, clique em "Registre-se" e depois no botão "Alunos";
- escolha o país;
- preencha o formulário com os dados do tutor, do aluno e de acesso.

O seu tutor receberá um *e-mail* para validação da conta. Atenção: sem essa validação, não é possível acessar a plataforma.

Se você JÁ tem cadastro na plataforma:
- em seu computador, acesse a plataforma pelo endereço <login.smaprendizagem.com>;
- em seguida, você visualizará os livros que já estão ativados em seu perfil. Clique no botão "Códigos ou licenças", insira o código abaixo e clique no botão "Validar".

Este é o seu código de ativação! → **DAN31-L6YBR-AP3NP**

2 Acesse os recursos

usando um computador.

No seu navegador de internet, digite o endereço <login.smaprendizagem.com> e acesse sua conta. Você visualizará todos os livros que tem cadastrados. Para escolher um livro, basta clicar na sua capa.

lo um dispositivo móvel.

Instale o aplicativo **SM Aprendizagem**, que está disponível gratuitamente na loja de aplicativos do dispositivo. Utilize o mesmo *login* e a mesma senha que você cadastrou na plataforma.

Importante! Não se esqueça de sempre cadastrar seus livros da SM em seu perfil. Assim, você garante a visualização dos seus conteúdos, seja no computador, seja no dispositivo móvel. Em caso de dúvida, entre em contato com nosso canal de atendimento pelo **telefone 0800 72 54876** ou pelo *e-mail* atendimento@grupo-sm.com.

GERAÇÃO ALPHA

Língua Portuguesa 8

Everaldo Nogueira
Bacharel e Licenciado em Letras pela Universidade de Guarulhos (UNG).
Especialista em Língua Portuguesa pela Universidade São Judas Tadeu (USJT).
Mestre e Doutor em Língua Portuguesa pela Pontifícia Universidade Católica de São Paulo (PUC-SP).
Professor e Coordenador de Língua Portuguesa na rede particular.

Greta Marchetti
Bacharela e Licenciada em Letras, Mestra em Educação pela Universidade de São Paulo (USP).
Doutora em Linguística Aplicada pela PUC-SP.
Professora e Coordenadora de Língua Portuguesa na rede particular.

Maria Virgínia Scopacasa
Bacharela e Licenciada em Letras pela PUC-SP.
Professora e Coordenadora de Língua Portuguesa na rede particular.

São Paulo, 3ª edição, 2019

Geração Alpha **Língua Portuguesa 8**
© Edições SM Ltda.
Todos os direitos reservados

Direção editorial	M. Esther Nejm
Gerência editorial	Cláudia Carvalho Neves
Gerência de *design* e produção	André Monteiro
Edição executiva	Andressa Munique Paiva

Colaboração técnico-pedagógica: Andréa Gomes de Alencar, Lara Frutos, Raquel Lais Vitoriano
Edição: Ana Spínola, Beatriz Rezende, Carolina Tomasi, Isadora Pileggi Perassollo, Laís Nóbile, Lígia Maria Marques, Rosemeire Carbonari

Suporte editorial: Fernanda Fortunato

Coordenação de preparação e revisão Cláudia Rodrigues do Espírito Santo
Preparação e revisão: Berenice Baeder, Izilda de Oliveira Pereira, Maíra de Freitas Cammarano, Ana Paula Perestrelo

Apoio de equipe: Lívia Taioque e Marco Aurélio Feltran

Coordenação de *design* Gilciane Munhoz
***Design*:** Carla Almeida Freire, Tiago Stéfano, Victor Malta (Interação)

Coordenação de arte Ulisses Pires
Edição de arte: Andressa Fiorio e Bruna Hashijumie Fava

Coordenação de iconografia Josiane Laurentino
Pesquisa iconográfica: Ana Stein
Tratamento de imagem: Marcelo Casaro

Capa João Brito
Ilustração da capa: Denis Freitas
Projeto gráfico Rafael Vianna Leal
Editoração eletrônica Arbore Comunicação
Infografia William H. Taciro, Mauro César Brosso, Diego Rezende, Alan Dainovskas Dourado, Wagner Nogueira
Pré-impressão Américo Jesus
Fabricação Alexander Maeda
Impressão Pifferprint

Dados Internacionais de Catalogação na Publicação (CIP)
(Câmara Brasileira do Livro, SP, Brasil)

Nogueira, Everaldo
   Geração alpha língua portuguesa : ensino fundamental : anos finais : 8º ano / Everaldo Nogueira, Greta Marchetti, Maria Virgínia Scopacasa ; organizadora SM Educação ; obra coletiva, desenvolvida e produzida por SM Educação : editora responsável Andressa Munique Paiva. — 3. ed. — São Paulo : Edições SM, 2019.

   Componente curricular: Língua portuguesa.
   ISBN 978-85-418-2348-7 (aluno)
   ISBN 978-85-418-2352-4 (professor)

   1. Português (Ensino fundamental) I. Marchetti, Greta. II. Scopacasa, Maria Virgínia. III. Paiva, Andressa Munique. IV. Título.

19-26445   CDD-372.6

Índices para catálogo sistemático:
1. Português : Ensino fundamental 372.6

Maria Alice Ferreira – Bibliotecária – CRB-8/7964

3ª edição, 2019
4ª impressão, dezembro 2022

SM Educação
Rua Tenente Lycurgo Lopes da Cruz, 55
Água Branca 05036-120 São Paulo SP Brasil
Tel. 11 2111-7400
atendimento@grupo-sm.com
www.grupo-sm.com/br

Apresentação

Cara aluna, caro aluno,

Ser jovem no século XXI significa estar em contato constante com múltiplas formas de linguagem, uma imensa quantidade de informações e inúmeras ferramentas tecnológicas. Isso ocorre em um cenário mundial que apresenta grandes desafios sociais, econômicos e ambientais.

Diante dessa realidade, esta coleção foi cuidadosamente pensada tendo como principal objetivo ajudar você a enfrentar esses desafios com autonomia e espírito crítico.

Atendendo a esse propósito, os textos, as imagens e as atividades nela reunidos oferecem oportunidades para você refletir sobre o que aprende, expressar suas ideias e desenvolver habilidades de comunicação para as mais diversas situações de interação em sociedade.

Assim são apresentados, em situações e atividades reflexivas, aspectos sobre valores universais como justiça, respeito, solidariedade, responsabilidade, honestidade e criatividade. Esperamos, desse modo, que você compartilhe dos conhecimentos construídos pela **Língua Portuguesa** e os utilize para fazer escolhas de forma consciente em sua vida.

Desejamos, também, que esta coleção contribua para que você se torne um(a) jovem atuante da sociedade do século XXI, que seja capaz de questionar o mundo à sua volta e de buscar respostas e soluções para os desafios presentes e para os que estão por vir.

Equipe editorial

Conheça seu livro

ABERTURA DE UNIDADE

No início de cada unidade, você é apresentado(a) aos gêneros que vai estudar.

Primeiras ideias
Algumas questões vão estimular você a pensar e trocar ideias sobre os conteúdos da unidade.

Uma imagem vai instigar sua curiosidade.

Leitura da imagem
As questões orientam a leitura da imagem e permitem estabelecer relações entre o que é mostrado e o que você conhece do assunto.

Geração Alpha Digital
O livro digital oferece recursos e atividades interativas para desenvolver habilidades e aprofundar conteúdos.

Questão de valor
Uma pergunta vai incentivar você a refletir sobre valores como justiça, respeito, solidariedade, entre outros.

CAPÍTULOS

Abertura de capítulo
As unidades são compostas de dois a três capítulos. Cada capítulo traz um **texto de leitura** do gênero que você vai estudar. O boxe **O que vem a seguir** apresenta algumas informações sobre o texto e propõe o levantamento de hipóteses antes da leitura.

Seções de capítulo
Em **Texto em estudo**, você vai desenvolver suas habilidades de leitura e conhecer as características do gênero de estudo. Em **Língua em estudo**, você vai refletir e construir seu conhecimento sobre a língua portuguesa. **A língua na real**, por sua vez, amplia esses conceitos por meio de diferentes situações de uso da língua. A **Escrita em pauta** oferece atividades para você ampliar e colocar em prática seus conhecimentos sobre ortografia, acentuação e pontuação. Na seção **Agora é com você!**, será a sua vez de produzir um texto do gênero proposto.

Atividades
Ao final da seção **Língua em estudo**, as atividades vão ajudar você a desenvolver diferentes habilidades. Elas estão agrupadas em dois conjuntos: *Retomar e compreender* e *Aplicar*.

Uma coisa puxa outra
Essa seção permite que você estabeleça o diálogo entre textos, ampliando suas possibilidades de leitura.

Boxes

Valor
Promove a reflexão sobre temas relacionados a valores universais para você se posicionar.

Ampliação
Traz dados que complementam e ampliam o assunto exposto.

Relacionando
Relaciona os conteúdos da seção **Língua em estudo** ao gênero textual visto no capítulo.

Indicação
Livro aberto, Passaporte digital, Sétima arte, Fone de ouvido e **Fora da escola** oferecem sugestões de livros, *sites*, filmes, músicas e lugares para visitação relacionados ao assunto em estudo.

Glossário
Explica palavras e expressões que talvez você não conheça.

FECHAMENTO DE UNIDADE

Investigar
Nessa seção, você vai entrar em contato com algumas metodologias de pesquisa, diferentes modos de coleta e análise de dados. Além disso, vai praticar variadas formas de comunicação ao compartilhar os resultados de suas investigações.

Atividades integradas
Oferece atividades que integram os assuntos da unidade para você testar seus conhecimentos. Ao final da seção, uma **questão de valor** retoma a reflexão feita no início da unidade.

Ideias em construção
Apresenta questões que vão ajudar você a fazer uma autoavaliação sobre seu aprendizado. Assim, você pode identificar o que precisa ser revisto ou reforçado.

NO FINAL DO LIVRO VOCÊ TAMBÉM VAI ENCONTRAR:

Interação
A seção propõe um projeto coletivo por semestre para gerar um produto que será destinado à comunidade escolar, estimulando o trabalho em equipe.

De olho no Enem
Dois blocos de questões com formato semelhante ao do Enem para você testar seus conhecimentos.

GERAÇÃO ALPHA DIGITAL

O livro digital oferece uma série de recursos classificados de acordo com a habilidade que você vai desenvolver. São vídeos, galerias de imagem, atividades interativas, animações, entre outros. Sempre que aparecer uma destas chamadas, acesse o recurso e faça o que se pede.

Sumário

Unidade 1 — CONTO DE ENIGMA E CONTO DE TERROR 9

1. O mistério desvendado 12
- Texto: "Se eu fosse Sherlock Holmes", de Medeiros e Albuquerque 12
- Texto em estudo 15
- Uma coisa puxa outra: A narrativa de enigma em revista 17
- Língua em estudo: Revisão: Sujeito e índice de indeterminação do sujeito 18
- Atividades 20
- A língua na real: Efeitos de sentido da indeterminação do sujeito 21
- Agora é com você!: Escrita de conto de enigma 22

2. Uma experiência extraordinária 24
- Texto: "A máscara da Morte Rubra", de Edgar Allan Poe 24
- Texto em estudo 27
- Língua em estudo: Revisão: O verbo e seus complementos 30
- Atividades 32
- A língua na real: A transitividade verbal e a precisão das informações 33
- Escrita em pauta: Vírgula entre os termos da oração 34
- Agora é com você!: Contação de história de terror 36

ATIVIDADES INTEGRADAS: "Mr. Sherlock Holmes", de Arthur Conan Doyle 38
IDEIAS EM CONSTRUÇÃO 40

Unidade 2 — NOVELA E ROMANCE DE FICÇÃO CIENTÍFICA 41

1. A ciência além do tempo 44
- Texto: "O homem bicentenário", de Isaac Asimov 44
- Texto em estudo 47
- Uma coisa puxa outra: Robôs, androides e humanoides no cinema e na televisão 50
- Língua em estudo: Adjunto adverbial 52
- Atividades 54
- A língua na real: Os adjuntos adverbiais e a expressividade 55
- Agora é com você!: Escrita de conto de ficção científica (Parte 1) 56

2. Ciência e humanidade 58
- Texto: "Admirável mundo novo", de Aldous Huxley 58
- Texto em estudo 61
- Língua em estudo: Adjunto adnominal 64
- Atividades 65
- A língua na real: Os adjuntos adnominais e a expressividade 66
- Escrita em pauta: Homônimos 68
- Agora é com você!: Escrita de conto de ficção científica (Parte 2) 70

ATIVIDADES INTEGRADAS: "O segundo doutor: A cidade sem nome", de Michael Scott 72
IDEIAS EM CONSTRUÇÃO 74

Unidade 3 — DIÁRIO ÍNTIMO, DECLARAÇÃO E PETIÇÃO ON-LINE 75

1. Um diário histórico 78
- Texto: "O diário de Anne Frank" 78
- Texto em estudo 81
- Uma coisa puxa outra: Arte urbana e história 84
- Língua em estudo: Predicativo do objeto 86
- Atividades 87
- A língua na real: As marcas de subjetividade na exposição de fatos 88
- Agora é com você!: Escrita de diário íntimo 90

2. Em busca da igualdade 92
- Texto: "Declaração Universal dos Direitos Humanos" 92
- Texto em estudo 94
- Língua em estudo: Predicado nominal, predicado verbal e predicado verbo-nominal 98
- Atividades 100
- A língua na real: O predicado verbo-nominal e a síntese da informação 101
- Escrita em pauta: Parônimos 102

3. De olho no espaço público 104
- Texto: "Petição em favor da criação de uma biblioteca no Pontal" 104
- Texto em estudo 105
- Agora é com você!: Petição on-line 108

ATIVIDADES INTEGRADAS: O diário de Lena 110
IDEIAS EM CONSTRUÇÃO 112

Unidade 4 — VERBETE DE ENCICLOPÉDIA E DISSERTAÇÃO ACADÊMICA 113

1. Informação a um clique 116
- Texto: "antigo Egito" (*Britannica Escola on-line*) 116
- Texto em estudo 119
- Uma coisa puxa outra: Decifra-me ou te devoro 122
- Língua em estudo: O complemento nominal 124
- Atividades 126
- A língua na real: O complemento nominal e a retomada de informações 127
- Agora é com você!: Seminário 128

2. Pesquisa e dissertação 130
- Texto: "Imagens do Egito Antigo – um estudo de representações históricas", de Raquel dos Santos Funari 130
- Texto em estudo 132
- Língua em estudo: Complemento nominal, objeto indireto e adjunto adnominal 134
- Atividades 136
- A língua na real: A transitividade de substantivos, adjetivos e advérbios 137
- Escrita em pauta: O emprego do *s* e do *z* nas terminações *-ez* / *-eza* e *-ês* / *-esa* 138
- Agora é com você!: Elaboração de resenha 140

INVESTIGAR: Nossa escola: ponto de vista e ação 144
ATIVIDADES INTEGRADAS: "Faraó" (*Britannica Escola on-line*) 146
IDEIAS EM CONSTRUÇÃO 148

Unidade 5 — TEXTO DRAMÁTICO 149

1. Do livro ao palco 152
- Texto: "Sonho de uma noite de verão", de William Shakespeare 152
- Texto em estudo 155
- Uma coisa puxa outra: Resenha de espetáculo teatral 158
- Língua em estudo: Vozes verbais 160
- Atividades 162
- A língua na real: Vozes verbais e efeitos de sentido 163
- Agora é com você!: Escrita de texto dramático 164

2. A tragédia em cena 166
- Texto: "Macbeth", de William Shakespeare 166
- Texto em estudo 168
- Língua em estudo: Agente da passiva 170
- Atividades 172
- A língua na real: A omissão do agente da passiva 173
- Escrita em pauta: Grafia dos verbos abundantes 174
- Agora é com você!: Leitura dramatizada 176

ATIVIDADES INTEGRADAS: "A bruxinha que era boa", de Maria Clara Machado 178
IDEIAS EM CONSTRUÇÃO 180

Unidade 6 — POEMA E POEMA VISUAL 181

1. Uma teia de significados 184
- Texto: "Tecendo a manhã", de João Cabral de Melo Neto 184
- Texto em estudo 185
- Uma coisa puxa outra: Haicais 188
- Língua em estudo: Aposto 190
- Atividades 192
- A língua na real: As diferentes funções do aposto 194
- Agora é com você!: Escrita de paródia de poema 196

2. Os sentidos das imagens 198
- Texto: "Lua na água", de Paulo Leminski 198
- Texto em estudo 199
- Língua em estudo: Vocativo 202
- Atividades 203
- A língua na real: Os efeitos de sentido do vocativo 204
- Escrita em pauta: Vírgula entre os termos da oração 206
- Agora é com você!: Produção de poema visual 208

ATIVIDADES INTEGRADAS: "Via Láctea", de Olavo Bilac 210
IDEIAS EM CONSTRUÇÃO 212

Unidade 7 — ARTIGO DE OPINIÃO E EDITORIAL 213

1. Eu penso que... 216
- **Texto:** "Uma resposta global aos refugiados", de Ban Ki-Moon 216
- Texto em estudo 218
- **Uma coisa puxa outra:** A outra margem 221
- **Língua em estudo:** Conjunção 222
- Atividades 224
- **A língua na real:** Uso de conjunção e produção de sentidos 225
- **Agora é com você!:** Escrita de artigo de opinião 226

2. O posicionamento de um grupo 228
- **Texto:** "A morte de 800 imigrantes" (*O Estado de S. Paulo*) 228
- Texto em estudo 230
- **Língua em estudo:** Período simples e período composto 232
- Atividades 234
- **A língua na real:** A conjunção como elemento de coesão 235
- **Escrita em pauta:** Usos do *por que*, *por quê*, *porque* e *porquê* 236
- **Agora é com você!:** Escrita de editorial 238

INVESTIGAR: Checagem de fatos 240
ATIVIDADES INTEGRADAS: "Por que o Brasil deveria acolher os refugiados sírios?", de Maria Laura Canineu 242
IDEIAS EM CONSTRUÇÃO 244

Unidade 8 — CARTA DO LEITOR E DEBATE REGRADO 245

1. A opinião dos leitores 248
- **Texto:** "Bolsa Família altera rotina de indígenas na região do Xingu", de Fabiano Maisonnave; "Leitores comentam impacto do Bolsa Família para indígenas" (*Folha de S.Paulo*) 248
- Texto em estudo 251
- **Uma coisa puxa outra:** Reivindicações de povos indígenas 254
- **Língua em estudo:** Orações coordenadas assindéticas e sindéticas aditivas, adversativas e alternativas 256
- Atividades 258
- **A língua na real:** O uso da conjunção e os efeitos de sentido 259
- **Agora é com você!:** Escrita de carta do leitor 260

2. Discutindo ideias 264
- **Texto:** "Leia e veja íntegra do Debate na Globo" (*G1*) 264
- Texto em estudo 266
- **Língua em estudo:** Orações coordenadas sindéticas explicativas e conclusivas 270
- Atividades 272
- **A língua na real:** Efeitos expressivos das orações coordenadas sindéticas alternativas 273
- **Escrita em pauta:** Usos do hífen 274
- **Agora é com você!:** Debate regrado 276

ATIVIDADES INTEGRADAS: "Potência dos trópicos" (Revista *Piauí*) 280
IDEIAS EM CONSTRUÇÃO 282

Interação: Simulação ONU 283
Apresentação teatral 289
De olho no Enem 295
Bibliografia 311
Créditos obrigatórios 312

UNIDADE 1

CONTO DE ENIGMA E CONTO DE TERROR

Nos contos de enigma, não há nada mais instigante do que seguir o raciocínio lógico de um detetive que procura pistas para solucionar um mistério. Já nos contos de terror, somos convidados a participar de histórias com elementos sobrenaturais que proporcionam experiências extraordinárias no momento da leitura. Esses são os gêneros que você estudará nesta unidade. Por isso, prepare-se para o clima de mistério.

CAPÍTULO 1
O mistério
desvendado

CAPÍTULO 2
Uma experiência
extraordinária

PRIMEIRAS IDEIAS

1. Na sua opinião, detetives, criminosos, vítimas e suspeitos são personagens típicas do conto de enigma ou do conto de terror?

2. Contos de terror lidam com elementos sobrenaturais ou com situações cotidianas? Qual dessas possibilidades é capaz de provocar mais medo no leitor?

3. Em sua opinião, que elementos podem criar suspense em uma narrativa?

4. Qual é o sujeito das orações: "Procuraram você por toda parte" e "Procurei você por toda parte"? Explique.

5. Todos os verbos precisam de complemento para ter seu sentido compreendido? Justifique com base na oração: "A criança caiu da árvore".

LEITURA DA IMAGEM

1. Descreva esta imagem. Que sensações ela provoca?

2. A construção registrada na foto parece nova ou antiga? O local parece habitado por pessoas? Justifique.

3. Você acha que este cenário seria propício para ambientar um conto de enigma ou de terror? Por quê?

4. Uma das características dos contos de enigma e de terror é instigar a curiosidade do leitor. A curiosidade é uma característica positiva do ser humano? Por quê?

5. **ANALISAR** Observe **fotografias de lugares reais** e responda: Esses lugares poderiam ambientar histórias de mistério e suspense? Por quê?

Escadaria de hotel localizado nas montanhas Harz, na Alemanha. Foto de 2007.

Capítulo 1
O MISTÉRIO DESVENDADO

O QUE VEM A SEGUIR

O narrador do conto que você vai ler admira as histórias que trazem Sherlock Homes como personagem que resolve casos policiais. Leia o título e responda: Considerando o que você sabe sobre Holmes, que tipo de comportamento pode ser parecido com o dessa personagem?

TEXTO

datiloscopia: estudo das impressões digitais.

diligência: investigação.

music-hall: apresentação musical que inclui elementos teatrais.

Se eu fosse Sherlock Holmes

Os romances de Conan Doyle me deram o desejo de empreender alguma façanha no gênero das de Sherlock Holmes. Pareceu-me que deles se concluía que tudo estava em prestar atenção aos fatos mínimos. Destes, por uma série de raciocínios lógicos, era sempre possível subir até o autor do crime.

Quando acabara a leitura do último dos livros de Conan Doyle, meu amigo Alves Calado teve a oportuna nomeação de delegado auxiliar. Íntimos, como éramos, vivendo juntos, como vivíamos na mesma pensão, tendo até escritório comum de advocacia, eu lhe tinha várias vezes exposto minhas ideias de "detetive". Assim, no próprio dia de sua nomeação ele me disse:

— Eras tu que devias ser nomeado!

Mas acrescentou, desdenhoso das minhas habilidades:

— Não apanhavas nem o ladrão que roubasse o obelisco da avenida!

Fi-lo, porém, prometer que, quando houvesse algum crime, eu o acompanharia a todas as diligências. Por outro lado levei-o a chamar a atenção do seu pessoal para que, tendo notícia de qualquer roubo ou assassinato, não invadisse nem deixasse ninguém invadir o lugar do crime.

— Alta polícia científica — disse ele, gracejando.

Passei dias esperando por algum acontecimento trágico, em que pudesse revelar minha sagacidade. Creio que fiz mais do que esperar: cheguei a desejar.

Uma noite, fui convidado por Madame Guimarães para uma pequena reunião familiar. Em geral, o que ela chamava "pequenas reuniões" eram reuniões de vinte a trinta pessoas, da melhor sociedade. Dançava-se, ouvia-se boa música e quase sempre ela exibia algum "número" curioso: artistas de teatro, de *music-hall* ou de circo, que contratava para esse fim. O melhor, porém, era talvez a palestra que então se fazia, porque era mulher muito inteligente e só convidava gente de espírito. Fazia disso questão.

A noite em que eu lá estive entrou bem nessa regra.

Em certo momento, quando ela estava cercada por uma boa roda, apareceu Sinhazinha Ramos. Sinhazinha era sobrinha de Madame Guimarães; casara-se pouco antes com um médico de grande clínica. Vindo só, todos lhe perguntaram:

— Como vai seu marido?

— Tem trabalhado por toda a noite, com uma cliente. [...]

A casa era de dois andares e Madame Guimarães, nos dias de festas, tomava a si arrumar capas e chapéus femininos no seu quarto:

— Serviço de vestiário é exclusivamente comigo. Não quero confusões. […]

Nisto, uma das senhoras presentes veio despedir-se de Madame Guimarães. Precisava de seu chapéu. A dona da casa, que, para evitar trocas e desarrumações, era a única a penetrar no quarto que transformara em vestiário, levantou-se e subiu para ir buscar o chapéu da visita, que desejava partir.

Não se demorou muito tempo. Voltou com a fisionomia transtornada:

— Roubaram-me. Roubaram o meu anel de brilhantes…

Todos se reuniram em torno dela. Como era? Como não era? Não havia, aliás, nenhuma senhora que não o conhecesse: um anel com três grandes brilhantes de um certo mau gosto espetaculoso, mas que valia de sessenta a oitenta contos.

Sherlock Holmes gritou dentro de mim: "Mostra o teu talento, rapaz!".

Sugeri logo que ninguém entrasse no quarto. Ninguém! Era preciso que a Polícia pudesse tomar as marcas digitais que por acaso houvesse na mesa de cabeceira de Madame Guimarães. Porque era lá que tinha estado a joia.

Saltei ao telefone, toquei para o Alves Calado, que se achava de serviço nessa noite, e preveni-o do que havia, recomendando-lhe que trouxesse alguém, perito em datiloscopia.

Ele respondeu de lá com a sua troça habitual:

— Vais afinal entrar em cena com a tua alta polícia científica?

Objetou-me, porém, que a essa hora não podia achar nenhum perito. Aprovou, entretanto, que eu não consentisse ninguém entrar no quarto. Subi então com todo o grupo para fecharmos a porta a chave. Antes de se fechar, era, porém, necessário que Madame Guimarães tirasse as capas que estavam no seu leito. Todos ficaram no corredor, mirando, comentando. Eu fui o único que entrei, mas com um cuidado extremo, um cuidado um tanto cômico de não tocar em coisa alguma. […]

Retiradas as capas, o zum-zum das conversas continuava. Ninguém tinha entrado no quarto fatídico. Todos o diziam e repetiam.

Foi no meio dessas conversas que Sherlock Holmes cresceu dentro de mim. Anunciei:

— Já sei quem furtou o anel.

De todos os lados surgiam exclamações. Algumas pessoas se limitavam a interjeições: "Ah!", "Oh!". Outras perguntavam quem tinha sido.

Sherlock Holmes disse o que ia fazer, indicando um gabinete próximo:

— Eu vou para aquele gabinete. Cada uma das senhoras aqui presentes fecha-se ali em minha companhia por cinco minutos.

— Por cinco minutos? — indagou o dr. Caldas.

— Porque eu quero estar o mesmo tempo com cada uma, para não se poder concluir da maior demora com qualquer delas que essa foi a culpada. Serão para cada uma cinco minutos cronométricos. […]

Houve uma hesitação. Algumas diziam estar acima de qualquer suspeita, outras que não se submetiam a nenhum inquérito policial. Venceu, porém, o partido das que diziam "quem não deve não teme". Eu esperava, paciente. Por fim, quando vi que todas estavam resolvidas, lembrei que seria melhor quem fosse saindo despedir-se e partir.

E a cerimônia começou. Cada uma das senhoras esteve trancada comigo justamente os cinco minutos que eu marcara.

Quando a última partiu, saiu do gabinete, achei à porta, ansiosa, Madame Guimarães:

— Venha comigo — disse-lhe eu.

Aproximei-me do telefone, chamei o Alves Calado e disse-lhe que não precisava mais tomar providência alguma, porque o anel fora achado.

Voltando-me para Madame Guimarães entreguei-o então. Ela estava tão nervosa que me abraçou e até beijou freneticamente. Quando, porém, quis saber quem fora a ladra, não me arrancou nem uma palavra.

No quarto, ao ver Sinhazinha Ramos entrar, tínhamos tido, mais ou menos, a seguinte conversa:

— Eu não vou deitar verdes para colher maduros, não vou armar cilada alguma. Sei que foi a senhora que tirou a joia de sua tia.

Ela ficou lívida. Podia ser medo. Podia ser cólera. Mas respondeu firmemente:

— Insolente! É assim que o senhor está fazendo com todas, para descobrir a culpada?

— Está enganada. Com as outras converso apenas, conto-lhes anedotas. Com a senhora, não; exijo que me entregue o anel.

Mostrei-lhe o relógio para que visse que o tempo estava passando.

— Note — disse eu — que tenho uma prova, posso fazer ver a todos.

Ela se traiu, pedindo:

— Dê sua palavra de honra que tem essa prova!

Dei. Mas o meu sorriso lhe mostrou que ela, sem dar por isso, confessara indiretamente o fato.

— E já agora — acrescentei — dou-lhe também a minha palavra de honra que nunca ninguém saberá por mim o que fez.

Ela tremia toda.

— Veja que falta um minuto. Não chore. Lembre-se de que precisa sair daqui com uma fisionomia jovial. Diga que estivemos falando de modas.

Ela tirou a joia do seio, deu-ma e perguntou:

— Qual é a prova?

— Esta — disse-lhe eu apontando para uma esplêndida rosa-chá que ela trazia. — É a única pessoa, esta noite, que tem aqui uma rosa amarela. Quando foi ao quarto de sua tia, teve a infelicidade de deixar cair duas pétalas dela. Estão junto da mesa de cabeceira.

Abri a porta. Sinhazinha compôs magicamente, imediatamente, o mais encantador, o mais natural dos sorrisos e saiu dizendo:

— Se este Sherlock fez com todas o mesmo que comigo, vai ser um fiasco absoluto.

Não foi fiasco, mas foi pior.

Quando Sinhazinha chegara, subira, logo. Graças à intimidade que tinha na casa, onde vivera até a data do casamento, podia fazer isso naturalmente. Ia só para deixar a sua capa dentro de um armário. Mas, à procura de um alfinete, abriu a mesinha de cabeceira, viu o anel, sentiu a tentação de roubá-lo e assim fez. Lembrou-se de que tinha de ir para a Europa daí a um mês. Lá venderia a joia. Desceu então novamente com a capa e mandou pô-la no automóvel. E como ninguém a tinha visto subir, pôde afirmar que não fora ao andar superior.

Eu estraguei tudo.

Mas a mulherzinha se vingou: a todos insinuou que provavelmente o ladrão tinha sido eu mesmo, e, vendo o caso descoberto antes da minha retirada, armara aquela encenação para atribuir a outrem o meu crime.

O que sei é que Madame Guimarães, que sempre me convidava para as suas recepções, não me convidou para a de ontem… Terá talvez sido a primeira a acreditar na sobrinha.

Medeiros e Albuquerque. Se eu fosse Sherlock Holmes. Em: Conan Doyle e outros. *Histórias de detetive*. São Paulo: Ática, 2006. p. 37-43 (Coleção Para Gostar de Ler).

TEXTO EM ESTUDO

PARA ENTENDER O TEXTO

1. A leitura do conto confirmou sua hipótese baseada no título? Explique.

2. Responda, a seguir, às questões sobre o narrador do conto.
   a) Caracterize esse narrador: ele é personagem ou observador? Justifique.
   b) Releia o trecho a seguir. Que palavra indica o foco narrativo? Explique.

   > Os romances de Conan Doyle me deram o desejo de empreender alguma façanha no gênero das de Sherlock Holmes. Pareceu-me que deles se concluía que tudo estava em prestar atenção aos fatos mínimos. Destes, por uma série de raciocínios lógicos, era sempre possível subir até o autor do crime.

   c) Qual é a principal característica da personalidade do narrador?
   d) Essa característica é decisiva para o desenvolvimento do conto? Explique.

3. Releia esta fala de Alves Calado, personagem amiga do narrador:

   > — Não apanhavas nem o ladrão que roubasse o obelisco da avenida!

   a) Explique essa afirmação. Se preciso, pesquise o significado de *obelisco*.
   b) É possível afirmar que Alves Calado levava o narrador a sério? Selecione outro trecho do conto que confirme sua resposta.

4. Em contos de enigma, há tipos, ou seja, personagens que representam comportamentos padronizados: o detetive, o criminoso, a vítima e os suspeitos. No conto lido, que personagens se enquadram em cada um desses tipos?

5. Sobre o espaço e o tempo no conto lido, responda:
   a) Em que espaço(s) se desenvolvem as ações narradas no conto?
   b) Procure determinar em que período de tempo se deram essas ações.

6. Que situação fez Madame Guimarães perceber que seu anel havia sido furtado?

7. Sobre a solução do roubo do anel, responda às questões.
   a) Que medidas foram tomadas para descobrir quem havia furtado o anel?
   b) Qual foi a pista determinante para que o enigma fosse desvendado?
   c) Que atitude do narrador dá uma pista de que o criminoso é uma mulher?
   d) Para chegar à solução, o narrador seguiu o método de S. Holmes? Explique.

8. O que motivou Sinhazinha Ramos a cometer o crime? Por que ela supôs que não suspeitariam dela?

9. Por que o narrador disse: "Não foi um fiasco, mas foi pior"?

ANOTE AÍ!

Um **conto de enigma** é uma narrativa e, assim, desenvolve uma sequência de ações que formam um **enredo**. Em geral, ele se inicia depois da ocorrência de um **mistério** que precisa ser desvendado (um crime, por exemplo). Apresenta-se, então, um **detetive**, que, por meio de **pistas**, deve solucionar o caso. A **resolução do enigma** costuma ser inesperada e **surpreender** o leitor.

LITERATURA POLICIAL NO BRASIL

O escritor José Joaquim de Campos da Costa de Medeiros e Albuquerque nasceu em Recife, em 1867, e faleceu no Rio de Janeiro, em 1934. Ele é um dos autores daquela que é considerada a primeira narrativa policial brasileira, o romance policial *O mistério*, publicado de forma seriada em jornal, em 1920, e depois em livro.

↑ O escritor Medeiros e Albuquerque.

O CONTEXTO DE PRODUÇÃO

↑ Capa do livro
Histórias de detetive.
São Paulo: Ática,
2013.

10. Observe ao lado a capa do livro em que o conto foi publicado. Que relação pode ser estabelecida entre o título da obra e a ilustração da capa?

11. O método investigativo de Sherlock Holmes baseia-se em observação, raciocínio lógico e uso de recursos científicos, como a análise de impressões digitais.

a) Em qual parágrafo o narrador-personagem do conto "Se eu fosse Sherlock Holmes" menciona o método investigativo da personagem de Conan Doyle?

b) Em que parágrafo o narrador indica que vai começar a agir como Sherlock?

c) Copie no caderno o parágrafo em que o narrador-personagem indica que empregará um recurso científico em sua investigação.

d) Que atitude do narrador não é coerente com as ações usuais da personagem Sherlock e encaminha o conto para um desfecho insatisfatório? Explique.

> **ANOTE AÍ!**
>
> Um texto literário pode estabelecer um diálogo com outro texto literário, fazendo referência a ele direta ou indiretamente. Esse diálogo entre textos chama-se **intertextualidade**. No texto lido, a intertextualidade entre o conto e as narrativas de Conan Doyle com a personagem Sherlock Holmes é feita de modo direto, pois o autor e sua personagem célebre são mencionados logo no início da história.

CONAN DOYLE (1859-1930)

Escritor e médico britânico, Conan Doyle chamou a atenção do público já em 1887 com a narrativa "Um estudo em vermelho", na qual se destacava a personagem Sherlock Holmes, caracterizada pela preocupação com as evidências na cena do crime e pela análise do comportamento dos suspeitos, padrões de investigação que até hoje inspiram histórias policiais.

A LINGUAGEM DO TEXTO

12. Releia as frases a seguir observando as palavras e as expressões destacadas.

> I. Ele respondeu de lá com a sua **troça** habitual.
>
> II. Passei dias esperando por algum acontecimento trágico, em que pudesse revelar minha **sagacidade**.
>
> III. O melhor, porém, era talvez a palestra que então se fazia, porque era mulher muito inteligente e só convidava **gente de espírito**.
>
> IV. — Eu não vou **deitar verdes para colher maduros**, não vou armar cilada alguma. Sei que foi a senhora que tirou a joia de sua tia.

a) Identifique o contexto em que essas expressões e palavras são empregadas e explique o que cada uma significa. Se necessário, consulte um dicionário.

b) Em sua opinião, o uso dessas palavras e expressões revela algo sobre a época em que se passa a história ou em que foi escrito o conto? Explique.

VELHAS ATITUDES QUE SE REPETEM

Em geral, uma obra literária revela os comportamentos habituais de determinados grupos sociais da época que retrata, assim como valores de todos os tempos. No conto lido, publicado em 1932, as ações de Sinhazinha Ramos indicam a ausência de um valor humano essencial: a honestidade. Ações como essa ocorrem até hoje. Pensando nisso, reflita:

1. A falta de honestidade é um problema social. Pode ser expressa tanto em gestos do dia a dia quanto em ações que geram grande impacto na sociedade, como a corrupção. Em sua opinião, por que algumas pessoas agem desse modo?

2. No conto, o narrador-personagem julga alguém sem o aval da Justiça. Você acha que as pessoas podem fazer "justiça com as próprias mãos"? Por quê?

UMA COISA PUXA OUTRA

A narrativa de enigma em revista

As narrativas de enigma surgiram no século XIX e alcançaram popularidade com a expansão da indústria jornalística. Costumavam ser publicadas em jornais e revistas, o que possibilitava que essas histórias chegassem a diversos leitores. Devido ao espaço reduzido destinado à literatura nos periódicos e também para aguçar a curiosidade do leitor, em geral as narrativas longas eram publicadas em capítulos, um a cada novo número da revista ou do jornal.

1. Observe ao lado a capa de um dos números da *The Strand Magazine*, apresentando a "nova aventura de Sherlock Holmes", escrita por Conan Doyle. Nessa revista britânica, Conan Doyle publicou mais de cinquenta histórias do detetive Sherlock Holmes.

   a) Que elementos das narrativas de Conan Doyle se destacam na capa da revista?

   b) Veja a ilustração da capa da revista. Que pistas ela dá sobre essa personagem e suas histórias?

   c) Nos contos de enigma, procura-se despertar a curiosidade do leitor. Ao publicar em capítulos uma história dessa natureza, o periódico intensifica essa curiosidade? Justifique sua resposta.

2. Leia o texto a seguir e responda às questões.

← Capa da *The Strand Magazine* de abril de 1927.

> Em 1893, no conto "O problema final", publicado nas páginas da revista britânica *Strand*, o detetive Sherlock Holmes se envolvia em uma luta mortal com seu arqui-inimigo, o professor Moriarty, na beirada de um precipício nas Cataratas de Reichenbach, na Suíça. Os dois rivais caíram e desapareceram na queda-d'água. [...]
>
> Aqueles que estudam literatura consideram a morte do detetive um importante marco na história das artes. Até aquele momento, **os leitores costumavam se conformar com os falecimentos, amores malsucedidos e finais trágicos impressos nas páginas de revistas ou livros**. Conan Doyle é apontado como um dos principais responsáveis pela mudança dessa atitude passiva do público.
>
> Quando perceberam que Sherlock Holmes havia mesmo morrido e não voltaria nas próximas edições da *Strand*, cerca de 20 mil pessoas cancelaram a assinatura da revista. **Reza a lenda que jovens ingleses ficaram de luto no mês em que a edição com a morte de Holmes foi publicada**. Os homens teriam usado broches pretos nos paletós ou faixas negras amarradas ao braço e as mulheres, vestido véus negros. [...]

Lucas Alencar. Sherlock Holmes é a origem dos fãs aficionados. *Galileu*, 25 fev. 2016. Disponível em: <http://revistagalileu.globo.com/Cultura/noticia/2016/02/sherlock-holmes-e-origem-do-fas-aficionados.html>. Acesso em: 10 set. 2018.

   a) Você já teve uma experiência literária como a dos leitores das histórias de Holmes, isto é, já gostou tanto de uma personagem que ficaria de luto se ela morresse?

   b) Nove anos depois da publicação do conto citado na matéria jornalística, Conan Doyle voltou a escrever histórias de Sherlock Holmes. Você conhece outros autores cuja obra tenha voltado a ser escrita a pedido dos leitores?

17

LÍNGUA EM ESTUDO

REVISÃO: SUJEITO E ÍNDICE DE INDETERMINAÇÃO DO SUJEITO

SUJEITO

1. Releia este trecho do conto "Se eu fosse Sherlock Holmes":

   > Houve uma hesitação. Algumas **diziam** estar acima de qualquer suspeita, outras que não se submetiam a nenhum inquérito policial. **Venceu**, porém, o partido das que diziam "quem não deve não teme". Eu **esperava**, paciente. Por fim, quando vi que todas estavam resolvidas, lembrei que seria melhor quem fosse saindo despedir-se e partir.

   a) Observe as formas verbais destacadas nesse trecho. A quem se referem?
   b) Releia esta frase:

   > Madame Guimarães e eu esperávamos, pacientes.

   - Quem faz a ação expressa pelo verbo *esperar*?

   Ao responder às questões acima, indicando a quem as formas verbais se referem, você destacou um dos termos essenciais da oração: o sujeito.

   ANOTE AÍ!
   Sujeito é o ser sobre o qual se faz uma declaração. Se tem um só núcleo, é classificado como **sujeito simples**. Se tem mais de um núcleo, é classificado como **sujeito composto**.

2. Releia agora este outro trecho:

   > Quando Sinhazinha chegara, subira, logo. Graças à intimidade que tinha na casa, onde vivera até a data do casamento, podia fazer isso naturalmente. Ia só para deixar a sua capa dentro de um armário. Mas, à procura de um alfinete, abriu a mesinha de cabeceira, viu o anel, sentiu a tentação de roubá-lo e assim fez. Lembrou-se de que tinha de ir para a Europa daí a um mês. Lá venderia a joia. Desceu então novamente com a capa e mandou pô-la no automóvel. E como ninguém a tinha visto subir, pôde afirmar que não fora ao andar superior.

   a) Nesse trecho há várias orações, mas praticamente todas se referem a um único ser, indicando um único sujeito. Quem é ele? Como você o identificou?
   b) Que ação não se refere ao sujeito da resposta ao item *a*? Qual é seu sujeito?

   ANOTE AÍ!
   O sujeito que não é representado na oração por uma palavra, mas que pode ser identificado pela desinência verbal, é classificado como sujeito **desinencial** ou **oculto**.

3. Releia esta fala de Madame Guimarães:

   > — Roubaram-me. Roubaram o meu anel de brilhantes...

   a) É possível identificar o sujeito da ação de roubar? Explique.
   b) Por que, em sua fala, Madame Guimarães utiliza esse tipo de sujeito?

18

Quando não há uma palavra que desempenhe a função de sujeito, e a desinência verbal também não é suficiente para que se chegue a essa informação, afirma-se que o sujeito é indeterminado.

> **ANOTE AÍ!**
>
> O sujeito que não é explicitamente expresso na oração e que não pode, no contexto, ser identificado pela desinência verbal é classificado como **sujeito indeterminado**.

TIPOS DE SUJEITO

Simples: Apresenta apenas um núcleo.	**Composto:** Apresenta dois ou mais núcleos.	**Desinencial ou oculto:** Pode ser identificado pela desinência verbal.	**Indeterminado:** Não é expresso na oração nem pode ser identificado pela desinência verbal.

Não se esqueça de que há **orações sem sujeito**, formadas por verbos impessoais: os verbos que exprimem fenômenos da natureza (*chover*, *anoitecer*, etc.); o verbo *haver* se usado com sentido de existir; os verbos *haver*, *fazer* e *ir* indicando tempo transcorrido; e o verbo *ser* sinalizando tempo em geral.

ÍNDICE DE INDETERMINAÇÃO DO SUJEITO

4. Releia o trecho abaixo.

> Uma noite, fui convidado por Madame Guimarães para uma pequena reunião familiar. Em geral, o que ela chamava "pequenas reuniões" eram reuniões de vinte a trinta pessoas, da melhor sociedade. Dançava-se, ouvia-se boa música e quase sempre ela exibia algum "número" curioso: artistas de teatro, de *music-hall* ou de circo, que contratava para esse fim.

a) Qual é o sujeito da forma verbal *dançava-se*?

b) Com relação à transitividade, como pode ser classificado o verbo *dançar*?

Em língua portuguesa, há dois modos de indeterminar o sujeito quando não é possível saber quem faz a ação verbal ou quando não se quer explicitá-lo. Um deles é empregar o verbo na terceira pessoa do plural se não for possível identificar essa pessoa no contexto. Releia a fala de Madame Guimarães na atividade **3** e observe os exemplos abaixo.

Telefonaram para você ontem.	**Estão ligando** de lá desde ontem.

O outro modo é usar o verbo – intransitivo, transitivo indireto ou de ligação – na terceira pessoa do singular acompanhado do pronome *se*. Veja:

Era-se feliz naquele tempo.	**Precisa-se** de detetives.

> **ANOTE AÍ!**
>
> Ao indeterminar o sujeito por estar associado a um verbo intransitivo, transitivo indireto ou de ligação, o pronome *se* é chamado **índice de indeterminação do sujeito**.

A CLASSIFICAÇÃO DO SUJEITO E A ORDEM DAS PALAVRAS NA ORAÇÃO

Em geral, as palavras de uma oração são organizadas de modo que o sujeito é posicionado antes do verbo. Essa é a ordem direta. Há casos, porém, em que o sujeito se encontra depois do verbo. Por exemplo, releia esta frase do conto: "De todos os lados surgiam exclamações". Nela, o verbo *surgir*, na terceira pessoa do plural, pode levar alguém a pensar que seu sujeito é indeterminado. Mas seu sujeito é simples, representado por "exclamações", substantivo no plural. A dúvida pode ocorrer porque o sujeito está depois do verbo. Essa ordem das palavras passa a ser um recurso argumentativo dentro do texto: permite ao autor valorizar mais o fato indicado pelo verbo que o ser a que o verbo se refere.

ATIVIDADES

RETOMAR E COMPREENDER

1. Leia o anúncio de propaganda abaixo.

← Cartaz de campanha de vacinação, do Ministério da Saúde.

a) No cartaz, a palavra *gotinhas* tem dois sentidos. Quais são eles? Explique.
b) Qual é o sujeito da frase em destaque no cartaz? Como ele se classifica?
c) Que palavras na frase indicam que o cartaz se dirige aos pais das crianças?

2. Em quais das orações a seguir o pronome *se* funciona como índice de indeterminação do sujeito? Indique-as no caderno.

   I. Morre-se um pouco a cada insucesso na investigação.
   II. Encontraram-se impressões digitais na parede.
   III. Trata-se de uma argumentação muito convincente.
   IV. Duvidou-se da palavra dos peritos.
   V. Deixaram-se provas por toda a cena do crime.
   VI. Leu-se o relatório com a defesa do acusado.

APLICAR

3. Reescreva as orações a seguir de maneira que seu sujeito seja classificado como indeterminado. Para isso, empregue o verbo na terceira pessoa do plural eliminando a palavra que representa o sujeito ou, se possível, flexione o verbo na terceira pessoa do singular (acompanhado do pronome *se*).

   a) O detetive comentou ocorrências antigas.
   b) Sinhazinha Ramos roubou o anel.
   c) O hospital precisa com urgência de novos médicos.
   d) O delegado resolveu o caso rapidamente.

4. **APLICAR** Faça as **atividades interativas** para praticar seus conhecimentos.

A LÍNGUA NA REAL

EFEITOS DE SENTIDO DA INDETERMINAÇÃO DO SUJEITO

1. Leia a tira a seguir.

Alexandre Beck. *Armandinho*.

a) Qual é a crítica apresentada na tira?
b) Na fala inicial da tira, qual é o sujeito da oração? Qual é sua classificação?
c) Qual é o sujeito da oração "Vamos deixá-lo em paz"? Como ele se classifica?
d) Releia a fala abaixo observando a forma verbal destacada.

— **Cortaram** tudo pra fazer um condomínio!

- Qual é o sujeito da forma verbal destacada? Justifique sua resposta.

2. Leia esta outra tira:

Fernando Gonsales. *Níquel Náusea*.

a) No primeiro quadrinho, como a imagem reforça o título?
b) O terceiro quadrinho mostra o tronco que é perfurado pelo pica-pau, mas de outro ponto de vista. Qual é o ponto de vista apresentado?
c) Por que a expectativa criada pelo título da tira, em comparação com o que ocorre de fato na história, provoca humor?
d) No segundo quadrinho, o texto é atribuído a quem? Como você percebeu isso?
e) Na frase do segundo quadrinho, qual é a forma verbal? E qual é o sujeito?
f) Em que oração há sujeito indeterminado? Justifique. Por que essa construção foi empregada na tira?

ANOTE AÍ!

Usar estratégias para **indeterminar o sujeito** é eficaz quando se quer que o leitor **não identifique quem praticou uma ação** ou a quem se atribui certa característica. Esse recurso também é usado nos casos em que a **identificação do sujeito não é possível** no contexto imediato da oração.

AGORA É COM VOCÊ!

ESCRITA DE CONTO DE ENIGMA

PROPOSTA

Você leu um conto em que o narrador – um admirador das façanhas de Sherlock Holmes – sonha em solucionar enigmas tão complicados quanto os resolvidos pelo famoso detetive. Agora será sua vez de produzir um conto de enigma e despertar a imaginação dos leitores. Na sequência, você e os colegas vão confeccionar um livro com os contos de enigma da turma.

GÊNERO	PÚBLICO	OBJETIVO	CIRCULAÇÃO
Conto de enigma	Comunidade escolar, amigos e familiares	Narrar uma história na qual são propostos um enigma e sua solução	Produção de livro de contos que circulará na comunidade escolar

PLANEJAMENTO E ELABORAÇÃO DO TEXTO

1. Para planejar seu conto, responda às questões abaixo com as primeiras ideias que vierem a sua mente. Anote essas ideias iniciais.
    - Qual será o enigma a ser resolvido: um roubo, um desaparecimento?
    - Quem será a vítima? Qual é a relação dela com o culpado?
    - Quem será o culpado? Qual terá sido sua motivação para cometer o crime?
    - Como o crime será cometido?
    - Que pistas serão deixadas? Haverá pistas falsas, que confundam o detetive?
    - Quais serão os principais suspeitos?
    - Quem desvendará o crime? Como?
    - Em que espaço as ações acontecerão? Quanto tempo vão durar os eventos?

2. Com base nessas ideias iniciais, organize a sequência narrativa da história.
    - **Situação inicial:** Caracterize as personagens e a relação entre elas. Defina o foco narrativo: O narrador é uma das personagens, como o próprio detetive, conforme acontece no conto lido? Ou é um narrador só observador?
    - **Conflito:** Apresente o problema que instaura o conflito na situação inicial. Esse será o enigma a ser esclarecido ao longo da narrativa. Nesse momento, é propício situar, na cena, o detetive que vai esclarecer o mistério.
    - **Desenvolvimento e clímax:** Desenvolva as ações das personagens e apresente pistas, conduzindo a narrativa ao clímax. A função das pistas é auxiliar na resolução do caso, mas algumas delas podem ser criadas só para dificultar as investigações e confundir o leitor. No clímax, solucione o enigma.
    - **Desfecho:** Explique a motivação do criminoso e retome como o crime ocorreu. Indique as consequências da situação para as personagens principais.

3. Dê um título para seu conto que instigue a curiosidade do leitor.

4. Em *O mundo emocionante do romance policial* (1979), Paulo de Medeiros e Albuquerque reúne regras do escritor S. S. van Dine para escrever um romance policial. A seguir, há um resumo das regras para auxiliar você a escrever o conto.
    - Deve haver apenas um fato a ser desvendado e um único culpado.
    - O leitor e o detetive devem ter a mesma oportunidade de solucionar o mistério. Assim, todas as pistas precisam ser bem expostas ao longo do texto.

- O autor não pode enganar o leitor: os únicos truques permitidos são aqueles que o criminoso empregou para enganar o detetive.
- O culpado deve ser descoberto por meios lógicos, e não por acidente, de modo forçado ou por revelação sobrenatural ou mirabolante de última hora.
- O culpado deve ser personagem que atue ao longo de todo o enredo, não poderá surgir apenas no final.
- O culpado não deve ser um criminoso profissional, arrombadores ou bandidos, porque isso não gera surpresa. O culpado se torna mais interessante quando é aquele que parecia mais inocente e inofensivo.
- O problema que gera o enigma a ser descoberto (um crime, por exemplo) não deve ter sido um acidente, mas sim uma ação planejada pelo criminoso.
- Entre as pistas no texto também estará a que será a evidência para a descoberta do enigma – pode até ser uma associação entre pistas. O leitor é surpreendido por conhecer a pista e não ter percebido que ela é uma evidência.

LINGUAGEM DO SEU TEXTO

1. Em "Se eu fosse Sherlock Holmes", você identificou construções com diferentes tipos de sujeito, entre eles o indeterminado. Nesse conto, qual fala exemplifica a oração com sujeito indeterminado? Copie-a no caderno.

2. Como é possível construir uma oração com sujeito indeterminado?

Releia seu conto observando se, para garantir o suspense da história, é possível utilizar orações com sujeito indeterminado.

> **SÉTIMA ARTE**
>
> *Sr. Sherlock Holmes.* **Direção: Bill Condon. Reino Unido, 2015 (104 min).**
> Nesse filme, uma faceta diferente de Sherlock Holmes é apresentada. Aos 93 anos, o famoso detetive está aposentado e se acostuma com a sua mente idosa, que já não é tão perspicaz como antes. Ainda assim, um caso que nunca conseguiu decifrar volta a ocupar seus pensamentos.

AVALIAÇÃO E REESCRITA DO TEXTO

1 Forme dupla com um colega e troquem os textos produzidos por vocês. Com base nos critérios abaixo, você avaliará o conto dele; e ele, o seu.

ELEMENTOS DO CONTO DE ENIGMA
As personagens são bem caracterizadas?
O espaço e o tempo em que se passa a história estão bem definidos?
As pistas estão dispostas ao longo da narrativa? A evidência está entre as pistas?
Há um levantamento de suspeitos entre as personagens?
A eliminação das suspeitas intensifica a tensão do conflito?
O conflito é resolvido de forma lógica, pelo detetive, ou com auxílio da ciência?
O título instiga a curiosidade do leitor?

2 Dê sugestões para melhorar o texto do colega. Apresente sua avaliação a ele e discutam os pontos principais. Com base nas sugestões do colega e na sua própria avaliação, reescreva seu conto, fazendo as alterações necessárias.

CIRCULAÇÃO

1 Digitem e imprimam a versão definitiva dos contos. Estabeleçam a ordem dos contos no livro e façam o sumário com o nome das narrativas e seus autores.

2 Produzam uma capa para o livro, em papel mais grosso.

3 Com o professor, organizem a circulação da obra pela comunidade escolar.

Capítulo 2
UMA EXPERIÊNCIA EXTRAORDINÁRIA

O QUE VEM A SEGUIR

O conto de terror que você lerá a seguir é de autoria do escritor estadunidense Edgar Allan Poe, famoso por compor histórias que gradualmente criam o suspense, envolvendo o leitor até o fim. A Morte Rubra, mencionada no título desse conto, é uma peste fictícia muito contagiosa. Sabendo disso, como você imagina a Morte Rubra na narrativa?

TEXTO

A máscara da Morte Rubra

Há longo tempo a "Morte Rubra" devastava o país. Jamais outra praga tinha sido tão fatal ou tão horrenda. O sangue era sua encarnação e o sinal de sua presença — a vermelhidão e o horror do sangue. A vítima sentia dores agudas, uma tontura súbita, depois sangramento profuso por todos os poros e logo se seguia a decomposição. Manchas escarlates sobre o corpo e especialmente no rosto do infeliz confirmavam o selo da peste sobre ele; e esse carimbo de imediato o afastava de toda ajuda e até mesmo da simpatia de seus compatriotas. O aspecto mais terrível era que, desde o ataque inicial, o progresso e o término da enfermidade sobrevinham em meia hora.

Mas o Príncipe Próspero era feliz, destemido e sagaz. Ao perceber que seus domínios já haviam perdido a metade da população, chamou à sua presença um milhar de seus amigos saudáveis e joviais, escolhidos entre os cavaleiros e as damas de sua corte, e com estes retirou-se para a segurança e reclusão total de uma de suas abadias fortificadas. Esta estrutura era extensa e magnífica e sua arquitetura fora criação do próprio Príncipe, cujo gosto era extravagante, mas majestoso. Era cercada por uma muralha alta e forte. Os portões eram de ferro maciço. Os cortesãos, após terem se reunido no interior da vasta construção, trouxeram fornalhas portáteis e pesados malhos e soldaram as trancas e os rebites. Era sua resolução não permitir nenhuma forma de entrada ou de saída para aqueles que, em um impulso súbito de frenesi ou desespero, quisessem deixar o recinto. A abadia tinha sido aprovisionada com extrema abundância. Com todas essas precauções, o Príncipe e os cortesãos acreditavam ser possível desafiar o contágio. O mundo exterior que cuidasse de si mesmo. [...]

Já no final do quinto ou sexto mês de sua reclusão, quando a pestilência rugia mais furiosamente por todos os recantos do país, o Príncipe Próspero decidiu entreter seus mil amigos em um baile de máscaras de magnificência ainda maior que a usual.

A mascarada foi um cenário de grande prazer e voluptuosidade. Mas primeiro descreverei os salões em que foi realizada. No total havia sete salões de suntuosidade imperial. [...] O sétimo compartimento era totalmente amortalhado por pálios de veludo negro que não somente pendiam das paredes, como recobriam-lhe todo o teto e tombavam em dobras pesadas sobre um tapete do mesmo material e da mesma cor. [...] Nos vitrais desta sala predominava o escarlate, ou antes, um tom profundo de vermelho-sangue. [...]

Era também neste aposento que se erguia contra a parede ocidental um relógio de pêndulo, gigantesco e talhado em ébano. Esse pêndulo balançava para a direita e para a esquerda com um clangor pesado, monótono e surdo; e todas as vezes em que o ponteiro dos minutos fazia o circuito do mostrador e a hora estava a ponto de soar, os pulmões de bronze do relógio produziam um som claro, alto e profundo, extremamente musical, porém com uma ênfase e timbre tão peculiares que, cada vez que uma hora transcorria, os músicos da orquestra sentiam-se constrangidos a fazer uma pausa momentânea e escutar o ruído; e deste modo, aqueles que valsavam eram forçados a suspender temporariamente suas evoluções e uma breve perturbação perpassava toda a assembleia e interrompia-lhes as manifestações de alegria; e enquanto o carrilhão do relógio prosseguia em seu toque, observava-se que até mesmo os mais exuberantes empalideciam, enquanto os mais velhos e mais contidos passavam as mãos pelas testas e cobriam os olhos como se estivessem em um momento de meditação ou em um devaneio confuso. Mas no momento em que os ecos cessavam por completo, um riso leve novamente se difundia entre os dançarinos; os músicos olhavam uns para os outros e sorriam ironicamente de sua tolice ou nervosismo e prometiam uns aos outros que o próximo soar do relógio não despertaria neles emoção semelhante; só que, após um lapso de sessenta minutos (que abraçam três mil e seiscentos segundos do Tempo que voa tão velozmente), novamente o carrilhão se manifestava e havia o mesmo desconcerto e os mesmos tremores e a mesma meditação contida.

[...] E a folia continuava em torvelinho, até que finalmente começaram a soar as doze badaladas da meia-noite no relógio de ébano. E então a música cessou, como cessara das outras vezes; e as evoluções dos passistas se interromperam; e uma inquietude suspendeu todo o movimento, do mesmo modo que antes. Desta vez, entretanto, havia doze pancadas a serem dadas pelos sinos do relógio; deste modo transcorreu um período mais longo de tempo, em que pensamentos tétricos se arrastaram para o foco da atenção daqueles entre os fantasiados que paravam para meditar. E foi assim também que aconteceu, talvez antes que os derradeiros ecos do último toque tivessem completamente desaparecido no silêncio, que muitos indivíduos na multidão tiveram tempo para perceber a presença de uma criatura mascarada que não havia atraído antes a atenção de ninguém. E o rumor desta nova presença se espalhou aos murmúrios, até que uma espécie de zumbido ergueu-se da turba, um sussurro expressivo de desaprovação e surpresa, transformando-se enfim em medo, horror e náusea.

[...] A criatura era alta e esquálida, amortalhada da cabeça aos pés pelos panejamentos que costumam ser levados à tumba. A máscara que lhe escondia a fisionomia tinha sido confeccionada de modo a lembrar, em seus menores detalhes, o rosto de um cadáver endurecido, a tal ponto que o mais sério escrutínio acharia difícil apontar a diferença entre aquela figura e um verdadeiro habitante do túmulo. Tudo isto poderia ser suportado e até mesmo aprovado pelos doidos foliões que se acotovelavam ao redor. Mas o mascarado tinha levado o mau gosto ao ponto de imitar detalhadamente os sintomas externos da Morte Rubra. Sua vestimenta estava manchada de *sangue*, e sua testa larga, juntamente com todos os traços de seu rosto, estava coberta pelas assustadoras manchas que caracterizavam o horror escarlate.

Quando os olhos do Príncipe Próspero caíram sobre este espectro (o qual, com movimentos lentos e solenes passava de grupo a grupo entre os dançarinos, como

---

abadia: local que abriga uma comunidade religiosa.

amortalhado: envolto por um tecido.

aprovisionado: abastecido.

carrilhão: pêndulo de relógio movido a energia mecânica que emite som a intervalos regulares.

clangor: som forte, estridente.

escrutínio: exame minucioso.

malho: martelo próprio para bater ferro.

mascarada: baile de máscaras.

pálio: manto, capa.

panejamento: conjunto de panos.

profuso: abundante.

rebite: pequena haste cilíndrica de metal usada para unir peças.

torvelinho: movimento em espiral.

Ilustrações: Weberson Santiago/ID/BR

estentoriamente: de modo extremamente forte.

opróbrio: vergonha, grande desonra pública.

sacrílego: profano; que tem cunho de sacrilégio.

tangível: palpável, corpóreo.

trípode: suporte com três pés.

se quisesse salientar ainda mais o seu papel), imediatamente foi tomado de convulsões, com fortes tremores provocados pelo medo ou pelo nojo; mas, no instante seguinte, sua testa ficou encarnada de cólera.

— Quem ousa? — indagou roucamente dos cortesãos que o rodeavam. — Quem ousa insultar-nos com esta farsa sacrílega? Agarrem-no agora e tirem-lhe a máscara — para que saibamos a quem vamos enforcar nas muralhas amanhã pela manhã!

Quando o Príncipe Próspero pronunciou estas palavras, achava-se na câmara azul, que era a mais oriental. Mas sua voz ressoou clara e estentoriamente através dos sete salões, porque o Príncipe era um homem ousado e robusto e a música tinha parado no mesmo instante, a um aceno de sua mão.

O Príncipe, como dissemos, se encontrava no salão azul, com um grupo de cortesãos pálidos a seu lado. Assim que ele falou, houve um leve movimento de investida deste grupo em direção ao estranho, que se encontrava bastante próximo; mas então, com passo deliberado e majestoso, ele se aproximou mais ainda do orador. E devido a um espanto e terror sem nome despertado no coração de todos pela assombrosa fantasia adotada pelo farsante, nenhum dentre eles ousou estender a mão para capturá-lo. Desse modo, sem que ninguém o impedisse, ele chegou a um metro do Príncipe, passou por ele sem lhe dar maior atenção e prosseguiu seu caminho ininterruptamente, com o mesmo passo medido e ponderado que adotara desde o princípio [...]. Foi nesse momento, entretanto, que o Príncipe Próspero, enlouquecido pela raiva e pelo opróbrio de sua própria e momentânea covardia, correu velozmente pelas seis câmaras, ainda que ninguém o seguisse, pois um terror mortal se havia apoderado de todos. Ergueu bem alto uma adaga desembainhada e aproximou-se impetuosamente, até chegar a menos de um metro da figura que se afastava, momento em que esta, tendo atingido a extremidade do salão de veludo negro, voltou-se subitamente e confrontou seu perseguidor. Ouviu-se um grito agudo — e a adaga caiu reluzindo sobre o tapete negro, seguida, no momento seguinte, pelo corpo do Príncipe Próspero, fulminado pela morte. Então, e só então, reunindo a coragem selvagem do desespero, uma massa alucinada lançou-se para o compartimento negro; agarraram o ator, cuja figura alta permanecia ereta e imóvel à sombra do relógio de ébano e arfaram em um terror inexprimível ao perceberem que a mortalha funérea e a máscara mortuária de que se haviam apoderado com rudeza tão violenta não envolviam nenhuma forma tangível.

Foi então reconhecida a presença da Morte Rubra. Ela tinha chegado como um ladrão à noite. E um por um caíram os dançarinos nos salões cobertos de sangue em que se haviam alegrado e cada um deles morreu na mesma postura desesperada em que havia tombado. E quando o último da alegre companhia soltou o derradeiro suspiro, a vida do relógio de ébano também se extinguiu. E as chamas das trípodes foram se apagando uma a uma. A Escuridão, a Decomposição e a Morte Rubra assumiram domínio incontestável sobre toda a abadia.

Edgar Allan Poe. A máscara da Morte Rubra. Em: *A carta roubada e outras histórias de crime e mistério*. Tradução de William Lagos. Porto Alegre: L&PM, 2003. *E-book*.

O TERROR PSICOLÓGICO DE POE

↑ Edgar Allan Poe, em 1848.

Poeta e contista, Edgar Allan Poe (1809-1849) é até hoje um dos mais renomados autores da literatura policial. Hábil construtor de suspense, Poe envolve o leitor do início ao desfecho da narrativa, em geral por meio de elementos macabros e misteriosos. Entre seus contos, destacam-se "O gato preto" e "O poço e o pêndulo".

TEXTO EM ESTUDO

PARA ENTENDER O TEXTO

1. Com base no título do conto, foram levantadas hipóteses sobre a Morte Rubra. Elas foram confirmadas pela leitura da narrativa? Explique.

2. Copie no caderno este quadro e complete-o com os momentos da narrativa.

Situação inicial	A Morte Rubra devastava o país.
Resolução inicial	
Situação de aparente equilíbrio	O Príncipe vive de forma tranquila e confortável e decide promover um baile de máscaras.
Conflito	
Clímax	
Desfecho	

3. No conto, Morte Rubra é uma peste. Sobre ela, responda no caderno:
    a) Quais eram os sintomas dessa doença?
    b) Leias estas características usuais às pestes. Qual não se aplica à do conto?
        I. Doença contagiosa que causa infecção.
        II. Epidemia que causa um surto de uma doença.
        III. Algo mórbido, funesto, que lembra a morte.
        IV. Fedor, cheiro horrível e insuportável.

4. O estado de espírito do Príncipe muda radicalmente ao longo da narrativa.
    a) Relacione o nome dessa personagem a suas características.
    b) Como o Príncipe se comporta diante da figura mascarada?
    c) A reação do Príncipe gera expectativa no leitor. Explique essa ideia.

5. Por que o Príncipe se isola com certas pessoas em uma abadia fortificada?

6. O que há em comum entre as pessoas que o Príncipe Próspero decidiu salvar?

7. Indique no caderno as situações abaixo que contribuem para o suspense.
    I. A fuga do Príncipe para uma de suas abadias com determinadas pessoas.
    II. A decisão do Príncipe de organizar um baile de máscaras.
    III. A descrição do sétimo salão, onde ocorre o baile.
    IV. O badalar do relógio de pêndulo e a pausa que ele instaura na festa.
    V. A descrição da misteriosa figura mascarada.

8. Por que o trecho "até que finalmente começaram a soar as doze badaladas da meia-noite no relógio de ébano" acentua o efeito de mistério do conto?

9. Contos de terror costumam apresentar elementos sobrenaturais, ou seja, situações que a ciência não explica. O que há de sobrenatural na narrativa lida?

ANOTE AÍ!

O objetivo dos **contos de terror** é despertar no leitor sensações de medo e horror. Para atingir esse objetivo, algumas narrativas apresentam **elementos sobrenaturais**. Em outras, o horror é produzido pela vivência da própria **condição humana**. Nos contos de terror, **tempo** e **espaço** são recursos essenciais na criação do suspense.

10. Releia o trecho a seguir observando as palavras em destaque.

> [...] O sétimo compartimento era totalmente amortalhado por pálios de veludo **negro** que não somente pendiam das paredes, como recobriam-lhe todo o teto e tombavam em dobras pesadas sobre um tapete do mesmo material e da mesma cor. [...] Nos vitrais desta sala predominava o **escarlate**, ou antes, um tom profundo de **vermelho-sangue**. [...]

- Como a opção por certas cores acentua o clima de terror da narrativa?

11. A organização do baile de máscaras é fundamental para a construção da narrativa? Justifique sua resposta.

12. Ao constatarem a morte do Príncipe, os convidados se enchem de coragem e tentam agarrar o mascarado. O que eles descobrem nesse momento?

13. Retome a descrição que o narrador faz da figura mascarada.
   a) Copie no caderno os trechos em que ela é descrita no conto.
   b) Considerando essa descrição, como o narrador identifica essa figura?

ANOTE AÍ!

> Com a finalidade de criar **suspense em contos de terror**, na narrativa podem ser apresentados **indícios** que sugerem um **perigo iminente** ou a **presença de um mal** que ronda as personagens.

14. Releia a primeira e a última frase do conto.

> Há longo tempo a "Morte Rubra" devastava o país. [...]
>
> A Escuridão, a Decomposição e a Morte Rubra assumiram domínio incontestável sobre toda a abadia.

- Responda no caderno: comparando esses trechos, o que se pode afirmar?
   I. O conto tem estrutura circular, pois, no fim, retoma o cenário inicial.
   II. O desfecho mantém o equilíbrio de forças entre as principais personagens confrontadas.
   III. O desfecho coincide com o clímax da narrativa.
   IV. O conto não tem desfecho.

O CONTEXTO DE PRODUÇÃO

15. O conto de Poe foi publicado originalmente em 1842 em uma revista estadunidense intitulada *Graham's Magazine*, da qual ele próprio era editor na época. Nela, divulgavam-se contos, partituras musicais e resenhas críticas. Você conhece alguma publicação brasileira atual com perfil semelhante? Em que suporte de texto deste século o conto de Poe poderia ser publicado?

16. Todo texto tem uma função social: entreter, instruir, divertir, etc. Em sua opinião, quais seriam as funções sociais dominantes num conto de terror?

17. Na Europa do século XIV, houve de fato uma peste bubônica que dizimou quase um terço da população. Ela ficou conhecida como "peste negra". O que há em comum entre o nome da peste que existiu e o da inventada por Poe? Que efeito essa associação causa no leitor do conto?

↑ Reprodução da página da *Graham's Magazine* em que foi originalmente publicado o conto de Poe, em 1842.

28

A LINGUAGEM DO TEXTO

18. Releia o parágrafo inicial do conto e, no caderno, identifique:
   a) Que palavras retomam *Morte Rubra*? E quais retomam *vítima*?
   b) Pela resposta ao item *a*, ao escolher as palavras que retomam *Morte Rubra* e *vítima*, o autor reforça aspectos de dois lados de uma situação? Justifique.

19. A respeito do narrador, responda no caderno às questões abaixo.
   a) Ele é um narrador-personagem ou é um narrador observador?
   b) Releia estas passagens:

   > I. Mas primeiro **descreverei** os salões em que foi realizada.

   > II. O Príncipe, como **dissemos**, se encontrava no salão azul [...].

   - Pela resposta ao item *a*, por que o autor usou a primeira pessoa nas formas verbais destacadas? Que efeito isso gera na relação entre narrador e leitor?

20. Releia o trecho a seguir.

   > Ouviu-se um grito agudo — e a adaga caiu reluzindo sobre o tapete negro, seguida, no momento seguinte, pelo corpo do Príncipe Próspero, fulminado pela morte.

   - O autor preferiu escrever o trecho acima a dizer diretamente que "o Príncipe morreu". Em sua opinião, qual é o efeito dessa escolha? Explique.

21. Ao se referir ao relógio de pêndulo, o narrador usa uma figura de linguagem. Que figura é essa? De que modo esse recurso contribui para o suspense do conto?

ANOTE AÍ!

Para criar **suspense**, é preciso envolver o leitor na trama e adiar revelações. Para isso, pode-se detalhar a **descrição da cena** e reforçar **aspectos** e **reações das personagens**.

COMPARAÇÃO ENTRE OS TEXTOS

22. No conto de enigma e no conto de terror, o suspense é essencial para o desenvolvimento da narrativa. Qual é a função específica do suspense em cada caso?

23. Qual conto tem desfecho mais positivo e qual se encerra de forma negativa?

A ARTE DO DISFARCE

A Morte Rubra aproveita a movimentação do baile de máscaras para entrar na abadia sem ser reconhecida. No mundo real, constantemente é preciso lidar com pessoas que usam máscaras, no sentido figurado, para enganar outras a fim de conseguir algo.

1. Você conhece a expressão *cair a máscara*? Explique-a com suas palavras.
2. **ANALISAR** Veja algumas fotos dos tradicionais **bailes de máscaras** da cidade de Veneza, na Itália. Em sua opinião, máscaras realmente ocultam a personalidade de alguém? Explique sua resposta.
3. Em que situações cotidianas é possível pôr à prova a honestidade de uma pessoa?

LÍNGUA EM ESTUDO

REVISÃO: O VERBO E SEUS COMPLEMENTOS

A TRANSITIVIDADE VERBAL E OS OBJETOS

1. Releia este trecho do conto de Poe e observe as formas verbais em destaque:

> E a folia continuava em torvelinho, até que finalmente começaram a soar as doze badaladas da meia-noite no relógio de ébano. E então a música **cessou**, como cessara das outras vezes; e as evoluções dos passistas se interromperam; e uma inquietude **suspendeu** todo o movimento, do mesmo modo que antes. [..]

a) Quais são os sujeitos das formas verbais em destaque?
b) A forma verbal *suspendeu* é acompanhada do complemento "todo o movimento". Sem ele, essa forma verbal teria sentido completo? Explique.
c) A forma verbal *cessou* exige complemento para ter sentido? Explique.

Dependendo do contexto, os verbos podem ou não precisar de complemento. Reveja os verbos analisados no trecho acima. Um deles precisa de complemento para ter sentido completo: *suspender*. Portanto, a ele se liga o complemento "todo o movimento". Os verbos que precisam de complemento são os **verbos transitivos**. Há outros que não precisam de complemento, como *cessar*, que, no contexto, tem sentido completo. São os **verbos intransitivos**.

Entre os verbos transitivos, há os **transitivos diretos**, que, como *suspender*, não precisam de preposição para se ligar ao complemento. Seu complemento é o **objeto direto**. Veja mais estes exemplos do conto de Poe:

VERBO TRANSITIVO DIRETO	OBJETO DIRETO
sentia	dores agudas
trouxeram	fornalhas portáteis

Há também verbos que se ligam ao complemento por meio de preposição. São os verbos **transitivos indiretos**. Eles têm como complemento o **objeto indireto**. Veja estes exemplos:

VERBO TRANSITIVO INDIRETO	OBJETO INDIRETO
soube	**da** festa
precisou	**de** dinheiro

Há verbos que, dependendo do contexto, podem ter dois complementos: um introduzido sem uso da preposição e outro introduzido por preposição. São os verbos **transitivos diretos e indiretos**, ou **bitransitivos**. Seus complementos são o **objeto direto** e o **objeto indireto**. Veja:

VERBO BITRANSITIVO	OBJETO DIRETO	OBJETO INDIRETO
forneceu	as informações	**ao** público
deu	as máscaras	**a** mim

Quando um verbo é acompanhado de dois objetos, não há uma ordem fixa para dispor esses objetos na frase. Para diferenciar um do outro, é essencial identificar o complemento acompanhado de preposição e o que não tem preposição.

> **RELACIONANDO**
>
> Em textos literários, para evitar a repetição das palavras ou das expressões que complementam o verbo, empregam-se frequentemente pronomes pessoais do caso oblíquo na função de objeto direto ou indireto.

> **ANOTE AÍ!**
>
> Os verbos **intransitivos** têm sentido completo; logo, não precisam de complemento. Já os verbos **transitivos** requerem complemento, e podem ser **transitivos diretos**, **transitivos indiretos** ou **transitivos diretos e indiretos**. O complemento que se liga diretamente ao verbo é o **objeto direto**; o que se liga ao verbo por meio de preposição é o **objeto indireto**.

OS VERBOS DE LIGAÇÃO E O PREDICATIVO DO SUJEITO

Leia os exemplos a seguir.

> A mala **era** muito pesada.   O príncipe **ficou** surpreso.

Os verbos *ser* e *ficar*, nessas frases, não expressam uma ação. Eles ligam os sujeitos "A mala" e "O príncipe" a uma característica (muito pesada) ou um estado (surpreso). Esses verbos são denominados **verbos de ligação**. Entre os principais verbos de ligação, estão: *ser*, *continuar*, *estar*, *ficar*, *parecer*, *permanecer* e *tornar-se*.

A característica ou o estado que os verbos de ligação relacionam ao sujeito são classificados como **predicativos do sujeito**. Veja:

VERBO DE LIGAÇÃO	PREDICATIVO DO SUJEITO
era	muito pesada
ficou	surpreso

> **ANOTE AÍ!**
>
> Os **verbos de ligação** têm como função ligar um atributo (característica, estado, qualidade) ao sujeito. A palavra ou a expressão que representa esse atributo é denominada **predicativo do sujeito**.

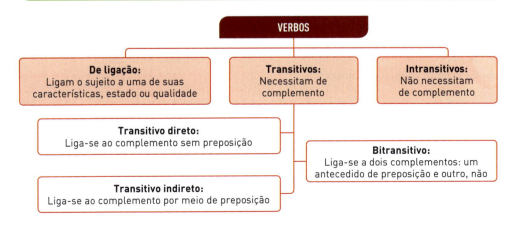

ATIVIDADES

RETOMAR E COMPREENDER

1. Leia as duas construções abaixo e explique, no caderno, se os complementos (ou objetos) destacados têm a mesma classificação. Justifique sua resposta.

   I. Precisava **de seu chapéu**.   II. Subiu para ir buscar **o chapéu**.

2. Releia esta passagem do conto:

   > Todos ficaram no corredor, **mirando**, **comentando**.

   a) Classifique os verbos destacados quanto à transitividade.
   b) Reescreva a frase acima, modificando a transitividade dos verbos.
   c) Classifique os verbos quanto à transitividade apresentada na reescritura.

3. Releia o trecho abaixo e observe os complementos do verbo em destaque.

   > **Mostrei**-lhe o relógio para que visse que o tempo estava passando.

   a) Qual é a classificação sintática do pronome *lhe*?
   b) Como se classifica o complemento *o relógio*?
   c) Quanto à transitividade, qual é a classificação do verbo em destaque?

4. Avalie o uso do pronome oblíquo *me* nos seguintes trechos do conto de enigma.

   > I. Os romances de Conan Doyle **me** deram o desejo de empreender alguma façanha no gênero das de Sherlock Holmes.
   > II. Ela estava tão nervosa que **me** abraçou e até beijou freneticamente.
   > III. Com a senhora, não; exijo que **me** entregue o anel.

   • No caderno, indique a função sintática desse pronome em cada construção.

APLICAR

5. A seguir, complete o trecho do conto "Os crimes da rua Morgue", de Edgar Allan Poe, com os predicativos do sujeito do quadro abaixo.

   > [...] Muitas pessoas têm sido interrogadas com relação a este caso extraordinário e terrível, mas nada transpirou até agora pra lançar alguma luz sobre ele. Publicamos abaixo o material fornecido pelas testemunhas.
   > [...] A vítima e sua filha moravam na casa onde seus cadáveres foram achados havia mais de seis anos. Antes o lugar era ocupado por um joalheiro, que sublocava os cômodos superiores a várias pessoas. A casa era ★. Ela ficara ★ com as ações do seu inquilino e daí mudou-se para lá, recusando-se a alugar qualquer parte. A velha senhora era ★. A testemunha viu a filha umas cinco ou seis vezes durante esses seis anos. As duas viviam uma vida bastante retirada — tinham reputação de estar bem financeiramente. [...]

   Edgar Allan Poe. Os crimes da rua Morgue. Em: *Histórias de crime e mistério*. 2. ed. São Paulo: Ática, 2002. p. 20-21.

   • caduca   • insatisfeita   • propriedade de Madame L'Espanaye

6. **APLICAR** Faça as **atividades interativas** para praticar seus conhecimentos.

A LÍNGUA NA REAL

A TRANSITIVIDADE VERBAL E A PRECISÃO DAS INFORMAÇÕES

1. Leia a tira.

Bill Watterson. *Calvin & Haroldo.*

a) No primeiro quadrinho, como a imagem revela a irritação de Calvin?
b) Como a imagem dele no último quadrinho indica que a irritação continua?
c) No último quadrinho, que elemento gráfico na fala reforça a irritação dele?
d) Pela tira, Calvin parece manter suas roupas em ordem? Explique.
e) O que surpreende o leitor e causa o humor da tira?
f) Na fala de Calvin no segundo quadrinho, a forma verbal *procurei* não tem complemento, mas o leitor consegue identificá-lo. Qual é? Como é possível saber?
g) O contexto da tira ajuda a explicitar a fala da personagem? Por quê?

2. Leia agora o início do conto "O alfaiate valente".

> Numa cidadezinha chamada Romandia, um alfaiate costurava sentado a uma mesa. Sobre a mesa, havia uma maçã madura em que um bando de moscas pousara, como costuma acontecer no verão. Enfurecido, o alfaiate puxou um pedaço de pano e com ele investiu sobre a maçã. Ao puxar o pano de volta, viu que tinha acertado e matado sete moscas. Ao ver as moscas de pernas para o ar, o alfaiate teve a ideia de costurar para si um cinturão e bordar nele em letras douradas a seguinte frase: "Acertei sete num só golpe". Depois, amarrou o cinturão à cintura e pôs-se a caminhar por ruas e vielas. Ao lerem o que estava escrito no cinturão, as pessoas pensavam que ele tivesse matado sete homens de uma vez, e por isso o temiam muito.

Jacob e Wilhelm Grimm. O alfaiate valente. Em: *Contos maravilhosos infantis e domésticos* [1812-1815]. São Paulo: Cosac Naify, 2012. p. 109.

a) Pelo cinturão, o que as pessoas imaginavam sobre o alfaiate? Se soubessem que, na verdade, ele havia matado sete moscas, teriam a mesma reação?
b) Na frase do cinturão, como se classifica o verbo *acertar* quanto à transitividade? O que faltou, no complemento, para que a informação fosse precisa?

ANOTE AÍ!

Na reprodução das falas de personagens em discurso direto, temos um **contexto de interação** fortalecido entre as personagens. Com isso, a escolha de complementos verbais se torna mais livre, podendo até ocorrer a omissão desses complementos. (Exemplo: "Onde está meu casaco?" "Eu tinha deixado aqui.") Já em textos em que não se quer deixar lacunas de subentendidos, é essencial selecionar bem as palavras usadas como objeto direto e/ou indireto para garantir a **precisão das informações** e a compreensão relativa a elas.

ESCRITA EM PAUTA

VÍRGULA ENTRE OS TERMOS DA ORAÇÃO

1. Leia o anúncio abaixo, criado em comemoração aos cem anos da Associação Brasileira de Imprensa (ABI).

Associação Brasileira de Imprensa. "Uma vírgula muda tudo", 2008.

NEM UMA E NENHUMA

Releia: "100 anos lutando para que ninguém mude **nem uma** vírgula da sua informação". Teria o mesmo sentido a construção: "100 anos lutando para que ninguém mude **nenhuma** vírgula da sua informação"?

É comum confundir as duas construções, e saiba que ambas estão corretas. Embora o som seja semelhante, os sentidos são diferentes:

Nenhuma: expressa indefinição; equivale a "qualquer", "alguma".

Nem uma: expressa quantidade (1); equivale a "sequer uma".

a) Como você justificaria o título do anúncio: "Uma vírgula muda tudo"?
b) Você considera esse anúncio adequado para um órgão que lida com a atividade jornalística? Por quê?
c) Compare as frases "Esse, juiz, é corrupto" e "Esse juiz é corrupto". Que mudança de sentido o emprego ou a ausência da vírgula promove?
d) Qual é a função sintática do substantivo *juiz* nas duas frases? Por que, em uma delas, essa palavra não pode ser classificada como sujeito?
e) Retome a construção "Isso, só ele resolve". Se o pronome demonstrativo *isso* viesse no final da frase, haveria vírgula depois de *resolve*? Por quê?

Não se usa vírgula entre o sujeito e o predicado (termos essenciais da oração), mesmo quando o sujeito é longo ou está depois do verbo. Isso também acontece entre o verbo de ligação e o predicativo do sujeito e entre os verbos e seus complementos.

ANOTE AÍ!

Não se emprega a vírgula entre os termos essenciais da oração: **sujeito e predicado**. Também não se emprega vírgula entre o **verbo e seus complementos**.

Veja agora uma situação em que o uso da vírgula é **obrigatório**.

Berna, 21 de abril de 1946.

nome de lugar — data

Fernando Sabino e Clarice Lispector. *Cartas perto do coração*. 8. ed. Rio de Janeiro: Record, 2011.

Na carta, separa-se a cidade da data por meio da vírgula. Assim, usa-se vírgula para isolar nomes de lugar, quando antepostos a uma data.

Leia esta frase:

O meu tio trabalha, **quer dizer**, trabalhava naquela rua.

— expressão explicativa

Expressões explicativas, como *quer dizer*, *por exemplo*, *isto é*, *ou seja*, *ou melhor*, etc., devem vir sempre isoladas por vírgulas.

Observe a seguir outro exemplo de uso da vírgula.

— sujeito composto

O advogado, o réu, o promotor, os jurados e o público levantaram-se diante do juiz.

Na oração acima, o sujeito composto tem cinco núcleos. Para separar palavras que têm a mesma função sintática na oração, usa-se a vírgula.

ANOTE AÍ!

Usa-se a **vírgula** para: separar nomes de lugar quando antepostos a datas; para isolar expressões explicativas; para separar palavras com a mesma função sintática na oração.

2. Reescreva as frases a seguir inserindo as vírgulas necessárias e justifique seu uso.

a) Era uma vez, uma família de ursos: o Pai Urso a Mãe Urso e o Pequeno Urso. Os três viviam no meio da floresta, em uma bela casinha.

b) Manaus 7 de abril de 2017.

c) Consumir alimentos nutritivos ou seja ricos em vitaminas faz bem à saúde.

3. APLICAR Faça as **atividades interativas** para praticar seus conhecimentos.

ETC. E TAL

Terror e *terrific*

Neste capítulo, você observou que os contos de terror são escritos para provocar emoções como medo e tensão. Eles se chamam contos de terror justamente porque *terror* significa "espanto", "horror". Essa palavra origina-se de outra – idêntica quanto à forma e ao sentido –, vinda do latim: *terror*.

Nem sempre, porém, palavras de línguas distintas, mas com forma e som semelhantes, têm sentido parecido. Por exemplo, em inglês há uma palavra que os falantes do português poderiam supor que se relaciona ao adjetivo *terrível*, e, assim, a *terror*. Essa palavra é *terrific*. Curiosamente, porém, ela caracteriza algo considerado muito bom. Assim, *terrific* significa "formidável", "sensacional". Fazendo uma brincadeira, quem gosta de histórias de terror pode dizer que um conto de terror também é *terrific*.

AGORA É COM VOCÊ!

CONTAÇÃO DE HISTÓRIA DE TERROR

PROPOSTA

No início deste capítulo, você leu um conto de terror e estudou suas principais características. Agora, você vai escolher uma história de terror emocionante para contar aos colegas, aos professores e aos funcionários da escola. O professor indicará o tempo de cada contação e, com a ajuda da turma, organizará uma maratona de contação de histórias de terror.

GÊNERO	PÚBLICO	OBJETIVO	CIRCULAÇÃO
Conto de terror	Professores e demais alunos do 8º ano e de outras turmas	Envolver emocionalmente os ouvintes, provocar medo e popularizar as histórias de terror	Maratona de contação de histórias de terror na escola

PLANEJAMENTO E ELABORAÇÃO

1. Formem grupos com três ou quatro integrantes. Combinem com o professor uma visita à biblioteca da escola para que vocês selecionem contos de terror interessantes para a contação. Se possível, consultem estas sugestões:
    - Luiz Roberto Guedes (Org.). *Histórias para não dormir*. São Paulo: Ática, 2009.
    - Hélène Montardre (Org.). *Medo*: histórias de terror. São Paulo: Companhia das Letrinhas, 2013.

2. Organizem a leitura dos contos entre os membros do grupo. Cada integrante deve selecionar o conto de que mais gostou e apresentá-lo aos colegas por meio da leitura em voz alta. Avaliem as opções de acordo com estes critérios:
    - A história é envolvente a ponto de manter a atenção dos ouvintes?
    - O suspense é um elemento essencial na narrativa?
    - O espaço e o tempo criam a atmosfera de conto de terror?
    - É possível ler o conto no tempo combinado para a contação?

3. Planejem a contação de acordo com as seguintes etapas:
    - Definam a função de cada integrante do grupo. Alguns vão contar a história, os demais poderão atuar como sonoplastas (responsáveis pelos efeitos sonoros), iluminadores, manipuladores de objetos, cenógrafos, etc.
    - Estipulem como a contação será feita: serão usados objetos ou fantoches como personagens ou alguns de vocês farão esses papéis? Haverá cenário ou alguma ambientação? Haverá música, projeção, efeitos sonoros?

4. Para contar bem a história, levem em consideração os passos a seguir.
    - Compreendam bem o conto que vão apresentar. Para isso, identifiquem os momentos da narrativa e o modo como o espaço e o tempo, entre outros elementos, contribuem para criar a atmosfera de terror.
    - Identifiquem as características do narrador e das personagens do conto: como são e como agem. Avaliem a possibilidade de adotar estilos de fala diferentes para o narrador e para cada uma das personagens.
    - Na contação, recursos sonoros e visuais devem ser utilizados para envolver o público na história por meio da voz, dos gestos, do cenário, etc.

Leandro Lassmar/ID/BR

- **COMPREENDER** Antes dos ensaios, vejam o recurso digital sobre **como narrar um conto de terror** para escolher os recursos mais adequados. Vejam outras dicas:

  - Tomem o fôlego necessário para o tamanho da frase a ser dita. Pronunciem bem as palavras, sem perder a naturalidade. Na fala, procurem considerar a pontuação do original, sobretudo no caso de perguntas e exclamações.

  - Narrem devagar as cenas de suspense, depois acelerem a contação. Tentem se conectar com as sensações vivenciadas pelas personagens.

  - Usem diferentes tons de voz: há momentos em que falar baixo e em seguida elevar o tom pode tornar o susto mais intenso.

MÚLTIPLAS LINGUAGENS

ANALISAR Agora, assistam a uma **contação de história de terror** para verificar de que modo essa apresentação pode ser feita. Ao analisarem esse recurso digital, observem:

1. Como são ditas as falas das personagens e do narrador? Por exemplo, há tons de voz diferentes para cada personagem? A fisionomia do contador ajuda a identificar as personagens? E seus gestos?

2. Em que momentos a voz do contador se eleva? Em quais se torna mais baixa?

3. Nas cenas de mais suspense, o ritmo é mais lento e pausado ou é acelerado?

4. Há cenário, sons ou música? O contador está caracterizado?

Nos ensaios, levem em consideração a análise da contação a que assistiram para ajustar os elementos que vão tornar sua história mais misteriosa e envolvente.

AVALIAÇÃO

❶ Façam um ensaio final e avaliem sua apresentação com base nestes critérios:

ELEMENTOS DA CONTAÇÃO DE HISTÓRIAS DE TERROR
A história tem uma sequência narrativa clara?
O contador atuou com naturalidade e está seguro em relação ao texto?
A dicção e a entonação do contador foram satisfatórias?
Os elementos complementares – objetos, iluminação, efeitos sonoros, figurino e cenário – funcionaram como o esperado?
Foram explorados os recursos de um conto de terror, como o suspense e a tensão?

❷ Definam os ajustes necessários para a contação e finalizem os preparativos.

CIRCULAÇÃO

❶ Na véspera da data da apresentação, façam os convites para a "Maratona de contação de histórias de terror" e os distribuam à comunidade escolar.

❷ Conforme combinado, montem o cenário, organizem todos os elementos de que vão precisar e, no momento adequado, caracterizem os contadores.

❸ Antes de iniciar a contação, informem o título do conto e seu autor. Ao final, agradeçam a presença do público.

❹ Se possível, filmem as apresentações para analisar os pontos que poderão ser aperfeiçoados em outra atividade como essa.

CLIMA DE TERROR

Uma atmosfera misteriosa é essencial para envolver o público na contação de histórias de terror. Assim, inspirados pela história que vocês vão contar, escolham elementos de figurino e objetos que contribuam para criar essa atmosfera. Por exemplo, se alguém fosse contar a história de Poe lida neste capítulo, usar uma capa vermelha ressaltaria essa cor essencial no conto, e espalhar máscaras de festa perto do contador, como se fossem as dos convidados do baile, também ajudaria a criar o clima. Trechos de música também podem colaborar para envolver o público nos momentos de maior suspense.

ATIVIDADES INTEGRADAS

Você vai ler a seguir um trecho da primeira história protagonizada por Sherlock Holmes, no livro de estreia de Sir Arthur Conan Doyle, de 1887.

Mr. Sherlock Holmes

[…] Enquanto ele falava, dobramos uma ruela estreita e passamos por uma portinha lateral que dava para uma ala do grande hospital. O terreno me era familiar e não precisei de guia quando subimos a fria escada de pedra e enveredamos pelo comprido corredor com sua perspectiva de paredes caiadas e portas pardacentas. Perto da outra ponta, abria-se uma passagem baixa e arqueada que levava ao laboratório químico.

Este era uma câmara de pé-direito muito alto, forrada e apinhada de incontáveis frascos. Mesas largas e baixas espalhavam-se por toda parte, eriçadas de retortas, tubos de ensaio e pequenos bicos de Bunsen, com suas trêmulas chamas azuis. Só havia na sala um estudante, debruçado sobre uma mesa distante e absorto em seu trabalho. Ao som de nossos passos ele deu uma olhada à sua volta e se levantou de um salto com uma exclamação de prazer. "Achei! Achei!", gritou para meu companheiro, correndo até nós com um tubo de ensaio na mão. "Encontrei um reagente que é precipitado por hemoglobina, e por mais nada." Se tivesse descoberto uma mina de ouro, um deleite maior não poderia ter resplandecido em seu semblante.

"Dr. Watson, mr. Sherlock Holmes", disse Stamford, apresentando-nos.

"Como vai?", disse ele cordialmente, apertando minha mão com uma força que eu dificilmente lhe teria atribuído. "Pelo visto, esteve no Afeganistão."

"Como diabos soube disso?", perguntei, estarrecido.

"Não importa", respondeu, com uma risadinha de si para consigo. "A questão agora é a hemoglobina. Percebe a importância desta minha descoberta, não é?"

"É interessante, quimicamente, sem dúvida", respondi, "mas na prática…"

"Ora, homem! É a mais prática descoberta médico-legal feita em anos. Não vê que ela nos proporciona um teste infalível para manchas de sangue? Venha aqui agora!" Em seu entusiasmo, agarrou-me pela manga do paletó e me arrastou até a mesa em que estivera trabalhando. "Arranjemos um pouco de sangue fresco", disse, enfiando um comprido estilete no dedo e colhendo a gota de sangue resultante com uma pipeta química. "Agora eu acrescento esta pequena quantidade de sangue a um litro d'água. Como vê, a mistura resultante tem a aparência de água pura. A proporção de sangue não pode ser mais que um para um milhão. Não tenho dúvida, entretanto, de que serei capaz de obter a reação característica." Enquanto falava, jogou num recipiente alguns cristais brancos e em seguida acrescentou algumas gotas de um fluido transparente. Num instante os conteúdos assumiram uma cor fosca de mogno e um pó amarronzado precipitou-se no fundo do frasco de vidro.

"Ahá!", exclamou ele, batendo palmas e parecendo tão encantado como uma criança com um brinquedo novo. "Que pensa disso?"

"Parece um teste muito sensível", observei.

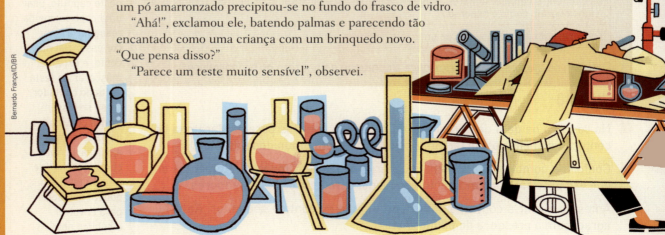

"Lindo! Lindo! O velho teste com guaiaco era muito grosseiro e duvidoso. O exame microscópico para corpúsculos de sangue também. Este último não tem nenhum valor se as manchas já tiverem algumas horas. Agora, isto aqui parece agir igualmente bem seja o sangue velho ou novo. Se este teste já tivesse sido inventado, centenas de homens que agora perambulam por aí já teriam pagado por seus crimes há muito tempo."

"Realmente!", murmurei.

"A todo momento, casos criminais dependem desse único ponto. Um homem torna-se suspeito de um crime meses depois, talvez, que ele foi cometido. Suas roupas de baixo ou outras peças são examinadas, e descobrem-se manchas amarronzadas nelas. São manchas de sangue, de lama, de ferrugem, de frutas ou o quê? Essa é uma pergunta que intrigou muitos especialistas, e por quê? Porque não havia um teste confiável. Agora temos o teste de Sherlock Holmes e não haverá mais nenhuma dificuldade."

Seus olhos brilhavam enquanto falava e, levando a mão ao peito, fez uma reverência, como se sua imaginação tivesse feito surgir por encanto uma multidão que o aplaudia.

[...]

Arthur Conan Doyle. *Um estudo em vermelho*. Tradução de Maria Luiza X. de A. Borges. Rio de Janeiro: Jorge Zahar, 2013. *E-book*.

ANALISAR E VERIFICAR

1. Esse texto se aproxima de um conto de enigma ou de um conto de terror? Por quê?

2. Nessa história, Sherlock Holmes já é um famoso detetive? Justifique.

3. Qual é a reação de Sherlock Holmes diante da descoberta? E a do dr. Watson?

4. Releia este trecho:

> "Achei! Achei!", gritou para meu companheiro, correndo até nós com um tubo de ensaio na mão.

a) Sem considerar todo o contexto, é possível saber o que Sherlock achou? Justifique.

b) Copie no caderno a frase que esclarece o item anterior e identifique qual é o complemento implícito do verbo *achar* no trecho acima.

5. Releia o último parágrafo do fragmento transcrito.

> Seus olhos **brilhavam** enquanto **falava** e, levando a mão ao peito, **fez** uma reverência, como se sua imaginação tivesse feito surgir por encanto uma multidão que o **aplaudia**.

- No contexto, qual é a classificação dos verbos destacados quanto à transitividade?

CRIAR

6. Na história, um homem é encontrado morto, com expressão de pavor, sem ferimentos, cercado de manchas de sangue. A polícia pede a ajuda de Sherlock para resolver o caso. Escreva no caderno um breve desenvolvimento da narrativa, apresentando a investigação feita pelo detetive e o desfecho do enigma.

7. Após ler os textos dos capítulos 1 e 2 desta unidade, você sentiu vontade de ler outros contos de enigma e de terror? Retome suas respostas para a pergunta **4** de Leitura da imagem e responda: Que benefícios a curiosidade traz a você no dia a dia?

---

bico de Bunsen: bico de gás, geralmente usado em laboratório, que permite controlar a entrada de ar que regula a temperatura da chama.

guaiaco: resina obtida pelo aquecimento da madeira da árvore de mesmo nome.

pardacento: que tem cor semelhante ao pardo (tonalidade escura).

pipeta: tubo de vidro usado em laboratórios para transferência de líquidos.

retorta: recipiente de gargalo estreito e curvo, usado para destilações.

IDEIAS EM CONSTRUÇÃO – UNIDADE 1

Gênero conto de enigma
- Reconheço a forma usual de composição de um conto de enigma: um enredo baseado em um mistério a ser desvendado por um detetive, com auxílio de pistas?
- Percebo a presença de valores sociais, culturais e humanos e de diferentes visões de mundo em textos narrativos ficcionais?
- Identifico, nos contos de enigma, personagens típicos, como detetive, criminoso, vítima e suspeitos? Crio essas personagens ao escrever um conto de enigma?
- Reconheço os momentos da narrativa em um conto de enigma e produzo um conto dessa natureza com essa organização?
- Identifico os recursos empregados na construção do suspense de um conto?
- Reconheço que a resolução do enigma deve ser inesperada e surpreender o leitor?
- Crio contos de enigma usando os conhecimentos sobre a estrutura e os recursos expressivos típicos desse gênero?

Gênero conto de terror
- Observo que, nos contos de terror, é importante apresentar ao leitor elementos sobrenaturais para despertar sensações de medo e de tensão?
- Identifico que a caracterização do tempo físico e psicológico e do espaço é importante para criar suspense?
- Participo de práticas de compartilhamento de leitura, fazendo contação de histórias e ouvindo a contação dos colegas atenciosamente?
- Leio em voz alta e fluentemente narrativas, respeitando o ritmo, as pausas e a entonação indicados pela pontuação?

Conhecimentos linguísticos
- Identifico verbos e seus complementos?
- Compreendo a língua como fenômeno cultural, histórico, social, variável, heterogêneo e sensível em seu contexto de uso?
- Diferencio os complementos diretos e os indiretos de verbos transitivos?
- Emprego a vírgula de acordo com as regras de pontuação?

VERIFICAR
Confira o **mapa de conteúdos** da unidade 1.

UNIDADE 2

NOVELA E ROMANCE DE FICÇÃO CIENTÍFICA

A ficção científica nos apresenta histórias com circunstâncias inovadoras, que envolvem a ciência e a tecnologia. Nesta unidade, você vai estudar trechos de uma novela e de um romance de ficção científica. Essas narrativas nos transportam para caminhos fascinantes, por vezes, assustadores, nos conduzindo a avanços tecnológicos desconhecidos ou até mesmo a situações inexplicáveis.

CAPÍTULO 1
A ciência
além do tempo

CAPÍTULO 2
Ciência e humanidade

PRIMEIRAS IDEIAS

1. Que aspecto atual da ciência você imagina que resultará em algo surpreendente no futuro e que poderia ser contado em uma história?

2. Que elementos uma história de ficção científica pode conter?

3. Por que a imaginação é um aspecto importante para a criação de histórias de ficção científica?

4. Que palavras, modificadoras de verbos, você utilizaria para revelar ao leitor que a história se passa em um tempo futuro? Justifique.

5. Compare e explique o sentido dos verbos *caçar* e *cassar* nas frases "O gato caçou o rato por toda a casa" e "O Congresso cassou o mandato do senador".

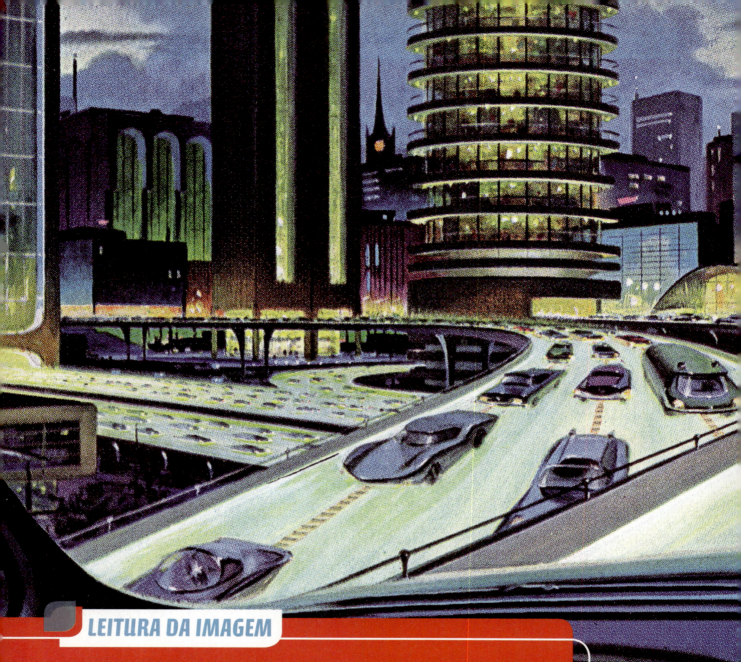

LEITURA DA IMAGEM

1. Em que ano você imagina que essa ilustração foi feita?
2. Essa imagem representa um tempo futuro? Justifique.
3. Quais são as cores predominantes nessa ilustração? Elas remetem a um ambiente frio ou caloroso? Por quê?
4. De qual perspectiva está sendo representada a imagem?
5. Essa imagem apresenta uma cidade sem natureza. Reflita sobre isso e responda: Por que as pessoas que vivem hoje são responsáveis pelas gerações futuras?
6. **ANALISAR** Veja algumas **imagens futuristas** como essa e aponte semelhanças e diferenças entre elas.

Representação de uma cena de trânsito futurista feita por autor desconhecido.

Capítulo 1
A CIÊNCIA ALÉM DO TEMPO

O QUE VEM A SEGUIR

A novela *O homem bicentenário* faz parte da série Robôs, que reúne histórias ligadas à robótica. No livro, é apresentada a trajetória de Andrew, um androide que passa por um processo de humanização e luta para ser reconhecido como ser humano. O trecho abaixo traz os capítulos finais dessa saga. Do que será que um robô precisa para ser reconhecido como humano?

TEXTO

O homem bicentenário

19.

Não foi uma luta direta. A Feingold & Martin aconselhou Andrew a ter paciência, coisa que ele, resmungando tristemente, disse que tinha até de sobra. A banca de advocacia iniciou, então, uma campanha para restringir e delimitar a área de ação.

Entraram com uma petição em que se afirmava que um indivíduo portador de prótese cardíaca ficava isento do pagamento de dívidas, com fundamento na asserção jurídica de que a posse de um órgão robótico o destituía da condição humana e, consequentemente, dos direitos constitucionais dos seres humanos. Lutaram de modo hábil e obstinado para provar esse ponto de vista, perdendo terreno a cada instante, mas sempre de tal forma que a sentença teve de ser a mais abrangente possível e depois, então, apresentaram recurso perante o Tribunal Mundial.

Isso levou anos e vários milhões de dólares.

Proferida a sentença definitiva, DeLong ofereceu o que equivalia a uma comemoração de vitória por causa da derrota legal. Andrew, naturalmente, encontrava-se presente no escritório da corporação, onde se festejava a ocasião.

— Conseguimos duas coisas, Andrew — disse DeLong —, ambas <u>alvissareiras</u>. Antes de mais nada, ficou determinado que, qualquer que seja a quantidade de membros artificiais que exista no corpo humano, isso não impede que continue a ser considerado como tal. E, em segundo lugar, conquistamos o apoio incondicional da opinião pública a favor de uma ampla interpretação do que vem a ser um homem, já que não há nenhuma criatura que não conte com próteses para se manter viva.

— E você acha que a Legislatura agora vai me conceder a condição humana? — perguntou Andrew.

DeLong pareceu meio constrangido.

— Quanto a isso, não me atrevo a ser otimista. Ainda resta o único órgão que o Tribunal Mundial usa como critério para determinar a condição humana. Os homens têm um cérebro celular orgânico, ao passo que o dos robôs, quando existe, é positrônico e de platinirídio; e o teu, sem a menor sombra de dúvida, está nesse caso. Não, Andrew, não faça essa cara. Nós não dispomos de meios para copiar o trabalho de um cérebro celular em estruturas artificiais, de maneira tão idêntica ao do tipo orgânico que possa se enquadrar na sentença do tribunal. Nem você mesmo seria capaz de conseguir isso. […]

alvissareiro: que é promissor, de bom agouro.

platinirídio: minério de platina (metal precioso) aliado com o irídio (elemento químico metálico).

20.

A congressista Li-hsing tinha envelhecido bastante desde a primeira entrevista concedida a Andrew. Não usava há muito tempo aquelas roupas transparentes. O cabelo estava cortado bem curto e o traje era cilíndrico. Apesar disso, Andrew se conservava ao máximo possível dentro dos limites do bom gosto, fiel ao estilo de roupa que resolvera adotar há um século atrás.

— Não dá para se fazer mais do que já se fez, Andrew — admitiu Li-hsing. — Vamos tentar outra vez depois do recesso parlamentar, mas, para ser franca, a derrota vai ser inevitável e aí então teremos que desistir por completo. Todos os meus esforços mais recentes só contribuíram para a certeza de que não serei reeleita na campanha para os cargos legislativos.

— Eu sei — disse Andrew —, e isso me preocupa muito. […]

— Conseguimos abalar a opinião de todos com que era possível contar. O resto, a maioria, vai se manter inabalável nas suas antipatias emocionais.

— Antipatia emocional não se constitui motivo válido para votar assim ou assado.

— Eu sei disso, Andrew, mas o problema é que eles não apresentam a antipatia emocional como motivo.

— Tudo se reduz no cérebro, então — disse Andrew, cauteloso. Mas será que a gente precisa reduzir tudo a uma simples questão de células em contraposição a pósitrons? Não existe um modo de forçar uma definição funcional? Será que preciso dizer que um cérebro se compõe disto ou daquilo? Por que não se diz que ele é uma coisa, seja lá qual for, capaz de um determinado nível de raciocínio? […]

— Com todos os anos de vida que tem — comentou Li-hsing com tristeza —, você não desiste de querer compreender o ser humano. Pobre Andrew, não fique brabo comigo, mas é o seu caráter de robô que insiste em te levar nessa direção.

— Sei lá — retrucou Andrew. — Se ao menos eu pudesse… […]

21.

A sensação de fraqueza de Andrew, segundo ele, era apenas imaginária. Tinha se recuperado da operação. Mesmo assim encostou-se, da maneira mais discreta possível, na parede. Se sentasse, não poderia dissimular.

— O voto decisivo será nesta semana, Andrew — disse Li-hsing. — Não consegui continuar adiando por mais tempo, e é certo que vamos perder. Depois disso, não tem mais condições, Andrew.

— Me sinto muito grato pela tua habilidade em protelar. Me deu o prazo que precisava e me arrisquei a fazer o que queria.

— Que risco foi esse? — perguntou Li-hsing, já francamente preocupada.

— Não podia contar a você nem ao pessoal da Feingold & Martin. Tinha certeza de que não iriam consentir. Veja só, se o que está em jogo é o cérebro, tudo não se resume numa questão de imortalidade? Ninguém liga a menor importância para o aspecto, a origem ou o modo de se fazer um cérebro. O que importa é que as células do cérebro humano morrem, têm de morrer. Mesmo que todos os outros órgãos do corpo se conservem ou sejam substituídos, as células cerebrais, que não podem ser trocadas sem modificar e, portanto, matar a personalidade, com o tempo acabam morrendo.

"O meu próprio comportamento positrônico já durou quase dois séculos sem nenhuma modificação perceptível e é capaz de durar muito mais ainda. Não é essa a objeção fundamental? A humanidade pode tolerar um robô imortal, porque pouco importa quanto tempo a máquina dure, mas não pode tolerar um homem imortal, uma vez que a própria mortalidade só é sustentável na medida em que for geral. E por esse motivo não concordam com minha exigência de me tornar humano."

— Aonde é que você quer chegar, Andrew? — perguntou Li-hsing.

— Acabei com esse problema. Décadas atrás, o meu cérebro positrônico foi ligado a nervos orgânicos. Agora, uma última operação conseguiu dar um jeito para que essa ligação, aos poucos, paulatinamente, perdesse esse potencial do meu comportamento. […]

— Andrew, isso não vai dar certo! Troca de novo.

— Impossível. Os danos foram enormes. Tenho um ano para viver, mais ou menos. Vou sobreviver até festejar meu bicentenário. Não tive forças para protestar contra essa condição. […]

22.

É estranho como o mundo se deixou impressionar com aquela última façanha. Tudo o que Andrew tinha feito até então nunca abalara ninguém. Mas havia finalmente concordado com a própria morte para chegar à condição humana e o sacrifício era grande demais para ser ignorado.

A cerimônia final foi marcada, de modo absolutamente proposital, para coincidir com o bicentenário. O presidente do Mundo devia assinar o ato, convertendo em lei a vontade do povo. A cerimônia seria transmitida em rede mundial, alcançando o estado Lunar e até a colônia marciana.

Andrew andava de cadeira de rodas. Ainda estava em condições de poder caminhar, mas de modo muito precário.

— Há cinquenta anos — disse o presidente diante de toda humanidade —, você foi proclamado o Robô Sesquicentenário, Andrew. — Fez uma pausa e depois, em tom mais solene, continuou: — Hoje nós o proclamamos Homem Bicentenário, Mr. Martin.

E Andrew, sorridente, estendeu a mão para apertar a do presidente.

Isaac Asimov. *O homem bicentenário*. Tradução de Milton Persson. Porto Alegre: L&PM, 1997. p. 73-81.

O PAI DOS ROBÔS

Isaac Asimov (1920-1992) foi escritor e bioquímico russo, naturalizado estadunidense, considerado um dos maiores autores de ficção científica da história. Em sua extensa obra (foram mais de quinhentos títulos publicados na carreira), há livros sobre robôs e viagens espaciais, ciência e tecnologia, inovação e o futuro da humanidade.

↑ O autor Isaac Asimov em foto da década de 1980.

TEXTO EM ESTUDO

PARA ENTENDER O TEXTO

1. Após a leitura, responda: O que foi preciso para que Andrew passasse a ser considerado humano? A hipótese que você formulou antes da leitura se confirmou?

2. Que objetivo move Andrew? Que medida ele toma inicialmente para alcançá-lo?

3. Releia o trecho a seguir.

> — Quanto a isso, não me atrevo a ser otimista. Ainda resta o único órgão que o Tribunal Mundial usa como critério para determinar a condição humana. Os homens têm um cérebro celular orgânico, ao passo que o dos robôs, quando existe, é positrônico e de platinirídio; e o teu, sem a menor sombra de dúvida, está nesse caso. Não, Andrew, não faça essa cara. Nós não dispomos de meios para copiar o trabalho de um cérebro celular em estruturas artificiais, de maneira tão idêntica ao do tipo orgânico que possa se enquadrar na sentença do tribunal. Nem você mesmo seria capaz de conseguir isso. [...]

a) Escreva com suas palavras a distinção legal entre humanos e robôs apresentada pelo advogado DeLong.

b) Na fala de DeLong, fica implícito que Andrew expressou algum sentimento com o olhar. Que sentimento você imagina que Andrew deixou transparecer?

4. Releia a última fala de Andrew no capítulo 20.

> — Sei lá — retrucou Andrew. — Se ao menos eu pudesse… [...]

a) Após essa fala, há um salto temporal na narrativa. O que Andrew faz no intervalo de tempo entre as conversas com Li-hsing?

b) Que justificativa Andrew apresenta para ter se submetido a isso?

> **ANOTE AÍ!**
>
> Nas histórias de ficção científica, a **ciência** é o **pano de fundo** para o desenvolvimento do **enredo**.

5. No início do texto, Andrew afirma ter paciência "até de sobra". É possível associar essa afirmação com o fato de Andrew ser, naquele momento, imortal?

6. Como podemos interpretar o impacto da declaração final do presidente do Mundo para Andrew?

7. Justifique o título da história. De que maneira ele antecipa seu desfecho?

A VEROSSIMILHANÇA

8. Releia, no capítulo 21, o trecho entre o terceiro e o sexto parágrafos.

a) Indique a expressão desse trecho que revela que o texto é de ficção científica.

b) Procure no restante do texto outras expressões que se relacionam à ficção científica e cite-as.

c) O uso dessas expressões auxiliou você a se ambientar na realidade criada pela narrativa? Por quê?

O CÉREBRO POSITRÔNICO

O cérebro positrônico é um conceito tecnológico ficcional inventado por Isaac Asimov para se referir ao cérebro de robôs dotado de inteligência artificial, formado por um sistema que produz e elimina pósitrons (partículas elementares cuja descoberta, por volta de 1930, representou um importante avanço científico). Os cérebros positrônicos foram utilizados em diversas obras posteriores a Asimov, como nas séries *Jornada nas Estrelas* e *Doctor Who* e nos quadrinhos *Os Vingadores* (Marvel).

9. Ainda sobre o trecho entre o terceiro e o sexto parágrafos do capítulo 21, responda às seguintes questões:

a) A maneira que Andrew encontra para ser reconhecido como humano é defendida por meio de uma conclusão a que ele chega: para se humanizar, ele teria de se tornar mortal. Você concorda com essa conclusão de Andrew? Justifique sua resposta.

b) Para tornar-se humano, Andrew renuncia à imortalidade. Caso passasse por uma situação parecida, você preferiria viver uma existência infinita ou viver da maneira como deseja?

> ### ANOTE AÍ!
>
> Os fatos e os eventos de uma **narrativa de ficção** não são necessariamente reais, mas devem se conectar de maneira que sejam **convincentes ao leitor**, ou seja, de maneira que haja uma coerência. Portanto, o que importa não é a veracidade dos fatos narrados, mas a **verossimilhança**, isto é, a **coerência interna da obra artística**, que dá a impressão de realidade.
>
> Na ficção científica, a verossimilhança é construída por meio da **base científica** de alguns conceitos e das justificativas em torno dos **elementos imaginários** que surgem na obra.

O CONTEXTO DE PRODUÇÃO

10. Em sua opinião, histórias sobre robôs com características humanas são tão impactantes hoje como foram na época da publicação do livro, em 1976? Justifique sua resposta.

11. Em 1969, o homem chegou à Lua pela primeira vez. A época foi marcada por uma intensa corrida espacial, na qual cientistas buscavam o desenvolvimento de tecnologias que possibilitassem viagens ao espaço. De que forma esse contexto está representado no texto lido?

12. Em 1964, Isaac Asimov publicou um artigo no jornal *The New York Times* fazendo algumas previsões para 2014. Veja, a seguir, algumas das previsões feitas pelo autor.

> As comunicações serão audiovisuais e uma pessoa poderá não só escutar, mas também ver a pessoa que a telefona [sic].
>
> Quanto à televisão, as telas de parede substituirão os equipamentos de hoje, mas também aparecerão cubos transparentes que tornarão possível a visão em três dimensões.

Kim Gittleson. BBC Brasil, 22 abr. 2014. Disponível em: <http://www.bbc.com/portuguese/noticias/2014/04/140422_isaac_asimov_previsoes_rb>. Acesso em: 18 set. 2018.

a) A previsão das videochamadas, ou seja, da chamada telefônica com som e vídeo, mostrou-se correta para a contemporaneidade? Como esse avanço se deu?

b) Quanto à televisão, o que realmente aconteceu e o que não se concretizou em relação à previsão de Asimov?

c) Em sua opinião, essas "previsões" são importantes nas obras de ficção científica? Por quê?

> ### ANOTE AÍ!
>
> As narrativas de **ficção científica** utilizam como base a **tecnologia** existente na época em que são produzidas, mas **projetam para o futuro** possíveis avanços e desenvolvimentos científicos e tecnológicos.

○ SÉTIMA ARTE

O homem bicentenário. **Direção: Chris Columbus. EUA, 1999 (132 min).**
A história de Isaac Asimov foi adaptada para o cinema e teve o ator Robin Williams no papel do robô Andrew.

A LINGUAGEM DO TEXTO

13. Leia, abaixo, expressões que caracterizam Andrew como robô. Depois, copie o quadro no caderno e complete-o com a correspondência humana dessas características, de acordo com o texto.

Características robóticas	Características humanas
cérebro positrônico e pósitrons	
fabricação	
imortalidade	

> **ANOTE AÍ!**
>
> O uso e a explicação dos **conceitos científicos** tornam os textos de ficção científica mais ricos em termos de **caracterização**. De forma geral, os conceitos devem ser explicados no interior da trama ao leitor leigo.

14. Releia os trechos a seguir e, em seguida, faça o que se pede.

> I. Isso **levou anos** e vários milhões de dólares.
>
> II. A congressista Li-hsing **tinha envelhecido bastante** desde a primeira entrevista concedida a Andrew. Não usava **há muito tempo** aquelas roupas transparentes. O cabelo estava cortado bem curto e o traje era cilíndrico. Apesar disso, Andrew se conservava ao máximo possível dentro dos limites do bom gosto, fiel ao estilo de roupa que resolvera adotar **há um século atrás**.
>
> III. — **Há cinquenta anos** — disse o presidente diante de toda humanidade —, você foi proclamado o Robô **Sesquicentenário**, Andrew. — Fez uma pausa e depois, em tom mais solene, continuou: — Hoje nós o proclamamos Homem **Bicentenário**, Mr. Martin.
> E Andrew, sorridente, estendeu a mão para apertar a do presidente.

- Nos três trechos, assim como no texto integral da novela, há dominância dos verbos no tempo passado. No entanto, Andrew viveu muitas experiências em momentos diferentes. Como os termos destacados auxiliam a organizar a história da personagem?

> **ANOTE AÍ!**
>
> Os textos narrativos apresentam recursos que estabelecem vínculo entre as palavras, as orações e as partes do texto: os **recursos coesivos**. Entres eles, existem aqueles responsáveis pela **progressão textual**, ou seja, pelo estabelecimento de relações entre as partes do texto. Eles são responsáveis, por exemplo, pelos vínculos de **tempo** estabelecidos em uma narrativa, que ajudam o leitor a compreender a progressão temporal da história.

LUTA POR IGUALDADE

A trajetória de Andrew revela sua busca por ser oficialmente declarado humano. A luta por igualdade e reconhecimento legal de seus direitos fez parte da história de diversos grupos sociais. Com base nessa reflexão, responda:

1. Com quais lutas por direitos civis podemos comparar a trajetória de Andrew?
2. Você concorda que a negação de direitos civis a um indivíduo pode ser equivalente a retirar-lhe sua humanidade? Comente.

TAMANHO É DOCUMENTO?

O homem bicentenário é uma novela. Você sabe diferenciar uma novela de um conto ou de um romance? Veja, a seguir, as características gerais de cada um.

Conto: narrativa breve e concisa que contém apenas um conflito, uma única ação, só uma unidade de tempo e número restrito de personagens.

Novela: narrativa breve, porém maior do que o conto e menor do que o romance, que apresenta concentração temática em um número restrito de personagens.

Romance: prosa mais longa, com maior complexidade narrativa, maior profundidade do estudo psicológico das personagens e ritmo narrativo mais lento.

49

UMA COISA **PUXA OUTRA**

Robôs, androides e humanoides no cinema e na televisão

As histórias de ficção científica sempre tiveram espaço no cinema e na televisão, tanto pela adaptação de livros como pela criação de roteiros originais. Não é de surpreender que, nesse universo, diversos robôs, androides e humanoides tenham entrado em cena e conquistado os espectadores.

1. Observe as imagens abaixo e compare as personagens.

↑ Robôs NS-5, em cena do filme *Eu, Robô* (2004), direção de Alex Proyas.

↑ WALL-E, do filme de animação *WALL-E* (2008), direção de Andrew Stanton.

↑ C3PO e R2D2, da saga *Star Wars* (1977), direção de George Lucas.

↑ Andrew, em cena do filme *O homem bicentenário* (1999), direção de Chris Columbus.

a) Em sua opinião, qual dos seres robóticos representados nas imagens mais se aproxima visualmente dos humanos? Justifique.

b) Entre os robôs apresentados, existe algum que parece mais futurista? Em sua opinião, a data em que ele foi criado influencia esse aspecto?

c) A semelhança com os humanos também pode ocorrer pelo aspecto emocional. Com base na observação das fotos, qual robô parece se aproximar mais de um ser humano? Por quê?

ANDREW E WALL-E

Andrew, em *O homem bicentenário*, luta para ser reconhecido como humano e, para isso, procura se parecer fisicamente com uma pessoa e se afastar das características robóticas. WALL-E, por sua vez, embora distante do visual humano, apresenta uma característica que o aproxima de Andrew: a capacidade de sentir. Em uma das famosas cenas do filme, o pequeno robô assiste a uma cena do musical *Hello, Dolly!*. Pela expressão que surge no olhar da personagem, é possível perceber sua emoção diante do filme.

● SÉTIMA ARTE

WALL-E. Direção: Andrew Stanton. EUA, 2008 (98 min).

Criado no ano de 2100 para a heroica missão de limpar a Terra, o prestativo robô WALL-E é o último da sua linha a se manter em atividade no ano de 2815, quando a Terra já é um planeta abandonado e coberto pelo lixo.

2. No desenho *Os Jetsons* (1962-1963 e 1984-1987), há uma personagem robô, Rosie, responsável pelas atividades domésticas da família. Ela é introduzida, logo no primeiro episódio, como um robô do modelo XB-500. Na verdade, em pouco tempo, os Jetsons percebem que ela é um robô antigo, porém muito inteligente. Observe-a na imagem a seguir e responda às questões.

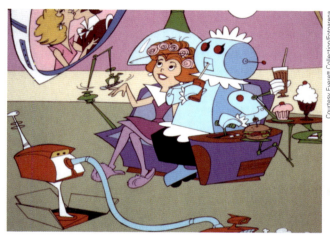

← Jane Jetson e Rosie, robô do desenho animado *Os Jetsons*.

a) A caracterização visual de Rosie apresenta elementos humanos e robóticos. Cite alguns deles, separando-os nesses dois grupos.

b) Há um detalhe em Rosie que caracteriza a função que ele exerce. Que detalhe é esse?

c) Na imagem, Rosie parece ter atitudes mais humanas ou mais robóticas? Justifique.

3. Um dos marcos da ficção científica, tanto da literatura quanto do cinema, é a história do dr. Frankenstein, que cria um ser vivo monstruoso juntando partes de cadáveres. De autoria da britânica Mary Shelley, a obra, de 1818, é considerada uma das primeiras ficções científicas da literatura. Compare a imagem do monstro de Frankenstein com a de Andrew. Isaac Asimov (caso fosse contemporâneo de Mary Shelley) poderia ter criado Andrew em 1818? Converse com os colegas e, depois, escreva suas conclusões.

← Cena do filme *Frankenstein* (1931), direção de James Whale. A foto mostra a criatura gerada pelo cientista.

51

LÍNGUA EM ESTUDO

ADJUNTO ADVERBIAL

1. Leia os trechos abaixo, retirados de *O homem bicentenário*.

   > I. Andrew, naturalmente, encontrava-se presente no escritório da corporação, onde se festejava a ocasião.
   > II. Décadas atrás, o meu cérebro positrônico foi ligado a nervos orgânicos.

   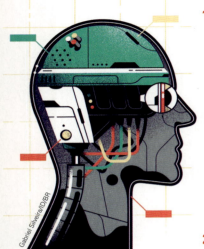

   a) No item I, que expressão faz referência a uma circunstância de lugar?
   b) No item II, que função a expressão "décadas atrás" tem na frase?
   c) As frases acima teriam o mesmo sentido sem as expressões dos itens *a* e *b*?
   d) A que palavras se ligam essas expressões?
   e) A que classe gramatical pertencem as palavras às quais as expressões identificadas se ligam?

2. Agora, releia o seguinte trecho:

   > Lutaram **de modo hábil e obstinado** para provar esse ponto de vista.

   a) Explique a circunstância expressa pelo trecho destacado acima.
   b) Reescreva o trecho no caderno eliminando a expressão "de modo" e faça as demais adequações necessárias, mas sem inserir novas palavras à frase (modifique apenas as que já constam dela).

   ### ANOTE AÍ!

   As expressões que indicam as **circunstâncias** de um fato expresso por um **verbo** em uma oração são chamadas de **adjuntos adverbiais**. Entre os tipos mais comuns de adjuntos adverbiais, estão os **adjuntos adverbiais de tempo** ("décadas atrás"), **de lugar** ("no escritório da corporação") e **de modo** ("de modo hábil e obstinado").

3. Leia a oração a seguir.

   > [...] nós o proclamamos Homem Bicentenário.

   a) Copie o quadro abaixo no caderno e preencha-o com adjuntos adverbiais que poderiam ser usados para adicionar informações à oração.

Adjunto adverbial de lugar	
Adjunto adverbial de tempo	
Adjunto adverbial de modo	

   b) Reescreva a frase "nós o proclamamos Homem Bicentenário", utilizando um adjunto adverbial de cada tipo, com o objetivo de adicionar informações à oração, deixando-a mais completa.

   ### ANOTE AÍ!

   A função sintática de **adjunto adverbial** é desempenhada por **advérbios** e por **locuções adverbiais** (expressões formadas por preposição + substantivo, equivalentes a um advérbio).

4. Observe as orações abaixo.

> I. O robô parece *muito* **feliz**.
>
> II. O robô acordou *muito* **cedo**.

- Nas duas orações, o sujeito está expresso por "O robô", e a parte restante é o predicado. Agora, responda às questões.
    - a) As palavras destacadas em negrito são modificadas pelo advérbio *muito*. A que classe gramatical elas pertencem?
    - b) Qual é a função da palavra *muito* nas orações acima?
    - c) Com base nas respostas aos itens acima, além do verbo, que outras classes gramaticais podem ser modificadas por um advérbio?
    - d) Quais outros advérbios de intensidade podem ser usados no lugar de *muito*, mantendo o sentido da oração?

> **ANOTE AÍ!**
>
> O adjunto adverbial se liga normalmente ao **verbo**, mas também pode estar ligado a um **adjetivo** ou a um **advérbio** (intensificando ou modificando seu sentido).

Além de circunstâncias de tempo, lugar, modo e intensidade, os adjuntos adverbiais podem expressar uma variedade de outras circunstâncias, conforme mostra o quadro a seguir.

CIRCUNSTÂNCIA	EXEMPLO
Lugar	O robô entrou **na sala**.
Tempo	**Amanhã** faremos uma viagem espacial.
Modo	O androide levantou **calmamente** da cadeira.
Intensidade	As ligações positrônicas eram **demasiadamente** complexas.
Negação	Os viajantes do tempo **não** conseguiram retornar para casa.
Afirmação	Eles **certamente** terão problemas para consertar o defeito no motor da nave.
Dúvida	**Talvez** ele seja de outro planeta.
Causa	**Com a cirurgia**, o robô tornou-se humano.
Instrumento	Protegia-se das negativas **com inteligência**.

A POSIÇÃO DO ADJUNTO ADVERBIAL NA ORAÇÃO

5. Releia a seguinte oração:

> Vamos tentar outra vez **depois do recesso parlamentar**.

- a) Em que posição está o adjunto adverbial de tempo?
- b) Reescreva a frase colocando o adjunto adverbial em outra posição possível.
- c) Você usou vírgula quando mudou o adjunto adverbial de posição? Explique.

> **ANOTE AÍ!**
>
> A **ordem direta** de uma oração é: sujeito + verbo + complemento, podendo-se adicionar um adjunto adverbial ao final. Em geral, **adjuntos adverbiais** podem aparecer em diversas posições na oração e separados por **vírgula(s)** para dar **destaque à informação** introduzida por ele.

> **RELACIONANDO**
>
> Os adjuntos adverbiais são ferramentas importantes em diversos gêneros. No interior do universo de sentido, próprio da ficção científica, eles contribuem para especificar lugares extraordinários, modos extravagantes ligados a seres estranhos, efeitos lúgubres ou simplesmente desconcertantes no ambiente em geral. Volte ao trecho de *O homem bicentenário* e procure observar como os adjuntos adverbiais contribuem para a construção do ambiente de ficção científica da narrativa.

ATIVIDADES

RETOMAR E COMPREENDER

1. Leia um trecho do livro *Contato* em que a personagem Ellie mexe em um rádio.

> Havia dentro do vidro um quadrado metálico, ligado a fios pequeníssimos. A eletricidade corre pelos fios, pensou ela vagamente. Primeiro, entretanto, precisava entrar na lâmpada. Um dos dentes parecia torto, e com um pouco de esforço ela conseguiu endireitá-lo. Recolocando a lampadazinha no lugar e tornando a ligar o aparelho à tomada, ela ficou feliz ao vê-la começar a brilhar, e um mar de estática se agitou em torno dela.

Carl Sagan. *Contato*. Tradução de Donaldson M. Garschagen.
São Paulo: Companhia das Letras, 2008. p. 3.

a) Considere a frase "Havia um quadrado metálico". Para identificar a circunstância de lugar, que pergunta deve ser feita?

b) Qual é a resposta para a pergunta que você formulou no item *a*?

c) Qual é a função sintática da sua resposta ao item *b*?

d) Encontre o adjunto adverbial de modo no segundo período do trecho. A que palavra esse adjunto adverbial se liga?

APLICAR

2. Leia o trecho de notícia a seguir.

> Antes das 6h da manhã desta sexta-feira (10), a estudante Gabrielle Lisboa acordou, tomou café, mas não foi para a aula de pedagogia como faz todas as manhãs.
>
> Com o consentimento da mãe, ela foi direto para a porta do Shopping Crystal, no centro de Curitiba, para ser a primeira das centenas de pessoas que formaram fila para comprar ingressos do *show* de Ed Sheeran, o astro *pop* britânico que sobe ao palco da Pedreira Paulo Leminski para uma única apresentação no dia 23 de maio. [...]
>
> "Na última vez que ele veio [em 2015] eu não consegui comprar e fiquei **muito** triste. **Desta vez** quis garantir. Em vez de ir pra aula, vim pra cá. **Depois** eu recupero a matéria que perdi", disse.

Sandro Moser. Centenas de fãs fazem fila para comprar ingressos para o *show* de Ed Sheeran. *Gazeta do Povo*, Curitiba, 10 mar. 2017. Disponível em: <http://www.gazetadopovo.com.br/caderno-g/musica/centenas-de-fas-fazem-fila-para-comprar-ingressos-para-o-show-de-ed-sheeran-b4zkt8cdlmcsnta1jqfftqpxp>. Acesso em: 18 set. 2018.

a) Copie no caderno duas expressões que indicam circunstância de tempo no primeiro parágrafo e, em seguida, classifique-as.

b) Indique as ações que essas expressões localizam temporalmente.

c) Identifique no segundo parágrafo duas expressões que indicam circunstância de lugar.

d) Na oração "ela foi direto para a porta do Shopping Crystal", qual é a função sintática da palavra *direto*?

e) No período "eu não consegui comprar e fiquei muito triste", indique a função sintática das palavras *não* e *muito*.

f) Reescreva no caderno o último parágrafo, substituindo as expressões destacadas por outros advérbios que indiquem as mesmas circunstâncias.

3. **APLICAR** Faça as **atividades interativas** para praticar seus conhecimentos.

A LÍNGUA NA REAL

OS ADJUNTOS ADVERBIAIS E A EXPRESSIVIDADE

1. Leia o trecho a seguir, que trata da natureza do trabalho excepcional do robô Andrew em comparação ao de um cirurgião humano.

> O seu trabalho não admitia hesitações, nem tropeços, tremores ou erros. Essa confiança em si mesmo, **naturalmente**, provinha da especialização, uma aspiração tão **ardentemente** desejada pela humanidade que raros robôs continuavam dotados de cérebros autônomos. Como esse cirurgião, por exemplo. Só que possuía uma capacidade de inteligência tão limitada que nem reconheceu Andrew e, **provavelmente**, jamais ouvira falar nele.

> Isaac Asimov. Tradução de Milton Persson. *O homem bicentenário.*
> Porto Alegre: LP&M, 1997. p. 10-11.

a) No trecho acima, qual é a função sintática das palavras destacadas?

b) Qual dessas palavras está sendo usada para caracterizar o modo ou o estado de uma ação no trecho?

c) Qual dos adjuntos adverbiais está sendo usado para expressar um palpite ou uma possibilidade? Dê um exemplo de palavra com sentido similar.

d) O adjunto adverbial do item *c* indica uma suposição de Andrew ou do narrador sobre o cirurgião humano?

e) A palavra *naturalmente* indica que o fato narrado em seguida é uma consequência lógica do fato narrado anteriormente. De que modo ela se assemelha à palavra *provavelmente*?

2. Leia este trecho de notícia:

Em Londres, áreas verdes compensam o trânsito pesado

Numa primeira visita, a densa malha viária que forma Londres pode dar a impressão de ser impenetrável: não há um centro único para servir como orientação, e sim diferentes áreas de interesse.

Felizmente, os tons de cinza e marrom e o trânsito intenso são devidamente aliviados pela abundância de parques, praças e áreas verdes espalhados pela cidade, como o Hyde Park e o mais bucólico Hampstead Heath, todos bem mantidos. […]

> Pedro Carrilho. Em Londres, áreas verdes compensam o trânsito pesado. *Folha de S.Paulo*,
> São Paulo, 24 abr. 2008. Disponível em: <http://www1.folha.uol.com.br/fsp/turismo/
> fx2404200801.htm>. Acesso em: 18 set. 2018.

a) Nos textos jornalísticos, evitam-se expressões como "em minha opinião", "eu acho", etc. Com base no trecho acima, responda: Isso é suficiente para tornar o texto isento de opinião, isto é, puramente informativo e objetivo?

b) Que palavra revela a opinião de que, apesar de possuir características negativas, o trânsito de Londres é compensado por um fator positivo da cidade?

c) Qual é a função sintática dessa palavra na oração?

> **PERGUNTE PARA ENCONTRAR**
>
> Para encontrar adjuntos adverbiais de lugar, pergunte "onde?". Para encontrar adjuntos adverbiais de tempo, pergunte "quando?". Para encontrar adjuntos adverbiais de modo, pergunte "como?".

ANOTE AÍ!

Alguns **adjuntos adverbiais** são utilizados para caracterizar uma **atitude do emissor**. Esses adjuntos adverbiais não se ligam unicamente ao verbo e a seu complemento, ou a um adjetivo ou advérbio, mas à **oração inteira**.

Na notícia, gênero que procura a **imparcialidade**, o adjunto adverbial muitas vezes revela a **opinião do jornalista** sobre o assunto, intencionalmente ou não.

55

AGORA É COM VOCÊ!

ESCRITA DE CONTO DE FICÇÃO CIENTÍFICA (PARTE 1)

VIAGEM NO TEMPO: CIÊNCIA OU FICÇÃO?

Um tema recorrente nas histórias de ficção científica é a viagem no tempo. Mas o que a ciência tem a dizer sobre isso? Alguns físicos e cosmologistas – profissionais que estudam o tempo e o Universo – acreditam que, pelo menos em teoria, viajar no tempo é possível. Conheça algumas abordagens científicas sobre esse assunto intrigante e inspire-se para produzir um conto com base nessas teorias.

Escala de probabilidade
A possibilidade de uma viagem no tempo acontecer depende, principalmente, da existência de tecnologias muito mais avançadas que as disponíveis hoje em dia.

mais provável

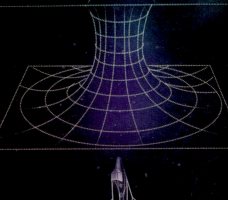

Velocidade da luz
Uma espaçonave cuja aceleração chegasse próxima à velocidade da luz (aproximadamente 300 000 km/s) faria com que o tempo passasse mais lentamente para seus passageiros. Enquanto 100 anos teriam se passado na Terra, apenas uma semana teria se passado para quem estivesse dentro do veículo.

 Para isso, seria necessária uma espaçonave que conseguisse carregar combustível suficiente para funcionar em potência máxima por seis anos seguidos.

Buraco negro supermassivo
Segundo a teoria da relatividade geral de Albert Einstein, quanto maior a massa de um corpo, mais lentamente passa o tempo em torno dele. No centro da Via Láctea, existe um buraco negro cuja massa equivale a 4 milhões do nosso Sol. Se astronautas conseguissem chegar até lá e passassem 10 anos orbitando esse buraco, o dobro de tempo – 20 anos – teria passado para as pessoas na Terra.

 Além de estar muito distante, o buraco negro pode "engolir" os corpos próximos a ele.

menos provável

Buracos de minhoca
São "túneis" extremamente pequenos que se formam e desaparecem constantemente na estrutura do espaço-tempo e que podem ligar dois tempos diferentes. Para uma espaçonave, passar por um desses buracos, eles precisariam ser "capturados" e, depois, alargados trilhões de vezes.

 Por questões físicas, um buraco de minhoca não duraria muito tempo expandido, o que tornaria quase impossível passar por esse "túnel".

COMPREENDER
Saiba mais sobre **ficção científica** no recurso digital.

Viagem ao passado e o "paradoxo do avô"
Imagine que, por meio de um buraco de minhoca, você conseguisse voltar no tempo e encontrar seu avô quando era criança. Ao encontrar com ele, você se apresenta e, com o susto, ele acaba morrendo. Será que você continuaria vivo? Afinal, se seu avô morresse antes de sua mãe nascer, você não existiria e não conseguiria ir para o passado e causar toda essa confusão! Por esse motivo, Stephen Hawking, um famoso físico e cosmologista, defende que não seria possível viajar para o passado, somente para o futuro.

Fonte de pesquisa: Stephen Hawking. How to build a time machine. Disponível em: <http://www.dailymail.co.uk/home/moslive/article-1269288/STEPHEN-HAWKING-How-build-time-machine.html>. Acesso em: 18 set. 2018.

Ilustrações: Denis Freitas/ID/BR

PROPOSTA

Alguns temas da ficção científica acabam predizendo avanços tecnológicos futuros, como foi possível perceber na obra apresentada neste capítulo. Essas previsões, no entanto, não estão relacionadas com sorte ou profecias, e sim com pesquisas realizadas pelos autores para ambientar as narrativas que ocorrem no futuro.

Estudos a respeito da viagem no tempo já existem, no entanto não são humanamente possíveis na atualidade. Em grupo, vocês vão utilizar essas pesquisas para criar um conto de ficção científica no qual a viagem no tempo seja de fato possível.

GÊNERO	PÚBLICO	OBJETIVO	CIRCULAÇÃO
Conto de ficção científica	Colegas da turma	Narrar uma história de ficção sobre viagem no tempo	Leitura dos contos na sala de aula

PLANEJAMENTO E ELABORAÇÃO DO TEXTO

1 Organizem-se em grupos. A produção proposta nesta seção será realizada em duas partes. Nesta primeira parte, vocês vão planejar o conto. No próximo capítulo desta unidade, vocês vão escrevê-lo e finalizá-lo.

2 Pensem em uma maneira de organizar uma escrita criativa e colaborativa. Na internet, existem algumas opções de ferramentas de edição *on-line* que facilitam esse processo, possibilitando que tudo seja escrito em tempo real. Para isso, vocês podem criar um documento único que possibilite a todos escrever e comentar os registros feitos nele.

3 Mesmo com a facilidade dos documentos colaborativos *on-line*, não deixem de fazer acordos coletivos para organizar a contribuição de todos. A ideia é que cada aluno alimente esse documento único inserindo informações sobre a proposta e, posteriormente, os trechos do conto.

4 No documento de escrita colaborativa, criem tópicos de discussão para definir o enredo do conto. Para isso, respondam às perguntas a seguir.

- Quem serão as personagens do conto?
- De que forma ocorrerá a viagem no tempo? Que teoria científica apresentada no infográfico ao lado será utilizada?
- Quais personagens farão essa viagem?
- A viagem será para o passado ou para o futuro?
- Para qual época as personagens irão?
- Caso a época escolhida pertença ao passado, em quais livros, *sites* e filmes é possível pesquisar sobre ela?
- Caso a viagem seja para o futuro, que pesquisa deve ser feita para criá-lo? Vocês vão apresentar uma visão pessimista ou otimista sobre o futuro?
- Como será o espaço onde se passa o conto?
- O narrador da história será personagem, onisciente ou observador?
- Qual será o conflito do conto? Como a atenção do leitor será capturada?
- Qual será o desfecho do conto? Ele provocará impacto, surpresa ou reflexão no leitor?

5 Registrem as respostas a essas perguntas para retomá-las no próximo capítulo.

Capítulo 2
CIÊNCIA E HUMANIDADE

> **O QUE VEM A SEGUIR**
>
> A história do livro *Admirável mundo novo* se passa em um futuro distante, no qual a sociedade é dividida em castas e organizada de modo que não haja angústia, ansiedade, medo ou sofrimento. A engenharia genética evoluiu a tal ponto que todos os indivíduos são gerados em laboratório; posteriormente, eles passam por um processo de condicionamento mental, a fim de ocuparem adequadamente a casta que lhes foi reservada. O Estado, por sua vez, tem total controle sobre os cidadãos: não há liberdade de escolha, nem possibilidade de questionamentos ou desejos, apenas aceitação.
>
> No trecho a seguir, um Diretor de Incubação e Condicionamento (D.I.C.) mostra a um grupo de estudantes como funciona o condicionamento dos bebês da casta Delta, preparados para realizar tarefas simples, que não exigem nenhuma habilidade específica.
>
> *Admirável mundo novo* foi escrito há mais de setenta anos. Que representação de futuro você espera encontrar nessa narrativa?

TEXTO

Admirável mundo novo

[...] O D.I.C. e seus alunos entraram no elevador mais próximo e foram levados ao quinto andar.

Berçários. Salas de Condicionamento Neopavloviano, indicava o painel de avisos.

O Diretor abriu uma porta. Entraram num vasto cômodo nu, muito claro e ensolarado, pois toda a parede do lado sul era constituída por uma única janela. Meia dúzia de enfermeiras, com as calças e jaquetas do uniforme regulamentar de linho branco de viscose, os cabelos assepticamente cobertos por toucas brancas, estavam ocupadas em dispor vasos com rosas sobre o assoalho, numa longa fila, de uma extremidade à outra do cômodo. Grandes vasos, apinhados de flores.

Milhares de pétalas, amplamente desabrochadas e de uma sedosa maciez, semelhantes às faces de inumeráveis pequenos querubins [...].

As enfermeiras perfilaram-se ao entrar o D.I.C.

— Coloquem os livros — disse ele, secamente.

Em silêncio, elas obedeceram à ordem. Entre os vasos de rosas, os livros foram devidamente dispostos – uma fileira de livros infantis pequenos, cada um aberto, de modo convidativo, em alguma gravura agradavelmente colorida, de animal, peixe ou pássaro.

— Agora, tragam as crianças.

Elas saíram apressadamente da sala e voltaram ao cabo de um ou dois minutos, cada qual empurrando uma espécie de carrinho, onde, nas suas quatro prateleiras de tela metálica, vinham bebês de oito meses, todos exatamente iguais (um Grupo Bokanovsky, evidentemente) e todos (já que pertenciam à casta Delta) vestidos de cáqui.

— Ponham as crianças no chão.

Os bebês foram descarregados.

— Agora, virem-nas de modo que possam ver as flores e os livros.

Virados, os bebês calaram-se imediatamente, depois começaram a engatinhar na direção daquelas massas de cores brilhantes, daquelas formas tão alegres e tão vivas nas páginas brancas. Enquanto se aproximavam, o sol ressurgiu de um eclipse momentâneo atrás de uma nuvem. As rosas fulgiram como sob o efeito de uma súbita paixão interna; uma energia nova e profunda pareceu espalhar-se sobre as páginas reluzentes dos livros. Das filas de bebês que se arrastavam engatinhando, elevaram-se gritinhos de excitação, murmúrios e gorgolejos de prazer.

O Diretor esfregou as mãos.

— Excelente! — comentou. — Até parece que foi feito sob encomenda.

Os mais rápidos engatinhadores já haviam alcançado o alvo. Pequeninas mãos se estenderam incertas, tocaram, pegaram, despedaçando as rosas transfiguradas, amarrotando as páginas iluminadas dos livros. O Diretor esperou que todos estivessem alegremente entretidos. Depois disse:

— Observem bem. — E, levantando a mão, deu o sinal.

A Enfermeira-Chefe, que se encontrava junto a um quadro de ligações na outra extremidade da sala, baixou uma pequena alavanca.

Houve uma explosão violenta. Aguda, cada vez mais aguda, uma sirene apitou. Campainhas de alarme tilintaram, enlouquecedoras.

As crianças sobressaltaram-se, berraram; suas fisionomias estavam contorcidas pelo terror.

— E agora — gritou o D.I.C. (pois o barulho era ensurdecedor) —, agora vamos gravar mais profundamente a lição por meio de um ligeiro choque elétrico.

Agitou de novo a mão, e a Enfermeira-Chefe baixou uma segunda alavanca. Os gritos das crianças mudaram subitamente de tom. Havia algo de desesperado, de quase demente, nos urros agudos e espasmódicos que elas então soltaram.

Seus pequenos corpos contraíam-se e retesavam-se; seus membros agitavam-se em movimentos convulsivos, como se puxados por fios invisíveis.

— Nós podemos eletrificar todo aquele lado do assoalho — berrou o Diretor para explicar-se. — Mas isso basta — continuou, fazendo um sinal à enfermeira.

As explosões cessaram, as campainhas pararam de soar, o ganido da sirene foi baixando de tom até silenciar. Os corpos rigidamente contraídos distenderam-se; o que antes fora o soluço e o ganido de pequenos candidatos à loucura expandiu-se novamente no berreiro normal do terror comum.

— Ofereçam-lhes de novo as flores e os livros.

assepticamente: feito de maneira extremamente limpa, sem germes e impurezas.

cáqui: de cor marrom-amarelada, como a do barro.

casta: camada social que forma uma das partes de uma sociedade organizada em diversos níveis de hierarquia.

condicionamento: processo de influenciar ou determinar uma atitude ou um comportamento; ato de acostumar ou moldar uma pessoa ou um animal para se comportar de maneira predeterminada em situações diversas.

convulsivo: súbito e involuntário.

espasmódico: em que há contração muscular involuntária e não ritmada.

fulgir: brilhar, resplandecer.

gorgolejo: som de voz ou ruído semelhante ao do gargarejo.

neopavloviano: relativo à teoria dos reflexos condicionados, elaborada pelo fisiologista russo Ivan Ilitch Pavlov (1846-1936).

perfilar-se: endireitar-se, alinhar-se, colocar-se em posição vertical.

querubim: anjo; criança muito bonita.

retesar-se: tornar-se rígido.

urro: berro muito forte geralmente de animais.

Weberson Santiago/ID/BR

recrudescer: aumentar; reaparecer com sintomas mais graves.

As enfermeiras obedeceram; mas, à aproximação das rosas, à simples visão das imagens alegremente coloridas do gatinho, do galo que faz cocorocó e do carneiro que faz bé, bé, as crianças recuaram horrorizadas; seus berros recrudesceram subitamente.

[...]

— Elas crescerão com o que os psicólogos chamavam de um ódio "instintivo" aos livros e às flores. Reflexos inalteravelmente condicionados. Ficarão protegidas contra os livros e a botânica por toda a vida. — O Diretor voltou-se para as enfermeiras. — Podem levá-las.

Sempre gritando, os bebês de cáqui foram colocados nos seus carrinhos e levados para fora da sala, deixando atrás de si um cheiro de leite azedo e um agradabilíssimo silêncio.

Um dos estudantes levantou a mão.

Embora compreendesse perfeitamente que não se podia permitir que pessoas de casta inferior desperdiçassem o tempo da Comunidade com livros e que havia sempre o perigo de lerem coisas que provocassem o indesejável descondicionamento de algum dos seus reflexos... enfim, ele não conseguia entender o referente às flores. Por que se dar ao trabalho de tornar psicologicamente impossível aos Deltas o amor às flores?

[...]

As flores do campo e as paisagens, advertiu [o Diretor], têm um grande defeito: são gratuitas. O amor à natureza não estimula a atividade de nenhuma fábrica. Decidiu-se que era preciso aboli-lo, pelo menos nas classes baixas [...].

Aldous Huxley. *Admirável mundo novo.* 2. ed. São Paulo: Globo, 2001. p. 51-55.

O AUTOR QUE UNIU CRÍTICA SOCIAL E CIÊNCIA

Jornalista, crítico literário e teatral, Aldous Leonard Huxley nasceu em 1894, época distante do futuro descrito por ele. Aos vinte e dois anos, iniciou a carreira literária com um livro de poemas e, ainda que a ficção científica não tenha sido tema recorrente em suas obras, a crítica à sociedade sempre esteve presente. Por volta de 1930, estabeleceu-se na França, onde escreveu sua obra mais conhecida, *Admirável mundo novo,* com a qual ganhou fama internacional.

← O autor Aldous Huxley em foto de 1925.

TEXTO EM ESTUDO

PARA ENTENDER O TEXTO

1. A hipótese que você formulou sobre o futuro narrado no texto se confirmou?

2. Na narrativa, por que os bebês são levados à sala de condicionamento?

3. Releia os trechos a seguir.

> I. — Coloquem os livros — disse ele, secamente.
> Em silêncio, elas obedeceram à ordem. Entre os vasos de rosas, os livros foram devidamente dispostos — uma fileira de livros infantis pequenos, cada um aberto, de modo convidativo, em alguma gravura agradavelmente colorida, de animal, peixe ou pássaro.
>
> II. — Ponham as crianças no chão.
> Os bebês foram descarregados.

a) Quais verbos foram usados para indicar ações relacionadas aos livros e ações relacionadas aos bebês?

b) Que oposição a escolha dessas palavras revela?

c) Qual é, segundo o texto, a explicação para o tratamento dado aos bebês?

d) Podemos classificar o narrador como personagem, onisciente ou observador?

e) Esse narrador exprime diretamente sua opinião sobre os eventos? Explique.

f) A maneira como a cena é narrada auxilia o leitor a nutrir sentimentos em relação ao que é contado, como afeto, raiva, esperança, indignação, etc.?

4. Releia o trecho a seguir e observe as palavras destacadas.

> — Observem bem. — E, levantando a mão, deu o sinal.
> A Enfermeira-Chefe, que se encontrava junto a um quadro de ligações na outra extremidade da sala, baixou uma pequena alavanca.
> Houve uma **explosão** violenta. Aguda, cada vez mais aguda, uma **sirene** apitou. **Campainhas de alarme** tilintaram, enlouquecedoras.

a) As palavras destacadas pertencem a que classe gramatical?

b) Que palavras acompanham as que estão destacadas com a função de lhes indicar uma característica? Qual a classe gramatical delas?

c) Sem o acompanhamento das palavras identificadas no item *b*, as que estão destacadas causariam o mesmo efeito no texto?

ANOTE AÍ!

A escolha das palavras em um texto narrativo não ocorre de forma gratuita; ao contrário, qualquer fato ou personagem descrito exige **seleção lexical**, com o objetivo de **criar efeitos de sentido** capazes de impactar o leitor. Por conta disso, por mais que o narrador não exprima suas opiniões enquanto nos apresenta uma história, as palavras e expressões empregadas por ele ou por outras vozes do texto são repletas de **significação**.

5. Em relação ao condicionamento feito com os bebês, responda:

a) Que perigo a leitura de livros pelos Deltas poderia causar à comunidade?

b) Em sua opinião, o descondicionamento de alguns reflexos dos Deltas seria indesejável para quem?

61

◼ O CONTEXTO DE PRODUÇÃO

6. A época escolhida por Aldous Huxley para a narrativa de *Admirável mundo novo* é o ano 600 d.F (depois de Ford). Leia a seguir algumas informações sobre Henry Ford e o seu projeto de linha de montagem.

> O fordismo é um sistema de produção industrial baseado na fabricação em larga escala, na especialização do trabalho e na linha de montagem. Sua denominação mais adequada é taylorismo-fordismo, já que foi criado em 1913 pelo industrial norte-americano Henry Ford (1863-1947) com base nas ideias do engenheiro norte-americano Frederick W. Taylor (1856-1915). O modelo foi inicialmente utilizado na indústria automobilística e trouxe redução de tempo e de custo em relação ao sistema anterior, que era quase artesanal.

Beatriz S.; Caroline F. O que foi o fordismo e o que ele representou para o Brasil? Disponível em: <https://novaescola.org.br/conteudo/2155/o-que-foi-o-fordismo-e-o-que-ele-representou-para-o-brasil>. Acesso em: 20 set. 2018.

a) O uso de d.F. (depois de Ford) remete a qual outra demarcação temporal?

b) De acordo com a relação estabelecida, por que na história de *Admirável mundo novo* d.F. é o marco histórico que representa a linha divisória no tempo?

c) No universo criado por Huxley, o fato de Ford ter sido um revolucionário a ponto de dar início a uma nova era permite deduzir valores que a sociedade desse tempo achava importante. Cite alguns com base no texto lido.

7. Em 1936, quatro anos após o lançamento de *Admirável mundo novo,* Charlie Chaplin lançou o filme *Tempos modernos,* no qual também refletia sobre os modelos de produção taylorista e fordista. Leia, no boxe *Sétima arte*, informações sobre o filme e observe a imagem. Em duplas, discutam de que maneira a personagem Carlitos pode ser relacionada aos humanos da casta Delta.

↑ Cena do filme *Tempos modernos,* dirigido por Charlie Chaplin.

● SÉTIMA ARTE

Tempos modernos. Direção: Charlie Chaplin. EUA, 1936 (83 min).

Neste filme, a vida urbana nos Estados Unidos, por volta de 1930, é retratada demonstrando os modos de produção industrial recentemente adotados, que contavam com uma linha de montagem baseada na divisão do trabalho e na especialização dos operários. Um deles é Carlitos – uma personagem clássica de Chaplin –, que trabalha em uma linha de montagem onde exerce uma única função: apertar parafusos. Por conta da repetição excessiva, Carlitos perde a noção de realidade e espaço e começa a fazer o movimento de apertar parafusos em todos os lugares pelos quais passa.

◼ A LINGUAGEM DO TEXTO

8. Releia o trecho a seguir.

> O Diretor abriu uma porta. Entraram num vasto cômodo nu, muito claro e ensolarado, pois toda a parede do lado sul era constituída por uma única janela. Meia dúzia de enfermeiras, com as calças e jaquetas do uniforme regulamentar de linho branco de viscose, os cabelos assepticamente cobertos por toucas brancas, estavam ocupadas em dispor vasos com rosas sobre o assoalho, numa longa fila, de uma extremidade à outra do cômodo. Grandes vasos, apinhados de flores.
> Milhares de pétalas, amplamente desabrochadas e de uma sedosa maciez, semelhantes às faces de inumeráveis pequenos querubins [...].
> As enfermeiras perfilaram-se ao entrar o D.I.C.

a) Nesse trecho é feita uma comparação. O que está sendo comparado?

b) Atente para a descrição das enfermeiras. Qual oposição é possível perceber entre a maneira de descrevê-las e a forma como as flores são descritas?

c) Na atividade **3**, foi destacada uma oposição entre os livros e os bebês. Essa oposição se repete no caso das flores e das enfermeiras? Justifique.

● COMPARAÇÃO ENTRE OS TEXTOS

9. Releia, a seguir, trechos dos dois principais textos examinados nesta unidade e responda às questões propostas.

> I. O D.I.C. e seus alunos entraram no elevador mais próximo e foram levados ao quinto andar.
> Berçários. Salas de Condicionamento Neopavloviano, indicava o painel de avisos.
> O Diretor abriu uma porta. Entraram num vasto cômodo nu, muito claro e ensolarado, pois toda a parede do lado sul era constituída por uma única janela. Meia dúzia de enfermeiras, com as calças e jaquetas do uniforme regulamentar de linho branco de viscose, os cabelos assepticamente cobertos por toucas brancas, estavam ocupadas em dispor vasos com rosas sobre o assoalho, numa longa fila, de uma extremidade à outra do cômodo.

> II. — Tudo se reduz no cérebro, então — disse Andrew, cauteloso. Mas será que a gente precisa reduzir tudo a uma simples questão de células em contraposição a pósitrons? Não existe um modo de forçar uma definição funcional? Será que preciso dizer que um cérebro se compõe disto ou daquilo? Por que não se diz que ele é uma coisa, seja lá qual for, capaz de um determinado nível de raciocínio? [...]

a) A que ambiente o trecho I nos remete?

b) Que palavras ou expressões permitem essa conclusão?

c) Quando Huxley escreveu *Admirável mundo novo*, os trabalhos sobre condicionamento começavam a se expandir. Entre eles, os de Pavlov, propostos por volta de 1908 em uma experiência com cães. O que a palavra *Neopavloviano* indica sobre a forma como a teoria pavloviana é utilizada na narrativa?

d) No trecho II, existem palavras que, assim como no trecho I, estão relacionadas ao universo científico. Quais são elas?

e) A maioria das palavras empregadas nos dois trechos pertencem ao vocabulário científico. Duas, porém, foram criadas pelos autores. Quais são elas?

ANOTE AÍ!

Nos romances de ficção científica, o **enredo** se desenrola em um mundo onde a ciência se desenvolve segundo a **imaginação** do autor, acentuando-se algum conhecimento científico já existente, como é possível perceber na criação da palavra *Neopavloviano*, no livro *Admirável mundo novo*.

Nessa obra, o futurismo – tão esperado em uma ficção científica – não aparece com destaque a equipamentos sofisticados, mas na prática de uma engenharia voltada para a moldagem física e psicológica dos seres humanos, cuja livre vontade é anulada por um processo metódico.

UMA SOCIEDADE MAIS HUMANA

A empatia é uma experiência em que uma pessoa se identifica com outra, tendendo a compreender o que ela pensa e a sentir o que ela sente.

1. **COMPREENDER** Assista ao recurso digital sobre **empatia**, e responda: Você diria que os estudantes sentiram empatia pelos bebês? Por quê?
2. Você já esteve em uma situação na qual precisou que as pessoas sentissem empatia por você? Como você reagiu?
3. Você diria que a nossa sociedade está próxima desse respeito ao outro? Justifique.

LÍNGUA EM ESTUDO

ADJUNTO ADNOMINAL

1. Releia o trecho abaixo de *Admirável mundo novo*.

   > Agitou de novo a mão, e a Enfermeira-Chefe baixou uma segunda alavanca. Os gritos das crianças mudaram subitamente de tom. Havia algo de desesperado, de quase demente, nos urros agudos e espasmódicos que elas então soltaram.

   - Observe a primeira frase do trecho e, sem retomar o texto inteiro, responda: A Enfermeira-Chefe havia baixado outra alavanca anteriormente? Que palavra possibilitou que você chegasse a essa conclusão?

2. Agora, releia o trecho que descreve a Sala de Condicionamento Neopavloviano.

   > O Diretor abriu uma porta. Entraram num vasto cômodo nu, muito claro e ensolarado, pois toda a parede do lado sul era constituída por uma única janela.

   a) Qual é a sua impressão em relação ao cômodo descrito?
   b) Que palavras passam essa impressão? Qual a classe gramatical delas?

   ANOTE AÍ!

   No trecho da atividade 2, os adjetivos *vasto*, *nu*, *claro* e *ensolarado*, assim como o artigo *um* (que compõe a palavra *num*), especificam o substantivo *cômodo*. As palavras que, em uma oração, exercem a função de delimitar ou especificar o sentido de um substantivo são chamadas sintaticamente de **adjuntos adnominais**.

3. Leia, agora, este outro trecho.

   > Enquanto [os bebês] se aproximavam, o sol ressurgiu de um eclipse **momentâneo** atrás de uma nuvem.

   a) Qual é a classe gramatical da palavra destacada e que informação ela apresenta sobre o eclipse do sol?
   b) O que provocou esse eclipse?
   c) A palavra *uma* pertence a que classe gramatical?
   d) Que função sintática *momentâneo* e *uma* exercem na frase?

   Veja, a seguir, outros exemplos de adjuntos adnominais.

ANOTE AÍ!

O **adjunto adnominal** caracteriza, especifica ou delimita o sentido de um **substantivo**. Esse substantivo pode apresentar **qualquer função sintática**: núcleo do sujeito, do complemento ou de um adjunto adverbial. As classes gramaticais que podem assumir a função de adjunto adnominal são: **artigos**, **adjetivos**, **locuções adjetivas**, **pronomes** e **numerais**.

RELACIONANDO

Os adjuntos adnominais são importantes ferramentas nos textos, pois, auxiliares na construção de efeitos de sentido, tornam-se responsáveis por enriquecer a caracterização dos substantivos. Releia o trecho de *Admirável mundo novo* reproduzido no início do capítulo e encontre alguns adjuntos adnominais cruciais para o enriquecimento da narrativa.

ATIVIDADES

RETOMAR E COMPREENDER

1. Leia o trecho abaixo, retirado de uma matéria sobre a experiência da antropóloga Tanya Luhrmann com o sobrenatural.

   "Estava lendo um livro escrito por um homem que os membros do grupo consideram um 'adepto', alguém com conhecimento e domínio profundo dos **ritos** mágicos. Quando tentava entender como essa pessoa se imagina sendo veículo desses **poderes** especiais, comecei a sentir algo estranho pulsando nas minhas **veias**, uma espécie de poder que emanava do meu corpo. Senti isso de verdade, visceralmente, e não apenas na minha imaginação. Comecei a sentir calor. Estava completamente desperta, mais alerta do que sou em geral. Tive a sensação de estar intensamente viva. Essa sensação de poder ocupou meu corpo, viajando através dele como água fluindo num rio. [...]"

   Marcelo Gleiser. A Ciência diante do sobrenatural. *Folha de S.Paulo*, São Paulo, 26 fev. 2017. Disponível em: <http://www1.folha.uol.com.br/ilustrissima/2017/02/1861723-a-ciencia-diante-do-sobrenatural.shtml>. Acesso em: 20 set. 2018.

   a) Qual é a função da palavra *mágicos* em relação ao substantivo *ritos*?
   b) Por que a palavra *mágicos* é importante para o significado expresso?
   c) A que classe gramatical pertence a palavra *mágicos* e qual é a função sintática que ela exerce na frase?
   d) Identifique e classifique os adjuntos adnominais que determinam *veias*.
   e) Identifique e classifique os adjuntos adnominais que determinam *poderes*.
   f) Complete o quadro com os adjuntos adnominais encontrados no texto acima, classificando-os de acordo com a classe gramatical a que pertencem.

ADJUNTOS ADNOMINAIS	
Adjetivos	
Locuções adjetivas	
Pronomes	
Artigo definido	
Artigo indefinido	

APLICAR

2. Leia as orações abaixo.

   > A **pesquisadora** leu **livro** sobre **ritos**.

   > A **antropóloga** contou a **experiência**.

   a) Reescreva no caderno as orações acima, acrescentando um adjunto adnominal para cada substantivo em destaque.
   b) Agora, explique como cada um desses adjuntos adnominais que você usou contribuiu para ampliar o significado de cada oração.

3. **APLICAR** Faça as **atividades interativas** para praticar seus conhecimentos.

65

A LÍNGUA NA REAL

OS ADJUNTOS ADNOMINAIS E A EXPRESSIVIDADE

1. Leia um trecho do conto "Os dragões", do escritor Murilo Rubião.

Os dragões

Os primeiros dragões que apareceram na cidade muito sofreram com o atraso dos nossos costumes. Receberam precários ensinamentos e a sua formação moral ficou irremediavelmente comprometida pelas absurdas discussões surgidas com a chegada deles ao lugar.

Poucos souberam compreendê-los e a ignorância geral fez com que, antes de iniciada a sua educação, nos perdêssemos em contraditórias suposições sobre o país e raça a que poderiam pertencer.

A controvérsia inicial foi desencadeada pelo vigário. Convencido de que eles, apesar da aparência dócil e meiga, não passavam de enviados do demônio, não me permitiu educá-los. Ordenou que fossem encerrados numa casa velha, previamente exorcismada, onde ninguém poderia penetrar. Ao se arrepender de seu erro, a polêmica já se alastrara e o velho gramático negava-lhes a qualidade de dragões, "coisa asiática, de importação europeia". Um leitor de jornais, com vagas ideias científicas e um curso ginasial feito pelo meio, falava em monstros antediluvianos. O povo benzia-se, mencionando mulas sem cabeça, lobisomens.

Murilo Rubião. Os dragões. Em: *Obras completas*. São Paulo: Companhia das Letras, 2010. *E-book*.

a) Relacione as colunas no caderno, associando os substantivos, à esquerda, a seus respectivos adjuntos adnominais, à direita.

1. ensinamentos	A. ginasial
2. formação	B. absurdas
3. discussões	C. velho
4. ignorância	D. asiática
5. suposições	E. europeia
6. controvérsia	F. contraditórias
7. aparência	G. precários
8. casa	H. vagas
9. gramático	I. antediluvianos
10. coisa	J. inicial
11. importação	K. geral
12. ideias	L. velha
13. curso	M. moral
14. monstros	N. dócil e meiga

b) Agora, responda: A que classe gramatical pertencem todos os adjuntos adnominais elencados no item acima?

c) Agora, reescreva no caderno todo o trecho do conto "Os dragões", retirando os adjuntos adnominais elencados no item *b*.

d) Releia o trecho reescrito e comente o papel dos adjuntos adnominais para a caracterização da história narrada.

e) Ao observar o trecho reescrito, é possível entendê-lo? Comente.

f) Alguns adjuntos adnominais parecem mais necessários que outros? Justifique sua resposta com exemplos do texto.

2. Releia o primeiro parágrafo de "Os dragões" e responda às questões.
   a) Quais palavras se referem ao substantivo *discussões*?
   b) A que classes gramaticais elas pertencem?
   c) Qual é o papel dessas palavras na significação do substantivo *discussões*?
   d) Como o adjetivo *absurdas* revela um posicionamento do narrador em relação às discussões a que ele se refere?

3. Leia um trecho da resenha do filme *Peixe grande e suas histórias maravilhosas*.

   > Burton tem, nesse contexto, espaço ilimitado para exercitar a sua imaginação visual. E o diretor continua um esteta excepcional, tanto nos habituais momentos sombrios quanto nos mais coloridos. *Peixe grande* é, enfim, um filme simples e bonito, que valoriza o escapismo saudável num mundo de cores sem graça. [...]
   >
   > Inspirador, sem dúvida. Quem busca apenas um pouco de diversão pode parar por aqui, pois, com a sua pequena fábula, Burton supera, de longe, o lixo hollywoodiano. No entanto, isso não significa que o filme seja imune a críticas.
   >
   > Marcelo Hessel. Peixe grande – Crítica. *Omelete*, 19 fev. 2004. Disponível em: <https://omelete.uol.com.br/filmes/criticas/peixe-grande/?key=22854>. Acesso em: 20 set. 2018.

   ↑ Cartaz do filme *Peixe grande e suas histórias maravilhosas* (2004), com direção de Tim Burton.

   a) Qual é a opinião do autor da resenha sobre o filme? Justifique.
   b) Identifique no texto dois adjuntos adnominais que ajudam a caracterizar o filme, expressando a opinião do autor.
   c) O autor compara o filme *Peixe grande* a outros filmes de Hollywood. Qual expressão ele utiliza para se referir a esses outros filmes? Explique o papel dos adjuntos adnominais na caracterização desses outros filmes de Hollywood.

4. Agora leia outro trecho da mesma resenha.

   > O próprio fiasco de *Planeta dos macacos* faz lembrar que o diretor já teve dias melhores, principalmente do ponto de vista narrativo. E *Peixe grande* sofre desses males recorrentes: narrativa previsível, redundância e didatismo exacerbados.

   - Compare os dois trechos da resenha e identifique expressões em que adjuntos adnominais ajudam a caracterizar as críticas que o autor faz ao filme.

5. Leia o trecho abaixo sobre a obra *Cem anos de solidão*, de Gabriel García Márquez.

   > A obra de que falo é considerada a mais importante escrita em língua hispânica depois de *Dom Quixote*, do espanhol Miguel de Cervantes. Falo de *Cem anos de solidão*, um sucesso absoluto com mais de 50 milhões de exemplares vendidos. Um clássico da literatura mundial. É dela que falaremos a seguir, depois de apresentar o autor — se é que ele ainda precise de apresentação.
   >
   > Salatiel Soares Correia. Cem anos de solidão, o livro que criou uma geração de leitores. Revista *Bula*. Disponível em: <http://www.revistabula.com/671-cem-anos-de-solidao-o-livro-que-criou-uma-geracao-de-leitores/>. Acesso em: 20 set. 2018.

   - Com base na caracterização feita do escritor e da obra, mostre como a opinião do autor do texto se evidencia através dos adjuntos adnominais.

ANOTE AÍ!

Adjuntos adnominais contribuem para a **descrição** de cenas, personagens e lugares nos textos, pois ajudam na **caracterização** desses elementos, incluindo detalhes que podem ser **acessórios** ou mesmo **decisivos** para a interpretação do texto. Além de especificar as características de um substantivo, os adjuntos adnominais podem indicar **opiniões**.

ESCRITA EM PAUTA

HOMÔNIMOS

1. Leia as tiras abaixo.

Fernando Gonsales.

Fernando Gonsales. *Benedito Cujo*.

a) Em que consiste o humor da primeira tira? E o da segunda?
b) Que palavra empregada na primeira tira é encontrada também na segunda?
c) Essas palavras têm o mesmo significado? Explique.

ANOTE AÍ!

As palavras que têm pronúncia ou grafia iguais, mas que possuem significados diferentes, são chamadas de palavras **homônimas**.

2. Observe, nas frases a seguir, a mesma palavra em contextos diferentes.

> I. Eu **gosto** de ler contos com criaturas fantásticas.

> II. O **gosto** pela leitura sempre me acompanhou.

a) Qual é a diferença entre as duas palavras destacadas?
b) Qual é a relação morfológica entre elas?

3. Procure no dicionário e transcreva no caderno a definição das palavras *sessão* e *seção*. Em seguida, produza uma frase com cada uma delas.

sessão   seção

4. Observe a tira abaixo.

Alexandre Beck. *Armandinho*.

a) Que sentido Armandinho atribuiu à palavra *vendo* em sua placa?
b) A que se pode atribuir o mal-entendido na comunicação?

> **COMPREENDER**
> Acesse o recurso digital sobre **homônimos** para entender mais esse conteúdo.

5.  **APLICAR** Faça as **atividades interativas** para praticar seus conhecimentos.

ETC. E TAL

Adjetivo ou advérbio? Predicativo ou adjunto adverbial de modo?

Todas as línguas são bastante flexíveis em relação a sua capacidade de expressar significados. Isso também vale para a língua portuguesa. Observe as orações indicadas a seguir.

O asteroide passou **veloz** pela órbita da Terra.
O asteroide passou **velozmente** pela órbita da Terra.

Na primeira oração, temos o adjetivo *veloz* caracterizando o substantivo *asteroide*. A função sintática exercida pelo adjetivo nesse caso é a de predicativo do sujeito, pois ele qualifica o sujeito da oração. Na segunda oração, temos o advérbio de modo *velozmente* caracterizando o verbo *passou*. A função sintática exercida por esse advérbio é de adjunto adverbial de modo.

É interessante observar que, apesar dessa diferença, as sentenças são totalmente equivalentes em termos de significado.

Na língua portuguesa, muitos advérbios de modo podem ser criados a partir da combinação de um adjetivo com o sufixo *-mente*:

fiel – fielmente   lindo – lindamente
rápido – rapidamente   lento – lentamente

Então, quando estiver precisando criar adjuntos adverbiais de modo para caracterizar as ações ou estados expressos no seu texto, lembre-se de alguns adjetivos e forme advérbios a partir deles.

AGORA É COM VOCÊ!

ESCRITA DE CONTO DE FICÇÃO CIENTÍFICA (PARTE 2)

A proposta desta seção é continuar a produção coletiva do conto de ficção científica, sobre viagem no tempo, que vocês começaram no capítulo anterior. Agora que vocês leram dois textos de ficção científica e analisaram os elementos estruturais e os recursos expressivos deles, procurem utilizar nessa produção os conhecimentos adquiridos na unidade. Alguns aspectos já foram decididos:

- A teoria científica que servirá de base para a história.
- As personagens do conto.
- O destino da viagem: passado ou futuro.
- O espaço no qual a história se desenvolverá.
- O conflito presente no conto.
- O possível desfecho para a história.
- O tipo de narrador: personagem, onisciente ou observador.

Agora é o momento de rever os últimos elementos e escrever o texto.

PLANEJAMENTO E ELABORAÇÃO DO TEXTO

1. Aproveitem esse recomeço para reunir o grupo e discutir as decisões tomadas sobre o enredo, bem como rever os combinados a respeito da escrita coletiva. Lembrem-se de que não há problema em fazer mudanças neste momento. Ao contrário, é importante aproveitar esta oportunidade para aprimorar a produção e ter certeza de que as decisões foram tomadas em conjunto.

2. Organizem, em uma sequência narrativa, os elementos que imaginaram, respeitando a estrutura típica do conto: situação inicial, conflito, desenvolvimento, clímax e desfecho. Durante essa organização, é natural que alguns elementos sejam revistos. Os itens a seguir podem auxiliá-los nessa tarefa.

    - **Situação inicial:** O que está acontecendo no início da história, quando tudo está aparentemente normal?
    - **Conflito:** O que acontece de inesperado?
    - **Desenvolvimento:** Que problema a situação traz? Como a personagem principal reage? Quais são os sentimentos dela? O que é feito em seguida?
    - **Clímax:** Como é resolvido o problema? Como a ciência pode auxiliar nessa resolução?
    - **Desfecho:** Como a personagem principal se sente em relação à situação que ocorreu? Como essa situação a transforma?

3. A cada modificação no documento coletivo, procurem salvar uma cópia. Além de organizar o processo, isso permitirá que versões anteriores do conto sejam retomadas quando necessário.

4. Durante a produção do conto, além de levarem em consideração a estrutura do gênero, não deixem de atentar para os recursos expressivos da ficção científica, os quais garantem a construção da verossimilhança nesses textos. Listem os elementos que vão tornar o conto de vocês verossímil, para que o leitor não o considere ilógico, lembrando que os fatos narrados devem, de alguma forma, estabelecer relação com experiências possíveis na ciência atual. Para isso, retomem a análise realizada na seção *Texto em estudo* do capítulo 1.

5 Conversem sobre o efeito que o conto de vocês pretende gerar no momento da leitura e tenham em mente que a escolha lexical é muito importante para atingir o efeito pretendido.

LINGUAGEM DO SEU TEXTO

1. Tanto em *O homem bicentenário* quanto em *Admirável mundo novo*, diversas expressões científicas foram escolhidas para ambientar o leitor no futuro projetado pelos autores. Algumas delas chegaram até mesmo a ser criadas para a história. Cite algumas palavras e expressões científicas citadas nesses textos.

2. Em *Admirável mundo novo*, grande parte do impacto causado no leitor durante o desenvolvimento da narrativa deve-se à perspicaz escolha dos significados veiculados por adjuntos adnominais, que passam a desempenhar função importante na criação de efeitos de sentido do texto. Qual momento dessa narrativa mais surpreendeu vocês? Ao retomá-lo, vocês conseguem identificar as palavras responsáveis pelos efeitos de sentido do trecho?

Agora, ao escrever o conto, definam de que maneira pretendem impactar o leitor e prestem atenção à escolha das palavras.

AVALIAÇÃO E REESCRITA DO TEXTO

1 Releiam o texto que vocês escreveram e verifiquem se são necessários ajustes ortográficos ou de pontuação. O ideal é que cada membro do grupo faça uma leitura individual.

2 Avaliem o texto produzido com base nas questões abaixo. Acrescentem uma breve justificativa para cada uma.

ELEMENTOS DO CONTO DE FICÇÃO CIENTÍFICA
O texto de vocês apresenta os elementos principais de um conto?
O leitor perceberá que se trata de um conto de ficção científica? A ambientação, as personagens e os elementos textuais permitem que o leitor identifique o gênero?
A viagem nc tempo é devidamente baseada em pesquisas científicas?
O tempo em que se passa a história está caracterizado de modo que o leitor possa visualizá-lo?
Vocês consideram que o texto é verossímil? Há alguma situação/sequência em que a verossimilhança ficou comprometida?

3 Depois da avaliação, façam ajustes ou reescrevam o que for preciso. Quando finalizarem, mostrem o texto para o professor para que ele também faça uma leitura e dê sugestões.

CIRCULAÇÃO

1 Agora, definam com o professor um dia para fazerem uma roda de leitura dos contos produzidos.

2 Antes da apresentação, ensaiem a leitura oralizada do conto.

3 Na data marcada, organizem o espaço escolhido para a roda de leitura. Durante a apresentação, procurem seguir o que planejaram no ensaio.

4 Ao final, os textos da turma poderão ser expostos em um painel, que deve ser afixado em um local de grande circulação de pessoas ou na biblioteca da escola.

ATIVIDADES INTEGRADAS

Leia, a seguir, o trecho de um conto inspirado na série *Doctor Who*, que narra as aventuras de um alienígena humanoide, o Doutor. Em sua nave em formato de cabine policial londrina, a TARDIS, ele se desloca no tempo e no espaço. Neste trecho, há um diálogo entre o Doutor e seu companheiro Jamie. Leia e responda às questões.

O segundo doutor: A cidade sem nome

[...]

— Parece que estamos viajando há dias — resmungou Jamie.

— Oito horas na contagem de tempo humana — respondeu o Doutor, sem desviar o olhar de um pequeno globo que parecia uma lâmpada aumentada, enquanto cuidadosamente enrolava dois fios, um dourado e outro prateado, em sua base.

— Achei que a TARDIS pudesse se locomover instantaneamente para qualquer lugar do tempo ou espaço.

— Ela pode, e normalmente consegue.

— Então por que está demorando tanto?

— Em todo o nosso tempo juntos, nunca viajamos para tão longe. — O globo brilhou, apagou e acendeu. — Ah, funcionou! Você sabia que eu sou um gênio?

— É o que você vive me dizendo. — O globo emitia uma pálida luz azul. O Doutor o encarava intensamente, girando-o devagar entre os dedos. — Consegui conectar isso aqui aos sensores tempo-espaciais do exterior. Agora, vejamos...

O globo se tornou negro por um momento e então ficou repleto de pontos prateados. Uma faixa de névoa branca apareceu ao longo do centro.

O Doutor arquejou, aterrorizado:

— Ah, pela madrugada! Porcaria!

— O que foi? O que você está vendo? — perguntou Jamie, tentando enxergar a imagem.

— Isto! *Isto aqui!* — O Doutor apontou para o globo.

Jamie observou, dando de ombros.

— Os pontos são estrelas — explicou o Doutor, exasperado.

— E a linha branca cortando o meio... — complementou Jamie, mas prontamente ele percebeu a resposta da sua pergunta. — É a Via Láctea.

— Sim.

— Ela parece bem distante.

— Parece porque está.

Enquanto falavam, a nuvem alongada da distante Via Láctea se esmaecia até desaparecer na escuridão do espaço. Então, uma a uma, as estrelas foram se apagando até que nada restou além da completa escuridão.

— Parou de funcionar? — perguntou Jamie.

— Não — respondeu o Doutor em um tom sombrio. — Ainda está funcionando.

— Mas o que aconteceu com as estrelas?

— Elas se foram. Estamos seguindo rumo ao limite do espaço.

A nave de *Doctor Who*, em formato de cabine policial.

Michael Scott. O segundo doutor: a cidade sem nome. Em: *Doctor Who*: 12 doutores, 12 histórias. Tradução de Bruno Correia. Rio de Janeiro: Rocco, 2014. *E-book*.

ANALISAR E VERIFICAR

1. Com base no texto lido, responda:
   a) A que gênero literário pertence essa história?
   b) Quais elementos da narrativa justificam sua resposta ao item *a*?
   c) Onde a história se passa? Quais são as referências espaciais fornecidas que justificam essa resposta?
   d) Qual é a função do globo, que foi citado na história?

2. A personagem Jamie acreditava que as viagens com a TARDIS eram instantâneas. Qual é a explicação fornecida pelo Doutor para a demora da viagem? A explicação dada ajuda a construir a verossimilhança do texto?

3. Quais elementos nesse trecho têm apoio em pesquisas científicas? Quais são meros produtos imaginários, livres criações do autor?

4. No trecho abaixo, identifique e classifique gramaticalmente os adjuntos adnominais que se referem aos substantivos destacados. Explique a importância deles na caracterização do objeto descrito.

↑ Capa do livro *Doctor Who: 12 doutores, 12 histórias* (2014).

> — Oito horas na contagem de tempo humana — respondeu o Doutor, sem desviar o olhar de um pequeno **globo** que parecia uma **lâmpada** aumentada, enquanto cuidadosamente enrolava dois **fios**, um dourado e outro prateado, em sua base.

5. No trecho da atividade 4, há um adjunto adverbial. Identifique-o, classifique-o e explique sua função no texto.

6. Localize outros adjuntos adverbiais terminados em *-mente* e classifique-os.

7. O conto lido faz parte de um livro chamado *Doctor Who: 12 doutores, 12 histórias*. Nele, cada conto é nomeado como "O primeiro doutor", "O segundo doutor", "O terceiro doutor", e assim por diante, seguido do nome que o autor deu ao texto. Em relação a isso, responda às questões.
   a) Qual palavra do título do trecho lido possui um homônimo?
   b) No título, a que classe gramatical essa palavra pertence?
   c) Crie uma frase empregando tal palavra com outro sentido.
   d) Qual é a classe gramatical dessa palavra na frase criada?

CRIAR

8. Imagine um desfecho para o conto lido. O Doutor e seu parceiro chegam ao limite do espaço? E o que acontece depois? Redija no caderno sua versão para o final da história. Não se esqueça de construir a verossimilhança e de fazer uso de elementos da ciência.

9. Quais são suas expectativas em relação ao desenvolvimento tecnológico da atualidade? Com base em sua resposta, produza um cartaz com imagens e informações que ilustrem essas expectativas.

10. A partir do que você estudou nos capítulos 1 e 2 desta unidade, reflita sobre os impactos negativos ou positivos que o desenvolvimento tecnológico e científico pode trazer para as gerações futuras. Converse com os colegas e verifique se eles têm a mesma perspectiva que você em relação ao futuro da humanidade.

IDEIAS EM CONSTRUÇÃO – UNIDADE 2

Gêneros novela e romance de ficção científica
- Diferencio uma novela de um romance de ficção científica?
- Identifico, na novela de ficção científica, a forma de composição própria desse gênero literário?
- Identifico, no romance de ficção científica, a forma de composição própria desse gênero literário?
- Seleciono características de narrativas já conhecidas para ler e compreender textos de ficção científica?
- Identifico, em obras de ficção científica que leio, os recursos coesivos que constroem a passagem do tempo e articulam as partes do texto?
- Compreendo o conceito de verossimilhança?
- Consigo identificar e refletir sobre a função da escolha de palavras e expressões na criação de efeitos próprios à ficção científica?
- Percebo a presença de valores sociais, culturais e humanos, bem como diferentes visões de mundo nos textos da literatura de ficção científica que leio?
- Analiso os efeitos de recursos linguísticos, como o emprego da comparação, em narrativas de ficção científica?
- Escrevo um conto de modo colaborativo, respeitando a estrutura da narrativa e as particularidades de uma ficção científica?

Conhecimentos linguísticos
- Compreendo a função sintática do adjunto adverbial?
- Identifico as circunstâncias expressas pelos adjuntos adverbiais?
- Reconheço a função do adjunto adverbial de produzir efeitos de sentido em um texto caracterizando uma atitude do enunciador?
- Compreendo a função sintática do adjunto adnominal?
- Identifico a função do adjunto adnominal de produzir efeitos de sentido em um texto contribuindo para a descrição de cenas, personagens e lugares?
- Compreendo o conceito de homônimo?

VERIFICAR
Confira o **mapa de conteúdos** da unidade 2.

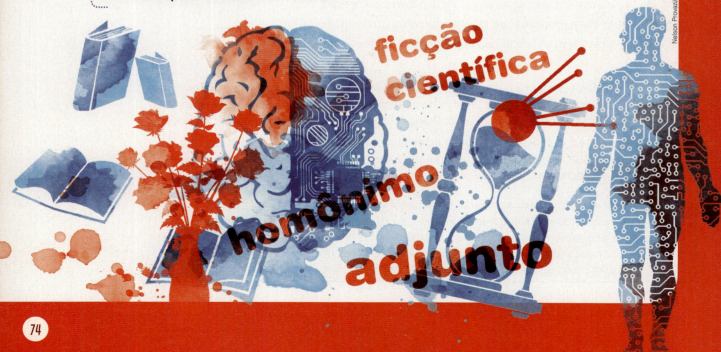

UNIDADE 3

DIÁRIO ÍNTIMO, DECLARAÇÃO E PETIÇÃO *ON-LINE*

Nesta unidade, por meio da leitura de diários íntimos, você vai conhecer o relato de pessoas que vivenciaram um momento muito difícil da história da humanidade. Depois, vai ler uma declaração e uma petição on-line *para compreender a importância social e a estrutura composicional desses gêneros.*

CAPÍTULO 1
Um diário histórico

CAPÍTULO 2
Em busca
da igualdade

CAPÍTULO 3
De olho no
espaço público

PRIMEIRAS IDEIAS

1. Você costuma registrar fatos, pensamentos e impressões sobre seu dia a dia? Onde você faz esses registros?

2. Em sua opinião, o que poderia conter em um documento que apresentasse normas dirigidas à humanidade?

3. De que forma as pessoas podem fazer suas reivindicações a autoridades, órgãos públicos ou empresas?

4. Formule uma frase para explicar o conceito de predicado.

5. Crie duas orações, uma com a palavra *auto* e outra com *alto*. Em seguida, responda: Essas palavras têm o mesmo sentido?

LEITURA DA IMAGEM

1. Para você, essa construção é uma obra artística? Por quê?
2. O que você sente ao olhar esta imagem? Explique com elementos da fotografia (cores, luz, formatos, etc.).
3. Este local é o Memorial aos Judeus Mortos da Europa. Na sua opinião, por que existe esse memorial?
4. De acordo com a Declaração Universal dos Direitos Humanos, todos os povos têm direito à paz. Por que a paz está ligada à preservação da civilização humana? Explique e converse com os colegas sobre isso.
5. **ANALISAR** Veja o recurso digital sobre o **Memorial do Holocausto** e responda: Qual é a importância dessa obra para a história da humanidade? Explique.

Visitante no Memorial aos Judeus Mortos da Europa (ou Memorial do Holocausto), em Berlim (Alemanha). Foto de 2008.

Capítulo 1

UM DIÁRIO HISTÓRICO

O QUE VEM A SEGUIR

O trecho a seguir é do livro *O diário de Anne Frank*. Lançado em 1947, o diário da jovem Anne Frank, vítima dos nazistas na Segunda Guerra Mundial, tornou-se um dos livros mais conhecidos e lidos no mundo. A parte inicial do diário traz relatos da vida de Anne em Amsterdã, na Holanda, semanas antes de ela e seus familiares se refugiarem em um sótão por mais de dois anos. Como você imagina a rotina de Anne antes dos trágicos acontecimentos?

TEXTO

O diário de Anne Frank

Domingo, 14 de junho de 1942

Vou começar a partir do momento em que ganhei você, quando o vi na mesa, no meio dos meus outros presentes de aniversário. (Eu estava junto quando você foi comprado, e com isso eu não contava.)

Na sexta-feira, 12 de junho, acordei às seis horas, o que não é de espantar; afinal, era meu aniversário. Mas não me deixam levantar a essa hora; por isso, tive de controlar minha curiosidade até quinze para as sete. Quando não dava mais para esperar, fui até a sala de jantar, onde Moortje (a gata) me deu as boas-vindas, esfregando-se em minhas pernas.

Pouco depois das sete horas, fui ver papai e mamãe e, depois, fui à sala abrir meus presentes, e *você* foi o primeiro que vi, talvez um dos meus melhores presentes. Depois, em cima da mesa, havia um buquê de rosas, algumas peônias e um vaso de planta. De papai e mamãe ganhei uma blusa azul, um jogo, uma garrafa de suco de uva, que, na minha cabeça, deve ter gosto parecido com o do vinho (afinal de contas, o vinho é feito de uvas), um quebra-cabeça, um pote de creme para o corpo, 2,50 florins e um vale para dois livros. Também ganhei outro livro, *Camera obscura* (mas Margot já tem, por isso troquei o meu por outro), um prato de biscoitos caseiros (feitos por mim, claro, já que me tornei especialista em biscoitos), montes de doces e uma torta de morangos, de mamãe. E uma carta da vó, que chegou na hora certa, mas, claro, isso foi só uma coincidência.

Depois, Hanneli veio me pegar, e fomos para a escola. Na hora do recreio, distribuí biscoitos para os meus colegas e professores e, logo depois, estava na hora de voltar aos estudos. Só cheguei em casa às cinco horas, pois fui à ginástica com o resto da turma. (Não me deixam participar, porque meus ombros e meus quadris tendem a se deslocar.) Como era meu aniversário, pude decidir o que meus colegas jogariam, e escolhi vôlei. Depois, todos fizeram uma roda em volta de mim, dançaram e cantaram "Parabéns pra você". [...]

Album/Akg-Images/Fotoarena

↑ Trechos do diário de Anne Frank.

Sábado, 20 de junho de 1942

Fiquei alguns dias sem escrever porque queria, antes de tudo, pensar sobre meu diário. Ter um diário é uma experiência realmente estranha para uma pessoa como eu. Não somente porque nunca escrevi nada antes, mas também porque acho que mais tarde ninguém se interessará, nem mesmo eu, pelos pensamentos de uma garota de 13 anos. Bom, não faz mal. Tenho vontade de escrever e uma necessidade ainda maior de desabafar tudo o que está preso em meu peito.

"O papel tem mais paciência do que as pessoas." Pensei nesse ditado num daqueles dias em que me sentia meio deprimida e estava em casa, sentada, com o queixo apoiado nas mãos, chateada e inquieta, pensando se deveria ficar ou sair. No fim, fiquei onde estava, matutando. É, o papel *tem* mais paciência, e como não estou planejando deixar ninguém mais ler este caderno de capa dura que costumamos chamar de diário, a menos que algum dia encontre um verdadeiro amigo, isso provavelmente não vai fazer a menor diferença.

Agora voltei ao ponto que me levou a escrever um diário: não tenho um amigo.

Vou ser mais clara, já que ninguém acreditará que uma garota de 13 anos seja completamente sozinha no mundo. E não sou. Tenho pais amorosos e uma irmã de 16 anos, e há umas trinta pessoas que posso considerar amigas. [...] Tenho uma família, tias amorosas e uma casa boa. Não; aparentemente parece que eu tenho tudo, exceto um único amigo de verdade. Quando estou com amigas só penso em me divertir. Não consigo me obrigar a falar nada que não sejam bobagens do cotidiano. Parece que não conseguimos nos aproximar mais, e esse é o problema. Talvez seja minha culpa não confiarmos umas nas outras. De qualquer modo, é assim que as coisas são, e não devem mudar, o que é uma pena. Foi por isso que comecei o diário.

Para destacar em minha imaginação a imagem da amiga há muito tempo esperada, não quero anotar neste diário fatos banais do jeito que a maioria faz; quero que o diário seja minha amiga, e vou chamar essa amiga de *Kitty*.

Como ninguém entenderia uma palavra de minhas histórias contadas a Kitty se eu começasse a escrever sem mais nem menos, é melhor fazer um breve resumo de minha vida, por mais que seja contra a minha vontade.

Meu pai, o pai mais adorável que conheço, só se casou com minha mãe quando tinha 36 anos, e ela, 25. Minha irmã Margot nasceu em Frankfurt am Main, na Alemanha, em 1926. Eu nasci em 12 de junho de 1929. Morei em Frankfurt até completar 4 anos. Como éramos judeus, meu pai emigrou para a Holanda em 1933, quando se tornou diretor-administrativo da Dutch Opekta Company, que fabrica produtos para fazer geleia. Minha mãe, Edith Holländer Frank, juntou-se a ele na Holanda em setembro, e eu, em fevereiro, quando me puseram sobre a mesa como presente de aniversário para Margot. [...]

↓ **Trechos do diário de Anne Frank.**

antissemita: aquele que se opõe aos judeus.

capitulação: rendição, desistência.

pogroms: palavra russa que significa "causar estragos, destruir violentamente"; o termo refere-se aos violentos ataques físicos contra, sobretudo, a comunidade judaica.

Levávamos uma vida cheia de ansiedade, pois nossos parentes na Alemanha estavam sofrendo com as leis de Hitler contra os judeus. Depois dos <u>pogroms</u> de 1938, meus dois tios (irmãos de minha mãe) fugiram da Alemanha, refugiando-se na América do Norte. Minha avó idosa veio morar conosco. Na época estava com 73 anos.

Depois de maio de 1940, os bons momentos foram poucos e muito espaçados: primeiro veio a guerra, depois, a <u>capitulação</u>, em seguida, a chegada dos alemães, e foi então que começaram os sofrimentos dos judeus. Nossa liberdade foi gravemente restringida com uma série de decretos <u>antissemitas</u>: os judeus deveriam usar uma estrela amarela; os judeus eram proibidos de andar nos bondes; os judeus eram proibidos de andar de carro, mesmo em seus próprios carros; os judeus deveriam fazer suas compras entre três e cinco horas da tarde; os judeus só deveriam frequentar barbearias e salões de beleza de proprietários judeus; os judeus eram proibidos de sair às ruas entre oito da noite e seis da manhã; os judeus eram proibidos de frequentar teatros, cinemas ou ter qualquer outra forma de diversão; os judeus eram proibidos de ir a piscinas, quadras de tênis, campos de hóquei ou a qualquer outro campo esportivo; os judeus eram proibidos de ficar em seus jardins ou nos de amigos depois das oito da noite; os judeus eram proibidos de visitar casas de cristãos; os judeus deveriam frequentar escolas judias etc. Você não podia fazer isso nem aquilo, mas a vida continuava. Jacque sempre me dizia: "Eu não ouso fazer mais nada, porque tenho medo de ser algo proibido". [...]

Quarta-feira, 24 de junho de 1942

Querida Kitty,

Faz um calor sufocante. Todo mundo anda bufando e se esfalfando, nesse calor eu tenho de andar para todo canto. Só agora percebo como é agradável um bonde, mas nós judeus não temos mais permissão de usar esse luxo. [...]

O único meio de transporte que podemos usar é a balsa. O balseiro Josef Israëlkade nos transportava quando a gente pedia. Não é culpa dos holandeses se nós judeus estamos passando por um período tão ruim.

Eu gostaria de não precisar ir à escola. Minha bicicleta foi roubada durante o feriado de Páscoa, e papai entregou a bicicleta de mamãe para uns amigos cristãos guardarem. Graças a Deus, as férias de verão se aproximam; mais uma semana e nosso tormento vai acabar.

Ontem de manhã, aconteceu uma coisa incrível. Enquanto eu passava pelos bicicletários, ouvi alguém chamar meu nome. Virei-me e lá estava o garoto legal que eu tinha conhecido na tarde de ontem na casa de minha amiga Vilma. Ele é primo em segundo grau de Vilma. Eu sempre achei Vilma legal, e ela é, mas ela só fala de garotos, e isso é uma chatice. Ele veio em minha direção, meio tímido, e se apresentou como Hello Silberberg. Fiquei meio surpresa e não sabia bem o que ele queria, mas não demorei muito a descobrir. Ele perguntou se poderia me acompanhar até a escola.

— Se você estiver indo naquela direção, vou com você — respondi. E nós fomos andando juntos. Hello tem 16 anos e conta muito bem todo tipo de histórias engraçadas.

Esta manhã ele estava me esperando de novo, tomara que daqui em diante esteja sempre.

Anne

O diário de Anne Frank. Edição definitiva por Otto H. Frank e Mirjam Pressler. Tradução de Alves Calado. 62. ed. Rio de Janeiro: Record, 2016.

↑ Manuscrito do dia 18 de outubro de 1942.

↑ Selo alemão dedicado ao 50º aniversário de Anne Frank. Cerca de 1979.

80

TEXTO EM ESTUDO

PARA ENTENDER O TEXTO

1. O que você pensou sobre a rotina de Anne Frank se confirmou após a leitura? Compartilhe com os colegas.

2. Mesmo que você não conhecesse o título do livro, ao ler o texto, poderia reconhecê-lo como parte de um diário. Aponte que elementos do trecho você reconhece como característicos desse gênero.

3. O trecho do diário que você leu conta uma pequena parte da vida de Anne Frank.
   a) Em que datas foram escritas essas páginas do diário?
   b) Por que os autores de diários costumam anotar as datas de seus registros? Relacione sua resposta ao fato de esse gênero ser denominado *diário*.
   c) O que Anne Frank relata em cada uma das diferentes datas do texto que você leu? Faça uma síntese de cada uma delas.

4. Sobre os dias 14 de junho e 20 de junho de 1942, descritos no diário, responda:
   a) No relato do dia 14 de junho, é possível supor as dificuldades pelas quais os judeus, incluindo a família de Anne Frank, passavam durante a Segunda Guerra Mundial? Explique.
   b) No dia 20 de junho, há uma mudança no enfoque do relato de Anne Frank. Que mudança é essa?
   c) O relato do dia 24 de junho apresenta dois enfoques que, de certa forma, resumem a dualidade vivida pela garota: existe a guerra, mas também existe o dia a dia de Anne Frank, com seus anseios de adolescente. Que fatos relatados constituem esses dois enfoques nesse dia específico?

ANOTE AÍ!

O autor de um **diário íntimo** registra **fatos acontecidos dia após dia**. Como não é possível relatar todos os momentos de um dia, a pessoa que escreve registra apenas os acontecimentos que, de alguma maneira, têm **maior importância** para ela.

5. Releia este trecho do dia 20 de junho de 1942.

   "O papel tem mais paciência do que as pessoas." Pensei nesse ditado num daqueles dias em que me sentia meio deprimida e estava em casa, sentada, com o queixo apoiado nas mãos, chateada e inquieta, pensando se deveria ficar ou sair. No fim, fiquei onde estava, matutando. É, o papel *tem* mais paciência, e como não estou planejando deixar ninguém mais ler este caderno de capa dura que costumamos chamar de diário, a menos que algum dia encontre um verdadeiro amigo, isso provavelmente não vai fazer a menor diferença.

   a) Esse fragmento mostra que o registro de um diário não se limita ao relato das ações: é possível relatar também sentimentos. Qual é o sentimento de Anne nesse trecho?
   b) Em sua opinião, o que pode ter levado Anne Frank a fazer essa reflexão sobre as pessoas?
   c) Registre no caderno outro trecho que comprove que, além de relatar fatos, um diário também apresenta pensamentos do autor sobre si mesmo e avaliações sobre as pessoas e os acontecimentos à sua volta.

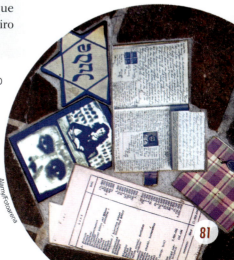

Colagem em memória ao Holocausto e a Anne Frank, na Piazza del Popolo (Praça do Povo), Pesaro, Itália.

PASSAPORTE DIGITAL

Casa Anne Frank

Visite o *site* oficial do museu Casa Anne Frank, local onde foi o esconderijo de sua família na Holanda e que hoje é aberto à visitação. No *site*, é possível obter informações diversas e visitar, virtualmente, o local do esconderijo.

Disponível em: <http://linkte.me/h9ag1>. Acesso em: 20 set. 2018.

---

6. Releia o parágrafo iniciado por "Depois de maio de 1940", no trecho em que Anne relata o dia 20 de junho de 1942. Em seguida, responda às questões.

a) Apesar de viver em um mundo em que predomina a intolerância, Anne relata, em outros trechos, gestos de companheirismo. Cite alguns deles.

b) No relato, são apresentados conflitos externos à personagem e também alguns conflitos íntimos. Releia os quatro primeiros parágrafos do relato do dia 20 de junho e indique um conflito relacionado às emoções de Anne Frank.

c) Tendo em vista que Anne Frank tinha 13 anos ao escrever o texto, você considera esses conflitos emocionais comuns à idade dela? Explique.

ANOTE AÍ!

No diário íntimo, registram-se não apenas fatos do dia a dia, mas também **pensamentos** e **impressões** que esses acontecimentos provocam. Geralmente, por ser **confidencial**, o diário é considerado, por seu autor, um interlocutor em quem confia e para o qual pode revelar **segredos** e **reflexões íntimas**.

A RELAÇÃO ENTRE AUTOR E INTERLOCUTOR

7. Em geral, quando uma pessoa fala ou escreve, ela se dirige a um interlocutor.

a) Qual é o interlocutor de Anne Frank em seu diário?

b) Sabendo que o significado de *inanimado* é "algo que não possui vida", podemos chamar o interlocutor de Anne Frank de inanimado? Explique.

c) Quais são as vantagens de ter esse tipo de interlocutor?

d) A maior parte das pessoas que mantêm um diário não pensa na publicação de seus textos. Em sua opinião, o que as motiva a escrever?

8. Leia o trecho a seguir, retirado do prefácio do livro *O diário de Anne Frank*.

> Anne Frank escreveu um diário entre 12 de junho de 1942 e 1º de agosto de 1944. A princípio, guardava-o para si mesma. Até que certo dia em 1944, Gerrit Bolkenstein, membro do governo holandês no exílio, declarou em transmissão radiofônica que, depois da guerra, esperava recolher testemunhos oculares do sofrimento do povo holandês sob ocupação alemã e que estes pudessem ser postos à disposição do público. Referiu-se especificamente a cartas e diários.
>
> Impressionada com aquele discurso, Anne Frank decidiu que publicaria um livro a partir de seu diário, quando a guerra terminasse. Assim, começou a reescrever e organizar o diário, melhorando o texto, omitindo passagens que não achava tão interessantes e acrescentando outras de memória. [...]

Prefácio. Em: Anne Frank. *O diário de Anne Frank*. Edição integral. Tradução de Ivanir Alves Calado. Rio de Janeiro: BestBolso, 2014. *E-book*.

a) Que providências foram tomadas por Anne Frank ao saber que haveria a publicação de testemunhos (cartas e diários) sobre a guerra?

b) Você acredita que a expectativa de o diário ser publicado em um livro tenha alterado significativamente a escrita inicial da autora? Explique.

c) Quando Anne Frank ganhou o diário, ela revelou que não pretendia mostrá-lo a outras pessoas. Em sua opinião, por que ela mudou de postura?

ANOTE AÍ!

O autor de um **diário íntimo** tem apenas a **si mesmo** como **interlocutor**. Essa situação é alterada quando o diário é publicado (em livro ou em outros meios), pois a **edição** tende, de algum modo, a alterá-lo com vistas a **proteger os interesses** das pessoas envolvidas.

● O CONTEXTO DE PRODUÇÃO

9. Este trecho é uma das anotações que Anne Frank fez no dia 15 de julho de 1944.

> Querida Kitty
> Recebemos da biblioteca um livro com o título polêmico: *O que você acha da jovem moderna?* Gostaria de tratar desse assunto hoje.
> A escritora critica a "juventude atual" da cabeça aos pés, ainda que não condene todos como "casos sem esperança". Pelo contrário, ela acredita que os jovens têm o poder de construir um mundo maior, melhor e mais belo, mas que se ocupam com coisas superficiais, sem pensar na beleza verdadeira.
> Em algumas passagens, tive a sensação de que ela dirigia sua crítica a mim, e é por isso que finalmente quero desnudar minha alma para você e me defender dessa agressão. [...]
>
> Anne Frank. *O diário de Anne Frank.* Edição integral. Tradução de Ivanir Alves Calado. Rio de Janeiro: BestBolso, 2014. E-book.

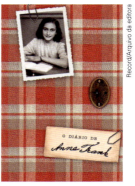

↑ Capa de edição especial de *O diário de Anne Frank*. São Paulo: Record, 2015.

a) Quanto tempo se passou entre esse relato e o primeiro que você leu?
b) Como Anne Frank se posiciona diante do livro que recebeu da biblioteca?
c) Compare o relato reproduzido no início deste capítulo e o realizado por Anne em 15 de julho de 1944. Em relação aos assuntos e à forma como foram abordados, o que os textos revelam sobre a maturidade de Anne Frank?

10. Por que o diário de Anne Frank é lido até hoje e traduzido para diversas línguas?

● A LINGUAGEM DO TEXTO

11. Releia o trecho a seguir.

> Só agora percebo como é agradável um bonde [...]
> O único **meio de transporte** que podemos usar é a balsa.

- A expressão em destaque se relaciona a que palavras do trecho? Explique a função dessa expressão no texto.

12. Identifique no texto três adjetivos relacionados a sentimentos de Anne Frank e associe o uso desses adjetivos com o gênero diário íntimo.

ANOTE AÍ!

Em um texto, quando se percebe o relato de **pensamentos** do autor, revelados nas frases opinativas, e também na escolha dos fatos relatados, na seleção do vocabulário, no emprego de determinados adjetivos, há uma criação de efeito de sentido de **subjetividade**. **Diários íntimos** são, então, textos predominantemente **subjetivos**, pois aquele que escreve procura apresentar uma **visão pessoal** dos fatos e o **valor** que atribui a eles.

DAR TEMPO AO TEMPO

Nos dias atuais, é comum as pessoas viverem com pressa, voltadas para seus afazeres e suas obrigações. Sobra pouco tempo para atividades que não tenham utilidade prática ou retorno imediato. Converse com os colegas e o professor sobre estas questões:

1. Você faz registros de sua vida? Se sim, quais são os motivos que impulsionam você?
2. Qual é a importância de reservar um tempo do dia para refletir e escrever sobre os acontecimentos, os amigos e a própria vida?

UMA COISA PUXA OUTRA

Arte urbana e história

A imagem a seguir mostra um mural criado pelo artista plástico brasileiro Eduardo Kobra localizado em Amsterdã, capital da Holanda. Inaugurada em 2016, a obra faz parte de um projeto para a criação do maior museu de arte urbana do mundo.

1. A imagem em destaque no mural é o rosto de Anne Frank. Observe-a e responda às questões a seguir.

↑ Mural intitulado *Let me be myself* ("Deixe-me ser eu mesma"), frase retirada de *O diário de Anne Frank*. Foto de 2017.

a) A expressão facial representada na obra expressa que sentimentos?
b) Como podem ser caracterizadas as cores utilizadas no mural?
c) Em sua opinião, por que Anne Frank foi escolhida para protagonizar um mural dessa proporção em Amsterdã?

2. Observando os trechos do diário lidos neste capítulo, que relação pode ser estabelecida entre a representação feita no mural e os relatos de Anne Frank?

3. A frase presente na parte superior do mural e que o intitula, *Let me be myself*, foi retirada do diário de Anne Frank e pode ser traduzida por "Deixe-me ser eu mesma".

a) Em que modo verbal está o verbo *deixar* na tradução dessa frase?
b) De acordo com o contexto, o que esse modo verbal expressa?
c) Qual é a relação entre a frase e a imagem representada no mural?

4. Leia o trecho da notícia a seguir, sobre o mural com a representação de Anne Frank.

> Eduardo Kobra acaba de deixar sua assinatura em um patrimônio histórico de Amsterdã. [...]
>
> Nos dez dias que levou para produzir o painel, Kobra pôde observar o interesse principalmente dos moradores da capital holandesa em seu trabalho. Apesar de já contar com alguns turistas, a região onde o mural foi instalado ainda é majoritariamente ocupada pela população local. "É um fenômeno que acontece em todos os lugares. Mas em Amsterdã pude observar as pessoas parando as bicicletas para fotografar e os vários jornais e TVs locais deram bastante destaque", pontuou o artista sobre a curiosidade do público.
>
> Renata Nogueira. UOL Entretenimento. Disponível em: <https://entretenimento.uol.com.br/noticias/redacao/2016/10/03/kobra-termina-mural-de-anne-frank-em-amsterda-no-inicio-do-ano-novo-judaico.htm>. Acesso em: 23 out. 2018.

a) Observando o mural com a representação de Anne Frank, o que o diferencia do prédio e do contexto em que ele está localizado?

b) De acordo com a notícia, como o público local reagiu diante da produção do mural?

c) Considerando o diálogo estabelecido entre a obra e os observadores dela, o que pode ter motivado o público a ter essa reação ao trabalho de Kobra?

5. Leia o trecho a seguir, que foi retirado e traduzido do *site* Casa Anne Frank, e observe as imagens do museu em Amsterdã, na Holanda. Em seguida, responda às questões.

De esconderijo a museu

> Após a guerra, o ex-esconderijo localizado no canal Prinsengracht, n. 263 estava deteriorado e prestes a ser demolido. Um grupo de pessoas se mobiliza e funda a Casa Anne Frank. Sua meta mais importante: preservar o esconderijo. Hoje em dia, a Casa Anne Frank é um dos três museus mais visitados de Amsterdã. [...]

Disponível em: <http://www.annefrank.org/pt/Museu/De-esconderijo-a-museu/>. Acesso em: 22 out. 2018.

↑ Casa Anne Frank (prédio atrás da árvore). Foto de 2013.

↑ Sala de jantar e cozinha do esconderijo de Anne Frank.

a) De acordo com o trecho, por que um grupo de pessoas se mobilizou?

b) Esse grupo obteve resultados ao se mobilizar por essa causa? Explique.

c) Você considera importante a ação desse grupo? Explique.

6. Você conhece alguma manifestação artística em sua cidade que, como a obra de Eduardo Kobra em Amsterdã, relaciona o contexto atual com algum fato histórico? Converse com os colegas e o professor, compartilhando informações sobre a obra, os sentidos expressos por ela e o artista.

LÍNGUA EM ESTUDO

PREDICATIVO DO OBJETO

1. Releia o trecho a seguir.

> Virei-me e lá estava o garoto legal que eu tinha conhecido na tarde de ontem na casa de minha amiga Vilma. Ele é primo em segundo grau de Vilma. Eu sempre achei Vilma legal, e ela é, mas ela só fala de garotos, e isso é uma chatice.

a) Nesse trecho, Anne Frank comenta sobre suas amizades. Qual das orações revela uma característica relacionada ao parentesco de seu novo colega?

b) Qual é o sujeito dessa oração?

c) Qual é a expressão, presente nessa oração, que caracteriza esse sujeito indicado no item anterior?

d) Transcreva a oração que revela uma opinião positiva de Anne Frank sobre a amiga Vilma.

e) Que palavra nessa oração expressa a opinião de Anne sobre a amiga?

f) Essa palavra está caracterizando o sujeito ou o objeto presente na oração? Justifique sua resposta.

g) Se essa palavra não fosse utilizada, o sentido da frase seria alterado? Como?

Os termos que exprimem estado ou característica do **sujeito** são chamados de **predicativo do sujeito**, como na oração indicada no item *a* da atividade **1**. Quando um estado ou uma característica são atribuídos ao **objeto direto** ou **indireto**, dizemos que se trata de um **predicativo do objeto**, como na oração transcrita no item *d* da atividade **1**.

Veja outro exemplo:

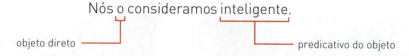

ANOTE AÍ!

O **predicativo do objeto** é utilizado para **modificar** o sentido do termo que tem a função de **objeto direto** ou **indireto** em uma oração. Ele pode acompanhar verbos como *julgar*, *achar*, etc., quando indicam uma opinião sobre o termo que é objeto direto. Em geral, o predicativo do objeto é composto de **adjetivo**, **locução adjetiva** ou **substantivo**.

RELACIONANDO

Ao expressar sentimentos e pontos de vista em diários, é comum o autor usar predicativos do objeto acompanhando verbos como *achar*, *acreditar*, *considerar* e *crer*, entre outros.

Veja o esquema a seguir, que diferencia o predicativo do objeto do predicativo do sujeito.

ATIVIDADES

RETOMAR E COMPREENDER

1. Leia este trecho de notícia e responda ao que se pede.

Candidatos consideram primeiro dia de provas do Enem difícil

A maioria dos candidatos ouvidos pelo UOL avaliou como "difíceis" as questões do primeiro dia de provas do Enem (Exame Nacional do Ensino Médio).

Eles contam que, neste ano, os enunciados estavam menores e que a prova abordou temas como crise econômica no Brasil e no mundo e a crise dos refugiados na Europa. [...]

UOL, 5 nov. 2016. Disponível em: <https://educacao.uol.com.br/noticias/2016/11/05/candidatos-consideram-primeiro-dia-de-provas-do-enem-dificil.htm>. Acesso em: 23 out. 2018.

a) No trecho da notícia, é mencionada uma característica dos enunciados do exame. Transcreva a oração em que essa característica é apresentada.

b) Que termo da oração expressa essa característica?

c) Como esse termo é classificado sintaticamente?

d) No título da notícia, que termo indica a característica da prova?

e) Qual é a classificação sintática desse termo?

f) Considerando o trecho da notícia, explique que relação pode ser estabelecida entre a informação apresentada pelo predicativo do sujeito e aquela apresentada pelo predicativo do objeto.

2. Leia o poema de Fernando Pessoa e responda às questões.

Todas as cartas de amor são
Ridículas.
Não seriam cartas de amor se não fossem
Ridículas.

Também escrevi em meu tempo cartas
de amor,
Como as outras,
Ridículas.

As cartas de amor, se há amor,
Têm de ser
Ridículas.

Mas, afinal,
Só as criaturas que nunca escreveram
Cartas de amor
É que são
Ridículas.
[...]

Fernando Pessoa. *O almirante louco*. São Paulo: SM, 2007. p. 42-43.

a) Transcreva os versos em que o eu lírico apresenta sua primeira opinião sobre as cartas de amor.

b) Qual é o sujeito da oração presente nesses versos?

c) Qual é o termo da oração que caracteriza esse sujeito?

d) Como esse termo é classificado sintaticamente?

e) Que contradição é expressa pelo eu lírico na última estrofe em relação às outras?

APLICAR

3. Reescreva esta estrofe trocando o predicativo do objeto: "Também escrevi em meu tempo cartas de amor,/ Como as outras,/ Ridículas".

4. APLICAR Faça as **atividades interativas** para praticar seus conhecimentos.

AS MARCAS DE SUBJETIVIDADE NA EXPOSIÇÃO DE FATOS

1. Leia o texto a seguir, sobre a invasão da União Soviética pelos alemães na Segunda Guerra Mundial.

> **Segunda Guerra Mundial – A invasão da União Soviética**
>
> No dia 22 de junho de 1941, 150 divisões do exército nazista iniciaram a invasão da União Soviética. Estava rompido o pacto de não agressão entre os dois países, assinado em 1939 por Hitler e Stalin.
>
> As tropas nazistas invadiram a União Soviética organizadas em três frentes: um exército marchou em direção ao norte, para cercar Leningrado; outro, em direção ao centro, com o objetivo de conquistar Moscou; e um terceiro rumou em direção ao sul, com objetivo de apoderar-se dos campos de trigo da Ucrânia.
>
> Atacado de surpresa, o exército soviético não conseguiu impedir o avanço das tropas nazistas, que, em menos de um mês, já haviam percorrido 750 quilômetros em direção ao interior do país e se aproximavam cada vez mais da capital, Moscou.
> [...]
> De julho a setembro de 1941, os nazistas avançaram ainda mais. Ao atingirem Moscou, as tropas alemãs haviam tomado considerável parcela do território soviético. Ao sul, toda a Ucrânia e sua capital, Kiev, haviam sido ocupadas. Ao norte, Leningrado estava cercada.
>
> Mas o que Hitler mais queria era a tomada de Moscou. Por isso, ordenou que as forças militares fossem concentradas para um assalto definitivo. Um milhão de homens, 1700 tanques e cerca de 1000 aviões compunham os efetivos alemães.
>
> No entanto, a resistência do exército soviético, com tanques e aviões, mostrava-se muito eficiente na defesa. O exército soviético também soube tirar partido do rigoroso inverno russo. Sem uniformes apropriados, dezenas de milhares de alemães morreram de frio e os equipamentos militares perdiam eficiência. Percebendo a fragilidade do inimigo diante do frio, as tropas soviéticas recuavam para regiões mais frias.
>
> Como Moscou resistia, Hitler decidiu tentar a conquista do sul da União Soviética, onde se situava a cidade de Stalingrado (hoje Volvogrado), centro de importante indústria e com vias de acesso fácil aos polos produtores de petróleo.
> [...]
> A batalha de Stalingrado, uma das maiores da história, foi o início da derrota alemã.

Portal Brasil. Disponível em: <http://www.portalbrasil.net/historiageral_segundaguerramundial.htm>. Acesso em: 23 out. 2018.

a) Com relação ao tempo, como estão organizados os fatos relatados nesse texto sobre a Segunda Guerra?

b) O texto cita nomes de lugares pelos quais o exército nazista passou. Copie o nome desses lugares.

c) O autor usa recursos para que seu texto pareça narrar os fatos de modo objetivo. Que recursos são esses?

2. Ao selecionar as informações para compor o texto, o autor fez uma escolha pessoal. É possível afirmar que ele relata objetivamente a invasão alemã?

3. Com relação à pessoa verbal empregada nesse texto, responda às questões.

a) Qual é a pessoa verbal utilizada no texto?

b) Que efeito de sentido o uso dessa pessoa produz?

SEGUNDA GUERRA MUNDIAL

A Segunda Guerra Mundial (1939-1945) envolveu os países que representavam as grandes potências mundiais da época. São várias as causas da guerra; no entanto, destacam-se as crises políticas e econômicas geradas pelos regimes totalitaristas da Alemanha e da Itália e o desejo de expansão desses países. O conflito teve o maior número de vítimas da história da humanidade.

4. Leia o trecho da autobiografia do poeta russo Eugênio Evtuchenko.

> Em 22 de junho de 1941, dia da agressão alemã ao meu país, eu era um garoto romântico, convicto de que os homens sofrem apenas nos livros.
> O princípio da guerra pareceu-me muito colorido. Gostava de olhar os projetores varando, à noite, os céus de Moscou. Não me inspiravam medo, mas sim admiração. Gostava do lamento das sirenes soando o alerta aéreo e invejava os adultos que recebiam tão belos capacetes e fuzis, e partiam para esse apaixonante país da fantasia que se chamava *front*.
> A verdade é que os feridos que voltavam desse país não eram muito tagarelas.
> No outono de 1941, fui evacuado de Moscou, partindo para a Sibéria com muitas outras crianças de minha idade. Viajei mais de um mês num comboio composto de uns sessenta vagões, cheios de mulheres e crianças, antes de chegar à minha estação natal, Zima. Eram sessenta vagões carregados de infelicidade e lágrimas que, lentos, atravessavam a Rússia rumo à Sibéria.
> Em direção contrária, indo para o *front*, rodavam os trens repletos de armas e, nas portas entreabertas dos vagões de carga, viam-se os rostos saudáveis dos soldados. Agora, não mais me pareciam tão belos os seus capacetes e fuzis. Não acreditava mais que estivessem alegres em partir para o combate, mesmo quando de seus vagões chegavam até mim o ritmo rápido de belas canções russas e o som vivo dos acordeões.
> Para mim, o sofrimento deixara de ser sentimento exclusivo dos personagens dos livros.
> [...]

Eugênio Evtuchenko. *Autobiografia precoce*. 2. ed. São Paulo: Brasiliense, 1987. p. 17-18.

↑ Foto do poeta russo Eugênio Evtuchenko, em 1988.

a) Com relação ao assunto tratado, qual é a semelhança entre esse texto e o primeiro que você leu nesta seção?

b) Copie os trechos em que são apresentados dados numéricos e datas.

c) O que podemos afirmar sobre o uso de dados numéricos e datas em cada um dos textos?

5. A autobiografia usa uma pessoa verbal diferente da utilizada no primeiro texto.

a) Que pessoa verbal é utilizada na autobiografia?

b) O que esse recurso acrescenta ao sentido do que está sendo relatado?

6. Nesse texto, o autor afirma que era um garoto romântico. Quais foram as primeiras impressões dele sobre a guerra?

7. No decorrer do texto, a visão inicial do autor a respeito da guerra é alterada. Que aspectos da guerra passam a chamar a atenção dele?

8. Que tipo de informações o autor apresenta ao caracterizar aspectos da guerra?

9. Esse texto faz parte de uma autobiografia. Qual é a relação entre o gênero autobiografia e as informações presentes nele?

ANOTE AÍ!

Nenhum texto é neutro, pois o produtor do texto, ao selecionar os aspectos de que vai tratar, já deixa no texto uma marca pessoal. Porém, ao narrar um fato, ele pode usar **recursos** para **marcar** a **objetividade** ou a **subjetividade**.

Um dos recursos que fazem com que o texto pareça mais **objetivo** é a apresentação de **informações precisas**, como **dados numéricos**, **localizações exatas**, **datas**, etc.

Quando o fato é exposto de modo mais **subjetivo**, as **sensações** e os **sentimentos** do narrador são dominantes no texto.

AGORA É COM VOCÊ!

ESCRITA DE DIÁRIO ÍNTIMO

PROPOSTA

Você vai escrever um relato no formato de uma página de diário íntimo. No entanto, como o texto será lido por outras pessoas, escreva-o como se já tivesse em mente a possibilidade de publicação do diário. Escolha um tema relacionado à escola que possa ser interessante para a posteridade, pois as produções serão guardadas em uma caixa que será aberta pelos próximos alunos do 8º ano.

GÊNERO	PÚBLICO	OBJETIVO	CIRCULAÇÃO
Diário íntimo	Os próximos alunos do 8º ano	Registrar acontecimentos relacionados à escola que sejam interessantes para a posteridade	Caixa de memórias da turma

Leandro Lassmar/ID/BR

PLANEJAMENTO E ELABORAÇÃO DO TEXTO

1. Primeiro, registre ao longo de uma semana todos os acontecimentos que julgar importantes.

2. Ao elaborar seu texto, comece pelo cabeçalho. Como você escreverá algo que será lido em um tempo futuro, inicie o cabeçalho pela informação do local e pela data do relato.

3. Utilize a 1ª pessoa do singular para relatar os fatos sobre você.

4. Escreva como se estivesse se dirigindo a uma pessoa bem íntima; imagine, por exemplo, que o diário seja seu(sua) melhor amigo(a). No entanto, tenha em mente que o público leitor será os próximos alunos do 8º ano.

5. Procure ser o mais fiel possível ao falar sobre seus sentimentos e pensamentos acerca dos fatos vivenciados ao longo da semana.

6. Não se preocupe em relatar somente o que acredita ser adequado ou bonito. É próprio do ser humano ter sentimentos contraditórios.

7. Empregue palavras e expressões que marquem o tempo, como *hoje*, *ontem*, *aquela hora*, *quando cheguei*, *quando percebi*, etc.

LINGUAGEM DO SEU TEXTO

1. Na seção *Língua em estudo*, você viu um exemplo de predicativo do objeto no texto "O diário de Anne Frank". Qual é a relação entre esse gênero textual e o uso de predicativos do objeto?

2. Na oração "Eu sempre *achei* Vilma legal", que outro verbo poderia ser usado, mantendo o sentido básico da oração?

Ao escrever seu texto, utilize predicativos do objeto para expressar sentimentos, emoções e opiniões sobre os fatos vivenciados, explorar questionamentos acerca desses acontecimentos e abordar angústias e anseios que você venha a ter. Além disso, utilize verbos como *julgar, acreditar, considerar,* etc. para expressar seu ponto de vista.

❽ Utilize adjetivos para expressar sentimentos, emoções e opiniões sobre os fatos vivenciados.

❾ Por ser um texto subjetivo, cujo principal leitor é quem o escreve, você pode utilizar registro informal e expressões cotidianas.

❿ O diário apresenta marcas de seu autor; por isso, insira em seu diário algum elemento ilustrativo, por exemplo:
- uma fotografia com um amigo;
- um recorte de algo que você leu e achou interessante;
- uma ilustração relacionada ao assunto relatado;
- a embalagem de um bombom que você comeu durante a semana, um ingresso de um passeio, entre outros.

⓫ Use canetas coloridas para destacar ideias ou fatos.

AVALIAÇÃO E REESCRITA DO TEXTO

❶ Avalie seu diário íntimo considerando os critérios do quadro a seguir.

ELEMENTOS DO DIÁRIO ÍNTIMO
O diário apresenta o local e a data em que o texto foi escrito?
O relato foi escrito na 1ª pessoa do singular?
Há marcadores de tempo?
Além do relato de fatos, há a expressão de opiniões e sentimentos pessoais?
Você procurou escrever com franqueza sobre seus sentimentos e pensamentos?
Há sua marca pessoal na página (uma foto, um recorte, uma ilustração, etc.)?

❷ Depois de avaliar, reflita sobre o que pode ser melhorado e reescreva o texto.

❸ Além do professor, mostre seu relato a outra pessoa e peça uma opinião sobre ele. Pergunte se ela acredita que os próximos alunos do 8º ano vão gostar de ler seu texto.

CIRCULAÇÃO

❶ Para fazer a caixa de memórias da turma em que os textos ficarão guardados, vocês devem seguir as seguintes orientações:
- Escolham uma caixa – que pode ser de papelão ou de madeira – para confeccionar a caixa de memórias. A caixa não pode ser muito pequena, pois, além dos diários, vocês poderão inserir alguns objetos.
- Para embrulhar a caixa de uma forma que represente as características de vocês, escolham papéis diversos para enfeitá-la. Vocês poderão pesquisar na internet algumas técnicas de colagem para estilizar a caixa.
- Em seguida, escrevam, na tampa da caixa, "Caixa de memórias da turma do 8º ano" e acrescentem a data de fechamento logo abaixo.
- Certifiquem-se de que todos os diários estão identificados.
- Preencham a caixa com diferentes objetos que representem a turma.

❷ Depois de preencher a caixa, fechem-na e guardem-na em um lugar que vocês julguem seguro, para que seja aberta pelos próximos alunos do 8º ano.

Capítulo 2
EM BUSCA DA IGUALDADE

O QUE VEM A SEGUIR

No texto a seguir estão presentes a introdução e dez artigos da Declaração Universal dos Direitos Humanos. Esse documento foi elaborado por representantes de diferentes países e culturas, sendo considerado um marco na história dos direitos humanos. A Declaração foi proclamada pela Assembleia Geral da Organização das Nações Unidas (ONU) em 10 de dezembro de 1948, em Paris, e tem como propósito ser uma norma ética comum a todos os povos e nações. Em sua opinião, que tipo de norma é apresentada nesse documento?

TEXTO

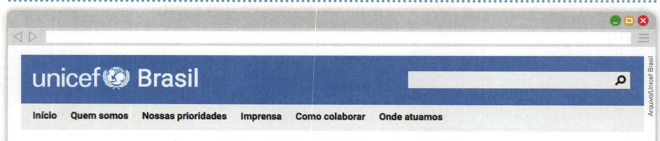

DECLARAÇÃO UNIVERSAL DOS DIREITOS HUMANOS

Preâmbulo

Considerando que o reconhecimento da dignidade inerente a todos os membros da família humana e de seus direitos iguais e inalienáveis é o fundamento da liberdade, da justiça e da paz no mundo,

Considerando que o desprezo e o desrespeito pelos direitos humanos resultaram em atos bárbaros que ultrajaram a consciência da humanidade e que o advento de um mundo em que mulheres e homens gozem de liberdade de palavra, de crença e da liberdade de viverem a salvo do temor e da necessidade foi proclamado como a mais alta aspiração do ser humano comum,

[...]

Considerando que os povos das Nações Unidas reafirmaram, na Carta [da ONU], sua fé nos direitos fundamentais do ser humano, na dignidade e no valor da pessoa humana e na igualdade de direitos do homem e da mulher e que decidiram promover o progresso social e melhores condições de vida em uma liberdade mais ampla,

Considerando que os Países-Membros se comprometeram a promover, em cooperação com as Nações Unidas, o respeito universal aos direitos e liberdades fundamentais do ser humano e a observância desses direitos e liberdades,

Considerando que uma compreensão comum desses direitos e liberdades é da mais alta importância para o pleno cumprimento desse compromisso,

Agora portanto a Assembleia Geral proclama a presente Declaração Universal dos Direitos Humanos como o ideal comum a ser atingido por todos os povos e todas as nações, com o objetivo de que cada indivíduo e cada órgão da sociedade tendo sempre em mente esta Declaração, esforce-se, por meio do ensino e da educação, por promover o respeito a esses direitos e liberdades, e,

---

Países-Membros: cada um dos países que pertencem a uma organização internacional, nesse caso, a Organização das Nações Unidas.

inerente: próprio ou característico de algo ou que está unido a ele de maneira que não se pode separar.

preâmbulo: texto explicativo que antecede uma lei.

ultrajar: ofender gravemente com palavras ou ações.

92

pela adoção de medidas progressivas de caráter nacional e internacional, por assegurar o seu reconhecimento e a sua observância universais e efetivos, tanto entre os povos dos próprios Países-Membros quanto entre os povos dos territórios sob sua jurisdição.

Artigo 1

Todos os seres humanos nascem livres e iguais em dignidade e direitos. São dotados de razão e consciência e devem agir em relação uns aos outros com espírito de fraternidade.

Artigo 2

1. Todo ser humano tem capacidade para gozar os direitos e as liberdades estabelecidos nesta Declaração, sem distinção de qualquer espécie, seja de raça, cor, sexo, língua, religião, opinião política ou de outra natureza, origem nacional ou social, riqueza, nascimento, ou qualquer outra condição.

2. Não será também feita nenhuma distinção fundada na condição política, jurídica ou internacional do país ou território a que pertença uma pessoa, quer se trate de um território independente, sob tutela, sem governo próprio, quer sujeito a qualquer outra limitação de soberania.

Artigo 3

Todo ser humano tem direito à vida, à liberdade e à segurança pessoal.

Artigo 4

Ninguém será mantido em escravidão ou servidão; a escravidão e o tráfico de escravos serão proibidos em todas as suas formas.

Artigo 5

Ninguém será submetido à tortura, nem a tratamento ou castigo cruel, desumano ou degradante.

Artigo 6

Todo ser humano tem o direito de ser, em todos os lugares, reconhecido como pessoa perante a lei.

Artigo 7

Todos são iguais perante a lei e têm direito, sem qualquer distinção, a igual proteção da lei. Todos têm direito a igual proteção contra qualquer discriminação que viole a presente Declaração e contra qualquer incitamento a tal discriminação.

[...]

Artigo 18

Todo ser humano tem direito à liberdade de pensamento, consciência e religião; esse direito inclui a liberdade de mudar de religião ou crença e a liberdade de manifestar essa religião ou crença pelo ensino, pela prática, pelo culto em público ou em particular.

Artigo 19

Todo ser humano tem direito à liberdade de opinião e expressão; esse direito inclui a liberdade de, sem interferência, ter opiniões e de procurar, receber e transmitir informações e ideias por quaisquer meios e independentemente de fronteiras.

[...]

Artigo 30

Nenhuma disposição da presente Declaração pode ser interpretada como o reconhecimento a qualquer Estado, grupo ou pessoa, do direito de exercer qualquer atividade ou praticar qualquer ato destinado à destruição de quaisquer dos direitos e liberdades aqui estabelecidos.

> **incitamento:** impulsionar a realização de algo.
>
> **jurisdição:** território sobre o qual se exerce poder.

Declaração Universal dos Direitos Humanos. Disponível em: <https://www.unicef.org/brazil/pt/resources_10133.htm>. Acesso em: 22 set. 2018.

TEXTO EM ESTUDO

■ PARA ENTENDER O TEXTO

1. No preâmbulo, está o objetivo da Declaração Universal dos Direitos Humanos.
   a) Qual é o objetivo?
   b) De acordo com essa parte do texto, quem se comprometeu a promover as ações indicadas no documento?
   c) Pesquise em *sites* ou em livros quantos são os países que compõem a Organização das Nações Unidas na atualidade. Indique se o Brasil está entre eles.

2. O documento lido tem um caráter coletivo, característica explicitada várias vezes ao longo do texto.
   a) Transcreva no caderno um trecho do preâmbulo que confirma o caráter coletivo dessa Declaração.
   b) Qual efeito de sentido é produzido pela repetição do caráter coletivo desse documento?

3. Cada um dos itens que constitui a segunda parte do documento chama-se "Artigo".
   a) Pesquise em um dicionário o significado desse termo nesse contexto de uso. Transcreva-o.
   b) Qual é a relação entre o uso dessa palavra e o conteúdo apresentado em cada um dos itens?

ANOTE AÍ!

Um **texto normativo** é aquele que integra um conjunto de regras, normas ou preceitos, e é destinado a reger o **funcionamento** de um grupo, de um país ou de determinada atividade, entre outras finalidades.

○ PASSAPORTE DIGITAL

Nações Unidas no Brasil
A Organização das Nações Unidas (ONU), desde sua fundação, além de proclamar a Declaração Universal dos Direitos Humanos, tem realizado diversas ações que visam garantir a paz e o desenvolvimento mundial. No *site* brasileiro da entidade, é possível saber mais sobre a organização internacional e conhecer suas campanhas.
Disponível em: <http://linkte.me/qz8u2>. Acesso em: 24 set. 2018.

4. Em um dos artigos apresentados no texto, é afirmado o caráter universal da Declaração, ou seja, não há exceção a qualquer ser humano em relação aos direitos explicitados no documento.
   a) Qual Artigo especifica esse caráter universal do documento?
   b) Selecione um trecho desse artigo que reforce, por meio de especificações, a inclusão de todas as pessoas em relação aos direitos apresentados no documento. Transcreva-o.
   c) Um outro Artigo reforça a legitimidade da Declaração Universal dos Direitos Humanos, indicando a extensão das disposições presentes no texto a todos os seres humanos e a não possibilidade de agir contra o estabelecido no documento. Qual é esse Artigo?

5. Embora todos os artigos presentes na Declaração Universal dos Direitos Humanos tratem da liberdade, é possível agrupá-los em temáticas específicas. Com base na leitura do texto, associe cada item a seguir a um ou mais artigos, de acordo com a temática predominante.
   a) Artigo(s) relacionado(s) ao direito à vida, à igualdade e à liberdade em geral.
   b) Artigo(s) relacionado(s) à integridade do trabalho.
   c) Artigo(s) relacionado(s) à justiça e ao cumprimento da legislação.
   d) Artigo(s) relacionado(s) à liberdade de pensamento e de crença.
   e) Artigo(s) relacionado(s) ao direito de acesso à informação.

6. Observe a forma como os artigos foram organizados ao longo do documento.
   a) De que forma essa organização foi feita?
   b) Por que esse tipo de documento é organizado dessa forma?

> **ANOTE AÍ!**
>
> Em geral, os **textos normativos** são constituídos por **preâmbulo**, **normas gerais** e **disposição final**. É comum cada regra ser formulada em um parágrafo, recorrendo à numeração a fim de facilitar a organização do documento e a consulta a ele.

O CONTEXTO DE PRODUÇÃO

7. Leia, a seguir, um texto a respeito da Declaração Universal dos Direitos Humanos.

> Quando a Declaração Universal dos Direitos Humanos começou a ser pensada, o mundo ainda sentia os efeitos da Segunda Guerra Mundial, encerrada em 1945. [...]
>
> Depois da Segunda Guerra e da criação da Organização das Nações Unidas (também em 1945), líderes mundiais decidiram complementar a promessa da comunidade internacional de nunca mais permitir atrocidades como as que haviam sido vistas na guerra. Assim, elaboraram um guia para garantir os direitos de todas as pessoas e em todos os lugares do globo.
>
> O documento foi apresentado na primeira Assembleia Geral da ONU em 1946 e repassado à Comissão de Direitos Humanos para que fosse usado na preparação de uma declaração internacional de direitos. Na primeira sessão da comissão em 1947, seus membros foram autorizados a elaborar o que foi chamado de "esboço preliminar da Declaração Internacional dos Direitos Humanos".
>
> Um comitê formado por membros de oito países recebeu a declaração e se reuniu pela primeira vez em 1947. Ele foi presidido por Eleanor Roosevelt, viúva do presidente americano Franklin D. Roosevelt. O responsável pelo primeiro esboço da declaração, o francês René Cassin, também participou.
>
> O primeiro rascunho da Declaração Universal dos Direitos Humanos, que contou com a participação de mais de 50 países na redação, foi apresentado em setembro de 1948 e teve seu texto final redigido em menos de dois anos.

Declaração Universal dos Direitos Humanos garante igualdade social. Disponível em: <http://www.brasil.gov.br/cidadania-e-justica/2009/11/declaracao-universal-dos-direitos-humanos-garante-igualdade-social>. Acesso em: 22 set. 2018.

Considerando as informações do texto lido e do preâmbulo da Declaração Universal dos Direitos Humanos, responda:

a) O segundo parágrafo do preâmbulo faz referência a uma violação dos Direitos Humanos. A que violação o documento se refere?

b) Essa atrocidade não é nomeada de forma explícita na Declaração Universal. Qual expressão faz referência a ela no segundo parágrafo do preâmbulo?

8. De acordo com as informações presentes nos textos lidos, responda:
   a) Em que ano foi finalizada a ocorrência indicada no item *a* da atividade **7**?
   b) Em que ano foi apresentada a primeira versão da Declaração Universal dos Direitos Humanos?

9. Qual é a relação entre a ocorrência destacada na atividade **7** e a elaboração da Declaração Universal dos Direitos Humanos?

● A LINGUAGEM DO TEXTO

10. O documento lido pode ser dividido em duas partes: uma delas formada pelo preâmbulo; e a outra, pela apresentação dos artigos.

   a) Qual palavra é utilizada para introduzir a maior parte das frases presentes no preâmbulo?

   b) Essa palavra poderia ser substituída, sem prejuízo de sentido, por qual outra palavra ou expressão?

   c) O que o uso dessa palavra indica sobre os fatos apresentados nessa parte do texto? Copie no caderno a afirmação correta.

      I. Revela que os fatos apresentados são hipotéticos.

      II. Indica que os fatos apresentados são a causa da decisão da Assembleia.

      III. Sugere que os fatos apresentados são de conhecimento restrito.

11. Releia os trechos a seguir.

> Considerando que o reconhecimento da dignidade inerente a todos os membros da família humana e de seus direitos iguais e inalienáveis é o fundamento da liberdade, da justiça e da paz no mundo,
>
> Considerando que o desprezo e o desrespeito pelos direitos humanos resultaram em atos bárbaros que ultrajaram a consciência da humanidade

   a) Identifique as formas verbais presentes nos trechos.

   b) Desses verbos, qual deles está na forma nominal?

   c) Em qual modo e tempo verbal estão flexionados os demais verbos?

   d) Qual é a relação entre o tempo verbal utilizado nos trechos e o conteúdo expresso em cada um deles?

12. Tendo como base a análise dos verbos nos trechos, responda:

   a) O que o modo verbal indicado no item *c* da questão anterior expressa?

   b) Qual é a relação entre o modo verbal utilizado nos trechos e o fato de a Declaração Universal dos Direitos Humanos ser um texto normativo?

13. Releia os Artigos a seguir, retirados da Declaração Universal.

> **Artigo 1**
> Todos os seres humanos nascem livres e iguais em dignidade e direitos.
> **Artigo 5**
> Ninguém será submetido à tortura, nem a tratamento ou castigo cruel, desumano ou degradante.

   ● Identifique os verbos de cada Artigo e indique o modo e o tempo em que cada verbo está flexionado.

14. Com base nas respostas indicadas na questão anterior, relacione:

   a) os tempos verbais utilizados e os conteúdos expressos nos artigos 1 e 5;

   b) o modo verbal utilizado e os conteúdos expressos nos artigos 1 e 5.

ANOTE AÍ!

Em **textos normativos** é comum utilizar verbos no **modo indicativo**, expressando assertividade em relação às normas apresentadas.

15. Tendo como base os artigos presentes na Declaração, responda:

a) Em qual pessoa verbal as frases são estruturadas?

b) Quais pronomes introduzem as partes do texto nomeadas como Artigos?

c) Como esses pronomes são classificados?

d) Considerando a abrangência da Declaração Universal dos Direitos Humanos, qual é o efeito de sentido produzido pelo emprego desse tipo de pronome?

16. Releia o seguinte artigo da Declaração Universal dos Direitos Humanos.

Artigo 19

Todo ser humano tem direito à liberdade de opinião e expressão; este direito inclui a liberdade de, sem interferência, ter opiniões e de procurar, receber e transmitir informações e ideias por quaisquer meios e independentemente de fronteiras.

a) Pesquise em um dicionário diferentes significados do termo *fronteira*. Qual é o significado do termo *fronteira* no artigo 19?

b) Esse sentido é literal ou figurado? Justifique sua resposta.

> **ANOTE AÍ!**
>
> Em **textos normativos**, as palavras são usadas de modo preciso, evitando duplos sentidos, para que não causar dúvidas no leitor. Tais textos normativos compõem, por exemplo, os gêneros normativos/jurídicos como: **leis**, **declarações**, **tratados**, etc.

■ COMPARAÇÃO ENTRE OS TEXTOS

17. No capítulo 1, há um texto de diário íntimo; neste capítulo, um texto normativo da Declaração Universal dos Direitos Humanos. Compare-os e responda:

a) Qual é o objetivo de cada um desses textos? A que público cada um dos textos se dirige?

b) Em que pessoa verbal se estrutura o diário íntimo? Qual é a diferença em relação ao texto normativo? E, em relação à linguagem empregada, qual é a diferença entre os dois textos estudados nesta unidade?

18. O que o diário de Anne Frank e a Declaração Universal dos Direitos Humanos têm em comum em relação ao conteúdo?

19. Alguns diários íntimos são publicados (como aconteceu com *O diário de Anne Frank*) e, com isso, tornam-se documentos históricos. A Declaração Universal dos Direitos Humanos também é considerada um documento. Em sua opinião, de que forma a divulgação e o conhecimento dessas publicações podem auxiliar na construção de um mundo mais humanizado?

> **SETENTA ANOS DA DECLARAÇÃO UNIVERSAL DOS DIREITOS HUMANOS**
>
> Em 2018, a Declaração Universal dos Direitos Humanos completou 70 anos. No entanto, no mundo contemporâneo, ainda há muitas pessoas perseguidas e que sofrem pelo abuso de poder. Converse com os colegas e o professor sobre as seguintes questões:
>
> **1.** Você conhece grupos que, hoje em dia, são perseguidos por suas características físicas, culturais ou por suas escolhas políticas ou religiosas? Exemplifique.
>
> **2.** **COMPREENDER** Acesse o recurso digital sobre **direitos humanos** e discuta a seguinte questão: O que podemos fazer para que os sentimentos de acolhimento e solidariedade se fortaleçam na sociedade?

LÍNGUA EM ESTUDO

PREDICADO NOMINAL, PREDICADO VERBAL E PREDICADO VERBO-NOMINAL

1. Releia este trecho da Declaração Universal dos Direitos Humanos.

> **Artigo 7**
>
> **Todos são iguais perante a lei** e têm direito, sem qualquer distinção, a igual proteção da lei.

- Na frase destacada, que palavra caracteriza o sujeito? Essa frase traz uma ação relacionada ao sujeito ou a uma característica dele?

2. Releia este outro trecho da Declaração Universal dos Direitos Humanos.

> Considerando que os povos das Nações Unidas reafirmaram, na Carta [da ONU], sua fé nos direitos fundamentais do ser humano, na dignidade e no valor da pessoa humana e na igualdade de direitos do homem e da mulher e que decidiram promover o progresso social e melhores condições de vida em uma liberdade mais ampla,

- Nesse fragmento, há duas ações principais do sujeito "os povos das Nações Unidas". Que trechos e quais formas verbais indicam essas ações?

Na atividade **1**, é possível identificar que o verbo *ser* estabelece a ligação entre o sujeito e uma expressão que o caracteriza. O verbo com essa função é chamado de **verbo de ligação**, e a expressão, ligada ao sujeito pelo verbo, é considerada **predicativo do sujeito**. Essa estrutura, verbo de ligação + predicativo do sujeito, forma o **predicado nominal**. Já, na atividade **2**, os verbos são significativos, pois indicam ações relacionadas ao sujeito, constituindo, dessa forma, o **predicado verbal**.

> **ANOTE AÍ!**
>
> O **predicado nominal** tem como núcleo um **predicativo do sujeito**, que se liga ao sujeito por meio do **verbo de ligação**.
>
> O **predicado verbal** tem como núcleo um **verbo significativo**. No predicado verbal, o verbo pode ser intransitivo, transitivo direto, transitivo indireto ou transitivo direto e indireto.

3. Leia, a seguir, mais um trecho da Declaração.

> Agora portanto a Assembleia Geral proclama a presente Declaração Universal dos Direitos Humanos **como o ideal comum a ser atingido** por todos os povos e todas as nações [...].

- A expressão em destaque se refere a que termo sintático? O verbo *proclamar* é significativo ou de ligação? Explique.

No trecho da atividade **3**, o predicado da oração possui dois núcleos: a forma verbal *proclamaram* e a expressão *como o ideal comum a ser atingido*, que exprime uma característica do objeto direto "a presente Declaração Universal dos Direitos Humanos". Dessa forma, a expressão *como o ideal comum a ser atingido* é chamada de **predicativo do objeto**.

RELACIONANDO

No texto de um diário íntimo (gênero textual visto no primeiro capítulo desta unidade), por ser um relato pessoal, há predominância de predicados nominais, pois estão associados à caracterização dos sujeitos, sendo, portanto, mais expressivos das subjetividades, dos sentimentos e das sensações.

Leia, a seguir, um trecho do diário de Anne Frank.

Sexta-feira, 21 de julho de 1944.

Querida Kitty,
[...] Não posso evitar, a perspectiva de voltar à escola em outubro está me deixando feliz demais para ser lógica! Ah, minha querida, não acabei de dizer que não queria antecipar as coisas? Perdão, Kittty, não é à toa que me chamam de feixe de contradições! [...]

O diário de Anne Frank. Edição definitiva por Otto H. Frank e Mirjam Pressler. Tradução de Alves Calado. 62. ed. Rio de Janeiro: Record, 2016.

↑ Trecho do diário de Anne Frank.

Agora, observe a análise sintática abaixo.

No predicado dessa oração, há a locução verbal *está deixando*, cujo verbo principal é transitivo direto. Ela está acompanhada de seu objeto direto "me" e do predicativo do objeto "feliz". Esse predicado tem dois núcleos: o verbo, que informa a ação do sujeito, e o predicativo, que exprime um estado do objeto direto.

A seguir, o predicado possui dois núcleos, o verbal e o nominal.

I. O nominal é um predicativo do sujeito e o verbal é *comemoraram*:

II. O nominal é um predicativo do objeto e o verbal é *julgaram*:

Os cidadãos **julgaram** a guerra **desnecessária**.

COMPREENDER

Acesse o recurso digital e saiba mais sobre os **tipos de predicado**.

ANOTE AÍ!

O **predicado verbo-nominal** apresenta dois núcleos: um verbo **significativo** e um **predicativo do sujeito** ou um **predicativo do objeto**.

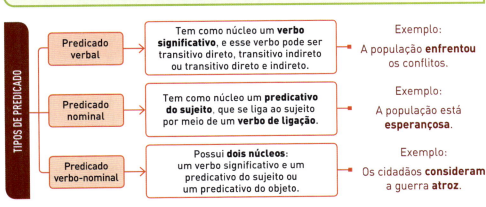

ATIVIDADES

RETOMAR E COMPREENDER

1. Leia o poema a seguir, do poeta curitibano Paulo Leminski.

parem	parem
eu confesso	eu confesso
sou poeta	sou poeta
cada manhã que nasce	só meu amor é meu deus
me nasce	
uma rosa na face	eu sou o seu profeta

Paulo Leminski. *Toda poesia*. São Paulo: Companhia das Letras, 2013.

a) O eu lírico confere dois atributos a si mesmo. Que atributos são esses?
b) Que relação pode ser estabelecida entre esses dois atributos?
c) Que verbo é utilizado pelo eu lírico para conferir atributos a si mesmo?
d) Quais são os verbos usados para expressar ações e acontecimentos?
e) Um desses verbos está em sentido figurado. Qual é ele?
f) Que tipos de predicado estão presentes no poema?
g) Qual é a relação entre esses tipos de predicado e as informações do poema?

2. Leia o trecho de *O diário de Zlata*, escrito durante a guerra Bósnia-Herzegóvina.

> Quarta feira, 6 de janeiro de 1993
> *Dear* Mimmy,
> Está horrivelmente frio. O inverno se instalou na cidade para valer. Eu, que gostava tanto do inverno e esperava impacientemente que ele chegasse, agora o considero um hóspede indesejável em Sarajevo [...].

Zlata Filipović. *O diário de Zlata*. São Paulo: Companhia das Letras, 1994.

a) Sarajevo, cidade de Zlata, tem inverno intenso, sendo janeiro o mês mais frio. Que fato pode ter provocado na autora a mudança de sentimento em relação a essa estação?
b) Transcreva a oração em que Zlata revela sua opinião em relação ao inverno.
c) Como é classificado o verbo presente nessa oração?
d) Que tipo de predicado há nessa oração? Justifique.

APLICAR

3. As colunas a seguir apresentam verbos significativos e adjetivos. Combine-os para formar orações com predicado verbo-nominal.

VERBOS SIGNIFICATIVOS	ADJETIVOS
escutar	atento
atuar	concentrado
participar	confiante
subir	interessado

4. **APLICAR** Faça as **atividades interativas** para praticar seus conhecimentos.

A LÍNGUA NA REAL

O PREDICADO VERBO-NOMINAL E A SÍNTESE DA INFORMAÇÃO

1. Leia a notícia a seguir e responda às questões propostas.

> **Alemão julga resultado injusto e reclama de gols perdidos**
>
> O zagueiro Alemão saiu de campo insatisfeito após a derrota do Santa Cruz para o Paysandu por 2 a 1, nesta terça-feira (8), no Arruda. O defensor coral considerou injusto o resultado e acredita que o Tricolor deveria sair de campo vencedor.
>
> "Se tivesse de sair um vencedor, seria a nossa equipe. Ficamos por 90 minutos em cima deles, mas em duas bolas eles fizeram os gols", lamentou Alemão.
>
> *LeiaJá*. Disponível em: <http://www.leiaja.com/esportes/2015/09/08/alemao-julga-resultado-injusto-e-reclama-de-gols-perdidos/>. Acesso em: 25 set. 2018.

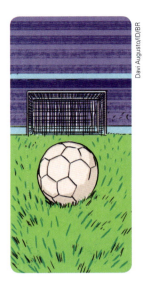

a) Qual é a justificativa de Alemão para considerar injusto o resultado do jogo?
b) Transcreva o trecho do título da notícia em que há a opinião do zagueiro.
c) Analise sintaticamente cada um dos termos dessa oração.
d) Nessa oração há um predicado verbo-nominal. Considerando o contexto da notícia, caso fosse excluído o predicativo do objeto, a oração teria sentido? Explique.
e) Observando o contexto da notícia, a frase teria que alteração de sentido? Copie no caderno a afirmação correta.

   I. Ao utilizar esse tipo de predicado, as informações são organizadas de modo que possibilitam ao leitor uma visão parcial e subjetiva sobre o fato: ele é informado que o jogador avaliou o resultado injusto, mas não há explicação do porquê.

   II. Ao utilizar esse tipo de predicado, as informações são organizadas de modo que possibilitam ao leitor uma visão geral e, ao mesmo tempo, resumida sobre o fato: diz-se que o jogador avaliou o resultado e que o considerou injusto.

2. Agora, leia este trecho de uma notícia em que aparece o verbo *achar*.

> **Advogada acha impossível acordo com presos ainda hoje**
>
> A advogada Isleide Veloso Augusto [...] afirmou há pouco aos repórteres que estão no local que considera improvável um acordo com os presos ainda hoje. A afirmação foi feita depois que a advogada entrou no prédio e conversou com os detentos.
>
> *Campo Grande News*, 5 jun. 2017. Disponível em: <https://www.campograndenews.com.br/cidades/advogada-acha-impossivel-acordo-com-presos-ainda-hoje-04-20-2008>. Acesso em: 25 set. 2018.

a) Que verbo é utilizado como sinônimo do verbo *achar*?
b) Quais são os adjetivos relacionados ao verbo *achar* e ao verbo *considerar*?
c) A que substantivo esses adjetivos estão relacionados?
d) Tais adjetivos exercem o papel de predicativo do objeto. Se os adjetivos fossem omitidos na notícia, a informação principal seria mantida? Qual é a relação entre o uso desse tipo de predicado e a síntese das informações?

ANOTE AÍ!

O **predicado verbo-nominal** expressa de **modo sintético**, em uma mesma oração, as informações referentes a cada um de seus núcleos: o **verbo significativo** e o **predicativo do sujeito** ou **do objeto**.

101

PARÔNIMOS

1. Leia os textos a seguir.

Veja cinco passos para se dar bem em concursos
Conheça formas de organizar o cotidiano para obter sucesso nos concursos

1. Rotina

Crie uma rotina de estudos. Diariamente, separe algumas horas para se dedicar ao concurso, de acordo com a sua disponibilidade. Faça um cronograma com os assuntos e siga-o.

2. Exercícios

Uma das melhores formas de absorver o conteúdo é fazendo exercícios. Assim que terminar de estudar, pratique.

3. Banca

Conhecer sobre a banca organizadora é essencial para se ter um bom desempenho na prova. Saiba como ela cobra as questões e o estilo de avaliação.

4. Tempo

É preciso saber administrar o tempo na hora da prova. Para não ter problemas na hora H, faça simulados e cronometre. Chegue preparado para enfrentar o relógio.

5. Descanso

Apesar de a rotina de estudos ser intensa, o tempo de descanso também deve ser levado em consideração. Isso ajudará a ganhar foco e não chegar à exaustão.

Maryanna Nascimento. *Correio*, 22 maio 2017. Disponível em: <http://www.correio24horas.com.br/single-economia/noticia/veja-cinco-passos-para-se-dar-bem-em-concursos/?cHash=8f268a27da74222695bb886ecae729a3>. Acesso em: 25 set. 2018.

Tite é absolvido e segue dirigindo o Internacional

O Internacional recebeu uma boa notícia nesta sexta-feira. Expulso na partida contra o Palmeiras, o técnico Tite foi julgado nesta sexta-feira pelo Superior Tribunal de Justiça Desportiva (STJD) e absolvido por unanimidade. Com isso, poderá dirigir o time gaúcho contra o Vitória, neste domingo. [...]

Estadão, 19 set. 2008. Disponível em: <http://esportes.estadao.com.br/noticias/futebol,tite-e-absolvido-e-segue-dirigindo-o-internacional,244835>. Acesso em: 25 set. 2018.

a) Na dica "Exercícios", aparece o verbo *absorver*. No contexto apresentado, qual é o significado desse verbo?

b) No segundo texto, aparece o verbo *absolver*. Qual é seu significado?

> **ANOTE AÍ!**
> **Parônimos** são palavras que apresentam **significados diferentes**, embora sejam parecidas na **grafia** e/ou na **pronúncia**. É caso das palavras *absorver* e *absolver*.

> **LIVRO ABERTO**
> *Minha vida de menina*, de Helena Morley. São Paulo: Companhia de Bolso, 2016.
> Esse livro é o diário íntimo de Helena Morley – pseudônimo de Alice Dayrell Caldeira Brant. Nele, é relatado de forma bem-humorada o dia a dia da vida de uma adolescente na província de Diamantina (MG) no final do século XIX.

2. Leia as definições destas palavras.

tráfego: trânsito de veículos	**tráfico**: comércio ilegal
inflação: alta dos preços	**infração**: violação
descrição: ato de descrever	**discrição**: qualidade de quem é discreto
eminente: elevado	**iminente**: algo que está prestes a acontecer
dispensa: isenção, licença	**despensa**: compartimento onde se guardam mantimentos

- Agora que você já sabe o significado de cada um dos parônimos do quadro, copie as frases a seguir no caderno e complete-as utilizando o termo adequado.

a) O ★ cientista ganhou o prêmio Nobel.
b) Os alimentos foram colocados na ★.
c) O ★ nas estradas foi intenso durante o feriado.
d) O menino agia com ★ e cautela.
e) O ★ foi combatido naquele país.
f) Aquele era um perigo ★.
g) A ★ superou todas as marcas históricas.
h) Os alunos fizeram boas ★ na produção de texto.
i) Como estava doente, o funcionário recebeu ★ para ir ao médico.
j) Estacionar em local proibido é considerado uma ★ às leis de trânsito.

3. Leia as definições que seguem. Depois, elabore um parágrafo em que haja ao menos cinco dessas palavras.

descriminar: tirar a culpa, absolver de crime, inocentar	**discriminar**: diferenciar, distinguir
flagrante: evidente, manifesto	**fragrante**: perfumado, aromático
fluir: correr em estado líquido	**fruir**: desfrutar, usufruir
soar: produzir som, emitir som	**suar**: transpirar

4. **APLICAR** Faça as **atividades interativas** para praticar seus conhecimentos.

ETC. E TAL

A expansão da língua inglesa após a Segunda Guerra Mundial

A cultura estadunidense exerceu grande influência no mundo ocidental após o término da Segunda Guerra Mundial, pois os Estados Unidos da América (EUA) passaram a exercer um poder hegemônico sobre o Ocidente. A partir da expansão da economia estadunidense, diversos países passaram a modificar hábitos e costumes, e as cidades cresceram à medida que as indústrias começaram a se instalar próximas às grandes metrópoles de países subdesenvolvidos.

A língua inglesa, então, começou a fazer parte do cotidiano de boa parte da população ocidental e, no Brasil, não foi diferente. Muitas dessas palavras estão relacionadas à tecnologia e a áreas do trabalho. Veja alguns exemplos de palavras em inglês que não foram aportuguesadas e são comuns em nosso dia a dia: *e-mail*, *chat*, *chip*, *deadline*, *delivery*, *e-book*, *flash*, *hacker*, *jeans*, *kit*, *laptop*, *led*, etc. Que outras palavras em inglês são comuns em seu dia a dia?

103

Capítulo 3
DE OLHO NO ESPAÇO PÚBLICO

O QUE VEM A SEGUIR

As petições apresentam reivindicações a autoridades, órgãos públicos ou empresas relacionadas ao assunto em questão. As petições *on-line* são feitas pela internet e buscam o maior número de assinaturas de pessoas que concordam com suas reivindicações. Veja o título da petição a seguir: Esta petição poderia representar os interesses de qual grupo ou comunidade?

TEXTO

Petição em favor da criação de uma biblioteca no Pontal

Para: Ao Exmo. Sr. Governador Rui Costa dos Santos e ao Exmo. Sr. Prefeito de Ilhéus Mario Alexandre Correa de Souza

Ilhéus, 9 de abril de 2018.

[...]

Nós, abaixo-assinados, vimos através desta, diante da perda advinda com a construção da nova Ponte Ilhéus-Pontal e consequente demolição da escola Estadual Padre Luiz Palmeira, praça de esporte e lazer onde nós moradores desfrutávamos de uma qualidade de vida necessária para a nossa educação, saúde e bem-estar, vimos solicitar que seja construída uma nova biblioteca pública, com salas de informática, salas para curso de artesanatos, serigrafia e *art designer*, salas de reuniões e auditório para realização de palestras e seminários.

Importante frisar que, de acordo com o MANIFESTO DA UNESCO sobre bibliotecas públicas:

"[...]

A biblioteca pública – porta de acesso local ao conhecimento – fornece as condições básicas para uma aprendizagem contínua, para uma tomada de decisão independente e para o desenvolvimento cultural dos indivíduos e dos grupos sociais.

Este Manifesto proclama a confiança que a UNESCO deposita na Biblioteca Pública, enquanto força viva para a educação, a cultura e a informação, e como agente essencial para a promoção da paz e do bem-estar espiritual nas mentes dos homens e das mulheres.

Assim, a UNESCO encoraja as autoridades nacionais e locais a apoiar ativamente e a comprometerem-se no desenvolvimento das bibliotecas públicas."

Assim, com esse pensamento, na certeza de termos nossa solicitação atendida, encaminhamos este documento composto pelas assinaturas dos cidadãos que almejam ver esse espaço público reaberto e oferecendo bons serviços para toda a sociedade.

Atenciosamente

ASSINAR Abaixo-Assinado

Petição pública. Disponível em: <http://www.peticaopublica.com.br/pview.aspx?pi=BR105623>. Acesso em: 26 set. 2018.

TEXTO EM ESTUDO

PARA ENTENDER O TEXTO

1. A hipótese feita a partir da pergunta do boxe *O que vem a seguir* confirmou-se após a leitura? Converse com os colegas.

2. A petição *on-line* é composta de convocação introdutória, seguida do título do texto e da indicação aos destinatários, a que sucede a indicação do local e da data, e o corpo do texto. Considerando, então, esse texto, responda:

   a) Quais são os destinatários dessa petição *on-line*?

   b) Em sua opinião, por que a petição se dirige a mais de um destinatário?

3. Antes de ser enviada aos destinatários nomeados no texto, a petição é compartilhada em um *site* para ser visualizada e assinada por um público específico.

   a) Quem é esse público?

   b) Que elemento da petição *on-line* indica a comunidade em que o documento foi compartilhado?

> **ANOTE AÍ!**
>
> Espera-se que as **petições *on-line*** sejam assinadas e divulgadas pelo maior número de pessoas. Aqueles que assinam a petição são conhecidos como **signatários**, que concordam com as ideias e as propostas que ela veicula.

4. Releia o primeiro parágrafo da petição e responda ao que se pede.

   a) Qual é a reivindicação expressa na petição?

   b) Que fato determinou a solicitação expressa?

   c) Como o atendimento à solicitação da petição vai compensar o fato expresso no item anterior?

5. A petição *on-line* cita um trecho de um texto da Unesco (Organização das Nações Unidas para a Educação, a Ciência e a Cultura) que trata da importância das bibliotecas públicas para o desenvolvimento da sociedade.

   a) Que sinal gráfico delimita o texto da Unesco citado?

   b) Explique por que a instituição, autora do trecho citado, é importante no campo da educação.

   c) De que forma o texto da Unesco contribui para a argumentação da petição?

6. Releia o último trecho do texto da Unesco citado na petição *on-line*:

   > Assim, a UNESCO encoraja as autoridades nacionais e locais a apoiar ativamente e a comprometerem-se no desenvolvimento das bibliotecas públicas.

   - Essa afirmação coincide com os objetivos da petição? Explique.

> **ANOTE AÍ!**
>
> Para fortalecer a **argumentação**, o autor, que procura **convencer o leitor** de algo, pode citar a declaração de uma pessoa ou instituição de importância reconhecida no assunto tratado. Esse procedimento é conhecido como **argumento de autoridade**. A citação da Unesco na petição *on-line* funciona como uma estratégia para convencer as pessoas a assinar o documento e as autoridades responsáveis a atender à reivindicação feita.

105

O CONTEXTO DE PRODUÇÃO

Já Assinaram

40 PESSOAS

Assinar Petição

O seu apoio é muito importante. Apoie esta causa. Assine o Abaixo-Assinado.

Arquivo/Petição Pública

7. A petição *on-line* foi publicada em um *site* especializado em petições.

a) Observe o elemento que aparece ao final do texto da petição *on-line*. O que ele representa?

b) Observe ao lado uma imagem retirada do *site*. Essa informação aparece ao lado do texto da petição. Que informação apresenta o número em destaque?

8. O *site* em que foi publicada a petição *on-line* contém uma página de comentários das pessoas que a assinaram, reproduzida a seguir.

Arquivo/Petição Pública

Razões para assinar. O que dizem outros assinantes.	
A opinião e razões dos signatários do Abaixo-Assinado: Petição em favor da criação de uma biblioteca no Pontal, para Ao Exmo. Sr. Governador Rui Costa dos Santos e ao Exmo. Sr. Prefeito de Ilhéus Mario Alexandre Correa de Souza	
Nome	**Comentário**
MÁRCIO B.	É uma necessidade antiga do bairro mais famoso é mais boêmio da região!
Fred .	Apoio total da população Bahiana
Lenival p.	Tudo que seja melhor pra Ilhéus.
Herbert .	Quero q reconstrua uma biblioteca no local do colégio

- Por que é importante apresentar os comentários dos signatários?

9. Em relação ao público-alvo da petição *on-line*, responda:

a) Sendo própria do meio digital, a petição, que circula na internet, faz com que o público-alvo fique delimitado?

b) Por que é possível afirmar que a petição *on-line* pode atingir um público maior que os principais interessados na reivindicação?

10. Quais são as vantagens e as desvantagens de uma petição *on-line* em relação à forma impressa?

A LINGUAGEM DO TEXTO

11. Releia este trecho do início da petição *on-line*.

> Para: Ao Exmo. Sr. Governador Rui Costa dos Santos e ao Exmo. Sr. Prefeito de Ilhéus Mario Alexandre Correa de Souza

a) Que pronomes de tratamento foram utilizados de forma abreviada para os dois destinatários?

b) Qual é a forma por extenso dos pronomes que você citou no item anterior?

c) O uso desses pronomes de tratamento se justifica, levando em conta as pessoas envolvidas? Explique.

12. O trecho a seguir está presente em diversas petições *on-line*. Observe-o e, em seguida, responda às questões.

> Apoie este Abaixo-Assinado. Assine e divulgue. O seu apoio é muito importante.

a) O trecho apresenta três verbos no mesmo modo verbal. Quais são esses verbos e em que modo verbal eles estão?

b) Relacione o modo verbal empregado com o objetivo desse trecho.

13. Releia a parte final da petição *on-line*.

> Assim, com esse pensamento, na certeza de termos nossa solicitação atendida, encaminhamos este documento composto pelas assinaturas dos cidadãos que almejam ver esse espaço público reaberto e oferecendo bons serviços para toda a sociedade.

a) A que se refere o pronome demonstrativo *esse*, que aparece nesse trecho da petição?

b) Como qualquer pedido, a solicitação da petição *on-line* pode ser atendida ou não. Que trecho expressa certeza de que a reivindicação será atendida?

c) Em sua opinião, qual é o objetivo dos autores ao imprimir essa certeza no texto da petição?

14. Releia, a seguir, um trecho do primeiro parágrafo da petição *on-line*.

> Nós, abaixo-assinados, vimos através desta, diante da perda advinda com a construção da nova Ponte Ilhéus-Pontal e consequente demolição da escola Estadual Padre Luiz Palmeira, praça de esporte e lazer onde nós moradores desfrutávamos de uma qualidade de vida [...]

a) Indique o verbo flexionado no tempo presente e o verbo flexionado no pretérito imperfeito do modo indicativo.

b) De acordo com a situação de uso, o verbo flexionado no tempo presente foi utilizado para:
  I. indicar quem realiza a petição *on-line*.
  II. informar o local de demolição da escola.
  III. indicar ações realizadas pelos eleitores.

c) O verbo flexionado no pretérito imperfeito teve como objetivo:
  I. indicar ações realizadas no momento da fala.
  II. indicar ações realizadas uma única vez no passado.
  III. indicar ações realizadas frequentemente no passado.

d) A combinação de verbos nos tempos presente e pretérito imperfeito do modo indicativo possibilita que a petição *on-line*:
  I. apresente os motivos da reivindicação no presente e explique como o problema atual surgiu de ações frequentes realizadas no passado.
  II. apresente as pessoas que desejam fazer uma reivindicação e realize uma comparação com uma situação frequente do passado.

A IMPORTÂNCIA DOS ESPAÇOS PÚBLICOS EDUCATIVOS

Vimos, na petição *on-line*, uma comunidade reivindicando um espaço público de educação e lazer para compensar a demolição de uma escola estadual, desativada para a construção de uma ponte. Espaços públicos são áreas de uso comum e de posse coletiva. São os espaços de circulação (como ruas e avenidas), os de recreação (como parques, *playgrounds* e quadras esportivas) e os de educação (como escolas, creches e bibliotecas), entre outros. A quantidade adequada desses espaços e sua distribuição equitativa são fundamentais. Por isso, a importância de reivindicar a instalação desses espaços. Discuta com os colegas e o professor as seguintes questões:

1. No seu bairro, há espaços públicos de recreação e de educação? Quais?

2. Você sente falta de um espaço público de recreação ou de educação na região onde mora? Em caso afirmativo, qual?

3. Você conhece alguém que não tem acesso a um espaço público de educação na região onde mora? Se sim, por que isso acontece?

AGORA É COM VOCÊ!

PETIÇÃO *ON-LINE*

PROPOSTA

Você e os colegas vão produzir uma petição *on-line* reivindicando melhoria na estrutura escolar ou no entorno da escola, endereçada à direção da escola ou ao órgão responsável (pode ser a prefeitura, a subprefeitura ou o departamento de trânsito, por exemplo). A petição *on-line* circulará em um *site* especializado em petições. Quando a coleta de assinaturas terminar, a petição será encaminhada à pessoa ou ao órgão que pode atender à solicitação apresentada por vocês.

GÊNERO	PÚBLICO	OBJETIVO	CIRCULAÇÃO
Petição *on-line*	Comunidade escolar e órgão responsável	Reivindicar melhoria na estrutura escolar ou no entorno da escola à direção da escola ou ao órgão responsável	Plataforma de petições *on-line* na internet

PLANEJAMENTO E ELABORAÇÃO DO TEXTO

Leandro Lassmar/ID/BR

1 Elaborem uma enquete sobre prioridades e problemas da escola ou do entorno escolar, organizando uma lista de categorias para que os entrevistados votem na que considerarem mais importante de ser abordada na petição *on-line*.

- Na escola, podem ser abordados pontos como infraestrutura, acessibilidade, serviços complementares (como alimentação, coleta de lixo e limpeza), entre outros.
- No entorno escolar, pode-se questionar sinalização, existência de faixas de pedestres e semáforos, obstáculos à circulação, iluminação pública, segurança, entre outros.

2 Em grupos, realizem a enquete. Vocês devem levar a pergunta e as alternativas anotadas e apresentá-las ao maior número possível de pessoas da comunidade escolar para que o tema da petição *on-line* reflita uma necessidade coletiva. Anotem o nome e o *e-mail* de cada entrevistado.

3 Calculem a quantidade de vezes que cada alternativa foi escolhida como prioridade pelos entrevistados do grupo. O tema da petição *on-line* será a alternativa que foi escolhida o maior número de vezes.

4 Depois de escolhido o tema, pesquisem e leiam textos de órgãos ou instituições relevantes ou de pessoas reconhecidas relacionados ao problema que será abordado na petição. Façam uma seleção de argumentos de autoridade, que poderão auxiliar no embasamento da sua reivindicação.

5 Elaborem o texto com a reivindicação, expondo o problema e a proposta de solução. Vocês podem inserir na petição um trecho de um dos textos selecionados para reforçar o argumento de vocês. Expliquem também os benefícios da proposta apresentada. É importante pensar em soluções factíveis e que não envolvam grande investimento ou intervenções radicais.

6 Ao longo do texto, prestem atenção às especificidades da linguagem da petição, tais como formalidade e uso da primeira pessoa do plural e dos pronomes de tratamento adequados.

7 A estrutura da petição *on-line* deve conter:

- título;
- texto de incentivo à participação;
- destinatários;
- local e data;
- corpo do texto (com identificação do problema, argumentação e proposta de solução).

8 Se o grupo considerar pertinente, podem ser incluídas fotografias no texto da petição. As fotografias são particularmente úteis para mostrar alguma estrutura danificada ou deteriorada ou para comprovar a necessidade de instalação de algum equipamento.

9 Façam a primeira versão do texto da petição *on-line*.

10 Criem uma lista com todos os *e-mails* anotados das pessoas entrevistadas pela turma durante a realização da enquete. Eles serão utilizados para a propagação inicial da petição *on-line*.

11 Decidam quantas assinaturas vocês pretendem arrecadar.

AVALIAÇÃO E REESCRITA DO TEXTO

1 Os grupos devem trocar o texto da petição *on-line* uns com os outros, de forma que cada grupo avalie a produção dos colegas. Leiam a petição, avaliando-a de acordo com as perguntas do quadro a seguir.

ELEMENTOS DA PETIÇÃO *ON-LINE*
A petição apresenta título, texto de incentivo à participação, destinatários, local e data e corpo do texto (com identificação do problema e proposta de solução)?
O motivo da reivindicação da petição está claro? A proposta de solução é factível?
O texto apresenta transcrição de depoimentos feitos por autoridades, trechos de citação de uma pessoa representante da área ou outro argumento de autoridade?
As especificidades da linguagem foram atendidas (formalidade, uso da primeira pessoa do plural e de pronomes de tratamento adequados)?

2 Troquem as avaliações para que cada grupo leia o que foi anotado sobre a sua petição *on-line*.

3 Caso necessário, reescrevam o texto corrigindo os problemas levantados.

CIRCULAÇÃO

1 Após a avaliação e a reescrita do texto, elaborem a versão final do texto da petição *on-line,* que deverá ser digitada.

2 Publiquem a petição em um *site* de petições *on-line,* com o suporte e a orientação do professor.

3 Enviem o *link* da petição para a lista de *e-mails* que criaram, certificando-se de que os endereços de *e-mail* de cada participante foram digitados corretamente.

4 Após conseguirem arrecadar o número de assinaturas anteriormente determinado, encaminhem a petição *on-line,* com as assinaturas, às pessoas ou ao órgão responsável.

ATIVIDADES INTEGRADAS

O texto a seguir faz parte do livro *O diário de Lena: a história real de uma adolescente durante a Segunda Guerra*. Esse diário foi escrito pela adolescente Lena, na época com 16 anos, que relata o cerco a Leningrado (União Soviética), atual São Petersburgo (Rússia), realizado pelos nazistas em 1941. Esse cerco é considerado um dos eventos mais dramáticos da história contemporânea, em que mais de 700 mil civis morreram de fome e exaustão, entre outros problemas relacionados à guerra. Leia o trecho a seguir e responda ao que se pede.

[1941]

16 de outubro

Começou o inverno. Ontem caiu a primeira neve. A pressão dos alemães contra nós parece um muro intransponível. Consultar um mapa se tornou assustador. As últimas notícias são terríveis. Nosso exército abandonou Mariupol, Briansk, Viazma. Combates intensos são travados na direção de Kalinine. Isso não quer dizer que se deva considerar a cidade de Kalinine tomada. O que se passa é realmente assustador. Viazma fica a 150 quilômetros de Moscou. Isso significa que os alemães estão a 150 quilômetros de Moscou. Pela primeira vez, declarou-se o seguinte no rádio: "A situação é difícil na frente oeste. Os alemães concentraram uma quantidade enorme de tanques e tropas de infantaria motorizada, atravessando nossa fronteira. Nosso exército recuou, sofrendo perdas imensas". Foi o que nos comunicou o rádio. Nunca se havia noticiado qualquer coisa assim.

↑ Capa do livro de Lena Mukhina.

Estamos aterrorizados. Com a impressão de que não teremos mais dias radiosos pela frente. Não viveremos até os dias radiosos e alegres do mês de maio.

Os alemães com certeza vão transformar Leningrado num campo em ruínas, para depois ocupá-la. Todos que conseguirem fugir terão que viver nas florestas, onde pereceremos, morreremos de frio, de fome ou simplesmente seremos mortos.

Sem dúvida, é um inverno assustador que começa para milhares de pessoas, com frio e fome. Hoje Tamara virá me ver, vamos praticar nosso inglês com Aka. Amanhã volto ao trabalho. Lá também as coisas não estão nem um pouco fáceis. Anetchka morreu e mais outras duas mulheres. Durante quase todo meu último plantão estive junto ao leito de uma moribunda.

Quase não notei Valeri: aparentemente não vai trabalhar conosco. Estava num corredor, sem o avental, e não o reconheci. Ele é que me cumprimentou. É um bom rapaz: pena que tenhamos nos conhecido de maneira tão rápida.

Hoje, enquanto dormia, e ontem, durante o dia, sonhei com Vovka. Como se tivesse vindo me ver, estava completamente nu e faminto: dei de comer e alguma roupa. Ele agradeceu e disse que somente agora tinha consciência da importância de uma amiga de verdade. Depois, alguém me perseguia com uma faca. Estava quase me alcançando, isso se passava na praça, no outono, e de repente vi Vovka com os rapazes da nossa sala. Estava salva. E sonhei com um monte de coisas mais. [...]

Lena Mukhina. *O diário de Lena*: a história real de uma adolescente durante a Segunda Guerra. Tradução de Jorge Bastos. São Paulo: Globo Livros, 2015. *E-book*.

ANALISAR E VERIFICAR

1. Ao longo do trecho, é relatado um fato que explica a apreensão de Lena em relação ao futuro próximo.

   a) Qual é esse fato e onde ele foi noticiado?

   b) Em relatos de diários, é comum a apresentação de elementos que vão além da descrição dos fatos. Isso se aplica ao relato de Lena? Explique.

2. Mesmo diante da situação vivenciada, Lena tenta manter a rotina em seu dia a dia. Que fatos relatados confirmam essa afirmação?

3. Ao longo do texto, são mencionadas algumas cidades.

   a) Quais são elas?

   b) Além dos nomes das cidades, é indicada a distância entre duas delas. Qual é essa distância e a que cidades esse dado se relaciona?

   c) Considerando que uma dessas cidades é a capital da Rússia atualmente, qual é a relevância dessa informação para o leitor?

4. Releia os trechos a seguir, retirados do diário de Lena.

> I. Ontem caiu a primeira neve. A pressão dos alemães contra nós parece um muro intransponível.

> II. As últimas notícias são terríveis. Nosso exército abandonou Mariupol, Briansk, Viazma.

   a) Identifique e classifique os predicados de cada uma das orações acima.

   b) Considerando as informações veiculadas pelas orações, qual é a relação entre o uso desses predicados e o conteúdo expresso em diários?

5. Leia a frase a seguir, retirada de *O diário de Lena*.

> É verdade que, quando não conhecia bem Tamara, também a achava entediante e pouco falante. Mas agora, com nossa aproximação, nos falamos o tempo todo e sem procurar assunto.

> Lena Mukhina. *O diário de Lena*: a história real de uma adolescente durante a Segunda Guerra. Tradução de Jorge Bastos. São Paulo: Globo Livros, 2015. *E-book*.

   a) Que opinião Lena expressa sobre a colega Tamara?

   b) Que termos da oração possibilitam ao leitor o acesso a essa informação? Qual é a classificação sintática desses termos?

CRIAR

6. Coloque-se no lugar de Lena e pense no que ela poderia escrever sobre o fim da guerra. Escreva uma página de diário como se fosse ela.

7. No início desta unidade, você refletiu sobre paz e preservação da civilização humana. Com base no que você leu nos capítulos, sua percepção acerca desse tema mudou? Explique.

DIÁRIO DE LENA

O diário de Lena foi descoberto nos anos 1990 nos arquivos de Leningrado, onde foi registrado no início dos anos 1960. Foi iniciado em 22 de maio de 1941 e interrompido em 25 de maio de 1942. Lena sobreviveu ao cerco e à Segunda Guerra Mundial. Terminado o conflito, ela iniciou os estudos em Artes e desenvolveu trabalhos como ilustradora e em outras atividades relacionadas ao desenho. Lena Mukhina morreu em Moscou em 1991, aos 67 anos, após uma vida anônima.

IDEIAS EM CONSTRUÇÃO – UNIDADE 3

Gênero diário íntimo
- Identifico o diário íntimo como um gênero em que o autor relata os acontecimentos do dia a dia, seus pensamentos e suas impressões?
- Reconheço que os registros são, geralmente, organizados em ordem cronológica; que é comum haver um cabeçalho com local e data; que é priorizada a primeira pessoa e tem-se como interlocutor o próprio autor do diário?
- Reconheço que o diário pode ganhar importância histórica?

Gênero declaração
- Identifico a declaração como um texto normativo, que integra um conjunto de regras, normas ou preceitos, destinado a reger o funcionamento de um grupo, de um país, de determinada atividade, entre outras finalidades?
- Identifico a forma composicional da declaração (preâmbulo, normas gerais e disposição final) e sua organização, com Artigos numerados?

Gênero petição *on-line*
- Identifico o gênero petição *on-line* como uma possibilidade de apresentação coletiva de uma reivindicação ou proposta a uma pessoa ou um órgão responsável?
- Reconheço o uso da internet como meio de ampliar o alcance da petição e conseguir mais assinaturas?
- Identifico o uso de argumento de autoridade como estratégia de argumentação para reforçar o ponto de vista dos autores da petição *on-line*?

Conhecimentos linguísticos
- Identifico o predicativo do objeto como um termo que exprime um atributo do objeto?
- Reconheço que o verbo significativo é o núcleo do predicado verbal?
- Identifico que o verbo de ligação une o sujeito a seu atributo (característica ou estado) e que compõe o predicado nominal, cujo núcleo é o predicativo do sujeito?
- Reconheço que o predicado verbo-nominal possui dois núcleos, compostos de um verbo significativo e de um predicativo do sujeito ou um predicativo do objeto?
- Identifico os parônimos como palavras que apresentam semelhança na grafia e na pronúncia, mas têm significados diferentes?

VERIFICAR

Confira o **mapa de conteúdos** da unidade 3.

UNIDADE 4

VERBETE DE ENCICLOPÉDIA E DISSERTAÇÃO ACADÊMICA

Quando você busca uma informação específica sobre um evento histórico, em que meios você a procura? Hoje em dia, todo tipo de informação está disponível na internet, mas é preciso saber identificar aquelas que são confiáveis. Nesta unidade, no estudo do verbete de enciclopédia e da dissertação acadêmica, você fará pesquisas com mais segurança nos meios impressos e digitais, além de aprender um pouco sobre as características da linguagem técnico-científica.

CAPÍTULO 1
Informação
a um clique

CAPÍTULO 2
Pesquisa e
dissertação

PRIMEIRAS IDEIAS

1. Se você fosse um pesquisador, que materiais utilizaria para se informar a respeito da história do Egito Antigo? Por quê?

2. Em sua opinião, é mais adequado veicular uma pesquisa científica em um verbete de enciclopédia ou em uma dissertação acadêmica?

3. Você costuma buscar informações em enciclopédias *on-line*? Por quê?

4. Leia a frase: "Tenho vontade". Ela está com sentido completo? Explique.

5. Qual é a diferença entre as expressões destacadas em: "Ele realizou *o projeto*" e "A realização *do projeto* foi feita por ele"?

113

LEITURA DA IMAGEM

1. O que está representado nessa imagem?
2. Que sensações ela desperta em você? Justifique sua resposta por meio das características da imagem.
3. Essa imagem é um grafite contemporâneo. A que tipo de arte antiga ela faz referência? Explique.
4. Por que é importante preservar os patrimônios históricos da humanidade? Como essa preservação pode ser feita?
5. **ANALISAR** Veja algumas **pinturas antigas**. Quais semelhanças e diferenças você identifica entre o grafite desta página e essas pinturas? Converse com os colegas.

Parte do mural *O cache*, de Alaa Awad. Baden-Baden, Alemanha. Foto de 2013.

Capítulo 1
INFORMAÇÃO A UM CLIQUE

O QUE VEM A SEGUIR

Neste capítulo, você vai conhecer um pouco da cultura egípcia ao ler o verbete "antigo Egito", da enciclopédia *Britannica Escola*. Observe o título do verbete e as imagens que o acompanham. Leia também os intertítulos nas tarjas amarelas nesta e nas páginas seguintes. Na sua opinião, que informações serão apresentadas em cada uma dessas partes? Em seguida, leia o texto.

TEXTO

antigo Egito

Introdução

↑ As pirâmides de Gizé, no Egito. No grupo, está a Grande Pirâmide, a maior de todas, construída para o rei Quéops em 2550 a.C.

Há cerca de 5 mil anos, começou no vale do **rio Nilo**, no nordeste da **África**, a civilização do Egito Antigo, uma das primeiras do mundo e também uma das mais famosas da história. Os egípcios antigos construíram enormes **pirâmides**, templos, palácios e túmulos. Seus entalhes e **pinturas** estão entre os mais esplêndidos que já foram criados. Esse povo também reproduziu na arte cenas simples de trabalho e diversão cotidianas que revelam muitos detalhes da sua vida.

O clima seco do Egito ajudou a preservar muitas das coisas feitas pelos egípcios antigos. Os **arqueólogos** começaram a descobrir os restos dessa civilização no final do século XVIII. Por meio deles, os historiadores foram capazes de aprender muita coisa sobre o mundo dos egípcios antigos.

116

antigo Egito

A vida no Egito Antigo

↑ Pintura egípcia num túmulo de 1450 a.C. que mostra um funcionário (à esquerda) com uma vara para medir a profundidade do oceano (uma antiga forma de batimetria).

As aldeias e as cidades do Egito Antigo ficavam próximas do rio Nilo, que era a principal via de locomoção e transporte e também a única fonte de água. A região do Egito Antigo era muito seca, mas o Nilo vinha de outras terras em que as **chuvas** eram mais abundantes. Todo ano, a água dessas chuvas vinha pelo curso do rio e acabava por inundar as terras do Egito. Depois, quando a água voltava ao leito do rio, deixava para trás uma lama rica. Os egípcios plantavam **trigo** e **centeio** na lama, além de frutas e hortaliças, usando **irrigação** (canais de água).

As casas do Egito Antigo eram feitas de **tijolos** de barro. Tinham janelas pequenas e o chão forrado de palha. As paredes eram frequentemente decoradas com pinturas.

As roupas eram simples, em razão do clima quente. O tecido mais utilizado era o linho branco, feito com o fio obtido da planta que tem esse mesmo nome. A roupa comum dos homens era uma saia de linho e às vezes uma veste. As mulheres usavam um vestido reto, simples, que ia até o tornozelo.

Um dos feitos mais admiráveis dos egípcios antigos foi a sua escrita. A primeira escrita egípcia foi um sistema de figuras chamado **hieróglifos**. Por volta de 3100 a.C., os egípcios já usavam esse tipo de escrita. Eles cortavam ou pintavam os símbolos nas paredes de túmulos e templos. Posteriormente, desenvolveram formas curvas de escrita, mais simples. Os egípcios usavam essas formas para escrever no **papiro**, um material semelhante ao **papel**, feito de uma planta.

Os egípcios antigos adoravam muitos deuses. O principal deus do sol era **Rá** (ou Re). Cada cidade tinha os seus próprios deuses especiais. Quando a cidade de Tebas adquiriu maior importância, o mesmo aconteceu com Amon, seu deus especial. Com o passar do tempo os egípcios fundiram Amon e Rá: Amon-Rá era considerado o rei dos deuses.

Osíris, um deus dos mortos, era outra divindade importante, porque os egípcios acreditavam na vida depois da morte. As famílias egípcias ricas enchiam os túmulos de coisas que supostamente os mortos usariam na outra vida.

Os egípcios usavam sal e produtos químicos para preservar os cadáveres como **múmias**. Eles conservavam como múmias até animais, como **gatos**, **íbis** e **crocodilos**. Múmias de pessoas importantes estão em caixões decorados, chamados sarcófagos. O caixão do rei **Tutancâmon** (ou Tutankhamen) era de **ouro** maciço.

117

antigo Egito

História

↑ Detalhe da pintura mural de um túmulo de Tebas, no Egito, de cerca de 1450 a.C., exposto no Museu Britânico, em Londres, no Reino Unido.

Os primórdios do Egito

As margens do rio Nilo são habitadas há pelo menos 10 mil anos. O vale estreito do Nilo já foi pantanoso e tomado por árvores, junco e papiro (uma planta alta, parecida com o junco). Aos poucos, o povo acabou com os **pântanos** e construiu aldeias, aprendeu a plantar culturas e cuidar delas, e por fim organizou dois reinos: o Alto Egito e o Baixo Egito. O Alto Egito ocupava o vale estreito do rio, ao sul. O Baixo Egito ficava ao norte, no largo delta (área triangular) onde o rio se lança no mar.

Por volta do século XX a.C., um rei chamado Menés uniu as duas partes do Egito. Menés fundou a cidade de Mênfis para ser a capital do reino. Essa cidade ficava próxima do **Cairo**, a capital do atual **Egito**.

O Antigo, o Médio e o Novo Impérios

Depois de Menés, muitos reis, chamados **faraós**, governaram o antigo Egito. Durante a longa história do país houve mais de trinta dinastias (famílias de governantes) de faraós. Os historiadores agruparam muitas dessas dinastias em três períodos importantes: o Antigo Império, o Médio Império e o Novo Império.

O Antigo Império estende-se de 2575 a 2130 a.C. Foi durante esse período que os egípcios construíram as suas grandes pirâmides. Perto delas, o povo instalou uma enorme **escultura**, a Grande Esfinge. A Esfinge tem rosto de homem e corpo de leão.

Depois de 2130 a.C., o Egito enfrentou guerras civis. O país ficou dividido até o ano de 1938 a.C. Então os governantes de Tebas, uma cidade do Alto Egito, derrotaram seus inimigos e unificaram o país. Com isso teve início o Médio Império, que durou até 1630 a.C. Durante esse tempo o Egito expandiu seu território.

Um segundo período de enfraquecimento seguiu-se ao Médio Império. Um povo asiático, os hicsos, invadiu o Egito e só foi expulso em 1539 a.C. Começou então o Novo Império, que durou até 1075 a.C.

Um faraó poderoso do Novo Império foi Tutmés III, que governou de 1479 a 1426 a.C. Durante o seu reinado, o Egito teve o apogeu do poder e da riqueza. Tutmés conquistou a **Síria**. Além disso, ordenou a construção de muitos túmulos e templos. Posteriormente, durante o Novo Império, os hebreus (ancestrais do povo **judeu**) deixaram o Egito, onde tinham sido **escravos**. Esse acontecimento, conhecido como Êxodo, provavelmente se deu entre 1279 e 1213 a.C., durante o reinado de Ramsés II. [...]

Antigo Egito. Em: *Britannica Escola on-line*. Disponível em: <http://escola.britannica.com.br/article/481206/antigo-Egito>. Acesso em: 24 out. 2018.

PARA ENTENDER O TEXTO

1. Observe o título e os intertítulos do texto e responda:
   a) As hipóteses formuladas sobre as informações que seriam apresentadas em cada intertítulo se confirmaram durante a leitura? Explique.
   b) Que tipo de público se interessaria por esse tema?

> **ANOTE AÍ!**
>
> O **verbete de enciclopédia** é um texto expositivo que tem como objetivo **divulgar** para o **leitor não especialista** informações sobre assuntos **históricos**, **artísticos** e **científicos**. O **título** do verbete é a porta de acesso às informações de uma enciclopédia. É importante que ele seja composto, preferencialmente, de uma **palavra só** ou de uma **expressão curta**. Títulos maiores podem aparecer no meio do texto para apresentar informações mais específicas sobre o tema.

2. Quando e onde surgiu a civilização do Egito Antigo?
3. De acordo com o texto, como tivemos acesso às informações sobre a história do Egito Antigo? A partir de quando isso aconteceu?
4. Explique a importância do rio Nilo para a civilização egípcia.
5. Copie do quadro a seguir apenas os produtos que eram cultivados pelos egípcios.

trigo	soja	milho
cana-de-açúcar	centeio	mandioca
frutas	arroz	hortaliças
algodão	café	amendoim

6. Sobre o vestuário da civilização egípcia, responda.
   a) Qual é a relação do clima com o tipo de vestimenta utilizado no Egito Antigo?
   b) Havia diferenciação de vestuário entre homens e mulheres? Se sim, quais?
7. Entre as muitas realizações dos egípcios relatadas no verbete, qual é a mais importante, segundo o texto?
8. De acordo com o texto, quais eram os principais deuses adorados pela civilização egípcia? Cite cada um e explique o que eles representavam.
9. Por que os egípcios colocavam objetos nos túmulos junto com os corpos?
10. Quem foi Menés e quais foram seus grandes feitos para o povo egípcio?
11. Copie o quadro a seguir no caderno e preencha-o com informações sobre o Antigo, o Médio e o Novo Império egípcio.

Impérios	Período	Principais eventos do período
Antigo Império		
Médio Império		
Novo Império		

12. Copie o quadro no caderno e preencha-o com uma síntese de cada intertítulo.

Intertítulos	Síntese
Introdução	
A vida no Egito Antigo	
História	

- Esses intertítulos apresentam subtópicos? Eles facilitam a leitura? Explique.

ANOTE AÍ!

Quando o tema abordado é abrangente, o conteúdo do verbete de enciclopédia pode ser **organizado** em seções, indicadas por **intertítulos**, também chamados de **entretítulos**, que **facilitam a leitura** e realçam os tópicos tratados que podem, ainda, ser divididos em **subtópicos**.

O CONTEXTO DE PRODUÇÃO

13. A primeira versão da enciclopédia *Britannica* foi publicada em 1768, na Inglaterra. Leia o texto abaixo para conhecer mais a história dessa enciclopédia.

Sobre nós

Encyclopædia Britannica Inc. é uma editora digital internacional que desenvolve produtos educativos da mais alta qualidade para crianças e adultos de todas as idades. Desde 1768, temos sido a fonte de referência para estudantes e pessoas curiosas através da enciclopédia impressa. Agora oferecemos muito mais: o conteúdo da *Britannica* está disponível em portais *on-line,* em livros digitais e em aparelhos móveis.

Disponível em: <http://www.britannica.com.br/WhoWeAre-Pt.html>. Acesso em: 24 out. 2018.

a) Para a sociedade, qual é a importância de a *Britannica*, reconhecida como a mais "acadêmica das enciclopédias", divulgar seu conteúdo em plataformas digitais? Copie a afirmação correta no caderno.

I. Economizar recursos, pois a versão *on-line* é mais barata que a impressa.

II. Ampliar o público, pois alcança pessoas que costumam fazer consultas *on-line.*

b) Qual parece ser o público-alvo da *Britannica Escola?*

c) Podemos dizer que a *Britannica* é uma fonte confiável de pesquisa? Justifique sua resposta com elementos do texto "Sobre nós" e do verbete lido.

14. Na página inicial do *site,* a enciclopédia *Britannica* possibilita pesquisas por temas, listando as seguintes categorias:

- Arte
- Língua e Literatura
- Ciências Humanas
- Ciências da Natureza
- Esportes
- Geografia
- Matemática
- Religião

a) Em qual dessas categorias o verbete "antigo Egito" se encaixa? Por quê?

b) Oferecer esses temas na página inicial pode facilitar a pesquisa? Explique.

ANOTE AÍ!

O público-alvo de uma enciclopédia influencia o tratamento dado a um assunto, ou seja, o **aprofundamento dado a uma informação**, a **organização do texto** em categorias, a **linguagem** e os **recursos visuais** (imagens, ilustrações, gráficos, etc.) utilizados.

15. Releia o parágrafo introdutório do verbete "antigo Egito" e responda às questões.

> Há cerca de 5 mil anos, começou no vale do **rio Nilo**, no nordeste da **África**, a civilização do Egito Antigo, uma das primeiras do mundo e também uma das mais famosas da história. Os egípcios antigos construíram enormes **pirâmides**, templos, palácios e túmulos. Seus entalhes e **pinturas** estão entre os mais esplêndidos que já foram criados. [...]

a) Observe as palavras destacadas em azul. Sabendo que se trata de um verbete *on-line*, qual é a função delas? Converse com os colegas sobre isso.

b) Em sua opinião, o suporte pode interferir no tipo de informação que é veiculada em uma enciclopédia impressa e em uma digital? Explique.

ANOTE AÍ!

A presença de *hiperlinks* nos textos é uma característica do verbete de enciclopédia digital: são elementos clicáveis que **direcionam o leitor a outros verbetes**, permitindo a ampliação ou o aprofundamento da leitura. Os *hiperlinks* transformam o verbete em um **hipertexto**. Outra ferramenta importante do verbete digital é o **campo de busca**, que permite ao leitor encontrar, por meio de **palavras-chave**, o que procura.

A LINGUAGEM DO TEXTO

16. Releia o trecho a seguir e responda às questões.

> As roupas eram simples, em razão do clima quente. O tecido mais utilizado era o linho branco, feito com o fio obtido da planta que tem esse mesmo nome. A roupa comum dos homens era uma saia de linho e às vezes uma veste. As mulheres usavam um vestido reto, simples, que ia até o tornozelo.

- Sobre o uso de adjetivo *simples* no trecho, copie no caderno a alternativa correta e justifique.

  I. Indica neutralidade de opinião, própria do verbete de enciclopédia.

  II. Indica, sob uma avaliação positiva do produtor do verbete, uma propriedade das roupas, entendidas como leves e confortáveis.

ANOTE AÍ!

Geralmente, a linguagem de um verbete de enciclopédia cria o efeito de **objetividade** e de **impessoalidade**, mediante o uso de terceira pessoa e da ordem direta, e com o emprego de um registro formal, condicionado pelo contexto de produção.

PRESERVAÇÃO DOS RIOS E NASCENTES

No verbete "antigo Egito", você viu a importância do rio Nilo para a civilização egípcia. O Brasil possui cerca de 12% das reservas de água doce disponíveis no mundo, sendo que a bacia Amazônica concentra 70% desse volume. Ainda que pareça abundante, a água doce é um recurso finito que deve ser preservado.

1. Quais são os principais rios da sua cidade ou estado? Eles estão preservados?

2. O que você poderia fazer para ajudar na preservação desses rios?

3. Quais políticas poderiam ser adotadas pelo governo para garantir a preservação de nossos rios e nascentes para as gerações futuras?

UMA COISA PUXA OUTRA

Decifra-me ou te devoro

No verbete "antigo Egito", você pôde conhecer um pouco mais sobre a civilização egípcia e sobre a escrita hieroglífica. Agora, leia o verbete "hieróglifo" e entenda a importância da Pedra de Roseta que, descoberta em 1822, permitiu a decodificação dessa escrita.

hieróglifo
Artigo

A escrita hieroglífica é um sistema que usa figuras e símbolos chamados hieróglifos em vez de letras e palavras. Quando falamos em hieróglifos, quase sempre nos lembramos dos **antigos egípcios**. Contudo, outros povos, como os **maias**, usaram sistemas de **escrita** semelhantes a esse.

[...]

Os hieróglifos foram usados de muitos modos. Alguns eram representações diretas. Por exemplo, o sol podia ser representado por um círculo grande com um círculo menor no centro. Outros hieróglifos representavam ideias associadas à figura. O sinal para "sol" podia servir também para "dia". Os hieróglifos eram capazes de simbolizar ainda **sons** ou grupos de sons específicos.

A escrita hieroglífica nasceu há milhares de anos. Por volta de 2900 a.C., os egípcios já a usavam. Ela continuou a ser utilizada por mais de 3 mil anos. Durante os séculos II e III d.C., muitos egípcios tornaram-se **cristãos**. Os cristãos egípcios usavam o **alfabeto** grego. As pessoas deixaram gradualmente de usar os hieróglifos, e por fim ninguém mais sabia ler a escrita hieroglífica.

Em 1822, um especialista francês chamado Jean-François Champollion redescobriu o significado dos hieróglifos. Ele conseguiu chegar a isso estudando a Pedra de Roseta [...]. A pedra apresentava três tipos de escrita: hieroglífica, demótica (uma forma cursiva usada pelos egípcios antigos) e grega. Como Champollion sabia grego, ele conseguiu decifrar o que significavam os hieróglifos escritos ali.

↑ Hieróglifos nas paredes de um templo em Karnak no Egito.

Hieróglifo. Em: *Britannica Escola*. Disponível em: <http://escola.britannica.com.br/levels/fundamental/article/hier%C3%B3glifo/481495>. Acesso em: 24 out. 2018.

1. Depois de ler o verbete, responda às questões abaixo.

   a) O que levou a civilização egípcia a deixar de usar os hieróglifos?

   b) De acordo com o texto, como o fato de ninguém mais utilizar os hieróglifos resultou no desconhecimento do significado de seus símbolos?

   c) Qual pode ser a consequência de ninguém mais ler o sistema de escrita de um povo?

2. Jean-François Champollion descobriu que o texto inscrito na Pedra de Roseta era um decreto promulgado em 196 a.C., em Mênfis, em nome do rei Ptolomeu V.

   a) Considerando a função de um decreto, com que objetivo esse texto foi escrito em dois idiomas e três sistemas de escrita diferentes na Pedra de Roseta?

   b) Quais são os sistemas de escrita identificados nesse artefato?

   c) Qual conhecimento foi decisivo para que Champollion pudesse decifrar o conteúdo desse texto e, portanto, o significado dos hieróglifos?

↑ Retrato de Jean-François Champollion.

3. Releia o trecho a seguir e responda:

   > Os hieróglifos foram usados de muitos modos. Alguns eram representações diretas. Por exemplo, o sol podia ser representado por um círculo grande com um círculo menor no centro. Outros hieróglifos representavam ideias associadas à figura. O sinal para "sol" podia servir também para "dia". Os hieróglifos eram capazes de simbolizar ainda **sons** ou grupos de sons específicos.

   a) A escrita hieroglífica se aproxima ou se distancia da escrita alfabética que usamos? Explique.

   b) Na escrita hieroglífica, o mesmo símbolo nomeia *sol* e *dia*. Na língua portuguesa, também existem palavras que são usadas para denominar coisas diferentes? Cite exemplos.

4. Observe as palavras em destaque no seguinte trecho:

   > A escrita hieroglífica é um sistema que usa figuras e símbolos chamados hieróglifos em vez de letras e palavras. Quando falamos em hieróglifos, quase sempre nos lembramos dos **antigos egípcios**. Contudo, outros povos, como os **maias**, usaram sistemas de **escrita** semelhantes a esse.

   a) O que as palavras em destaque sinalizam?

   b) Como o acesso a esses termos pode levar à ampliação do conhecimento?

   c) Se você estivesse pesquisando sobre o assunto, qual dessas palavras escolheria como tópico seguinte de pesquisa? Justifique.

5. Agora que você já sabe sobre a Pedra de Roseta e a escrita hieroglífica, imagine-se no lugar de Jean-François Champollion quando descobriu a Pedra de Roseta e começou a decifrá-la. Depois, converse com os colegas sobre o método que vocês usariam para decifrar os hieróglifos com base nos sistemas de escrita presentes nesse artefato histórico.

LÍNGUA EM ESTUDO

O COMPLEMENTO NOMINAL

1. Releia abaixo um trecho do verbete "antigo Egito" e, depois, faça o que se pede.

> Depois de 2130 a.C., o Egito enfrentou guerras civis. O país ficou dividido até o ano de 1938 a. C. Então, os governantes de Tebas, uma cidade do Alto Egito, **derrotaram** seus inimigos e **unificaram** o país. Com isso teve início o Médio Império, que durou até 1630 a.C. Durante esse tempo o Egito **expandiu** seu território.

a) Transforme os verbos destacados acima em substantivos, fazendo as adaptações necessárias para que se encaixem nas sentenças. Siga o exemplo:
   - "derrotaram seus inimigos": A *derrota de seus inimigos*.
   - "unificaram o país": A _____.
   - "expandiu seu território": A _____.

b) Identifique, no texto lido, e escreva no caderno os complementos dos verbos:
   - Derrotar
   - Unificar
   - Expandir

c) Classifique esses verbos quanto à transitividade.

Você já estudou os verbos transitivos, e sabe que esses verbos exigem complementos para ter seu sentido completo. Na atividade **1**, você identificou os complementos dos verbos *derrotar*, *unificar* e *expandir*, respectivamente.

2. Agora, leia as seguintes frases:

> A derrota **de seus inimigos** deixou contente a população.

> Além disso, ordenou a construção **de túmulos e templos**.

a) Os termos destacados complementam quais palavras em cada frase? Essas palavras pertencem a qual classe gramatical?

b) Reescreva as duas frases no caderno, retirando os termos destacados. Sem eles, as frases mantiveram seu sentido? Explique.

c) Qual é a função dos termos destacados nas frases acima?

Na atividade **2**, ao analisar que a retirada das expressões destacadas deixou o sentido dos substantivos *derrota* e *construção* incompleto, você pôde observar que os nomes também podem ser transitivos. Nessas orações, os termos "de seus inimigos" e "de túmulos e templos" são chamados de **complementos nominais**.

> **ANOTE AÍ!**
>
> O **complemento nominal** é um termo que completa o **sentido de nomes transitivos** – substantivos, adjetivos e advérbios. Ele pode ter como núcleo: substantivos, pronomes, numerais, palavras ou expressões substantivadas.

3. Agora, observe os verbetes de dicionários de dois substantivos.

construção
(cons.tru.*ção*)
substantivo feminino
1. Ação ou resultado de construir; EDIFICAÇÃO.
2. Ação, processo, modo ou arte de elaborar, de criar, de constituir [...].

Aulete Digital. Disponível em: <http://www.aulete.com.br/construção>. Acesso em: 24 out. 2018.

unificação
(u.ni.fi.ca.*ção*)
substantivo feminino
1. Ação ou resultado de unificar(-se).

Aulete Digital. Disponível em: <http://www.aulete.com.br/unificação>. Acesso em: 24 out. 2018.

a) Que característica comum está presente na definição dos dois substantivos?
b) Qual é a relação entre essa característica e o fato de esses substantivos precisarem de complemento?

Muitas vezes, os nomes que precisam de complemento (como *construção* e *unificação*) derivam de um verbo (*construir* e *unificar*). Observe mais dois exemplos de **nomes deverbais**, ou seja, nomes derivados de verbos, que necessitam de complemento nominal:

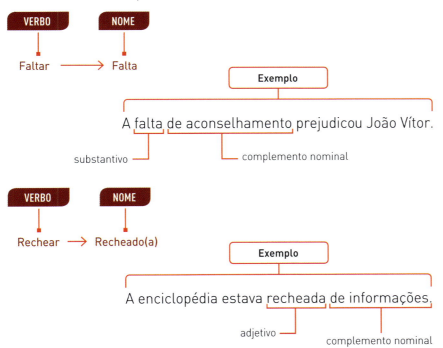

Os complementos nominais são sempre introduzidos por uma **preposição** (*de*, *a*, *em*, *por*, etc.), assim como os objetos indiretos.

ANOTE AÍ!

Geralmente, **nomes derivados de verbos** necessitam de um **complemento nominal**. Os complementos nominais sempre são introduzidos por uma **preposição**.

ATIVIDADES

RETOMAR E COMPREENDER

1. Leia a tira.

Me chamo Enriqueta.
Não gosto: de espinafre, do cheiro de escapamento, que me digam "Como você está grande!", do barulho de bicho esmagado, de tocar em um sapo, de fazer lição de matemática.
Eu gosto: de ler, de fazer os tatus-bola virarem bolinhas, que chova, de tirar as casquinhas dos machucados, do cheiro de massinha, de dormir até quando eu quiser.

Liniers. *Macanudo*. São Paulo: Zarabatana Books, 2009. v. 2. p. 6.

a) Na tira acima, Enriqueta escreve duas listas: uma de coisas de que gosta e uma de coisas de que não gosta. Por que ela faz isso?

b) Se você fosse fazer uma lista, qual item da lista de Enriqueta incluiria?

2. Agora, observe as seguintes frases retiradas da tira:

I. Não gosto do cheiro de escapamento.

II. Gosto do cheiro de massinha

a) Classifique o verbo *gostar* quanto à sua transitividade nas duas frases acima.

b) Reescreva, no caderno, as frases I e II, transformando o substantivo *cheiro* em um verbo. Depois, identifique seu complemento nas duas frases.

c) Nas frases I e II, os termos "de escapamento" e "de massinha" se referem a que palavra? Que função esses termos desempenham?

APLICAR

3. Agora, releia o diálogo entre Enriqueta e Mancha no último quadrinho da tira.

a) Transforme os verbos *ajudar*, *lembrar* e *escrever* em substantivos.

b) Crie frases utilizando os substantivos derivados desses verbos e seus respectivos complementos nominais.

4. Copie as frases abaixo, preenchendo as lacunas com um complemento nominal.

a) Os arqueólogos têm necessidade ★.
b) A Arqueologia é útil ★.
c) Os seres humanos têm interesse ★.
d) O respeito ★ é um grande princípio.
e) Essas informações são necessárias ★.
f) Eles tinham consciência ★.
g) Ninguém teve notícia ★.
h) Joaquim ficou alheio ★.

5. **APLICAR** Faça as **atividades interativas** para praticar seus conhecimentos.

A LÍNGUA NA REAL

O COMPLEMENTO NOMINAL E A RETOMADA DE INFORMAÇÕES

1. Leia um trecho do verbete "Múmia", retirado de uma enciclopédia impressa.

> Múmia é o cadáver conservado por processo de embalsamamento ou, nos climas quentes, por desidratação natural. Os egípcios, na antiguidade, praticavam a arte de mumificação com admirável perfeição. No início, eram mumificados apenas os cadáveres dos faraós e dos sacerdotes, mas depois o uso generalizou-se a todo o povo. A arte da mumificação no Egito alcançou pleno apogeu no II Império, durante a hegemonia de Tebas, entre a XVIII e XIX dinastias, principalmente. Exemplos desse aperfeiçoamento são as famosas múmias dos faraós Ramsés II e Set I.

Múmia. Em: *Nova Enciclopédia Barsa*. 6. ed. São Paulo: Barsa Planeta Internacional, 2002. p. 197.

a) Na última frase do parágrafo, "desse aperfeiçoamento" está completando o sentido de que palavra?

b) Nesse trecho, a expressão analisada no item *a* retoma que informação?

c) Reescreva a última frase do trecho no caderno, deixando explícito a que aperfeiçoamento ela se refere.

2. Leia a frase a seguir.

> No início, a mumificação era feita somente nos faraós. A importância desse ritual revelava uma crença dessa sociedade sobre a morte.

a) A que se refere a expressão "desse ritual"?

b) Qual é a função desse termo na oração?

c) Reescreva a frase no caderno, substituindo a expressão "desse ritual" por "dessa solenidade".

d) Houve mudança de sentido na frase reescrita no item *c*? Explique.

3. Copie as frases abaixo no caderno, preenchendo as lacunas com expressões que resumem ou expressam uma opinião sobre os termos a que se referem.

a) Mariana e Rafaela sempre jogam vôlei no parque ao lado de casa. A prática desse ★ deixa a vida mais saudável.

b) Júlia foi selecionada para concorrer a um vaga na Olimpíada Brasileira de Matemática. A seleção dessa ★ foi divulgada no jornal da cidade.

c) As roupas compradas pela internet chegarão amanhã. Antônio espera pela chegada dessas ★ ansiosamente.

d) Os professores se reuniram para escolher os alunos que participarão da organização da festa junina da escola. Os alunos estão ansiosos pela divulgação dessa ★ para iniciarem os festejos.

e) Joaquim e seu irmão estão certos de que vencerão a luta. A certeza dessa ★ alegra seus corações.

ANOTE AÍ!

> Os nomes e os **complementos nominais** muitas vezes são úteis para **retomar** ou **resumir** uma informação apresentada anteriormente no texto. Dependendo do complemento nominal escolhido, pode-se emitir um **julgamento de valor** sobre aquilo que se retoma.

PASSAPORTE DIGITAL

Enciclopédia Itaú Cultural

A Enciclopédia Itaú Cultural é uma obra de referência virtual para conteúdos relacionados às artes, principalmente brasileiras. Além dos verbetes, nela você tem acesso a imagens, vídeos e áudios.

Disponível em: <http://linkte.me/iq53q>. Acesso em: 24 out. 2018.

AGORA É COM VOCÊ!

SEMINÁRIO

PROPOSTA

O seminário é uma exposição oral em que um grupo expõe, de forma organizada, determinado assunto previamente definido. O seminário se caracteriza, ainda, por ser uma situação formal de comunicação, em que o expositor se dirige a uma plateia, que pode, ao final, discutir ou fazer perguntas sobre o que foi apresentado. Agora, você e os colegas formarão grupos para organizar e produzir o Seminário sobre a Civilização Maia. Essa atividade contará com a participação das turmas de 8º ano.

GÊNERO	PÚBLICO	OBJETIVO	CIRCULAÇÃO
Seminário	Turmas de 8º ano	Expor pesquisa sobre a civilização maia de forma a ampliar o conhecimento do público	Seminário sobre a civilização maia

PLANEJAMENTO E ELABORAÇÃO

1. O evento que vocês vão organizar deverá colocar em pauta cinco aspectos da civilização maia: sociedade, economia, religião, ciência e tecnologia e arte. Por isso, organizem-se em grupos e definam os temas. Cada tema se articulará a um desses cinco aspectos da cultura maia.

2. Em seguida, reúnam-se para pesquisar sobre o assunto do seminário. O ideal é que as informações sejam coletadas em, ao menos, três fontes diferentes. Sendo assim, peçam ajuda ao professor para encontrar *sites* confiáveis e visitem a biblioteca da escola para complementar as pesquisas. Enquanto fazem a leitura dos materiais, tomem nota do que acharem mais interessante.

3. Selecionem recursos gráficos que podem contribuir para a exposição oral e para chamar a atenção do público, como fotografias, ilustrações, gráficos, etc.

4. Depois de a pesquisa estar completa, e os recursos gráficos selecionados, é o momento de preparar um roteiro para a apresentação:
   - Conversem para determinar a visão do grupo sobre o tema.
   - Em seguida, selecionem e registrem as informações mais relevantes das pesquisas, ordenando-as em uma sequência lógica e didática. Pensem no que deve ser falado na introdução, no desenvolvimento e na conclusão.
   - No desenvolvimento, organizem o conteúdo em tópicos para facilitar a apresentação. Determinem o responsável por expor cada tópico, ou seja, o tema da fala de cada componente do grupo.

5. Para a organização do material de apoio visual, procurem seguir estes passos:
   - Definam os materiais de apoio que serão utilizados (*slides,* lâminas para retroprojetor, cartolinas, etc.) e quem será o responsável por produzi-los.
   - Organizem esses materiais de acordo com o roteiro previamente elaborado.
   - Utilizem os recursos gráficos previamente selecionados para compor a apresentação visual.
   - Preparem o texto do material de apoio: ele deve ser informativo e resumido, pois serve apenas para dar suporte à apresentação. Além disso, a fonte e os recursos visuais devem estar adequados à visualização e à leitura.

MÚLTIPLAS LINGUAGENS

1. **ANALISAR** No recurso digital, assistam à abertura de um **seminário** sobre jornalismo cultural e observem os seguintes aspectos: Qual foi o conteúdo da saudação inicial? A expositora usou algum tipo de anotação para se lembrar do que deveria falar?

2. No vídeo, o mediador da mesa explica que não é papel de quem faz a mediação de um seminário dar uma opinião sobre o tema. Ainda assim, ele começa a sua fala com uma opinião. Para você, faz sentido ele ter contrariado o que acabara de afirmar? Justifique.

Ao preparar o seminário, procurem empregar estratégias de saudação, transição e encerramento da fala. Além disso, façam ensaios para evitar o excesso de expressões como *né*, *tipo*, *aí* e utilizem o registro formal da língua.

6 Agora, reúnam-se para realizar o ensaio geral da apresentação, considerando que cada grupo terá 15 minutos. Para isso, sigam a estrutura:

- **Abertura:** cumprimento ao público; apresentação dos membros do grupo; comentário sobre o objetivo da exposição.
- **Introdução ao tema:** apresentação do tema a ser tratado, das partes da exposição e de quais tópicos serão abordados em cada uma delas.
- **Desenvolvimento:** exposição das informações pesquisadas, seguindo a ordem proposta na introdução e valendo-se ou não do material de apoio.
- **Recapitulação e síntese:** retorno aos pontos principais da exposição para realizar a transição para a conclusão.
- **Conclusão:** transmissão da mensagem final ao público sobre o tema abordado.
- **Encerramento:** agradecimento ao público pela presença e abertura de espaço para perguntas e comentários do público sobre a apresentação.

7 Concomitantemente à preparação da apresentação, organizem-se para definir e divulgar à comunidade escolar a data e o local do I Seminário da Civilização Maia.

CIRCULAÇÃO

1 No dia da apresentação, verifiquem se o material de apoio está completo.

2 Cheguem ao local do evento e repassem a ordem de fala de cada um.

3 Durante a apresentação, mantenham uma postura adequada, demonstrando respeito, e projetem a voz para que todos possam ouvi-los.

AVALIAÇÃO

1 Com base nas questões a seguir, avaliem coletivamente as apresentações.

ELEMENTOS DO SEMINÁRIO
Os grupos respeitaram a estrutura das apresentações?
Os conteúdos expostos revelaram uma pesquisa consistente e bem realizada?
Os grupos distribuíram adequadamente as falas e se organizaram bem no tempo?
Os expositores apresentaram fluência e tom de voz e postura adequados?
Os expositores usaram o registro formal da linguagem?
Os materiais de apoio utilizados contribuíram para a exposição do conteúdo?
A plateia adotou um comportamento colaborativo? Manteve-se em silêncio e atenta?

Capítulo 2
PESQUISA E DISSERTAÇÃO

O QUE VEM A SEGUIR

O texto que você vai ler a seguir é um trecho de uma dissertação acadêmica, um documento que apresenta o resultado de um estudo. Ao ler o título, você consegue imaginar qual informação a dissertação pretende transmitir?

TEXTO

Imagens do Egito Antigo – um estudo de representações históricas

RESUMO

A dissertação estuda como os alunos brasileiros percebem o Egito Antigo. O estudo começa por discutir os conceitos de Egiptologia e Egiptomania, tal como tratado na literatura recente internacional e brasileira. Para entender o tema, dois questionários foram elaborados, o primeiro para compreender como os estudantes veem o tema antes do contato formal com o Antigo Egito na escola. O segundo questionário é usado após o estudo do tema, quando os alunos já estudaram o Egito Antigo em sala de aula. É possível concluir que há influências da mídia, mas a educação formal é responsável por uma compreensão mais abrangente do tema.

ABSTRACT

The thesis studies how Brazilian pupils perceive ancient Egypt. The study starts by discussing the concepts of Egyptology and Egyptomania, as recently explored by both international and Brazilian authors. To understand the subject, two surveys were devised, the first one to understand the knowledge about the subject by students before formal contact with ancient Egypt in the school. A second survey is carried out after the study of the subject, when pupils had learnt about ancient Egypt. It is possible to conclude that there are influences from the media, but that formal education is responsible for a much broader understanding of the subject.

[...]

Capítulo 1 – O interesse pelo Egito faraônico

O filme *A Múmia*[2], uma das maiores bilheterias de 1999, fascina milhares de pré-adolescentes ao mostrar múmias, escaravelhos, sarcófagos e pinturas

---

[2] No século XX, o tema Egito foi levado para o cinema. Em cerca de cem anos, dezenas de filmes sobre múmias egípcias foram feitos. O primeiro grande filme do gênero foi *A Múmia*, de 1932, estrelado por Boris Karloff. [...]

egípcias. Além disto, as bancas de revistas, de tempos em tempos, colocam à disposição do leitor imagens de faraós, pirâmides, esfinges e do rio Nilo. A beleza mágica do Egito e o seu fascínio são impressionantes. Desde a época clássica, grega e romana, passando pela Idade Média, pelos tempos de Napoleão e de Champollion até os nossos dias que, entre os povos da Antiguidade, o Egito constitui um caso à parte. [...] Ao lado de artistas de todo tipo e literatos de todas as partes, existem os estudiosos da cultura egípcia antiga, os egiptólogos[3]. No Brasil, filmes, desenhos animados, revistas em quadrinhos, programas de televisão a cabo e canais comerciais despertam o interesse deste tema e esquentam as discussões na sala de aula. [...]

[...]

Capítulo 2 – As representações históricas do Egito Antigo: os conhecimentos prévios

Os alunos que chegam à <u>quinta série</u> do Ensino Fundamental trazem informações sobre os egípcios, influenciadas, muitas vezes, por filmes, documentários, reportagens publicadas em revistas e jornais, a própria família e por outros meios. A partir desta constatação chegamos às seguintes questões: qual a contribuição da Antiguidade Oriental para a formação de ser e de pensar do brasileiro? Como as influências do Oriente chegam ao Brasil?

> **quinta série:** equivale ao 6º ano do Ensino Fundamental nos dias atuais.

A partir destes dados passamos a coletar informações de alunos da quinta série do Ensino Fundamental em sete escolas, que abrangem grupos com diferentes variáveis, destacando-se, em especial, o caráter religioso e o poder aquisitivo.[23] Buscamos levantar temas, resgatar e compreender como as manifestações egípcias aparecem e discutir o papel do orientalismo no Brasil contemporâneo.

Em certo sentido, buscamos entender, especificamente na realidade brasileira – convém enfatizar este aspecto –, o que Edward W. Said, então professor na Columbia University, Nova Iorque, em sua obra *Orientalismo: o Oriente como invenção do Ocidente,* mostrou para as realidades europeia e americana, ao discutir como o orientalismo domesticou um saber para o Ocidente. Said, de forma densa e fundamentada, mostrou como a representação dos povos orientais foi essencial à própria definição de identidade ocidental e à legitimação dos interesses das nações colonialistas.

> A ideia de representação é teatral: o Oriente é um palco no qual todo o Leste está confinado. Nesse palco aparecem figuras cujo papel é representar o conjunto maior do qual emanam. O Oriente parece, então, ser não uma extensão ilimitada do mundo europeu conhecido mas, em vez disso, um campo fechado, um palco teatral anexo à Europa. [...] Nas profundezas desse palco Oriental está um prodigioso repertório cultural cujos itens individuais evocam um mundo fabulosamente rico: a esfinge, Cleópatra [...]; cenários, em alguns casos, apenas nomes, meio imaginários, meio conhecidos; monstros, demônios, heróis, terrores, prazeres, desejos.[24]

---

[3] Cf. TAVARES, A. Augusto. Prefácio. In: SALES, José das Candeias. *As divindades egípcias.* Lisboa: Estampa, 1999. p. 9.

[23] As escolas da cidade de São Paulo que participaram do projeto são as seguintes: Centro Educacional Brandão, Colégio Pueri Domus, Colégio Iavne, Colégio Brasília. Escolas de Belo Horizonte: Obra Social São José Operário – SEIAS e Escola Municipal Adauto Lúcio Cardoso e ainda Escola Cinecista Visconde de Mauá de Gramado, Rio Grande do Sul.

[24] Edward Said. *Orientalismo.* São Paulo: Companhia das Letras, 2001. p. 73.

Raquel dos Santos Funari. *Imagens do Egito Antigo* – um estudo de representações históricas. 2004. Dissertação (Mestrado em História) – Instituto de Filosofia e Ciências Humanas, Universidade Estadual de Campinas, Campinas. Disponível em: <http://repositorio.unicamp.br/bitstream/REPOSIP/281638/1/Funari_RaqueldosSantos_M.pdf>. Acesso em: 30 out. 2018.

TEXTO EM ESTUDO

PARA ENTENDER O TEXTO

1. A hipótese que você formulou com base no título da dissertação acadêmica se confirmou durante a leitura? Explique.

2. Ao ler o trecho da dissertação acadêmica, foi possível conhecer o objetivo da pesquisa? Justifique.

3. No texto, a pesquisadora discorre sobre um assunto apresentado no capítulo anterior. Que assunto é esse?

4. Releia o "Resumo" e responda às questões.
   a) Qual é a função dessa parte do texto?
   b) Para cumprir essa função, o "Resumo" apresenta o objetivo da pesquisa, os métodos utilizados para desenvolvê-la e a conclusão. No caderno, copie as partes que representam esses três itens.
   c) Abaixo do "Resumo" há o "Abstract", que apresenta um resumo da pesquisa em inglês. Em sua opinião, qual é a necessidade desse texto em outro idioma?

5. Além do "Resumo" e do "Abstract", a dissertação é dividida em capítulos. Que estratégia foi utilizada por Raquel Funari, no primeiro parágrafo do capítulo 1, para demonstrar como o interesse pelo Egito faraônico se manifesta?

6. Releia o trecho abaixo, retirado do capítulo 2, e responda às questões.

> Em certo sentido, buscamos entender, especificamente na realidade brasileira – **convém enfatizar este aspecto** –, o que Edward W. Said, então professor na Columbia University, Nova Iorque, em sua obra *Orientalismo: o Oriente como invenção do Ocidente*, mostrou para as realidades europeia e americana, ao discutir como o orientalismo domesticou um saber para o Ocidente. Said, de forma densa e fundamentada, mostrou como a representação dos povos orientais foi essencial à própria definição de identidade ocidental e à legitimação dos interesses das nações colonialistas.

   a) Observe o trecho destacado. Que aspecto a pesquisadora pretende enfatizar?
   b) Ao retomar esse assunto, no entanto, ela delimita o que pretende investigar desse tema. Explique essa afirmação.

7. Ainda sobre o parágrafo reproduzido na atividade anterior, responda:
   a) Nesse trecho, a pesquisadora procura amparar o objetivo de sua pesquisa na obra de outro estudioso. Qual é o nome dessa obra e o de seu autor?
   b) Além de explicitar uma fonte de referência, que outra função esse parágrafo tem?
   c) Em sua opinião, qual é a importância de apresentar outras pesquisas e outros pesquisadores em uma dissertação acadêmica?

ANOTE AÍ!

As **citações** são elementos textuais que caracterizam o texto científico e que estão relacionadas a **regras previamente definidas**. Na **citação direta**, um trecho de outra obra é citado de maneira integral; e, na **citação indireta** ou **paráfrase**, um conteúdo de um texto-fonte é reescrito pelo produtor da dissertação com suas próprias palavras. Nos dois casos, a identificação da fonte é obrigatória.

8. Agora, releia o seguinte trecho da dissertação.

> [2] No século XX, o tema Egito foi levado para o cinema. Em cerca de cem anos, dezenas de filmes sobre múmias egípcias foram feitos. O primeiro grande filme do gênero foi *A Múmia*, de 1932, estrelado por Boris Karloff. [...]
> [24]Edward Said. *Orientalismo*. São Paulo: Companhia das Letras, 2001. p. 73.

a) Qual é a função dos números indicados antes de cada trecho? Que informações são apresentadas nessas partes do texto?

b) Essas partes são chamadas de **notas de rodapé**. Considerando as respostas anteriores, em sua opinião, qual a função delas?

O CONTEXTO DE PRODUÇÃO

9. Raquel Funari, autora da dissertação acadêmica que você leu:

   I. apresentou essa dissertação à Universidade Estadual de Campinas e, com ela, obteve o título de mestre em História, em 2004;

   II. coletou dados e citou pesquisadores da mesma área para investigar as representações do Antigo Egito na atualidade.

   - Levando em consideração essas características, como essa dissertação acadêmica contribui com as pesquisas da área?

A LINGUAGEM DO TEXTO

10. Leia o trecho a seguir.

> Ao lado de artistas de todo tipo e literatos de todas as partes, existem os estudiosos da cultura egípcia antiga, os **egiptólogos**.

a) Qual é o significado de *egiptólogos*? Como você deduziu isso?

b) Em sua opinião, essa palavra é mais comum em textos destinados a especialistas ou a leigos?

11. Leia os itens abaixo e copie no caderno aqueles que considerar mais apropriados à escrita de uma dissertação acadêmica.

   I. Texto subjetivo – uso da 1ª pessoa e do registro informal.

   II. Vocabulário técnico – uso de palavras e expressões próprias da área de pesquisa na qual o autor atua.

   III. Referências – menções a autores, dados coletados e pesquisas.

   IV. Variedades linguísticas sociais – emprego de palavras, expressões e estruturas que desrespeitam a norma-padrão.

COMPARAÇÃO ENTRE OS TEXTOS

12. Nesta unidade, você leu um verbete de enciclopédia e um trecho de uma dissertação acadêmica.

   a) Qual é o público-alvo de cada um dos textos lidos?

   b) Essa distinção de público ocasiona mudanças nesses textos?

TRABALHO EM GRUPO

Em uma pesquisa acadêmica, as citações a outros estudos têm a função de ilustrar e sustentar as hipóteses levantadas pelo pesquisador.

1. Você acha que é possível elaborar uma dissertação científica sozinho?

2. **ANALISAR** Acesse o recurso digital sobre o incentivo ao **hábito de leitura na graduação e na pós-graduação**. Em sua opinião, de que maneira os livros obrigatórios podem auxiliar o pesquisador a descobrir novas referências?

LÍNGUA EM ESTUDO

COMPLEMENTO NOMINAL, OBJETO INDIRETO E ADJUNTO ADNOMINAL

COMPLEMENTO NOMINAL E OBJETO INDIRETO

1. Releia o trecho a seguir, retirado do capítulo 1 da dissertação acadêmica. Em seguida, responda às questões.

   > O filme *A Múmia*, uma das maiores bilheterias de 1999, fascina milhares de pré-adolescentes ao mostrar múmias, escaravelhos, sarcófagos e pinturas egípcias. Além disto, as bancas de revistas, de tempos em tempos, colocam **à disposição do leitor** imagens de faraós, pirâmides, esfinges e do rio Nilo.

   a) A expressão destacada está relacionada a qual palavra da oração? Qual é a classe gramatical dessa palavra?
   b) A expressão destacada é iniciada por preposição?
   c) Qual é a função sintática de "à disposição do leitor"? Justifique.

2. Agora, atente à expressão em destaque.

   > Além disto, as bancas de revistas, de tempos em tempos, colocam à disposição **do leitor** imagens de faraós, pirâmides, esfinges e do rio Nilo.

   a) A expressão destacada está relacionada a qual termo da oração? Qual é a classe gramatical desse termo?
   b) A expressão destacada é iniciada por preposição?
   c) Qual é a função sintática de "do leitor"? Justifique sua resposta.

3. Leia, a seguir, duas versões de um mesmo enunciado.

   > I. O processo de embalsamamento de uma múmia obedecia **a várias etapas**.
   > II. O processo de embalsamamento de uma múmia requeria obediência **a várias etapas**.

   a) As expressões destacadas estão relacionadas a que palavra da oração em que aparecem?
   b) Qual é a função sintática de "a várias etapas" nos dois casos? Justifique.

4. Considerando as respostas dadas nas atividades 1, 2 e 3, qual é a principal diferença entre complemento nominal e objeto indireto?

Confunde-se o complemento nominal com o objeto indireto devido à estrutura que cada um possui: ambos são iniciados por **preposição**. No entanto, o **objeto indireto** completa o sentido de um **verbo transitivo indireto**, e o **complemento nominal** completa o sentido de um nome transitivo (**substantivos**, **adjetivos** e **advérbios**).

> **ANOTE AÍ!**
>
> O **objeto indireto** é um termo que completa o sentido de um **verbo transitivo indireto**.
> O **complemento nominal** é um termo que complementa o sentido de um **nome** transitivo (substantivo, adjetivo ou advérbio).

↑ Vaso canópico da época do Egito Antigo. Foto de 2000.

COMPLEMENTO NOMINAL E ADJUNTO ADNOMINAL

5. Releia, novamente, este trecho da dissertação acadêmica.

> Além disto, as bancas **de revistas,** de tempos em tempos, colocam à disposição do leitor imagens **de faraós, pirâmides, esfinges e do rio Nilo.**

a) No trecho acima, os termos destacados estão diretamente relacionados a que palavras ou expressões?

b) Qual é a classe gramatical das palavras a que esses termos se referem?

c) Esses termos são antecedidos por preposição?

d) Qual é a função sintática desempenhada por esses termos? Explique.

ANOTE AÍ!

O **adjunto adnominal** é um termo acessório da oração e tem valor adjetivo, ou seja, é utilizado para especificar ou delimitar o sentido de um **substantivo.** Pode ou não ser introduzido por preposição.

6. Agora, observe a relação estabelecida entre os termos destacados, que foram analisados nas questões anteriores, e o substantivo que os antecede:

> I. [...] as bancas **de revistas** [...].
> II. [...] colocam à disposição **do leitor** [...].
> III. [...] imagens **de faraós, pirâmides, esfinges e do rio Nilo**.

a) Em qual dos três enunciados o sentido do substantivo é especificado pelo termo destacado?

b) Em qual dos enunciados o sentido do substantivo é complementado pelo termo destacado?

7. Considerando as respostas dadas nas atividades **5** e **6**, qual é a principal diferença entre complemento nominal e adjunto adnominal?

Na maioria das vezes, o **complemento nominal** e o **adjunto adnominal** não se confundem. Uma pequena confusão pode acontecer quando o adjunto adnominal é introduzido por preposição e quando o complemento nominal se refere a substantivos, tal como pôde ser observado nas atividades **5** e **6** (os termos em negrito são iniciados por preposição e estão relacionados a um substantivo).

Em caso de dúvida, para verificar se a função desempenhada pelo termo em análise é de complemento nominal ou de adjunto adnominal, é preciso analisar a relação desempenhada entre esses termos e o nome a que se referem.

ANOTE AÍ!

O **complemento nominal** é um termo integrante da oração. Sempre é introduzido por uma preposição e complementa o sentido de **substantivos, adjetivos** ou **advérbios,** criando uma relação de dependência entre os termos. Pode integrar o sujeito, o predicativo, o objeto direto, o objeto indireto, o agente da passiva, o adjunto adverbial, o aposto ou o vocativo de uma oração.

ATIVIDADES

RETOMAR E COMPREENDER

1. Leia a tira e depois responda às questões.

Bob Thaves e Tom Thaves. *Frank e Ernest*.

a) Analisando o diálogo da tira, depreende-se uma imagem positiva ou negativa de Ernie? Justifique sua resposta.

b) Que função sintática "do sucesso" desempenha em "escada do sucesso"?

c) Que função sintática "de altura" desempenha em "medo de altura"?

2. Leia o texto a seguir e responda às questões.

O dom da infância, de Baba Wagué Diakité

Ainda pequeno, Baba vai morar em Kassaro, minúscula aldeia no Mali, onde é criado pelos avós, seguindo a tradição familiar. Com as crianças, descobre como escapar de um exército de abelhas-africanas, qual o verdadeiro sentido de "lavar as mãos de um menino" e por que caranguejos são mais teimosos que jumentos. Com vovó Sabou, mentora e companheira, conhece o valor de histórias como a do agricultor que engana um gênio ou a do ferreiro que vence a morte. Essas experiências, fundamentais na formação **do artista Baba Wagué Diakité**, são agora reunidas neste livro **de memórias ilustradas** – envolvente tributo **aos povos**, **aos costumes e à cultura africanos**.

Disponível em: <http://www.edicoessm.com.br/#!/catalogo/detalhes?livro=593>. Acesso em: 1º nov. 2018.

↑ Capa do livro *O dom da infância*. São Paulo: SM, 2012.

a) Qual é a função sintática do termo "da infância" no título do livro? Justifique.

b) Na frase "descobre como escapar *de um exército de abelhas-africanas*", qual é a função sintática do trecho destacado? Justifique.

c) Classifique os termos destacados no trecho em adjunto adnominal ou complemento nominal.

APLICAR

3. Classifique sintaticamente os termos em destaque.

a) A religião **dos antigos egípcios** é bastante antiga.

b) Os sarcófagos **dos faraós** eram muito luxuosos.

c) A crença **na imortalidade** era uma característica dos egípcios.

d) A arte **de mumificação** é uma técnica egípcia.

e) Os egípcios gostavam **de seus faraós**.

4. **APLICAR** Faça as **atividades interativas** para praticar seus conhecimentos.

136

A TRANSITIVIDADE DE SUBSTANTIVOS, ADJETIVOS E ADVÉRBIOS

1. Leia a notícia a seguir.

> **Plutão está coberto por uma névoa**
> A agência espacial norte-americana NASA (National Aeronautics and Space Administration) divulgou esta madrugada novas imagens de Plutão captadas pela sonda "New Horizons" que revelam que o planeta-anão está coberto por uma névoa. [...]
> O "New Horizons" captou imagens que mostram uma névoa de 130 quilômetros por cima da superfície de Plutão, com duas capas bem diferenciadas, uma de 80 quilômetros e outra de cerca de 50 quilômetros.
> "As névoas detectadas nesta imagem são um elemento-chave da criação dos complexos de hidrocarbonetos que dão à superfície de Plutão um tom avermelhado", acrescentou Michael Summers, um investigador da sonda na universidade de George Mason, em Fairfaz (Virginia), citado no comunicado.
>
> Disponível em: <http://www.ebc.com.br/noticias/internacional/2015/07/plutao-esta-coberto-por-uma-nevoa>. Acesso em: 30 out. 2018.

↑ Planeta-anão Plutão. Foto de 2015.

a) Qual é a extensão da névoa que cobre Plutão?
b) Qual é a relação entre a névoa e o tom avermelhado do planeta?
c) Classifique a palavra *coberto*, presente no título, quanto à classe gramatical.
d) Qual é a função sintática de "por uma névoa"?
e) Nesse contexto, *coberto* é um termo transitivo ou intransitivo? Explique.

2. Leia o trecho da notícia a seguir e responda às questões.

> Durante a Copa das Confederações, a seleção brasileira de futebol terá à disposição a Vila Olímpica do Corpo de Bombeiros do DF. O centro foi inaugurado em julho de 2012 e conta com duas piscinas, academia, ginásio **coberto** e centro clínico.
>
> Disponível em: <http://www.ebc.com.br/esportes/galeria/audios/2013/05/selecao-brasileira-treinara-no-centro-olimpico-dos-bombeiros-em>. Acesso em: 30 out. 2018.

a) Em "ginásio coberto", *coberto* pertence a que classe gramatical?
b) *Coberto*, nesse texto, possui a mesma transitividade identificada em "Plutão está coberto por uma névoa"? Justifique.

3. Observe, agora, as seguintes frases:

> I. Se a rua não for **propícia**, não alugaremos a casa.

> II. A cobertura de neve estava **propícia** à prática de esqui.

a) Classifique a palavra *propícia* nas duas frases quanto à classe gramatical.
b) Em qual dos dois contextos a palavra *propícia* é transitiva? Explique.

ANOTE AÍ!

A **transitividade dos nomes**, assim como a dos verbos, **depende do contexto** em que eles aparecem. Assim, o mesmo substantivo, adjetivo ou advérbio pode ser transitivo em uma construção e intransitivo em outra.

ESCRITA EM PAUTA

O EMPREGO DO *S* E DO *Z* NAS TERMINAÇÕES *-EZ/-EZA* E *-ÊS/-ESA*

1. Leia a letra da canção "Paratodos", de Chico Buarque, e responda às questões.

Paratodos

O meu pai era paulista
Meu avô, pernambucano
O meu bisavô, mineiro
Meu tataravô, baiano
Meu maestro soberano
Foi Antonio Brasileiro

Foi Antonio Brasileiro
Quem soprou esta toada
Que cobri de redondilhas
Pra seguir minha jornada
E com a vista enevoada
Ver o inferno e maravilhas

Nessas tortuosas trilhas
A viola me redime
Creia, ilustre cavalheiro
Contra fel, moléstia, crime
Use Dorival Caymmi
Vá de Jackson do Pandeiro

Vi cidades, vi dinheiro
Bandoleiros, vi hospícios
Moças feito passarinho

[...]

Para um coração mesquinho
Contra a solidão agreste
Luiz Gonzaga é tiro certo
Pixinguinha é inconteste
Tome Noel, Cartola, Orestes
Caetano e João Gilberto

Viva Erasmo, Ben, Roberto
Gil e Hermeto, palmas para
Todos os instrumentistas
Salve Edu, Bituca, Nara
Gal, Bethania, Rita, Clara
Evoé, jovens à vista

O meu pai era paulista
Meu avô, pernambucano
O meu bisavô, mineiro
Meu tataravô, baiano
Vou na estrada há muitos anos
Sou um artista brasileiro

Chico Buarque. Paratodos. Disponível em: <http://www.chicobuarque.com.br/letras/paratodo_93.htm> Acesso em: 4 jul. 2017.

a) Os quatro primeiros versos da primeira estrofe têm estrutura bem semelhante. O que há no primeiro verso que está omitido nos três seguintes?

b) Que informação o eu lírico traz sobre seus familiares (pai, avô, bisavô e tataravô)?

c) As palavras que encerram os quatro primeiros versos da primeira estrofe pertencem a que classe gramatical?

d) Ao mencionar Antonio Brasileiro, o compositor se refere ao maestro Antonio Carlos Brasileiro de Almeida Jobim. Pode-se afirmar que *Brasileiro*, nesse contexto, pertence à mesma classe gramatical de *brasileiro*, no último verso da última estrofe? Explique.

2. Reescreva as frases abaixo no caderno, preenchendo as lacunas com a informação entre parênteses. Para isso, transforme as informações em adjetivos.

a) Sou um artista ★. (Japão)
b) Sou um artista ★. (Holanda)
c) Sou um artista ★. (Polônia)
d) Sou um artista ★. (China)

3. Faça o mesmo passando os adjetivos para o feminino.

a) Sou uma artista ★. (Japão)
b) Sou uma artista ★. (Holanda)
c) Sou uma artista ★. (Polônia)
d) Sou uma artista ★. (China)

4. Agora, passe para o feminino as seguintes frases:
   a) Ele é um príncipe francês.
   b) Ele é um duque irlandês.
   c) Ele é um marquês português.
   d) Ele é um barão inglês.

> **ANOTE AÍ!**
> **Adjetivos gentílicos**, ou seja, que indicam **origem** ou procedência, e **títulos de nobreza** são sempre escritos com a terminação **-ês/-esa**.

5. Leia o título e a linha fina da notícia a seguir e depois responda às questões.

   ### Você sabia que existe o Dia Mundial da Boa Ação?
   Coordenadora de "A Corrente do Bem no Brasil" diz que gentileza começa com pequenas ações

   Disponível em: <http://radios.ebc.com.br/cotidiano/2017/05/voce-sabia-que-existe-o-dia-mundial-da-boa-acao>. Acesso em: 30 out. 2018.

   a) Classifique morfologicamente a palavra *gentileza* da linha fina da notícia.
   b) *Gentileza* é derivada de que palavra? Classifique-a morfologicamente.

6. Reescreva as frases a seguir no caderno, completando as lacunas com substantivos abstratos derivados dos adjetivos entre parênteses.
   a) A ★ de Estela é conhecida mundialmente. (rico)
   b) Estevão possui uma ★ invejável. (polido)
   c) Fernanda não gosta da ★ do limão. (ácido)
   d) Amanda fala francês com ★. (fluido)
   e) A ★ do avô não afetoupassou a afetar a relação dele com os familiares. (surdo)

> **ANOTE AÍ!**
> Usa-se a terminação **-ez/-eza** em **substantivos abstratos** derivados de adjetivos que exprimem qualidade, propriedade, modo de ser, estado ou condição.

7. **APLICAR** Faça as **atividades interativas** para praticar seus conhecimentos.

ETC. E TAL

Ei, você aí!

Temos muitos pronomes de tratamento em língua portuguesa. Um, porém, tem uma história de transformações bem interessante: o *você*.

Esse pronome de tratamento é uma versão já moderna do antigo *mercê*, uma forma bastante formal que era utilizada para se referir aos reis de Portugal, durante a dinastia de Borgonha, há quase mil anos! Com o tempo, acrescentou-se a ela o *vossa*, usando-se então o *vossa mercê*, que acabou sendo encurtado pelas classes mais populares para *vossemecê*, *vosmecê*, até chegar ao *você*. Hoje, não usamos *você* para nos referir a reis, mas, sim, para tratamento informal. Muitas vezes, o encurtamos mais ainda, pronunciando apenas *cê*. Em Portugal, no entanto, *você* não é um pronome de tratamento de uso corrente. Por lá, eles ainda preferem o *tu*, para quando há intimidade.

AGORA É COM VOCÊ!

ELABORAÇÃO DE RESENHA

PROPOSTA

A proposta desta seção é abordar a divulgação de texto científico, por meio da resenha, que, ao descrever e opinar sobre uma obra, difunde informações preciosas para aqueles que não a conhecem ou precisam de um incentivo para enfim conhecê-la.

Em grupos, vocês vão selecionar um artigo científico relacionado ao Egito Antigo e escrever uma resenha sobre esse texto. Por fim, as resenhas que vocês escreverem serão divulgadas no mural ou no *site* da escola.

GÊNERO	PÚBLICO	OBJETIVO	CIRCULAÇÃO
Resenha	Alunos da escola	Divulgar informações e opiniões sobre um artigo científico	Mural ou *site* da escola

PLANEJAMENTO E ELABORAÇÃO DO TEXTO

1. Antes de dar início à produção, reúna-se com mais dois ou três colegas e leiam a resenha a seguir, que apresenta o livro originado da dissertação de Raquel Funari. Observem as características da resenha e os trechos destacados. Em seguida, leiam o boxe *Partes da resenha,* retomando a leitura do texto, se necessário, e, por fim, respondam às questões.

1. **Renata Senna Garraffoni**

2. Raquel dos Santos Funari. *Imagens do Egito Antigo*: um estudo de representações históricas. São Paulo: Annablume/Unicamp, 2006. 108 p.

3. Estudar o Egito Antigo no Brasil parece, para muitos, algo exótico e distante. No entanto, a partir da leitura da presente obra de Raquel dos Santos Funari, somos introduzidos a um universo bastante distinto do senso comum: em um estudo minucioso do ensino do passado mais antigo para crianças, Raquel dos Santos Funari apresenta uma reflexão sobre como o Egito Antigo pode ser uma ferramenta instigante para o desenvolvimento do senso crítico entre estudantes do Ensino Fundamental. A publicação, recentemente lançada pela editora Annablume, é o resultado de sua dissertação de mestrado, defendida no Departamento de História da Unicamp em 2004.

4. Dividido em três capítulos, além da introdução e conclusão, este livro de Raquel Funari constitui-se em um texto ágil e instigante, apontando suas inquietações a partir da experiência acumulada em anos de sala de aula. Partindo de recentes discussões teóricas acerca do estudo do passado, em especial as considerações da História Cultural, Funari discute maneiras de se ensinar a História Antiga, em especial o Egito, de forma menos tradicional e mais atenta às necessidades dos alunos, sem perder de vista a importância de se criar um espírito crítico entre os jovens. Assim, procurando analisar o impacto e as mudanças que a escola proporciona ao conhecimento acerca desse período da História em específico, a autora produz uma interessante análise sobre as conotações sociais, políticas e ideológicas que interferem na formação de futuros cidadãos brasileiros.

4. Logo no primeiro capítulo, o leitor é introduzido à problemática que perpassa todo o livro. Discutindo como o Egito Antigo está intimamente relacionado ao nosso cotidiano, Funari aponta como os estudos científicos ou as imitações de peças referentes a essa cultura cruzam o dia a dia das crianças nas mais diferentes formas. A partir desse patrimônio cultural produzido no Brasil desde o século XIX com as viagens de D. Pedro II ao Egito, a autora discute como o Egito antigo foi mitificado em diferentes tempos históricos e como leituras de ficção ou o contato com o cinema produzem um manancial de informações acumuladas pelos alunos, mesmo antes do ensino formal. O grande desafio, segundo Funari, é buscar produzir reflexões críticas, não desprezando essas heranças, mas partindo delas para produzir outras interpretações possíveis sobre o passado.

Preocupada em analisar como a Antiguidade Oriental influencia o pensar brasileiro, a autora desenvolve nos dois capítulos seguintes as etapas de suas pesquisas de campo, analisando os tipos de informações que os alunos trazem para a sala de aula. Tendo pesquisado em escolas localizadas em distintas regiões do Brasil e atingindo um público diversificado, tanto no que diz respeito à esfera religiosa dos alunos como ao poder aquisitivo de seus pais, Funari desenvolveu o trabalho por meio da aplicação de questionários abertos aos estudantes da atual quinta série do Ensino Fundamental. Organizou-os em dois momentos, um aplicado antes que o aluno tenha contato formal com o estudo do Egito antigo e outro posteriormente. Esta prática permitiu que os alunos, em ambos os casos, manifestassem de forma mais espontânea possível seu imaginário acerca desse período histórico, bem como as mudanças de perspectivas após o estudo formal.

As análises são apresentadas em gráficos e **seus** resultados comentados em detalhes. Esta forma de estruturar os resultados obtidos com a pesquisa de campo facilita o acompanhamento de **suas** reflexões, **que** não deixam escapar as diferenças sociais e de gênero implícitas às percepções dos alunos. Como as análises realizadas são diversificadas, gostaria de comentar alguns de **seus** aspectos que acredito serem relevantes para a compreensão do método de trabalho empregado. O procedimento adotado pela autora, de realizar questionários com questões abertas antes e depois das aulas sobre História do Egito, não só constatou uma ampliação na percepção dos alunos sobre o tema após o ensino formal, como também permitiu perceber como meninos e meninas de diferentes camadas sociais percebem o mundo de maneira distinta, posicionando-se criticamente nas fases do ensino.

[...]

5. Por essas razões, o presente livro nos leva a pensar sobre o papel do professor em sala de aula, sua importância na construção do conhecimento sobre o passado e na formação de visões de mundo no presente, tornando-se uma referência importante tanto para educadores, que buscam uma ferramenta crítica e atualizada sobre o ensino de História, como para aqueles que desejam conhecer o Egito sob novos olhares.

Renata Senna Garrafoni. *História (São Paulo)*. São Paulo: Unesp, v. 27, n. 1. p. 385-388, 2008.

PARTES DA RESENHA

1. Nome da autora da resenha.
2. Informações sobre a obra comentada na resenha: Nome da autora. *Título do livro*. Cidade da editora: Nome da editora, ano. Quantidade de páginas.
3. Introdução: apresentação do livro e do tema que ele aborda.
4. Desenvolvimento: descrição da obra e análise crítica.
5. Conclusão: retomada das razões que determinam a opinião da autora sobre o livro.

1. Observe as partes 1 e 2, destacadas na resenha. Em seguida, responda às questões abaixo.

   a) As partes 1 e 2 apresentam nomes de autores. Na sua opinião, por que essa informação é importante na resenha?

   b) Por que todas as informações sobre o livro são apresentadas no início do texto?

2. Agora, observe a parte 3.

   a) No início da resenha, a autora contextualiza o tema abordado no livro. Que recurso ela utilizou para chamar a atenção do leitor para esse conteúdo?

   b) Nessa parte, a autora deixa clara sua opinião sobre o livro? Justifique.

3. Ao final do primeiro parágrafo, o leitor se depara com uma das partes mais importantes de uma resenha, identificada no texto como a parte 4. Qual é a função dessa parte e que espaço ela ocupa na resenha?

4. Por meio da leitura da resenha, é possível saber como o conteúdo está organizado no livro *Imagens do Egito Antigo*? Dê exemplos.

5. De acordo com a autora do livro, Raquel dos Santos Funari, qual é o grande desafio de um professor para trabalhar o Egito Antigo com os alunos?

6. Como Raquel Funari desenvolveu sua pesquisa sobre a Antiguidade Oriental com os alunos da 5ª série (atual 6º ano do Ensino Fundamental)?

7. É esperado que na conclusão de uma resenha (parte 5) a opinião do autor em relação à obra analisada esteja explícita. Na resenha que você leu, a autora é favorável ou desfavorável à leitura do texto de Raquel Funari? Qual argumento ela utiliza para justificar esse posicionamento?

8. A autora da resenha informa para qual público o livro se destina? Justifique.

9. Releia o quinto parágrafo do texto, observando as palavras nele destacadas.

   • Essas palavras são exemplos de um importante mecanismo de coesão do texto, pois garantem a retomada de termos anteriores, aos quais elas se referem. Indique o termo ao qual cada um dos elementos destacados se refere.

10. Para garantir a coerência de um texto é preciso que a progressão textual ocorra, de modo que não só as palavras, mas as partes do texto possam ser relacionadas pelo leitor, garantindo assim uma boa articulação das ideias. Releia o trecho a seguir.

> O procedimento adotado pela autora, de realizar questionários com questões abertas antes e depois das aulas sobre História do Egito, **não só** constatou uma ampliação na percepção dos alunos sobre o tema após o ensino formal, **como também** permitiu perceber como meninos e meninas de diferentes camadas sociais percebem o mundo de maneira distinta [...].

   • As expressões destacadas no trecho acima relacionam enunciados. Qual sentido é produzido por meio dessa relação?

11. No início da parte 5, é possível identificar uma expressão que relaciona a conclusão às informações oferecidas no desenvolvimento da resenha. Que expressão é essa? Que importância ela tem para a progressão textual?

12. O nome da pesquisadora Raquel dos Santos Funari é citado em diversos momentos no texto. Em sua opinião, por que isso ocorre? Comente com os colegas.

❷ O objetivo das atividades da página anterior era guiar vocês na leitura de uma resenha, destacando os aspectos mais característicos desse gênero. Após entrar em contato com essas informações, selecionem um artigo científico que aborde aspectos da história do Egito Antigo.

❸ Após a escolha do artigo científico, reservem um tempo para estudar esse texto. Afinal, se o objetivo é comentar e tecer opiniões sobre o artigo, é preciso conhecê-lo com segurança. Os itens a seguir podem auxiliá-los nessa tarefa.

- Levantem os dados técnicos do artigo científico (autor, título, veículo e data de publicação, etc.).
- Concluam a que público se destina o artigo científico que escolheram.
- Analisem a estrutura do artigo e a forma como o conteúdo está organizado.
- Analisem as estratégias utilizadas pelo autor do artigo para expor e defender seu ponto de vista.
- Identifiquem os especialistas e outras pesquisas mencionados no texto.
- Sublinhem trechos importantes e façam anotações sobre eles.
- Pesquisem outros textos científicos sobre o assunto com o objetivo de desenvolver uma opinião embasada a respeito do artigo lido.
- Com os dados coletados, elaborem um esquema que demonstre a organização do conteúdo. Observem alguns exemplos de esquemas ao lado. Isso poderá ajudá-los a compreender melhor as relações entre as informações apresentadas no texto.
- Decidam o posicionamento do grupo sobre o artigo: Quais são os pontos positivos e os pontos negativos dele? Vocês recomendam a leitura desse texto?

❹ Agora, é a hora de vocês elaborarem a resenha do artigo científico analisado. Para isso, retomem a resenha lida no início da seção, observando as características desse gênero que devem constar no texto do grupo. Não se esqueçam de favorecer uma linguagem objetiva e impessoal na escrita da resenha.

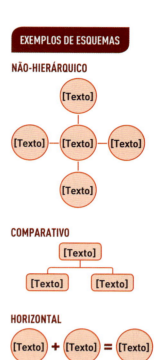

EXEMPLOS DE ESQUEMAS

NÃO-HIERÁRQUICO

COMPARATIVO

HORIZONTAL

AVALIAÇÃO E REESCRITA DO TEXTO

❶ Após finalizar a resenha, é importante que todos os membros do grupo analisem o texto. Para isso, considerem as questões a seguir.

ELEMENTOS DA RESENHA
A resenha fornece informações suficientes para que o leitor se decida por ler ou não o artigo científico?
O texto apresenta informações técnicas que ajudam o leitor a encontrar o artigo?
A resenha apresenta o tema do artigo científico e discorre sobre a organização dele?
A resenha menciona o nome do autor do artigo e apresenta suas ideias corretamente?
O texto deixa clara a opinião do grupo sobre o artigo resenhado?
A resenha segue uma estrutura semelhante à do exemplo estudado nesta seção?
As ideias do texto estão bem articuladas e a linguagem utilizada é objetiva?

CIRCULAÇÃO

❶ Depois de reescrever o texto fazendo as alterações necessárias, decidam com o professor como as resenhas serão divulgadas para os outros colegas da escola. Uma ideia é apresentá-las no mural ou no *site* da escola, aumentando assim a possibilidade de o público acessar esse conteúdo.

INVESTIGAR

Nossa escola: ponto de vista e ação

Para começar

Vocês já pararam para pensar se todos à sua volta têm a mesma percepção em relação à escola em que vocês estudam? Para chegar a essa resposta, vocês realizarão uma pesquisa etnográfica, isto é, uma pesquisa que tem como objetivo descrever características culturais e sociais de determinado grupo. Nesse tipo de pesquisa, o foco são as pessoas, que são observadas em seu próprio ambiente. Ao final, vocês vão participar de uma exposição audiovisual com o vídeo preparado por toda a turma.

O PROBLEMA	A INVESTIGAÇÃO	MATERIAL
Como os diferentes grupos que compõem a comunidade escolar se relacionam com a escola em que estudam ou trabalham?	**Procedimento:** pesquisa etnográfica. **Instrumentos de coleta:** observação participante, entrevistas, gravações.	• caderno para anotações • canetas • câmera de vídeo • gravador de áudio (opcional)

Procedimentos

Parte I – Planejamento

1. A turma será dividida em cinco equipes.
2. Cada equipe ficará responsável por realizar a pesquisa com determinados grupos da comunidade escolar: alunos ingressantes; alunos que estão em seu último ano; alunos que estão aproximadamente na metade de seu tempo de formação; professores da escola; funcionários da escola.

Parte II – Coleta de dados

1. O objetivo das etapas de coleta de dados é perceber a relação das pessoas pesquisadas com a escola de vocês: se é positiva ou negativa; próxima ou distante, etc.
2. Em cada etapa poderão ser realizadas gravações em vídeo e áudio, mas apenas se os participantes da pesquisa permitirem.
3. Todos os integrantes da equipe devem estar com caderno de anotação durante todo o processo de coleta de dados. Esse caderno é chamado de *caderno de campo*.
4. Por um tempo, vocês vão realizar a observação participante dos integrantes da comunidade escolar pelos quais ficaram responsáveis. Sigam as orientações:
   - Observem essas pessoas no espaço delas, mas, antes, conte a elas que estão sendo observadas e qual é o objetivo da observação.
- Durante a observação, se forem convidados, interajam com essas pessoas e participem de atividades com elas, pois essa é a fase *participante* da observação.
- Anotem no caderno de campo todos os aspectos que desejarem; por exemplo, vocês podem descrever o comportamento das pessoas com os colegas, professores e amigos, as partes mais frequentadas na escola para socializar (pátio, quadra, grêmio, entre outras possibilidades) e para estudar (biblioteca, sala de leitura), a rotina de cada turma, etc.

Parte III – Entrevistas

1 Elaborem um roteiro de entrevista com perguntas abertas que ajudem vocês a compreender a relação do entrevistado com a escola de vocês.

2 Antes da entrevista, peçam autorização para filmar e/ou gravá-la.

3 Façam as perguntas, ouçam atentamente as respostas e anotem o que é dito e as expressões faciais e corporais do entrevistado.

Parte IV – Reunião dos dados coletados

1 Em um dia combinado com o professor, tragam para a sala de aula todo o material de registro: caderno de campo, vídeos e gravações em áudio.

2 Discutam com as equipes a respeito das pessoas e das situações que observaram; das respostas dadas nas entrevistas; das impressões gerais sobre a relação que as pessoas têm com a escola; das conclusões a que chegaram após a observação participante e a realização das entrevistas; e, por fim, de como o grupo estudado vê a escola.

Parte V – Roteiro e edição do vídeo

1 Para elaborar o roteiro e a edição do vídeo, atentem-se às etapas a seguir:
- A partir dos dados coletados, pensem em um fio condutor que sintetize a experiência etnográfica e oriente vocês na elaboração do roteiro.
- Ao escrever o roteiro, considerem tudo o que já foi discutido pela turma e organizem, em um vídeo e de modo coerente, os resultados obtidos.

2 Em relação às imagens que vão fazer parte do vídeo, decidam:
- Quais imagens gravadas serão utilizadas.
- Que imagens poderiam ser gravadas para complementar o vídeo.
- Qual integrante de cada equipe ajudará na edição do vídeo.

3 Não se esqueçam de pedir a autorização das pessoas que aparecem nas imagens para o uso de sua imagem e/ou fala no vídeo da turma.

Questões para discussão

1 Como foi a experiência de pesquisar a relação das pessoas com a própria escola?

2 As anotações no caderno de campo ajudaram na discussão dos dados coletados?

3 Qual foi a parte mais complexa dessa pesquisa? E a mais simples?

4 Com base nos resultados obtidos pela turma, quais grupos da comunidade escolar têm a melhor relação com a escola? Por que vocês acham que isso acontece?

Comunicação dos resultados

Exposição audiovisual

Vocês realizarão uma exposição audiovisual com o vídeo preparado e editado pela turma. Antes do dia marcado, convidem para o evento as pessoas da escola que estiveram envolvidas no projeto e outros integrantes da comunidade escolar. Os convites podem ser feitos oralmente e também por meio de cartazes espalhados na escola. No dia do evento, agradeçam a todos pela presença, expliquem a pesquisa e exibam o vídeo.

ATIVIDADES INTEGRADAS

Leia atentamente o verbete de enciclopédia a seguir.

Faraó

Introdução

Os reis do **antigo Egito** eram chamados de faraós. A palavra "faraó" significava, originalmente, "casa grande", ou seja, o palácio real. Depois, passou a designar os próprios reis.

Funções

Os faraós governavam com poderes absolutos. Faziam leis, controlavam o país e comandavam o exército. Auxiliares chamados vizires e outros altos funcionários os ajudavam nas tarefas de governo. Os faraós eram também líderes religiosos. Os egípcios os adoravam como deuses.

Sepultamento

Quando os faraós morriam, os corpos eram embalsamados — um processo de tratamento químico do corpo, envolvido depois em bandagens, que garantia sua integridade. A esses corpos embalsamados se dá o nome de múmias. Os faraós eram sepultados em tumbas. Muitas tumbas reais ficavam em **pirâmides** construídas só para isso. Objetos de valor eram enterrados com os mortos. Os egípcios acreditavam que os faraós viviam como deuses após a morte e que iam precisar das coisas que tinham quando eram vivos.

Faraós famosos

Um dos faraós mais conhecidos foi **Tutancâmon**. Ele governou por volta de 1300 a.C., dos 8 aos 18 anos. Arqueólogos encontraram a tumba de Tutancâmon em 1922. Além da múmia, acharam uma máscara de ouro que reproduzia o rosto do rei, além de joias, móveis, armas e outros tesouros.

Nos anos 1200 a.C., o faraó Ramsés II governou por 67 anos. Ele venceu diversas guerras e ordenou a construção de muitos templos e estátuas. Esculturas gigantescas de Ramsés II ainda podem ser vistas atualmente no Egito.

O cargo de faraó também foi ocupado por mulheres. Muitas delas governaram com os maridos, ou em lugar de filhos pequenos. Não foi o caso de **Hatshepsut**, que reinou sozinha no século XV a.C. A mais famosa mulher a governar o Egito foi **Cleópatra**. Integrante de uma linhagem de faraós originária da Macedônia, ela ocupou o trono entre 51 e 30 a.C. Depois da morte de Cleópatra, o **Império Romano** anexou o Egito e a era dos faraós chegou ao fim.

↑ Esta imensa estátua do faraó Ramsés II está localizada no templo de Luxor, no Egito.

Faraó. Em: *Britannica Escola on-line*. Disponível em: <http://escola.britannica.com.br/article/482200/farao>. Acesso em: 30 out. 2018.

ANALISAR E VERIFICAR

1. A partir da leitura do verbete "Faraó", responda às questões a seguir.

a) O que o termo *faraó* costumava designar?

b) Quem eram os faraós e quais eram suas funções na sociedade egípcia?

c) No contexto do verbete, o que significa "governar com poderes absolutos"?

d) Depois de morrer, por que os faraós eram embalsamados e sepultados junto com objetos de valor? Justifique sua resposta.

e) O cargo de faraó limitava-se apenas aos homens? Explique.

2. Analise a estrutura do texto.

a) O título e os intertítulos estão adequados ao gênero verbete? Por quê?

b) A imagem que acompanha o texto ajuda a ampliar e a complementar a informação exposta no verbete? Justifique.

c) Quais são os *hiperlinks* presentes no verbete?

d) Qual deles permitirá que o leitor tenha uma visão geral do Egito Antigo? E quais levarão a verbetes que vão aprofundar o conhecimento do leitor sobre aspectos específicos da cultura egípcia?

e) Qual deles direcionará o leitor para um assunto que não diz respeito diretamente ao Egito Antigo, mas está dentro da categoria "História"?

3. Releia o trecho do verbete "Faraó" e, em seguida, explique qual é a função do travessão presente nele. Que outros recursos gráficos poderiam ser utilizados no lugar do travessão?

> Quando os faraós morriam, os corpos eram embalsamados – um processo de tratamento químico do corpo, envolvido depois em bandagens, que garantia sua integridade.

4. Leia atentamente o trecho abaixo.

> Os reis do antigo Egito eram chamados de faraós. A palavra "faraó" significava, originalmente, "casa grande", ou seja, o palácio real. Depois, passou a designar os próprios reis.

a) O termo "do antigo Egito" está relacionado a que palavra? A que classe gramatical ela pertence?

b) Qual é a função sintática do termo "do antigo Egito"? Justifique sua resposta.

c) No exemplo "O processo de mumificação demonstra a importância dos faraós", qual é a função sintática de "dos faraós"? Justifique.

CRIAR

5. Cleópatra é uma figura bastante famosa na história do Egito Antigo e no imaginário popular ocidental. Crie um pequeno verbete sobre essa rainha, selecionando as informações em *sites* confiáveis.

6. O que você pensou sobre a importância do patrimônio histórico da humanidade, no início desta unidade, se modificou após a leitura dos verbetes de enciclopédia sobre o Egito e da dissertação acadêmica? Por quê?

IDEIAS EM CONSTRUÇÃO – UNIDADE 4

Gênero verbete de enciclopédia
- Compreendo a estrutura de um verbete de enciclopédia?
- Reconheço o contexto de produção, o público-alvo e as marcas linguísticas características desse gênero?
- Reconheço as facilidades e os desafios proporcionados pela divulgação de textos científicos na internet?
- Consigo realizar pesquisas sobre um determinado tema e comunicar os resultados dela de maneira clara e organizada por meio de um seminário?

Gênero dissertação acadêmica
- Compreendo a estrutura da dissertação acadêmica?
- Reconheço o contexto de produção, o público-alvo e as marcas linguísticas características desse gênero?
- Percebo os mecanismos de coesão e progressão temática utilizados em uma dissertação acadêmica?
- Identifico paráfrases e citação de outras pesquisas ou de teses de outros especialistas na dissertação acadêmica?

Conhecimentos linguísticos
- Identifico sujeito, verbo, objeto indireto, complemento nominal e adjunto adnominal como termos que integram uma oração?
- Reconheço a diferença entre complemento nominal, objeto indireto e adjunto adnominal?
- Compreendo o conceito de transitividade verbal e nominal?
- Reconheço as situações de emprego do *s* e do *z* nas terminações *-ez/-eza* e *-ês/-esa*?

VERIFICAR
Confira o **mapa de conteúdos** da unidade 4.

UNIDADE 5

TEXTO DRAMÁTICO

Em uma peça teatral, todos os elementos têm uma função na história a ser contada: a atuação dos atores, o cenário, o figurino, a iluminação, a sonoplastia. Mas, quando assistimos a uma representação, seja de uma tragédia ou de uma comédia, raramente pensamos no texto que dá origem ao espetáculo. Antes de chegarem aos palcos, muitas peças são escritas. Esta unidade vai abordar as particularidades do texto dramático.

CAPÍTULO 1
Do livro ao palco

CAPÍTULO 2
A tragédia em cena

PRIMEIRAS IDEIAS

1. Você já assistiu a alguma peça teatral? Se sim, o que achou?

2. Em sua opinião, qual é a diferença entre um texto escrito para ser lido e um texto escrito para ser encenado no teatro?

3. Como um dramaturgo indica no texto dramático o tom de voz a ser empregado pelo elenco, os sentimentos das personagens e a ambientação da história?

4. Há diferença entre dizer "Eu vi o espetáculo" e "O espetáculo foi visto por mim"?

5. Segundo a norma-padrão, é adequado dizer "Eu fui salva por ele" ou "Ele poderia ter me salvado"? Justifique.

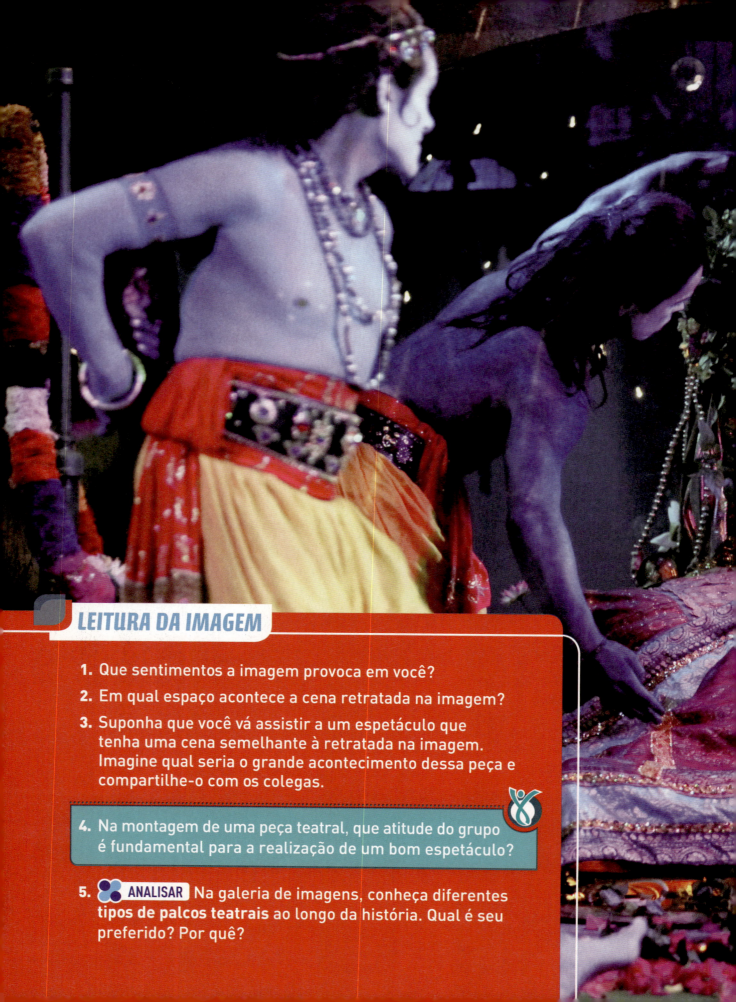

LEITURA DA IMAGEM

1. Que sentimentos a imagem provoca em você?
2. Em qual espaço acontece a cena retratada na imagem?
3. Suponha que você vá assistir a um espetáculo que tenha uma cena semelhante à retratada na imagem. Imagine qual seria o grande acontecimento dessa peça e compartilhe-o com os colegas.
4. Na montagem de uma peça teatral, que atitude do grupo é fundamental para a realização de um bom espetáculo?
5. ANALISAR Na galeria de imagens, conheça diferentes **tipos de palcos teatrais** ao longo da história. Qual é seu preferido? Por quê?

Cena do espetáculo *Sonho de uma noite de verão*, dirigido por Baz Luhrmann (foto de Edwina Pickles, 2010).

Capítulo 1
DO LIVRO AO PALCO

> **O QUE VEM A SEGUIR**
>
> Em *Sonho de uma noite de verão*, comédia de William Shakespeare, Hérmia ama Lisandro, mas o pai dela, Egeu, quer obrigá-la a se casar com Demétrio. Lisandro propõe à amada que fujam de Atenas no meio da noite. Helena, que é apaixonada por Demétrio, resolve revelar a ele as intenções de Hérmia. Assim, os quatro vão parar no meio de uma floresta povoada por seres encantados. Na cena abaixo, Oberon, o rei das fadas, arma um plano contra os jovens. Qual será esse plano? Descubra.

TEXTO

Terceiro ato
Cena II

Em outra parte do bosque.
Entra Oberon, Rei das Fadas e dos Duendes.

Oberon — Será que Titânia já acordou? Se já acordou, o que for que primeiro ela viu deve ser o alvo de sua paixão <u>desmesurada</u>.

Entra Bute.

Aí vem o meu mensageiro. E então, espírito doido? Quais são as diversões noturnas agora neste arvoredo infestado de espíritos?

Bute — Minha senhora apaixonou-se por um monstro. Próximo ao seu <u>caramanchão</u> secreto e consagrado, enquanto ela adormecida, encontrava-se um bando de palhaços, rudes trabalhadores braçais, que labutam pelo pão que comem em tendas do mercado em Atenas, reuniram-se para ensaiar uma peça planejada para o dia das bodas do grande Teseu. O mais estúpido casca-grossa daquele grupo de tapados, que representava Píramo naquela brincadeira, abandonou a cena e embrenhou-se num espinheiro, quando eu disso tirei proveito: fixei-lhe na cabeça uma cara de burro. […] Foi então que aconteceu de Titânia acordar e, despertada, imediatamente ficou por um asno apaixonada.

Oberon — Isso resultou melhor do que se eu tivesse planejado. Mas, e tu, já molhaste os olhos do ateniense com o <u>sumo</u> do amor, conforme te ordenei?

Bute — Peguei ele dormindo – isso também, está cumprido –, e a mulher ateniense ao lado dele, de modo que, quando ele acordasse, necessariamente ela seria avistada.

Entram Demétrio e Hérmia.

Oberon — Fica aqui, e esconde-te. Esse é o nosso ateniense.

Bute — Essa é a mulher, mas não é esse o homem.
[…]

Oberon — O que aprontaste? Tu te enganaste completamente, pingando o sumo do amor nos olhos de quem sente um amor verdadeiro. De tua negligência forçosamente resultará algum amor verdadeiro falseado, e não um falso amor <u>retificado</u>.

152

Bute — Então prevalece o destino: para cada homem que mantém sua palavra, um milhão de outros falham, quebrando um juramento depois do outro.

Oberon — Atravessa o bosque, vai mais ligeiro que o vento e procura Helena de Atenas até encontrá-la: é aquela que está doente de amor, fisionomia pálida, suspirando de paixão, cada suspiro custando-lhe uma gota de seu precioso e jovem sangue. Vê que a trazes até aqui – por meio de algum engodo. Colocarei o feitiço nos olhos dele, preparando-o para quando ela aparecer.

Bute — Estou indo, estou indo, veja como já estou indo! Mais ligeiro que uma flecha do arco de um tártaro.

[*Sai.*]

Oberon [*espremendo o sumo nas pálpebras de Demétrio*] —
Flor da mais púrpura cor,
Flechada pelo Deus do Amor,
Penetra essa pupila repousada.
Quando ele avistar sua amada,
Como Vênus ela deve brilhar,
Em toda a sua glória estelar.
Ao despertares, e ela por perto,
Pede que ela te dê o remédio certo.
Entra Bute.

Bute — Do nosso bando de fadas e duendes o senhor é o Capitão, e tenho a relatar-lhe o seguinte:
Eis Helena, e junto dela vem chegando
Esse jovem, que pensei ser aquele outro.
Ele chega pelo amor dela suplicando.
Podemos ver, e já daqui a pouco:
Ridículo espetáculo estarão encenando.
Senhor, que esses mortais são bobos!

Oberon — Fazem tal barulho! Te mantém distante.
Vão acordar Demétrio, e é num instante.

Bute — Então teremos dois cortejando uma só.
Isso é diversão garantida, senhor; tenha dó:
Não tem coisa que mais me apraz na vida
Que as coisas extraordinariamente acontecidas.
[*Eles se colocam a uma certa distância.*]
Entram Lisandro e Helena.

Lisandro — Por que você pensaria que a cortejo por zombaria? Zombaria e escárnio nunca se apresentam sob a forma de lágrimas. Sempre que faço uma jura, eu choro. Promessas assim nascidas são verdadeiras desde o berço. Como podem coisas assim nascidas em mim parecer escárnio para você? Minhas juras trazem a insígnia da lealdade, o que prova serem elas verdadeiras.

Helena — Você prossegue, exibindo mais e mais sua astúcia. É uma verdade destruindo outra verdade! É um combate diabólico numa guerra santa! Essas juras são para Hérmia. Ou você está desistindo dela? Pese bem, promessa com promessa, e verá que não está pesando nada. Coloque suas juras de amor, para ela e para mim, nos pratos de uma balança, e eles vão estar equilibrados, os dois igualmente leves, cheios de palavras vazias.

Lisandro — Faltou-me discernimento, quando a ela prometi o meu amor.

153

altercação: disputa; discussão.

caramanchão: estrutura, geralmente de madeira, construída em áreas verdes, que se pode cobrir de vegetação, usada para descanso ou recreação.

desmesurado: excessivo; exagerado.

engodo: artimanha para ludibriar alguém.

escárnio: troça; zombaria.

insígnia: distintivo; emblema.

refrega: combate; luta.

retificado: consertado; corrigido.

sumo: espécie de suco contido em certas plantas.

tártaro: indivíduo natural ou habitante da antiga Tartária (Sibéria).

ungir: aplicar óleos consagrados; dar unção.

Helena — A meu ver, falta-lhe discernimento mas é agora, disposto que você está a desistir de Hérmia.

Lisandro — Demétrio é apaixonado por ela, não é você que ele ama.

Demétrio [*acordando*] — Ah, Helena! Deusa, ninfa, perfeita, divina! A que, meu amor, devo comparar teus olhos? [...] Aquele branco puro, congelado, neve das altas montanhas de Taurus, onde sopram os ventos orientais, torna-se escuro como o corvo quando ergues tua mão. Ah, deixa-me beijar essa brancura imaculada de princesa, esse certificado de êxtase e felicidade!

Helena — Ai, que ódio! Ai, que inferno! Vejo que estão os dois determinados a atacar-me para sua diversão. Fossem educados e soubessem o que é gentileza, e não estariam me insultando dessa maneira. Não basta me detestarem, como eu sei que me detestam, mas precisam também unir-se em espírito para me ridicularizar? [...] Vocês são rivais, os dois apaixonados por Hérmia; e agora são rivais em ridicularizar Helena. Que bela façanha, que iniciativa tão viril, chamar lágrimas aos olhos de uma pobre donzela com o seu escárnio! Ninguém de nobre natureza ofenderia de tal modo a uma virgem, nem atormentaria a paciência de uma pobre alma; e tudo para vocês se divertirem! [...] *Entra Hérmia.*

Hérmia — Esta escuridão noturna, que rouba a função dos olhos, deixa o ouvido mais rápido em captar os sons; naquilo que prejudica o sentido da visão, traz recompensa em dobro à audição. Não consigo encontrar-te com meus olhos, Lisandro; meu ouvido, e a ele sou grata, trouxe a mim o som de tua voz. Mas por que me deixaste tão indelicadamente?

Lisandro — Por que deveria ficar, este a quem o amor incita a partir?

Hérmia — Que amor poderia incitar Lisandro a partir para longe de mim?

Lisandro — O amor de Lisandro, que não o deixa chegar perto: a formosa Helena, aquela que brilha na noite, mais que todas as cintilantes esferas celestes, todas as faiscantes estrelas. Por que me procuras? Não basta isso, para entenderes que o que me fez deixar-te foi a aversão que sinto por ti?

Hérmia — Você não está falando o que pensa. Não pode ser!

Helena — Mas, vejam, ela é mais uma nessa conspiração! Agora estou percebendo: os três uniram-se, para moldar essa mentira, essa brincadeira para me deixar magoada. [...]

[*Saem Lisandro e Demétrio.*]

Hérmia — E você, senhorita, todo esse tumulto é por sua causa. Nada disso, não se afaste.

Helena — Não confio em você, eu não. Tampouco fico aqui, em companhia desse seu mau gênio. Suas mãos, mais que as minhas, são rápidas numa refrega. Minhas pernas, contudo, são mais compridas, para fugir correndo.

[*Sai.*]

Hérmia — Estou pasma, e não sei o que dizer.

[*Oberon e Bute aproximam-se.*]

Oberon — Isto é tua negligência: sempre cometendo erros, ou então aprontas tuas molecagens de propósito.

Bute — Acredite-me, rei dos espíritos, eu me enganei. O senhor não me disse que eu reconheceria o homem pelas roupas atenienses que ele usava? Até aqui, não merece censura a minha iniciativa, pois os olhos de um ateniense eu ungi. E, até aqui, estou feliz com o resultado, pois nessa altercação deles vejo uma ótima diversão. [...]

William Shakespeare. *Sonho de uma noite de verão*. Tradução de Beatriz Viégas-Faria. Porto Alegre: L&PM, 2011 (Coleção L&PM Pocket). *E-book*.

TEXTO EM ESTUDO

PARA ENTENDER O TEXTO

1. Antes da leitura, você adivinhou qual era o plano de Oberon?

2. *Sonho de uma noite de verão* se passa em dois cenários: um realista e outro mágico. No trecho que você leu, como você classificaria o cenário? Justifique.

3. Titânia, personagem mencionada por Oberon, é a rainha das fadas e dos duendes.
   a) Segundo o que Bute narra a Oberon, o que aconteceu com ela?
   b) Qual foi a reação de Oberon ao saber do ocorrido?

4. Oberon questiona Bute sobre um pedido que ele havia feito ao elfo.
   a) Que pedido foi esse?
   b) Bute realiza a tarefa corretamente?
   c) Qual é a consequência do engano cometido pelo elfo?

ELEMENTOS DO TEXTO DRAMÁTICO

5. No início do texto lido, há indicações cênicas que se destinam aos encenadores, aos atores e aos leitores. Que tipo de informação é apresentada ao leitor?

6. Observa-se no texto que a história se passa diante do leitor/espectador.
   - Sem a voz do narrador para introduzir as falas das personagens, como os fatos são apresentados ao leitor?

ANOTE AÍ!

No **texto dramático**, em geral, não há a voz do narrador. O texto é construído pelas personagens e elas se expressam por meio de diálogos, monólogos e apartes.
- **Diálogo** é a conversa entre duas ou mais personagens.
- **Monólogo** é a fala de uma personagem sem a presença de um interlocutor.
- **Aparte** é o comentário que a personagem faz diretamente para o público.

O texto dramático é geralmente dividido nas seguintes partes:
- **Ato** é cada uma das partes em que se divide uma peça teatral e corresponde a um ciclo completo de ação. Um ato separa-se dos outros por um intervalo e é subdividido em quadros e cenas.
- **Quadro** é uma das divisões da peça de teatro, menor que o ato. Costuma apresentar uma alteração de cenário ou de ambiente.
- **Cena** é a menor divisão da peça de teatro.

7. Em geral, o texto dramático é dividido em atos, quadros e cenas. Em que parte da obra se situa o trecho lido de *Sonho de uma noite de verão*?

8. Ao longo do texto, aparecem indicações, em itálico, que não fazem parte das falas das personagens. Qual é a função dessas indicações?

ANOTE AÍ!

O **texto dramático** é escrito não só para ser lido, mas, principalmente, para ser representado. A fim de orientar a **representação**, são usadas as **rubricas**. Elas indicam aos atores e ao diretor a expressão corporal, a entonação e a emoção das personagens durante a encenação. Também podem trazer informações sobre a sonoplastia, a iluminação, o cenário e o figurino.

BARDO INGLÊS

Poeta, ator e dramaturgo, William Shakespeare nasceu em Stratford-upon-Avon, na Inglaterra, em 1564. É um dos maiores escritores de língua inglesa. Escreveu *Hamlet*, *Rei Lear* e *Macbeth*, peças fundamentais da história do teatro. Além das tragédias, produziu célebres comédias, como *Sonho de uma noite de verão*, e obras baseadas em acontecimentos históricos. Morreu em 1616, na Inglaterra.

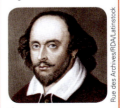

↑ Retrato de William Shakespeare.

155

9. *Sonho de uma noite de verão* é um exemplo de metateatro: uma encenação dentro de outra encenação. Leia outro trecho da peça e veja o que diz a personagem Cunha, um carpinteiro que atuará na montagem de "Píramo e Tisbe".

> **Cunha** — Pontualmente; e aqui temos um local conveniente, maravilhoso, para o nosso ensaio. Esta nesga de grama será nosso palco, estes espinheiros, nossos bastidores. E vamos ensaiar não só as falas, mas também os gestos e movimentos, como faremos diante do Duque.

- Os gestos e os movimentos podem ser criados pelo ator ou diretor ou podem estar indicados no texto dramático. Onde pode ser feita essa indicação?

10. Leia a passagem a seguir.

> **Demétrio** — Vocês têm certeza de que estamos acordados? Parece-me que ainda estamos dormindo, sonhando.

- Com base na fala de Demétrio, justifique o título da peça.

O CONTEXTO DE PRODUÇÃO

11. *Sonho de uma noite de verão*, peça ambientada no mundo grego, é marcada pelo reinado de Teseu. Egeu, pai de Hérmia, procura Teseu para ajudá-lo a solucionar o conflito com a filha, que se recusa a se casar com Demétrio:

> **Teseu** — […] Quanto à senhorita, formosa Hérmia, veja que se fortifique a sua pessoa a fim de encaixar seus caprichos à vontade de seu pai. Do contrário, as leis de Atenas (e não há recurso que possa mitigá-las) exigem que você se entregue ou à sua morte, ou a um voto de castidade. […]
> **Egeu** — Por dever e por ser essa a nossa vontade, nós o seguimos, milorde.

- Com base nessa passagem, que papel pode ser atribuído às autoridades reais na Grécia clássica?

12. Em *Sonho de uma noite de verão*, trabalhadores representam, no casamento de Teseu, o mito de Píramo e Tisbe. Leia o trecho e responda às questões:

> **Teseu** — Quem são os atores?
> **Filóstrato** — Trabalhadores braçais que labutam aqui em Atenas, e que nunca antes haviam exercitado o intelecto, e que agora empregaram em trabalho árduo suas memórias não adestradas nessa exata peça, ensaiada para suas bodas, meu senhor.
> **Teseu** — E a ela nós assistiremos.
> **Filóstrato** — Mas não, meu nobre lorde, não é peça digna de vossa pessoa. […]

- A alusão ao mito de Píramo e Tisbe, na peça *Sonho de uma noite de verão,* é um mecanismo de intertextualidade. Você conhece esse mito citado? Que semelhança há entre a peça lida e o mito de Píramo e Tisbe?

13. A peça *Sonho de uma noite de verão* foi encenada inúmeras vezes em diversos países e épocas, ganhou versões cinematográficas e inspirou composições musicais. Como outras obras de Shakespeare, é considerada um clássico.

- Em sua opinião, o que a torna uma obra clássica? *Sonho de uma noite de verão* pode agradar o leitor/espectador atual? Por quê?

PÍRAMO E TISBE

No mito grego, Píramo e Tisbe se amavam. Como os pais não aprovavam o relacionamento deles, os jovens conversavam através de uma fenda no muro que separava suas casas. Quando finalmente conseguiram marcar um encontro, uma leoa se aproximou de Tisbe, com a boca ainda ensanguentada da presa que havia acabado de devorar. Em pânico, Tisbe fugiu correndo, mas deixou cair seu véu, que a leoa dilacerou. Quando Píramo viu o véu ensanguentado, se desesperou e, logo em seguida, se matou. Tisbe encontrou Píramo morto e também se matou. Desse dia em diante, o fruto da amoreira tornou-se vermelho, em lembrança ao sacrifício dos amantes.

◼ A LINGUAGEM DO TEXTO

14. Releia as falas de algumas personagens:

Personagem	Fala
Bute	"Minha senhora apaixonou-se por um monstro."
Oberon	"O que aprontaste? Tu te enganaste completamente, pingando o sumo do amor nos olhos de quem sente um amor verdadeiro."
Hérmia	"E você, senhorita, todo esse tumulto é por sua causa. Nada disso, não se afaste."
Lisandro	"Faltou-me discernimento, quando a ela prometi o meu amor."

- O registro predominante na peça é formal ou informal? Indique exemplos que justifiquem sua resposta.

15. Releia esta passagem.

Oberon [*espremendo o sumo nas pálpebras de Demétrio*] —
Flor da mais púrpura cor,
Flechada pelo Deus do Amor,
Penetra essa pupila repousada.
Quando ele avistar sua amada,
Como Vênus ela deve brilhar,
Em toda a sua glória estelar.
Ao despertares, e ela por perto,
Pede que ela te dê o remédio certo.

a) O que há de diferente nessa passagem em relação à maior parte das falas de Bute? Que efeito esse recurso gera na leitura ou na encenação do texto?

b) Em "Como Vênus ela deve brilhar", temos uma figura de linguagem que atribui uma característica à amada por meio de comparação. Qual outra expressão, no mesmo trecho acima, confirma essa característica?

16. Os sinais de pontuação são importantes para auxiliar a leitura do texto dramático, pois indicam os sentimentos das personagens para o leitor.

- Copie a fala da reação de Helena ao ser cortejada pelos dois jovens. O que o sinal de pontuação revela sobre o sentimento da personagem?

17. Observe no trecho abaixo o modo como Bute dirige-se a Oberon.

Bute – Acredite-me, rei dos espíritos, eu me enganei. O senhor não me disse que eu reconheceria o homem pelas roupas atenienses que ele usava?

a) O que o modo como Bute trata o rei revela sobre a relação dos dois.

b) Identifique no texto como Lisandro se dirige a Helena e como Helena se dirige a Lisandro. Por que eles utilizam essa forma de tratamento?

ALGUMA COISA FORA DA ORDEM

Na peça *Sonho de uma noite de verão,* um engano de Bute gera uma série de confusões.

1. Você já cometeu algum engano que ocasionou a sensação de o mundo estar de ponta-cabeça? Você pediu ajuda? Comente.

2. Diante de momentos complicados, a confiança é um elemento-chave? Por quê?

UMA COISA **PUXA OUTRA**

Resenha de espetáculo teatral

Antes de assistirmos a um filme ou a uma peça de teatro, buscamos referências em jornais, revistas e *sites*. Esses meios de comunicação publicam textos escritos, geralmente, por pessoas especializadas em produções cinematográficas e teatrais.

Veja um exemplo de um texto que traz informações sobre uma peça de teatro.

O Leão no Inverno
Tipos de gêneros dramáticos: Drama

Veja SP ★★★★★

Marcos Moraes/Arquivo do cedente

Resenha por Dirceu Alves Jr.

Logo depois do terceiro sinal, o público se vê diante dos sete atores sentados a uma mesa, com um bloco de folhas nas mãos. As roupas despojadas, a leitura das primeiras rubricas e certo clima de nervosismo reproduzem uma atmosfera de ensaio. A ação de *O Leão no Inverno* se inicia, e o drama de James Goldman, ambientado no fim do século XII em um castelo da Inglaterra, começa a ser encenado. Na história, o rei Henrique II (interpretado por Leopoldo Pacheco) mantém a mulher, Eleonor (papel de Regina Duarte), confinada em uma torre, longe dos olhos de todos. Durante as festas de fim de ano, o soberano a libera do cativeiro e, junto da família, a rainha semeia uma conspiração que pode influir na sucessão ao trono. Os dois têm três filhos (representados por Caio Paduan, Filipe Bragança e Michel Waisman) e diferentes visões sobre cada um deles. Para contar esta trama, inédita nos palcos brasileiros e levada ao cinema em 1968, o diretor Ulysses Cruz fugiu da obviedade e abriu mão de cenários suntuosos e figurinos luxuosos. Em uma escolha arrojada, qualquer realismo é dispensado, e o elenco usa figurinos casuais, como camisetas, casacos de malha e vestidos soltos, além de coroas estilizadas. Os adereços e móveis de cena são embalados em papel pardo e modulados de acordo com a situação. Diante da desconstrução, Cruz oferece um diálogo contemporâneo em um espetáculo de visual aparentemente inacabado, mas capaz de aprofundar as questões em torno do jogo do poder e do fracasso das novas gerações aos olhos dos pais. O trabalho do elenco se torna o alicerce para o sucesso da montagem. São trunfos a firme composição de Leopoldo Pacheco e o deboche adotado por uma bem-vinda Regina Duarte, habilmente conduzida por Cruz. Enquanto Paduan, Bragança e Waisman se mostram convincentes, Camila dos Anjos, como a princesa Alais, e Sidney Santiago, que representa Philip, o rei da França, impõem forte presença. Estreou em 18/5/2018. Direção: José Possi Neto. Duração: 110 minutos. Recomendação: livre.

Dirceu Alves Jr. Veja São Paulo. Disponível em: <https://vejasp.abril.com.br/atracao/o-leao-no-inverno/>. Acesso em: 18 out. 2018.

1. O texto que você leu direciona-se a que tipo de leitor?

2. Qual é o objetivo do texto?

3. Releia o trecho a seguir.

As roupas despojadas, a leitura das primeiras rubricas e certo clima de nervosismo reproduzem uma atmosfera de ensaio.

- Qual elemento de composição do texto dramático é citado no trecho?

4. A resenha crítica publicada em revista reúne, ao texto verbal, elementos gráficos. Identifique esses componentes do gênero.

5. Por meio de sequências descritivas, nas quais é recorrente o uso de adjetivos, o autor do texto desenvolve seus comentários. Transcreva alguns trechos da resenha que exemplifiquem essa afirmação.

6. Os adjetivos utilizados pelo autor colaboram para que o leitor tenha uma imagem favorável ou desfavorável do espetáculo? Justifique sua resposta com um exemplo do texto.

7. O autor da resenha apresenta, logo nas primeiras frases, as informações básicas sobre a peça.

a) Em seu caderno, copie do texto essa passagem.

b) Por que esse tipo de informação é importante?

8. Leia novamente o trecho a seguir.

[...] o diretor Ulysses Cruz fugiu da obviedade e abriu mão de cenários suntuosos e figurinos luxuosos. Em uma escolha arrojada, qualquer realismo é dispensado, e o elenco usa figurinos casuais, como camisetas, casacos de malha e vestidos soltos, além de coroas estilizadas. Os adereços e móveis de cena são embalados em papel pardo e modulados de acordo com a situação.

- Baseado nesse trecho, pode-se considerar que a resenha é um texto argumentativo? Explique.

9. A maneira como o texto foi construído estimula o leitor a assistir ao espetáculo? Justifique sua resposta.

159

LÍNGUA EM ESTUDO

VOZES VERBAIS

1. Releia este trecho da peça *Sonho de uma noite de verão*.

> **Hérmia** – Esta escuridão noturna, que rouba a função dos olhos, deixa o ouvido mais rápido em captar os sons; naquilo que prejudica o sentido da visão, traz recompensa em dobro à audição. Não consigo encontrar-te com meus olhos, Lisandro; meu ouvido, e a ele sou grata, trouxe a mim o som de tua voz. Mas por que me deixaste tão indelicadamente?

a) Qual é o sujeito da frase "Meu ouvido trouxe a mim o som de tua voz"?
b) Identifique o sujeito em "O som de tua voz foi trazido a mim pelo meu ouvido".
c) Qual é a diferença de sentido entre as frases dos itens *a* e *b*?

Como você observou, a maneira como as palavras estão organizadas em uma frase indica a ação praticada pelo sujeito ou recebida por ele.

> **ANOTE AÍ!**
> Os verbos relacionam-se com o sujeito de diferentes maneiras. Os tipos de relação estabelecida entre eles recebem o nome de vozes verbais.
> As vozes verbais são: **ativa**, **passiva** e **reflexiva**.

VOZ ATIVA

Na voz ativa, a forma verbal indica que o sujeito da oração é agente da ação.

> William Shakespeare **escreveu** a peça *Sonho de uma noite de verão*.
>
> sujeito

O sujeito da oração realiza, assim, a ação expressa pelo verbo *escrever*.

VOZ PASSIVA

Na voz passiva, o sujeito da oração é paciente, uma vez que sofre a ação verbal. Essa voz desvia a atenção do sujeito, concentrando-a no resultado da ação. Veja:

> A peça *Sonho de uma noite de verão* **foi escrita** por William Shakespeare.

O sujeito da frase, "A peça *Sonho de uma noite de verão*", não é o agente da ação expressa pelo verbo *escrever*.

Há dois tipos de voz passiva: a **analítica** e a **sintética**.

> **ANOTE AÍ!**
> A **voz passiva analítica** é formada pelo verbo *ser* mais o particípio do verbo principal.
> Exemplo: A peça *Sonho de uma noite de verão* **foi escrita** por William Shakespeare.
> A **voz passiva sintética** ou **pronominal** é formada por um verbo acompanhado do pronome oblíquo *se*, que recebe, nesse caso, o nome de partícula apassivadora.
> Exemplo: **Escreveu-se** a peça *Sonho de uma noite de verão*.

A CONSTRUÇÃO DA VOZ PASSIVA ANALÍTICA

Observe, no exemplo a seguir, que há uma correspondência entre a voz ativa e a voz passiva.

Para construir uma oração na voz passiva, precisamos de um verbo transitivo direto. Quando a forma verbal está na voz passiva, o objeto direto passa a ser o sujeito da oração.

Ao transpor uma oração da voz ativa para a voz passiva, é preciso manter o mesmo tempo verbal.

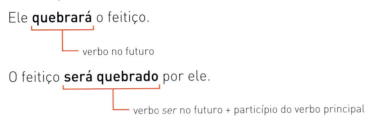

VOZ REFLEXIVA

Na voz reflexiva, o sujeito da oração pratica e recebe a ação ao mesmo tempo. A voz reflexiva é formada por um verbo mais um pronome reflexivo (*me*, *te*, *se*, *nos*, *vos*, *se*). Observe abaixo.

> Ele **embrenhou-se** num espinheiro [...].

Há muitos verbos que podem ser usados na voz reflexiva e que se referem a movimentos corporais: *sentar-se*, *esticar-se*, *encolher-se*, *levantar-se*, *mexer-se*, *abaixar-se*, *virar-se*, *encostar-se*, *estender-se*, etc.

A voz reflexiva também pode ser **recíproca**. Leia a frase abaixo:

> Os três **uniram-se**, para moldar essa mentira, essa brincadeira para me deixar magoada.

Nesse exemplo, os três uniram-se uns aos outros, e não a si mesmos.

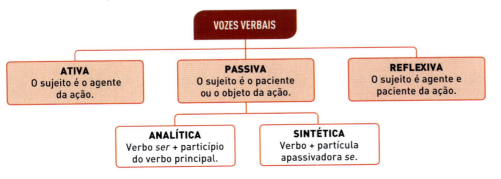

NÃO CONFUNDA!

O pronome oblíquo *se* nem sempre funciona como partícula apassivadora. Ele também pode atuar como índice de indeterminação do sujeito (em orações com sujeito indeterminado). Para não se confundir nos diferentes usos do *se*, preste atenção à transitividade verbal: se o verbo for transitivo direto, a oração estará na voz passiva sintética e o *se* será partícula apassivadora. Nesse caso, o verbo deve concordar com o sujeito.

Exemplo:
Sentiam-se o perigo e o medo no ar.

Se o verbo não for transitivo direto, o sujeito será indeterminado e o *se* funcionará como índice de indeterminação do sujeito. O verbo, nesse caso, deve ficar no singular.

Exemplo:
Acredita-se em magia.

ATIVIDADES

RETOMAR E COMPREENDER

1. Leia o texto a seguir.

Concerto sinfônico

Nem todo mundo se sente à vontade para ir a um concerto. Muitas pessoas pensam que os preços não são acessíveis ou que serão barradas na porta do teatro se não estiverem bem vestidas ou, ainda, que não saberão se comportar; enfim, criam uma porção de empecilhos para si mesmas. Mas, felizmente, as coisas não são tão complicadas quanto parecem e ninguém deveria ter receio de ir a um concerto.

Nas grandes cidades de todo o mundo são promovidos concertos de diversos tipos, para diferentes públicos: desde os mais formais, voltados para os conhecedores de música clássica, até os mais descontraídos, em que os maestros contam para o público curiosidades sobre o repertório escolhido. Existem também concertos voltados para o público infantil e concertos realizados ao ar livre.

Os preços também variam. Há ingressos muito caros, como no caso de uma orquestra estrangeira. Mas há os mais baratos e até mesmo os gratuitos.

João Maurício Galindo. *Música*: pare para ouvir. São Paulo: Melhoramentos, 2009. p. 12.

a) Qual é a discussão principal do texto?

b) Em seu caderno transcreva do primeiro parágrafo duas orações na voz ativa.

c) Agora, identifique no texto um exemplo de oração na voz passiva.

d) Na oração que você identificou no item *c*, não se sabe quem pratica a ação. É importante para o leitor saber essa informação? Justifique sua resposta.

APLICAR

2. Retome a oração identificada no item *c* da atividade anterior.

a) Reescreva essa oração na voz ativa, fazendo as alterações necessárias.

b) Que efeito de sentido tal mudança sugere?

3. Leia o texto abaixo.

Com quantos paus se faz uma canoa?

Basta um só, desde que seja um grande tronco de árvore. Assim se faz a chamada piroga, utilizada no continente americano muito antes da chegada de Colombo. A tradicional técnica indígena consiste em escavar o tronco – geralmente utilizando fogo – até seu interior comportar uma ou mais pessoas. Outro modelo primitivo, o caiaque dos esquimós, nem madeira usa: apenas ossos de baleia, formando uma estrutura coberta com pele de foca. Já as canoas modernas são feitas com dezenas de tábuas de tamanhos diferentes.

Mundo Estranho, 19 ago. 2016. Disponível em: <http://mundoestranho.abril.com.br/cultura/com-quantos-paus-se-faz-uma-canoa/>. Acesso em: 18 out. 2018.

a) Qual é a voz do verbo no título? Reescreva-o na voz passiva analítica.

b) Em que voz está o verbo da frase "Já as canoas modernas são feitas com dezenas de tábuas de tamanhos diferentes"?

c) Nesse contexto, é importante saber quem faz as canoas? Por quê?

4. **APLICAR** Faça as **atividades interativas** para praticar seus conhecimentos.

162

A LÍNGUA NA REAL

VOZES VERBAIS E EFEITOS DE SENTIDO

1. Leia este trecho de notícia:

   Tamanduá-mirim é capturado em residência do Parque Higienópolis

   Um tamanduá-mirim foi capturado, por volta das 7h25 desta sexta-feira (17), em uma residência no Parque Higienópolis, em Presidente Prudente. De acordo com as informações do Corpo de Bombeiros, o animal estava entre a grade e o vidro de uma das janelas da casa.
   [...]
   O animal foi entregue à Polícia Ambiental, para ser conduzido ao seu hábitat natural.

   G1, 17 mar. 2017. Disponível em: <http://g1.globo.com/sp/presidente-prudente-regiao/noticia/2017/03/tamandua-mirim-e-capturado-em-residencia-do-parque-higienopolis.html>. Acesso em: 18 out. 2018.

   - Em que voz está o verbo do título da notícia? Que informação se pretendeu destacar com essa forma verbal?

2. Compare os dois poemas abaixo, de Roseana Murray.

   I.
   Procura-se algum lugar no planeta
   onde a vida seja sempre uma festa
   onde o homem não mate
   nem bicho nem homem
   e deixe em paz
   as árvores da floresta.

   II.
   Troco um fusca branco
   por um cavalo cor de vento
   um cavalo mais veloz que o pensamento
   Quero que ele me leve pra bem longe
   e que galope ao deus-dará
   que já me cansei deste engarrafamento...

   Roseana Murray. *Classificados poéticos*. São Paulo: Moderna, 2010. p. 18-19.

   Bruno Nunes/ID/BR

   a) A que tipo de texto se assemelham os poemas?
   b) Que voz verbal foi utilizada no primeiro verso de I e de II?
   c) Em I, não é apresentado ao leitor quem está à procura de tal lugar no planeta. Que relação há entre o gênero classificado e a escolha da voz verbal utilizada no texto?
   d) Em II, é apresentado ao leitor o sujeito da ação? Que diferença de sentido a construção provoca, em comparação com I?

3. Leia abaixo a primeira estrofe do "Soneto de separação", de Vinicius de Moraes.

   De repente do riso fez-se o pranto
   Silencioso e branco como a bruma
   E das bocas unidas fez-se a espuma
   E das mãos espalmadas fez-se o espanto.

   Site oficial de Vinicius de Moraes. Disponível em: <http://www.viniciusdemoraes.com.br/pt-br/poesia/poesias-avulsas/soneto-de-separacao>. Acesso em: 18 out. 2018.

   - Em que voz verbal encontram-se os versos? Por que o poeta optou por ela?

> **ANOTE AÍ!**
> A escolha da **voz verbal** possibilita ao enunciador **destacar aspectos diferentes** de determinado fato. Pode-se destacar quem faz a ação ou quem a recebe. Além disso, pode-se omitir o sujeito da ação, caso seja de interesse do autor do enunciado.

SONETO

Soneto é uma composição poética dividida em catorze versos, sendo dois quartetos (estrofes de quatro versos) e dois tercetos (estrofes de três versos). Seus versos são rimados e metrificados, com frequência decassílabos (com dez sílabas poéticas). O poeta Vinicius de Moraes escreveu inúmeros sonetos, como o "Soneto de fidelidade" e o "Soneto do maior amor".

AGORA É COM VOCÊ!

ESCRITA DE TEXTO DRAMÁTICO

PROPOSTA

Agora é sua vez de vivenciar a experiência de escrever um texto dramático. Você vai retomar o cenário de *Sonho de uma noite de verão* – uma floresta encantada – e ambientar nele uma cena protagonizada por personagens que se deparam com seres mágicos. Esse trabalho será feito em grupo. Lembrem-se: a presença de elementos mágicos é fundamental!

Os textos serão reunidos em uma antologia de textos dramáticos, que pode ser doada à biblioteca da escola para que toda a comunidade tenha acesso à produção da turma.

GÊNERO	PÚBLICO	OBJETIVO	PRODUTO
Texto dramático	Pessoas que se interessam por dramaturgia, colegas, professores e familiares	Escrever uma cena ambientada na floresta mágica de *Sonho de uma noite de verão*, considerando as particularidades do texto dramático	Antologia de textos dramáticos da turma a ser doada para a biblioteca

PLANEJAMENTO E ELABORAÇÃO DO TEXTO

1. Reúna-se com dois colegas e imaginem a floresta encantada descrita em *Sonho de uma noite de verão*. Discutam sobre que tipos de objeto poderiam ser incorporados no cenário e definam cinco elementos novos para a cena.

2. Escolham as personagens que participarão da cena. Dividam-nas entre humanos e seres mágicos e pensem nas seguintes questões:
   - Como elas andam (ou voam), falam, gesticulam e se comportam?
   - Como será as vestimentas dessas personagens?
   - Quais serão os poderes especiais dos seres mágicos?

3. Para organizar as informações, copiem o quadro no caderno e preencham-no.

PERSONAGEM	CARACTERÍSTICAS FÍSICAS	CARACTERÍSTICAS PSICOLÓGICAS	COMPORTAMENTO

4. Decidam o conflito em torno do qual a cena será organizada. Para isso, conversem sobre as seguintes questões: O que provocará o conflito? Como será o desfecho? O conflito será solucionado com interferência da magia, como acontece em *Sonho de uma noite de verão*?

5. Agora, redijam a primeira versão do texto dramático.
   - Na primeira página, façam uma lista das personagens, inserindo, ao lado de seus nomes, o papel que desempenham na peça.
   - Desenvolvam os diálogos, atentando para as características de fala de cada personagem. Não se esqueçam de anotar, antes da fala, o nome da personagem a que ela se refere.
   - Introduzam rubricas que orientem a movimentação e a interpretação dos atores e descrevam a iluminação, os sons e o cenário.

6 Não se esqueçam de dar um título para a peça, que pode fazer referência a *Sonho de uma noite de verão*.

7 Lembrem-se de que, para manter a verossimilhança, os elementos mágicos precisam ter coerência entre si e com a temática da peça, ou seja, precisam ter um sentido claro para o leitor/espectador.

LINGUAGEM DO SEU TEXTO

1. Você viu que o texto dramático não tem interferência da voz do narrador. Como as personagens são caracterizadas?
2. No texto, há várias passagens com verbos na voz ativa e na voz passiva. Você acha que determinar a maneira como o sujeito se relaciona com o verbo é uma escolha proposital do autor? Por quê?

Ao escrever sua cena, lembre-se de que a forma como você conta a história determina o modo como o público vai entendê-la. Portanto, ao elaborar os diálogos, selecione gírias, expressões, figuras de linguagens e vozes verbais para caracterizar as personagens.

AVALIAÇÃO E REESCRITA DO TEXTO

1 Depois que redigirem o texto, façam, em grupo, uma leitura em voz alta.

2 Em seguida, troquem o texto com outro grupo e avaliem os seguintes aspectos:

ELEMENTOS DO TEXTO DRAMÁTICO
A história é ambientada na floresta encantada? O cenário foi descrito?
Há uma lista de personagens com suas características?
Há a presença de elementos e figuras mágicas?
A situação inicial da cena está bem apresentada?
O conflito da cena está claro?
A resolução do conflito da cena está bem encaminhada?
As falas das personagens são antecedidas por seus nomes?
As rubricas estão claras e são suficientes para orientar a montagem da peça?

3 Façam, agora, os ajustes e reescrevam os trechos que julgarem necessário.

4 Realizem a última revisão ortográfica e gramatical.

CIRCULAÇÃO

1 Os textos dramáticos serão publicados em uma antologia da turma.

2 Entreguem ao professor a versão final do texto digitalizada.

3 Em seguida, façam o sumário do livro, incluindo os nomes de todas as cenas e de seus autores.

4 Criem um título criativo para o livro e façam uma capa para ele.

5 Tirem algumas cópias da antologia para circular entre os amigos e os familiares. O professor ficará responsável pelos empréstimos.

6 Disponibilizem uma cópia do volume para a biblioteca da escola.

TEATRO AO AR LIVRE

As apresentações teatrais nem sempre se restringem ao ambiente dos teatros. Para além dos palcos, muitas peças também são encenadas ao ar livre, nas ruas e nos demais espaços públicos das cidades. Em 2016, a Cia. Novelo escolheu o parque Trianon, na avenida Paulista, em São Paulo, para ambientar sua montagem da comédia *Sonho de uma noite de verão*. Os atores executavam canções ao vivo quase camuflados entre a folhagem e as árvores frondosas do cenário natural.

↑ Foto de cena da peça *Sonho de uma noite de verão*, encenada pela Cia. Novelo no parque Trianon, em São Paulo, em 2016.

Capítulo 2
A TRAGÉDIA EM CENA

> **O QUE VEM A SEGUIR**
>
> Você lerá um trecho da peça *Macbeth*, de William Shakespeare. Após receber a profecia de três bruxas, o protagonista passa a ambicionar o posto de rei da Escócia. Sua esposa, Lady Macbeth, cria então um plano para que ele conquiste o trono. A cena a seguir retrata justamente o momento do vaticínio das bruxas. Qual será a primeira reação de Macbeth ao receber essa profecia?

alado: dotado de asas.
audaz: corajoso; valente.
auspicioso: de bom agouro; que gera esperanças.
charneca: terreno pantanoso; não cultivado.
claudicante: que manca.
desvairado: fora de si; sem juízo; tresloucado.
emaciado: emagrecido; sem viço.
encarquilhado: enrugado.
júbilo: alegria extrema.
magnanimamente: de modo generoso; bondoso.
vaticínio: profecia; previsão do futuro.

TEXTO

Primeiro ato
Cena III

Na charneca. [...]
[*Dentro, ouve-se o rufar de um tambor.*]
Terceira bruxa — É um tambor, um tambor! Macbeth aproxima-se.
Todas — As Estranhas Irmãs Bruxas do Destino, de mãos dadas, viajando a uma enorme velocidade por terras e mares, andam assim, rodeando e rodeando, volteando e volteando, três vezes para ti, três vezes para mim, e três vezes mais, nove vezes ao todo. Paz, enfim: o encanto se conclui assim.
[*Entram Macbeth e Banquo.*]
Macbeth — Tão feio e tão lindo, dia assim eu nunca tinha visto.
Banquo — A que distância, em sua avaliação, senhor, estamos de Forres? O que são essas figuras, tão murchas e claudicantes e tão fantásticas e desvairadas em seus trajes a ponto de não parecerem habitantes da Terra e, no entanto, podemos ver que estão sobre a terra? Vivem, vocês? Ou seriam vocês alguma coisa que não admite perguntas humanas? Vocês parecem entender-me, logo levando, como fazem, cada uma por sua vez, seu dedo encarquilhado aos lábios emaciados. Vocês têm toda a aparência de mulheres e, no entanto, suas barbas proíbem-me de interpretar suas figuras como tal.
Macbeth — Falem, se é que sabem falar: o que são vocês?
Primeira bruxa — Salve, Macbeth; saudações a vós, Barão de Glamis.
Segunda bruxa — Salve, Macbeth; saudações a vós, Barão de Cawdor.
Terceira bruxa — Salve, Macbeth; aquele que no futuro será Rei.
Banquo — Meu bom senhor, por que sobressalta-se? Por que parece o senhor temer palavras que soam tão auspiciosas? Em nome da verdade, é fantasioso o senhor ou é realmente aquele que mostra ser por fora? — Meu nobre companheiro vocês saúdam com evidente graça e com poderoso vaticínio de nobres haveres e de esperanças de realeza; tanto que ele parece estar com isso extasiado. A mim, vocês não dirigiram a palavra. Se sabem examinar as sementes do Tempo e dizer qual grão vingará e qual jamais será broto, falem então comigo, que não suplico por seus favores nem os temo, assim como não temo o seu ódio.

166

Primeira bruxa — Salve!

Segunda bruxa — Salve!

Terceira bruxa — Salve!

Primeira bruxa — Menos importante que Macbeth, e mais poderoso.

Segunda bruxa — Menos feliz e, no entanto, muito mais feliz.

Terceira bruxa — Filhos teus serão reis, embora tu não o sejas. Assim sendo… Salve. Macbeth! E salve. Banquo! […]

Primeira bruxa — Banquo e Macbeth, salve!

Macbeth — Fiquem, vocês que se pronunciam de modo tão imperfeito. Digam-me mais: com a morte de Sinel, eu sei que sou o Barão de Glamis, mas como é possível eu ser Barão de Cawdor? O Barão de Cawdor está vivo, um próspero cavalheiro. Quanto a eu ser Rei, esta é uma probabilidade na qual não se pode acreditar, mais incrível ainda que eu receber o título de Cawdor. Digam de onde vocês têm essa estranha informação, e por que razão, neste maldito pântano, vêm vocês interceptar nosso caminho com tais saudações proféticas? Falem, estou mandando.

[*As Bruxas desaparecem.*]

Banquo — A terra tem em si bolhas de ar, assim como a água, e essas figuras-bolhas são da terra e da água. Para onde sumiram-se elas?

Macbeth — Sumiram em pleno ar, e o que parecia corpóreo derreteu-se, como a respiração no vento. Bem queria eu que elas tivessem ficado.

Banquo — Agora que conversamos sobre elas, estavam realmente aquelas coisas aqui? Ou será que não comemos daquela raiz insana, que tem o poder de aprisionar a razão?

Macbeth — Filhos teus serão reis.

Banquo — O senhor será rei.

Macbeth — E também Barão de Cawdor; não foi isso o que elas disseram?

Banquo — Com essa mesma entonação, com essas mesmas palavras. — Quem vem lá?

[*Entram Ross e Angus.*]

Ross — O Rei recebeu com júbilo, Macbeth, as novas de teu sucesso; e, quando ele descobre que arriscaste tua pessoa na luta contra os rebeldes, sua admiração e seus louvores entram em conflito, pois, pergunta-se ele, quais devem ser teus e quais devem ser dele? Com isso ele silencia, e revisa o resto daquele mesmo dia. Descobre-te em meio às audazes fileiras norueguesas, em nada amedrontado com aquilo que tu mesmo transformaste em estranhas imagens da morte. Tão rápido quanto voam as notícias, chegavam os mensageiros em seus cavalos alados, um após o outro, e todos traziam elogios à tua pessoa por teres tão magnanimamente defendido o Reino, e esses elogios iam-se derramando perante o Rei.

Angus — Fomos enviados para trazer-te os agradecimentos de nosso Rei e Mestre, mas não para pagar-te, apenas para solenemente conduzir-te à presença de Sua Majestade.

Ross — E, à guisa de sinal, pois receberás depois honra maior, pediu-me o Rei que, em seu nome, te nomeasse Barão de Cawdor. Por essa honra, saudações ao mui valoroso Barão, pois o título agora te pertence. […]

Macbeth [*dirigindo-se a Banquo*] — Se a Sorte de mim fizer Rei, então a Sorte poderá coroar-me sem que em prol disso eu precise agir. […]

William Shakespeare. *Macbeth*.
Tradução de Beatriz Viégas-Faria. Porto Alegre: L&PM, 2000. *E-book*.

TEXTO EM ESTUDO

PARA ENTENDER O TEXTO

1. Sua hipótese sobre a reação de Macbeth diante da profecia das bruxas se confirmou ou não? Justifique sua resposta.

2. Onde se passa a história? Como essa indicação cênica é transmitida ao leitor?

3. Em relação às profecias das bruxas, responda:
   a) O que elas previram sobre o destino de Macbeth?
   b) Por que Macbeth não acreditava que poderia ser Barão de Cawdor?
   c) Para Macbeth, ser rei parecia algo possível?

4. Retome a primeira fala de Macbeth na cena.
   a) O que ele diz a Banquo?
   b) Como essa percepção aparentemente contraditória de Macbeth pode se relacionar com os acontecimentos narrados em seguida?

5. Por que Ross e Angus vão ao encontro de Macbeth?

6. Que ordem o rei deu a Ross e a Angus em relação a Macbeth? Como essa ordem está relacionada ao que as bruxas disseram a Macbeth?

7. Em sua opinião, como essa ordem dada pelo rei pode ter mudado o que Macbeth pensava acerca das previsões das bruxas?

> **ANOTE AÍ!**
> A **ação dramática** é composta de uma sucessão de acontecimentos vividos pelas personagens. Ela mostra o andamento dos fatos desde o **início da trama** até seu **desenlace**.

O CONTEXTO DE PRODUÇÃO

8. Em 2014, a companhia teatral Vagalum Tum Tum estreou *Bruxas da Escócia*, uma releitura de *Macbeth* para crianças. Leia um trecho da entrevista que o diretor do espetáculo, Angelo Brandini, deu na época à *Folha de S.Paulo*.

> **Folhinha** — Os palhaços e os números circenses são a mediação entre a tragédia e a compreensão infantil? Você é craque em suavizar termos complicados nas outras tragédias que montou do Shakespeare.
> **Brandini** — Sim, o palhaço é minha arma, é minha língua, meu olhar para o mundo. Esse é o olhar que lanço para as obras de Shakespeare. Como as crianças, os palhaços são muito sinceros, falam todas as verdades que a gente precisa ouvir ou que eles querem falar e que ninguém tem coragem de dizer. É essa a função do palhaço e eles aprendem com as crianças, que são os nossos melhores mestres.

Folha de S.Paulo, 26 jul. 2014. Disponível em: <http://www1.folha.uol.com.br/folhinha/2014/07/1491316-leia-entrevista-com-o-diretor-e-o-elenco-da-peca-bruxas-da-escocia.shtml>. Acesso em: 10 jul. 2018.

a) A partir dessa entrevista, é possível dizer que *Macbeth* é uma peça originariamente destinada ao público infantil? Por quê?
b) Que estratégias foram usadas na adaptação da peça para o público infantil?

9. No período em que Shakespeare viveu, a Inglaterra era comandada por um rei. Como isso pode ter inspirado a trama de *Macbeth*?

FAMÍLIA REAL

Ainda hoje, o Reino Unido é uma monarquia, no entanto, a família real não chefia mais o Estado, isso porque, desde o século XVII, o país vive um regime parlamentarista. Nesse tipo de governo, os poderes Executivo e Legislativo ficam a cargo de um conselho de ministros, liderado pelo primeiro-ministro.

10. Na sequência da história, Lady Macbeth arma um plano para que o marido assassine o rei Duncan, conquistando, assim, o trono da Escócia.

a) Por que era preciso assassinar o rei Duncan?

b) Com a expectativa de ser rei, quais sentimentos começam a surgir em Macbeth? Comente.

c) Que elementos de uma tragédia você identifica em *Macbeth*?

João Caldas/Espetáculo "Bruxas da Escócia" - Cia. Vagalum Tum Tum

> **ANOTE AÍ!**
>
> O gênero dramático subdivide-se em **tragédia** e **comédia**, tipos de peça que remontam ao teatro grego antigo. A **tragédia** é uma das formas mais antigas de apresentação teatral. As peças trágicas costumam suscitar **piedade** ou **terror** no público. Já a **comédia** tem como objetivo principal causar **riso** nos espectadores, por meio de recursos como o **exagero** e a **ridicularização** dos costumes.

A LINGUAGEM DO TEXTO

11. Em relação aos diálogos, responda:

a) De que modo a forma como Banquo e as bruxas se dirigem a Macbeth deixa transparecer a estima que eles têm pelo protagonista? Transcreva dois trechos que comprovem sua resposta.

b) Considerando o pronome que Macbeth utiliza para se reportar às bruxas, é possível afirmar que o respeito que elas dedicam a ele é recíproco?

12. Releia o início do texto:

> *Na charneca* […]
> [*Dentro, ouve-se o rufar de um tambor.*]

a) Essas rubricas referem-se a que aspecto de uma representação teatral?

b) Quem você supõe que sejam os profissionais responsáveis por esses efeitos em uma peça? Comente.

c) Sugira rubricas que indiquem o tipo de iluminação da cena.

COMPARAÇÃO ENTRE OS TEXTOS

13. O que os trechos das duas peças que você leu têm em comum em relação à temática? Justifique sua resposta.

14. O texto dramático pode conter uma crítica social. Em qual das peças lidas nesta unidade você considera que houve uma preocupação maior nesse sentido?

15. Por que a peça *Sonho de uma noite de verão* é classificada como uma comédia enquanto *Macbeth*, como uma tragédia? Cite elementos da peça para responder.

> **AMBIÇÃO E PODER**
>
> Macbeth foi capaz das maiores atrocidades para ascender ao trono da Escócia.
>
> 1. Depois de cometer muitas maldades, o casal Macbeth fica atormentado. Você acredita que tanta ambição pelo poder vale a pena?
>
> 2. **ANALISAR** Acesse o recurso digital, no qual o professor Mário Sérgio Cortella aborda as **relações de poder**. A fala de Cortella e o trecho lido de *Macbeth* contribuem para a sua compreensão a respeito do poder na atualidade? Comente com os colegas.

169

LÍNGUA EM ESTUDO

AGENTE DA PASSIVA

1. Leia a tira.

Bill Watterson. *Calvin e Haroldo*.

a) O que Calvin pensa a respeito do destino das pessoas? Como ele justifica essa visão? Comente.

b) Na tira, Haroldo discorda do amigo. Imagine uma frase que poderia ser dita por Haroldo que contrariasse a opinião de Calvin. Escreva-a no caderno.

A primeira fala de Calvin apresenta uma oração que está na **voz passiva**. O agente que expressa a ação está em destaque. Confira:

> Você acredita que nossos destinos sejam determinados **pelas estrelas**?

ANOTE AÍ!

Agente da passiva é aquele que, na voz passiva, pratica a ação verbal. Ele vem sempre antecedido de preposição – em geral, pela preposição *por*, que pode se contrair com artigos e tornar-se *pelo(s)*, *pela(s)*.

Observe estas frases:

sujeito
Os mensageiros trouxeram as notícias. → voz ativa

As notícias foram trazidas **pelos mensageiros**. → voz passiva
agente da passiva

No primeiro exemplo, o verbo da oração está na voz ativa. No segundo exemplo, o verbo da oração está na voz passiva. Note que o sujeito da oração na voz ativa torna-se agente da passiva quando a oração está na voz passiva.

ANOTE AÍ!

Nem sempre o agente da passiva é expresso na frase. Ele pode ser omitido para **indeterminar** o sujeito. Nesse caso, a oração correspondente na voz ativa tem o verbo na terceira pessoa do plural.

Voz passiva: A profecia da bruxa foi revelada.
Voz ativa: Revelaram a profecia da bruxa.

LIVRO ABERTO

Calvin e Haroldo: o livro do décimo aniversário, de Bill Watterson. São Paulo: Conrad do Brasil, 2013.

Você quer descobrir a origem das personagens Calvin e Haroldo? Leia essa antologia das tiras da dupla e conheça também o processo criativo e as influências do autor Bill Watterson. É um livro imperdível para quem gosta de quadrinhos e humor.

2. Leia abaixo um trecho do livro *A primavera da pontuação*, de Vitor Ramil.

> O telefone do Agente da Passiva tocou. A Passiva era a polícia secreta do Rei. O povo a apelidara assim e o apelido pegara, pois era sabido por todos que o Rei não tinha voz ativa nem mesmo em seus nobres aposentos. O Agente da Passiva fora um sujeito na ativa até pouco tempo antes. Após passar uma temporada de molho, entrara para a Passiva, onde começara como agente comum para, depois de uma ascensão vertiginosa, assumir a diretoria da discreta organização, que muitos julgavam uma lenda. "Alô", disse ao aparelho. [...] O caráter sigiloso de seu trabalho o obrigava, muitas vezes, a se comunicar de maneira cifrada. "Vem irrompendo a luz", disse um de seus verbos auxiliares do outro lado da linha, recomendando ao chefe que ligasse a televisão. "A luz é muito apreciada por mim. O vidro da minha janela foi atravessado por seus raios", respondeu o Agente da Passiva, dando a entender que já estava a par dos acontecimentos.
>
> Vitor Ramil. *A primavera da pontuação*. São Paulo: Cosac Naify, 2014. p. 15.

↑ Capa do livro *A primavera da pontuação*. São Paulo: Cosac Naify, 2014.

a) Por que a polícia secreta do Rei fora apelidada de *Agente da Passiva*?

b) O que o *Agente da Passiva* disse aos *verbos auxiliares* ao telefone? Copie as frases. Associe as falas dessa personagem a seu nome.

3. Releia as seguintes orações do texto de Ramil:

I. A luz é muito apreciada por mim.

II. O vidro da minha janela foi atravessado por seus raios.

- Identifique os agentes da passiva nas frases acima. Agora, reescreva as sentenças na voz ativa.

4. Observe a oração.

O Agente da Passiva assumiu a diretoria da discreta organização.

- Quem é o sujeito da oração? Qual é voz do verbo? Reescreva a sentença na voz passiva analítica e, em seguida, identifique o agente da passiva na frase que você elaborou.

5. Conta-se que, para ajudar um amigo a vender um sítio, Olavo Bilac escreveu:

> Vende-se encantadora propriedade onde cantam os pássaros, ao amanhecer, no extenso arvoredo. É cortada por cristalinas e refrescantes águas de um ribeiro. A casa, banhada pelo sol nascente, oferece a sombra tranquila das tardes, na varanda.
>
> Gabriel Perissé. *A arte da palavra*: como criar um estilo pessoal na comunicação escrita. Barueri: Manole, 2003. p. 112.

a) A que gênero o texto lido se assemelha?

b) Em que voz verbal está a frase "Vende-se uma encantadora propriedade"?

c) Redija um texto para informar a venda de um carro. Qual voz verbal utilizará?

6. Observe esta frase: "A casa é banhada pelo sol nascente".

a) Qual é o sujeito da frase?

b) Qual é a voz do verbo nessa frase?

c) Agora reescreva a sentença, alterando a voz verbal.

ATIVIDADES

RETOMAR E COMPREENDER

1. Observe a sentença extraída da peça *Macbeth*.

   > E, à guisa de sinal, pois receberás depois honra maior, pediu-me o Rei que, em seu nome, te nomeasse Barão de Cawdor.

   a) Quem é o sujeito de *receberás*?
   b) Em que voz verbal está a frase "receberás depois honra maior"?
   c) Reescreva-a na voz passiva analítica, acrescentando um agente da passiva.
   d) Identifique a função sintática dos termos sublinhados na seguinte oração:
   - Honra maior será recebida depois por ti.

2. Leia o trecho de notícia a seguir.

   ### SpaceX vende primeiras passagens turísticas para a Lua
   A companhia americana SpaceX informou na segunda-feira (27) ter assinado contrato com duas pessoas interessadas em fazer uma viagem ao redor da Lua no final de 2018. [...]
   "Prevemos realizar exames de saúde, avaliar a condição física dos passageiros e começar os seus primeiros treinamentos ainda este ano", informou a SpaceX.
   A "Dragon 2" será lançada pela versão pesada do foguete Falcon 9, da SpaceX, o "Falcon Heavy", atualmente em desenvolvimento. Os Estados Unidos não enviam astronautas à Lua desde o fim das missões Apolo, no início dos anos 1970.

   O Tempo, 28 fev. 2017. Disponível em: <http://www.otempo.com.br/spacex-vende-primeiras-passagens-tur%C3%ADsticas-para-a-lua-1.1441801>. Acesso em: 3 out. 2018.

   a) Qual é o sujeito do título da notícia? Reescreva o título da notícia na voz passiva.
   b) Identifique o agente da passiva na frase que você criou no item *b*.
   c) Localize uma oração na voz passiva analítica e identifique o agente da passiva.

3. Coloque os verbos da oração na voz passiva e indique o agente da passiva.
   a) Uma cápsula fará este ano o primeiro voo sem astronautas.
   b) A companhia americana SpaceX assinou um contrato.
   c) Vamos avaliar a condição física dos passageiros.
   d) Os Estados Unidos não enviam astronautas à Lua desde o fim de Apolo.

APLICAR

4. Reescreva as orações abaixo colocando os verbos na voz passiva sintética.
   a) O crime de Macbeth foi revelado.
   b) Profecias foram feitas por bruxas.
   c) A leitura dramatizada foi concluída pelos alunos.
   d) A escrita do texto dramático foi avaliada pelo professor.
   e) As atividades foram feitas pelos alunos.

5. Crie um anúncio para divulgar a viagem turística à Lua descrita na notícia da atividade 2. Utilize a voz passiva sintética em ao menos uma das frases.

6. **APLICAR** Faça as **atividades interativas** para praticar seus conhecimentos.

A LÍNGUA NA REAL

A OMISSÃO DO AGENTE DA PASSIVA

1. Em seu caderno, compare estes títulos de notícias sobre um mesmo fato. Descreva quais são as vozes verbais dessas duas frases.

   Sete planetas parecidos com a Terra são descobertos

   Disponível em: <https://www.terra.com.br/noticias/climatempo/sete-planetas-parecidos-com-a-terra-sao-descobertos,e4a16d96241eba8298939ebc82c6a67ezojwd907.html>. Acesso em: 5 set. 2018.

   Nasa descobre sistema solar com 7 planetas parecidos com a Terra

   Disponível em: <http://exame.abril.com.br/ciencia/nasa-descobre-sistema-solar-com-7-planetas-parecidos-com-a-terra/>. Acesso em: 5 set. 2018.

2. Releia o primeiro título.
   a) Que informação não está expressa na oração?
   b) Que aspecto do fato relatado essa omissão destaca?
   c) Transforme esse título em uma oração na voz ativa.

3. Releia o segundo título.
   a) Transforme-o em uma oração na voz passiva. Reescreva a oração que você criou sem o agente da passiva.
   b) Que sentido essa omissão acrescenta ao título?

4. Considere a oração abaixo.

   > Um aluno quebrou o vidro da janela da sala de aula.

   a) Reescreva a oração na voz passiva analítica.
   b) Para não revelar quem quebrou o vidro, como poderia ser escrita a oração?
   c) Como tal omissão muda a informação dada ao leitor? Justifique.

5. Leia a tira a seguir.

   a) Em que voz está a segunda oração do segundo quadrinho? Que efeito de sentido a omissão do agente da passiva provoca?
   b) Escreva, em seu caderno, outra possível resposta de Lucy à pergunta de Charlie Brown. Utilize a voz passiva e explicite o agente da passiva.

ANOTE AÍ!

A **omissão** ou a **presença do agente da passiva** nos textos que empregam a voz passiva alteram a informação dada ao leitor. Nos textos jornalísticos, a presença (ou não) do agente da passiva destaca aspectos diferentes da informação apresentada.

ESCRITA EM PAUTA

GRAFIA DOS VERBOS ABUNDANTES

1. Leia as frases abaixo.

> Historiador é eleito para a Academia Brasileira de Letras.

> Apesar de já terem elegido o escritor, o poeta apresentou-se como candidato.

a) Que verbo se repete nas duas frases?
b) Em que forma nominal está esse verbo?

Alguns verbos apresentam mais de uma forma no particípio, com a mesma função. Nesses casos, as duas formas podem ser usadas igualmente:

> O arquivo foi **aceito**.
> Eu havia **aceitado** o arquivo.
>
> O juiz tinha **suspendido** o jogo.
> O jogo foi **suspenso** pelo juiz.

ANOTE AÍ!

Verbos abundantes apresentam mais de uma forma no particípio, de valor ou função equivalente.

2. Complete as frases empregando a forma regular do particípio dos verbos entre parênteses.
   a) Eles haviam ★ (entregar) a varinha mágica.
   b) O texto foi ★ (imprimir) pelos magos.
   c) Os bruxos haviam ★ (enxugar) a testa.
   d) A escola havia ★ (expulsar) aqueles que brigaram.

3. Leia o texto abaixo, retirado da página de ajuda do *site* de uma loja virtual.

> **Sobre pacotes não entregues**
>
> Algumas vezes, os pacotes são devolvidos para a Amazon como não entregues. Quando a transportadora nos devolver um pacote que não pôde ser entregue, você receberá um reembolso total (incluindo o frete). [...]
>
> Se você suspeitar que seu pedido não possa ser entregue como foi endereçado e você ainda não recebeu a confirmação da devolução ou reembolso 4 semanas após a data estimada de entrega, entre em contato com o Serviço de Atendimento ao Cliente.

Disponível em: <https://www.amazon.com.br/gp/help/customer/display.html/ref=help_search_1-2?ie=UTF8&nodeId=201365580&qid=1494088125&sr=1-2>.
Acesso em: 3 out. 2018.

a) O verbo *entregar* no título aparece numa forma regular ou irregular?
b) Crie uma frase com o verbo *entregar* em sua forma regular.

ANOTE AÍ!

Em geral, a **forma regular** do particípio é empregada na **voz ativa**, com os verbos auxiliares *ter* e *haver*. Já a **forma irregular** é empregada na **voz passiva**, com os verbos auxiliares *ser* e *estar*.

4. Leia a curiosidade abaixo.

Um tiro na barriga revelou como funciona a digestão humana

Um paciente recebeu um tiro de mosquete e o disparo abriu um buraco na barriga que nunca mais cicatrizou

No dia 6 de junho de 1822, o cirurgião do Exército americano William Beaumont (1785-1853) foi chamado ao Forte Mackinac, em Michigan, nos Estados Unidos, para atender o caçador Alexis Martin. O paciente havia recebido um tiro de mosquete e o disparo tinha aberto um buraco na barriga que nunca mais cicatrizou.

Foi a sorte do médico: pela primeira vez alguém pôde ver o estômago humano trabalhando. [...]

Disponível em: <http://super.abril.com.br/historia/a-janela-do-estomago/>. Acesso em: 6 set. 2018.

a) Em que voz verbal se encontra a frase "o disparo tinha aberto um buraco na barriga que nunca mais cicatrizou"?
b) Em que forma verbal está empregado o verbo *abrir*?
c) Trata-se da forma regular ou irregular?

5. Leia este título:

Piloto perde controle, mas vence rali: "pensei que não tinha ganhado"

Disponível em: <https://esporte.uol.com.br/velocidade/ultimas-noticias/2017/03/13/piloto-de-rali-perde-controle-a-metros-do-fim-mas-se-recupera-e-vence.htm>. Acesso em: 6 set. 2018.

a) A fala do piloto está de acordo com a norma-padrão? Justifique.
b) Reescreva-a, empregando a forma irregular do particípio do verbo *ganhar*.

ANOTE AÍ!

Além dos verbos abundantes, que admitem uma forma regular e outra irregular, há verbos que admitem **apenas o particípio irregular**. É o caso de *abrir* (aberto), *cobrir* (coberto), *dizer* (dito), *escrever* (escrito), *fazer* (feito), *pôr* (posto), *ver* (visto) e *vir* (vindo).

Ao empregar os verbos *ganhar*, *gastar* e *pagar*, apesar de eles serem considerados abundantes, prefira o particípio irregular (*ganho*, *gasto* e *pago*).

6. **APLICAR** Faça as **atividades interativas** para praticar seus conhecimentos.

ETC. E TAL

Abracadabra!

Todo ilusionista que se preze diz um sonoro "abracadabra" antes de executar um truque ou "lançar um feitiço". Mas a origem dessa palavra mágica é tão misteriosa quanto seu significado. Tudo indica que ela tenha sido grafada pela primeira vez no século II em um livro sobre remédios. Ela pode ser oriunda do grego *abrakadabra*, do hebraico ou até do persa. Durante a Antiguidade, a expressão "Abracadabra" era escrita assim num triângulo de couro usado como pingente para invocar poderes de cura:

ABRACADABRA
BRACADABR
RACADAB
ACADA
CAD
A

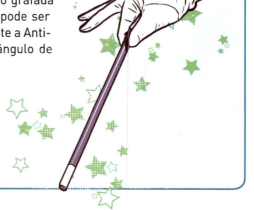

175

AGORA É COM VOCÊ!

LEITURA DRAMATIZADA

PROPOSTA

Você e outros três colegas farão uma leitura dramatizada de uma peça de William Shakespeare, que será gravada para facilitar a análise. Cada grupo ficará responsável pela leitura de uma ou mais cenas, e cada integrante interpretará um papel diferente.

GÊNERO	PÚBLICO	OBJETIVO	CIRCULAÇÃO
Texto teatral	Professores e colegas	Divulgar a obra de Shakespeare	Por meio de vídeo que será assistido na escola

PLANEJAMENTO E ELABORAÇÃO

1. Com o professor, selecionem o texto de Shakespeare com o qual todos trabalharão. Em seguida, leiam a peça escolhida na íntegra e definam a(s) cena(s) que cada grupo lerá.

2. Escolhida a(s) cena(s), defina com os colegas de seu grupo quem interpretará cada personagem.

3. Atente para os elementos do texto dramático: os diálogos, as rubricas e as indicações de personagens.

4. Ensaiem bastante até que a sequência das falas esteja bem natural para todos. Vejam mais dicas no infográfico abaixo.

5. Quando já estiverem bem seguros, gravem a leitura dramatizada.

TÉCNICAS E RECURSOS PARA LEITURA DRAMATIZADA

A leitura de um texto dramático em público exige o emprego de certas técnicas e recursos próprios do teatro. Confira alguns deles e se prepare para realizar sua leitura de forma clara, intensa e dinâmica, para que você e os ouvintes desfrutem da história.

A fluência narrativa
Quanto maior o conhecimento da história a ser contada, melhor a leitura, pois o leitor consegue dar ao texto a fluidez necessária para agradar ao público. Por isso, se aprofundar de antemão no enredo e na lógica do texto é essencial para a leitura dramatizada.

A impostação da voz
Para ser bem compreendido, o tom de voz deve ser firme e a pronúncia das palavras, clara e bem articulada. A variação do volume da voz e as pausas devem servir para reforçar os sentidos do texto lido. Exercícios de respiração e aquecimento vocal ajudam a preparar a voz.

A expressividade
Na dramatização, as expressões faciais contribuem para dar sentido e reforçar os significados pretendidos pelo leitor. A interação entre fala e expressão facial confere força à história apresentada.

Fonte de pesquisa: Marta Metzler. Leitura dramatizada: objeto de fruição – instrumento de estudo. Em: *Anais do IV Congresso de Pesquisa e Pós-Graduação em Artes Cênicas*. Rio de Janeiro: Abrace, 2006. p. 231-232.

MÚLTIPLAS LINGUAGENS

1. **COMPREENDER** Assistam ao recurso digital e leiam o infográfico apresentado nesta seção. Durante a **leitura dramatizada** de Christiane Galvan, que técnicas ou recursos apresentados nesse infográfico você observou que foram utilizadas pela atriz?

2. Observe os vídeos em que a atriz faz a "leitura branca" e a "leitura dramatizada" de um trecho de *Macbeth*. Que diferenças você observou entre essas duas versões?

Façam nova leitura, atentando aos detalhes da avaliação para incorporar elementos e deixar a leitura mais expressiva. Depois de gravar, utilizem programas de edição de vídeo gratuitos para excluir trechos e melhorar o áudio e a imagem.

AVALIAÇÃO

1. Assistam, em grupo, à gravação da leitura. Copiem o quadro abaixo no caderno e completem-no com base na atuação dos colegas.

ELEMENTOS DA LEITURA DRAMATIZADA
A leitura lhe pareceu expressiva?
A entonação e o ritmo foram pertinentes?
Foram feitas pausas para destacar algumas falas?

2. Troquem as avaliações e discutam o que ainda pode ser aperfeiçoado.

CIRCULAÇÃO

1. No dia combinado, exibam à comunidade escolar a versão final do vídeo.

Não tenha vergonha ou medo de errar! A leitura dramatizada, se bem ensaiada, é uma forma de prazer artístico!

O figurino e a ambientação
Diferentemente da leitura solitária e silenciosa, a leitura dramatizada é audiovisual. O leitor e sua interpretação do texto estão à prova do público; portanto, figurinos e elementos cênicos que remetam à história podem estar presentes.

A gestualidade
Além do olhar e das expressões faciais, o movimento das mãos, os acenos de cabeça e outros gestos são uma forma de exprimir ideias e de comunicar sem usar palavras.

A postura corporal
Na leitura dramatizada, a postura do leitor diante do público e sua capacidade de encadear as falas e os gestos vão manter a atenção dos espectadores.

ATIVIDADES INTEGRADAS

Leia a seguir uma cena da peça *A bruxinha que era boa*, de Maria Clara Machado.

cenário único
uma floresta

Veem-se as cinco bruxinhas em fila, e a Bruxa-Instrutora de costas. Todas estão montadas em vassouras. A de costas, que é a Bruxa-Chefe, apita, e as bruxinhas dão direita volver. A Bruxa-Instrutora dá outro apito. As bruxinhas começam a cavalgar em torno da cena, sempre montadas em suas vassouras. A Bruxa-Instrutora torna a apitar; elas param.

A última bruxinha da fila é diferente das outras. Debaixo da roupa preta de bruxa, emoldurado por cabelos estranhamente louros (as outras têm cabelos pretos e roxos desgrenhados), surge um rostinho angélico: é a Bruxinha Ângela. Voa com grande prazer na sua vassoura e monta com elegância, enquanto suas irmãs voam como verdadeiras bruxas; gargalhadas e movimentos bruscos.

Bruxa-Chefe — Muito bem! Muito bem! Quase todas... Bruxinha Ângela, você é um fracasso. Seu riso não era um riso de bruxa e muito menos de feiticeira. Assim você não passará no exame. Agora vamos praticar o segundo ponto: Gargalhada de bruxa. (A instrutora apita de novo.)

(Todas gargalham com espalhafato. Bruxinha Ângela sorri apenas.)

Bruxa-Chefe — Uma de cada vez! (Apita.)

(Caolha, Fredegunda e suas irmãs, todas querendo mostrar grande maestria, gargalham, até chegar a vez de Bruxinha Ângela, que ri... sem maldade alguma.)

Bruxa-Chefe — Bruxinha Ângela, você é a única que não estava bem. Aprenda a gargalhar com suas irmãs. Bruxinha Caolha, ria de novo.

(Bruxa Caolha ri horrivelmente feio.)

Bruxa-Chefe — Muito bem. Muito bem, Bruxinha Caolha continua a primeira da classe... Passemos ao terceiro ponto: Feitiçarias antigas e modernas. Peguem seus caldeirões e o livro de receitas e vamos ver se vocês aprenderam as principais bruxarias.

(As cinco bruxinhas saem e voltam com enormes caldeirões e pás, onde misturam folhas enormes num mesmo ritmo agitado. Só Bruxinha Ângela pica sua verdurinha devagar, completamente fora do ritmo. Notando isto, Bruxa-Chefe apita nervosamente. O ritmo para. Todos olham Bruxinha Ângela, que continua calmamente a picar.)

Bruxa-Chefe — Bruxinha Ângela, você vai muito mal mesmo. Se continuar assim, terá que ser mandada, presa, para a Torre de Piche. Você quer ir para lá?!...

Bruxinha Ângela — Não!!...

Bruxa-Chefe — Então trate de aprender as bruxarias direitinho para ser uma bruxa ruim de verdade.

(Ouve-se uma corneta. Todas escutam por um instante. Outra corneta mais perto.)

Todas — O Bruxo!

Bruxa-Chefe (emocionada) — Bruxinhas, alerta! O nosso Bruxo se aproxima para o exame. Peço a todas que não me envergonhem. É preciso mostrar à Sua Ruindade Suprema que vocês estão em forma. E todas já sabem que aquela que passar em primeiro lugar ganhará como prêmio uma vassourinha a jato!

[...]

Maria Clara Machado. *A bruxinha que era boa e outras peças*. Rio de Janeiro: Nova Fronteira, 2009. *E-book*.

ANALISAR E VERIFICAR

1. Por que a bruxinha Ângela é considerada diferente das outras?

2. Na cena lida, há apenas uma fala atribuída à bruxinha Ângela. Como o leitor consegue perceber que ela não se comporta como uma bruxa comum?

3. Em sua opinião, a peça teatral *A bruxinha que era boa*, de Maria Clara Machado, é destinada ao mesmo público das peças *Sonho de uma noite de verão* e *Macbeth*, ambas de William Shakespeare? Justifique.

4. Releia o início da primeira rubrica.

> Veem-se as cinco bruxinhas em fila, e a Bruxa-Instrutora de costas.

a) Em que voz verbal se encontra o verbo *ver*?

b) Qual é a função sintática do pronome *se* na frase?

c) Que informação a autora pretendeu destacar com tal estrutura? Comente, considerando que se trata de uma rubrica de texto dramático.

d) Reescreva a frase na voz passiva analítica acrescentando um agente da passiva.

5. Considere a seguinte frase da peça: "A Bruxa-Instrutora dá outro apito.".

a) Qual é o sujeito da frase?

b) Em que voz verbal se encontra o verbo *dar*?

c) Reescreva o trecho na voz passiva analítica.

d) Identifique o sujeito paciente e o agente da passiva da frase criada no item *b*.

CRIAR

6. Escreva uma cena curta para dar sequência à cena lida, utilizando o que você aprendeu nesta unidade sobre texto dramático. Antes, porém, responda às questões a seguir para auxiliá-lo no planejamento do texto.

- O que você acha que aconteceu após a chegada do Bruxo?
- Como a bruxinha Ângela se saiu no exame?
- E quem ficou em primeiro lugar?

7. Imagine que você trabalhe na área de comunicação de uma companhia de teatro que vai encenar a peça *A bruxinha que era boa.* Crie o programa do espetáculo (espécie de folheto distribuído ao público antes da apresentação) com dados sobre a peça. Você pode inventar as informações. Seu programa deve apresentar:

- listagem do elenco (com os papéis que cada ator representa na peça);
- nome do autor, do diretor e dos demais profissionais envolvidos na montagem;
- breve texto sobre a companhia teatral;
- sinopse do espetáculo (breve resumo do enredo da peça);
- imagens da montagem.

8. Após ler os textos desta unidade e de ter participado de uma leitura dramatizada, você mudou sua opinião sobre as atitudes necessárias a um elenco para produzir uma montagem teatral? Compartilhe com os colegas seu ponto de vista.

IDEIAS EM CONSTRUÇÃO – UNIDADE 5

Gênero texto dramático
- Infiro a presença de valores sociais, culturais e humanos e de diferentes visões de mundo, nos textos dramáticos, considerando a autoria e o contexto social e histórico de sua produção?
- Leio e avalio textos dramáticos estabelecendo preferências por gênero, tema, etc?
- Ao analisar a organização de texto dramático, identifico e percebo os sentidos explorados por recursos linguísticos?
- Ao representar textos dramáticos, considero as falas das personagens e as rubricas indicadas pelo autor para caracterizar as personagens, a maquiagem, o cenário, a trilha sonora e a exploração dos modos de interpretação?
- Interpreto o texto dramático por meio de uma leitura em voz alta ou fala expressiva e fluente, respeitando o ritmo, as pausas, as hesitações e a entonação indicados pela pontuação?
- Durante a leitura de um texto dramático, emprego recursos, como ritmo, entonação, pausas e prolongamentos, tom e timbre vocais, para expressar os efeitos de sentido pretendidos?
- Ao assistir à leitura de um texto dramático, analiso os efeitos de sentido decorrentes das variações no ritmo e no tom de voz, das pausas, da postura corporal e da gestualidade?
- Participo de leituras de textos dramáticos, fazendo comentários de ordem estética?

Conhecimentos linguísticos
- Identifico verbos nas vozes ativa, passiva e reflexiva, bem como quando o sujeito de uma oração é classificado como o agente da ação, o paciente ou o objeto da ação ou o agente e paciente da ação ao mesmo tempo?
- Compreendo que a escolha da voz verbal possibilita ao enunciador destacar aspectos diferentes de determinado fato?
- Entendo que verbos abundantes são aqueles que apresentam uma forma regular e outra irregular no modo particípio, porém possuem valor ou função equivalente.

VERIFICAR
Confira o **mapa de conteúdos** da unidade 5.

UNIDADE 6

POEMA E POEMA VISUAL

Nesta unidade, você vai se encantar com o universo poético. Os poemas são uma forma de expressão rica em significados, que abrem as cortinas para um mundo repleto de sentidos. Além das imagens poéticas construídas com as palavras, às vezes os próprios poemas formam uma imagem devido à disposição dos versos no papel. Nas próximas páginas, você vai estudar os elementos que ajudam a compor essa rede de significados.

CAPÍTULO 1
Uma teia de significados

CAPÍTULO 2
Os sentidos das imagens

PRIMEIRAS IDEIAS

1. Você prefere ler texto em prosa ou em verso? Por quê?

2. Imagine que você fosse escrever um dicionário de literatura para jovens. Como definiria a expressão "imagem poética"?

3. Você já viu poemas em que as palavras formam um desenho no papel? Comente.

4. Leia esta frase: "Natal, a cidade do Sol, tem lindas praias". Qual é a função do trecho que está entre vírgulas na frase?

5. Em uma correspondência, é importante mencionar a quem a mensagem se dirige. Como você se refere a um amigo no começo de uma mensagem de *e-mail*?

181

LEITURA DA IMAGEM

1. Que elementos você identifica nessa imagem? Descreva-a.
2. Essa imagem apresenta o interior da obra *Máquina de ver*. Em sua opinião, por que o artista deu esse título à obra?
3. Considerando que a poesia lança um olhar particular sobre algo, para você, essa obra é poética? Por quê?
4. No cotidiano, nos acostumamos a ver o mundo de uma mesma perspectiva. Em sua opinião, a arte pode mudar a maneira como vemos a realidade?
5. **ANALISAR** Veja outras **obras de Olafur Eliasson**. O que você achou do modo como o artista brinca com o espaço e a luz? Comente.

Foto do interior da instalação *Máquina de ver*, de Olafur Eliasson, feita em 2001.

Capítulo 1
UMA TEIA DE SIGNIFICADOS

O QUE VEM A SEGUIR

O poema que você vai ler foi escrito pelo poeta brasileiro João Cabral de Melo Neto, cuja obra poética é marcada pela evocação de imagens concretas, em oposição ao tom mais subjetivo e emotivo característico dos textos líricos. Leia o título do poema: Que imagens você supõe que aparecerão no texto?

TEXTO

Tecendo a manhã

Um galo sozinho não tece uma manhã:
ele precisará sempre de outros galos.
De um que apanhe esse grito que ele
e o lance a outro; de um outro galo
que apanhe o grito que um galo antes
e o lance a outro; e de outros galos
que com muitos outros galos se cruzem
os fios de sol de seus gritos de galo,
para que a manhã, desde uma teia tênue,
se vá tecendo, entre todos os galos.

E se encorpando em tela, entre todos,
se erguendo tenda, onde entrem todos,
se entretendendo para todos, no toldo
(a manhã) que plana livre de armação.
A manhã, toldo de um tecido tão aéreo
que, tecido, se eleva por si: luz balão.

João Cabral de Melo Neto. Tecendo a manhã.
Em: Obra completa. Rio de Janeiro:
Nova Aguilar, 1994. p. 345.

encorpar: fazer crescer, fazer ganhar corpo ou volume.

tênue: sutil, frágil.

184

TEXTO EM ESTUDO

PARA ENTENDER O TEXTO

1. Alguma das imagens que você supôs está presente no poema? Comente.

2. No caderno, indique se as afirmações a seguir, sobre o poema "Tecendo a manhã", são **falsas (F)** ou **verdadeiras (V)**. Justifique suas escolhas.

    I. O primeiro verso remete ao provérbio "Uma andorinha só não faz verão".

    II. O poema enfatiza que o trabalho coletivo não rende fruto algum.

    III. O texto retrata fielmente o nascimento da manhã destacando o canto dos galos.

    IV. O poema sugere a importância do trabalho coletivo.

3. Releia a primeira estrofe do poema para responder às questões abaixo.
    a) Quem são os responsáveis pelo trabalho de tecer a manhã?
    b) Por meio de qual elemento eles formam a manhã?
    c) Como esse processo acontece?
    d) O poema usa o pronome relativo *que* para demonstrar como esse processo é encadeado. A que palavra implícita no texto o primeiro pronome *que* se refere?
    e) De que forma o uso do pronome *que* ajuda a demonstrar o encadeamento desse processo?

4. Uma das acepções do verbo *tecer* é "tramar os fios para formar uma teia ou um tecido". Considerando essa informação, responda:
    a) No poema, o verbo *tecer* tem esse significado? Explique.
    b) Qual é a relação de sentido do verbo *tecer* com a expressão "fios de sol"?

5. Releia a segunda estrofe e responda às questões.
    a) A manhã é comparada a quais elementos? Identifique-os.
    b) Por que a manhã é associada a esses elementos?

> **ANOTE AÍ!**
> Para transmitir sentimentos ou impressões sobre o mundo, o poeta cria imagens, atribuindo **novos sentidos às palavras**. No poema lido, por exemplo, a expressão "tecer a manhã" é uma **imagem poética**.

FIGURAS DE LINGUAGEM

6. Na primeira estrofe, há uma comparação entre duas ações. Identifique-as.

7. Na segunda estrofe, as expressões "plana livre de armação", "tecido tão aéreo" e "luz balão" revelam quais características a respeito da manhã?

8. Releia a segunda estrofe do poema e responda:
    a) Que verbo expressa sentido oposto ao das expressões citadas na atividade **7**?
    b) Explique o efeito de sentido que esse verbo provoca no poema.

9. Releia os dois últimos versos do poema e responda às questões.
    a) No último verso, o autor utiliza a expressão "luz balão" para se referir à manhã. Que verbo é empregado para revelar o que há em comum entre "luz balão" e "manhã"?
    b) A expressão "luz balão" estabelece uma relação implícita com a "manhã". Identifique outra expressão no trecho em que isso também ocorre.

O ENGENHEIRO DA PALAVRA

Nascido em Recife, Pernambuco, em 1920, João Cabral de Melo Neto foi diplomata. Na literatura, inaugurou uma nova tradição poética no Brasil, produzindo uma poesia que prima pela lapidação do uso da palavra. Foi membro da Academia Brasileira de Letras. Faleceu no Rio de Janeiro, em 1999. Suas principais obras são: *O engenheiro* (1945), *Psicologia da composição com a fábula de Anfion e Antíode* (1947), *O cão sem plumas* (1950), *Morte e vida severina* (1956) e *A educação pela pedra* (1966).

↑ João Cabral de Melo Neto, em foto de 1992.

VIDA SEVERINA

A obra mais famosa de João Cabral de Melo Neto é *Morte e vida severina*, escrita entre 1954 e 1955. Nela, o poeta narra a trajetória de Severino, um migrante do sertão nordestino que vai em busca de uma vida melhor em Recife. O cantor e compositor Chico Buarque fez uma versão musicada da obra, que se tornou a trilha sonora da peça de teatro homônima, dirigida por Silnei Siqueira, que foi um sucesso nos palcos do Brasil e do mundo.

A obra também foi adaptada para o cinema. O filme foi escrito e dirigido por Zelito Viana e lançado em 1977. Em 1981, o diretor Walter Avancini produziu uma versão para a TV, aproveitando parte do elenco do filme e a trilha sonora de Chico Buarque.

↑ Capa da primeira edição de *A educação pela pedra* (1966), de João Cabral de Melo Neto.

10. Que sons consonantais mais se repetem no poema? Como essa repetição contribui para criar unidade no texto?

11. O poema apresenta omissões de algumas palavras. Releia este trecho:

> De um que apanhe esse grito que ele
> e o lance a outro; de um outro galo
> que apanhe o grito que um galo antes
> e o lance a outro; e de outros galos
> que com muitos outros galos se cruzem
> os fios de sol de seus gritos de galo,

a) Reescreva-o inserindo as palavras omitidas.
b) Que efeito essas omissões provocam no leitor?

ANOTE AÍ!

Os recursos de escrita observados nas atividades anteriores são **figuras de linguagem**. Elas são bastante utilizadas na poesia para ampliar e enriquecer o significado das palavras.

FIGURAS DE LINGUAGEM

- **Comparação**: Aproxima, de forma explícita, dois elementos de universos diferentes.
- **Metáfora**: Constrói, por meio da relação implícita entre elementos, sentidos não usuais para palavras e expressões.
- **Aliteração**: Refere-se à repetição proposital de sons consonantais idênticos para intensificar o ritmo.
- **Elipse**: É a omissão de um termo que fica subentendido no texto.

O CONTEXTO DE PRODUÇÃO

12. "Tecendo a manhã" foi publicado em *A educação pela pedra* (1966). Leia um trecho da apresentação dessa obra, extraída de uma edição mais recente.

> Com apuro e beleza, precisão e um trabalho incansável na estruturação dos versos e na escolha das palavras, João Cabral de Melo Neto atinge sua maturidade criadora em *A educação pela pedra*, que se consagra como obra decisiva na trajetória do poeta pernambucano. Já conhecido e respeitado como um dos grandes nomes da literatura brasileira, a partir das publicações de *O cão sem plumas* (1950), *O rio* (1953) e *Morte e vida severina* (1956), agora é visto no domínio total de sua linguagem.

João Cabral de Melo Neto. Apresentação. Em: *A educação pela pedra*. São Paulo: Alfaguara, 2008.

a) Nesse trecho, quais pontos da poesia de João Cabral são destacados?
b) Você observa, no poema lido, esse "trabalho incansável" com a escolha das palavras? Justifique sua resposta.

13. João Cabral é considerado um dos principais poetas do movimento modernista brasileiro, marcado por inovações na forma de expressão.

a) Em "Tecendo a manhã", você consegue identificar alguma referência ao Brasil? Ou o poema permite uma leitura mais universal? Justifique.
b) Em sua opinião, por que hoje lemos os poemas escritos por João Cabral?

🔲 A LINGUAGEM DO TEXTO

14. No caderno, copie a alternativa correta sobre a linguagem do poema.
   I. O poema parte de uma linguagem concreta e transforma o concreto em imagens poéticas.
   II. O poema apresenta uma linguagem científica para descrever o amanhecer em um ambiente rural.

15. É comum a referência ao trabalho de João Cabral como uma poesia "substantiva". Com base no poema, justifique essa afirmação.

16. No poema "Tecendo a manhã", não há marcas de aspectos subjetivos, ou seja, o eu lírico não expressa seus sentimentos. Estabeleça uma relação entre a quantidade de adjetivos e locuções adjetivas presentes no poema e essa característica dele.

17. Releia novamente os dois últimos versos do poema e responda:
   a) A palavra *tecido*, repetida nesses dois versos, pertence a duas classes gramaticais diferentes. Quais são elas?
   b) A repetição da palavra *tecido* foi intencional? Que efeito essa repetição busca provocar no leitor?

18. No terceiro verso da segunda estrofe, o poeta utiliza uma palavra inventada por ele, ou seja, um neologismo. Veja:

   se entretendendo para todos, no toldo

   • Qual é o sentido possível do verbo *entretendendo*? De quais verbos ele se forma?

19. O poema apresenta rimas no final dos versos? Explique.

ANOTE AÍ!

Em um poema, as rimas podem ser **rimas perfeitas**, ou seja, apresentar correspondência entre todos os sons finais das palavras (por exemplo, p*ente*/d*ente*/do*ente*), ou **rimas imperfeitas**. As rimas imperfeitas são aquelas em que os sons das palavras são apenas aproximados, e não idênticos. Elas podem ser rimas **toantes** (ou assonantes) ou **aliterantes**.

As rimas toantes se referem à repetição da última vogal tônica ou das últimas vogais a partir da tônica em duas palavras. Exemplos: men*ina*/fer*ida*; b*oca*/m*oça*; am*igo*/f*ilho*. As rimas aliterantes correspondem à repetição de sons consonantais. Exemplos: *t*o*d*o/*t*o*ld*o; *l*u*t*o/*l*a*t*a; *f*a*z*/*l*u*z*.

JUNTOS SOMOS MAIS FORTES

O poema nos traz a imagem de galos que, colaborativamente, constroem a manhã por meio de seu canto. E essa manhã abarca a todos. Essa ideia pode ser estendida a diversos contextos de nossa vida em sociedade.

1. Pense com os colegas em uma situação atual em que a colaboração de todos é necessária para construir algo que beneficie o coletivo.
2. Como o individualismo pode afetar a realização de ações coletivas e colaborativas na vida em sociedade?
3. Enumere três ações que você pode realizar em conjunto com amigos, familiares, colegas e vizinhos e que podem beneficiar os que estão à sua volta.

🔘 PASSAPORTE DIGITAL

De lá para cá – João Cabral de Melo Neto
Nesse programa, produzido pela TV Brasil em razão dos dez anos do falecimento do poeta, são apresentadas a vida e a obra de João Cabral. Grandes escritores, como Ferreira Gullar e Ariano Suassuna, falam sobre a influência cabralina. Disponível em: <http://linkte.me/qmcg7>. Acesso em: 24 set. 2018.

UMA COISA PUXA OUTRA

Haicais

Você sabe o que é um haicai?

É um poema curto que apresenta forma fixa e tem origem na cultura japonesa. Os haicais são compostos necessariamente de três versos. Em geral, o primeiro e o último possuem cinco sílabas poéticas cada um, e o segundo possui sete sílabas poéticas.

1. Leia os dois haicais a seguir, de autoria de Alice Ruiz, poeta, compositora, publicitária e tradutora brasileira.

> vespa no vidro
> sobe, cai, volta a subir
> por toda a viagem
>
> depois da queimada
> as árvores florescem
> em outra direção

Alice Ruiz. *Outro silêncio*. São Paulo: Boa Companhia, 2015.

A TEMÁTICA DOS HAICAIS

A temática abordada nos haicais geralmente se relaciona à natureza ou ao cotidiano e representa cenas fugazes. É uma espécie de foto de um instante, construída por meio da linguagem verbal. Essas imagens podem representar questões mais profundas ou apenas fazer referência à poesia do momento capturado. Os haicais costumam representar duas imagens que, justapostas, formam um sentido. Esses elementos são em geral dispostos com sutileza, uma vez que não são necessariamente explicados.

a) Haicais costumam ser associados a elementos da natureza. Identifique os elementos da natureza presentes nesses haicais de Alice Ruiz.

b) O livro *Outro silêncio* é dividido em quatro seções, cada uma nomeada por uma estação do ano. Os haicais que você leu estão na seção Primavera. Qual é a possível relação entre esses haicais e a seção em que se encontram?

c) Uma das características dos haicais é apresentar a justaposição de duas imagens. Identifique as imagens presentes em cada um dos haicais acima.

d) A viagem mencionada no primeiro haicai é empreendida pela vespa ou pelo eu lírico que a observa? Justifique.

e) Os haicais são poemas essencialmente metafóricos, pois utilizam a semelhança de sentido entre dois termos e usam a imagem para revelar uma reflexão a respeito da vida.
- No primeiro haicai, o movimento da vespa no vidro tem semelhança com qual aspecto da vida humana?
- E, no segundo haicai, o que o florescimento das árvores em outra direção tem semelhança com o quê?

f) Quanto à forma, ambos os haicais apresentam pequenos desvios em relação ao padrão de versos de cinco, sete e cinco sílabas poéticas, nessa ordem. Explique essa afirmação.

g) Com base nos textos lidos, o que se pode afirmar sobre a linguagem dos haicais? Há emprego de vocabulário erudito ou corriqueiro?

h) Os haicais estudados possuem algum sistema de rimas? Explique.

2. Leia estes haicais, também retirados do livro *Outro silêncio*, de Alice Ruiz:

janela aberta	lado a lado
a cama toda coberta	as árvores se olham
folhas secas	e se desfolham

Alice Ruiz. *Outro silêncio*. São Paulo: Boa Companhia, 2015.

a) Quais imagens foram justapostas em cada um dos haicais?
b) Que ambiguidade se observa em cada um dos haicais?
c) A que estação do ano eles provavelmente estão associados? Justifique.

3. Considerando as estações do ano, qual é a diferença entre estes dois haicais?

depois da queimada	lado a lado
as árvores florescem	as árvores se olham
em outra direção	e se desfolham

4. Leia a seguir um trecho de uma resenha do livro *Outro silêncio*, de Alice Ruiz.

A poética dos espaços mínimos de Alice Ruiz

Outro silêncio *traz pequenos sustos e mostra a força do haicai como ponto de descanso perante a velocidade do mundo*

Se a crônica encontrou no Brasil uma aclimatação própria e se estabeleceu como o nosso gênero literário por excelência – a conversinha franca, o diálogo cativo –, o percurso do haicai em nosso país também merece integrar o catálogo daquilo que chegou, se ressignificou e permaneceu. Em *Outro silêncio*, novo livro de haicais da curitibana Alice Ruiz, a mais festejada "praticante" brasileira do gênero, ela executa uma excelente poética da concisão, reforçando a estatura do conjunto de sua obra, vencedora de dois Jabutis.

[...]

Poemas de Alice, como "depois de queimada/ as árvores florescem/ em outra direção", entregam uma perspectiva desacelerada da relação do leitor com o mundo concreto. O que se pretende está mais na sensação, na intimidade da palavra, de dizer o mínimo possível com o máximo de matizes, do que no campo da doutrina.

Daniel Zanella. *Gazeta do Povo*, 8 set. 2015. Disponível em: <http://www.gazetadopovo.com.br/caderno-g/literatura/a-poetica-dos-espacos-minimos-de-alice-ruiz-8h642rwsw0w43qfrz6wfqd2u4>. Acesso em: 24 set. 2018.

a) Em que medida expressões como "espaços mínimos", "pequenos sustos", "poética da concisão" e "mínimo possível" se relacionam ao gênero poético em que essa obra de Alice Ruiz está inserida? Justifique.
b) Na linha fina, o autor da resenha classifica os haicais como um "ponto de descanso perante a velocidade do mundo". Por quê?
c) Embora não tenha origem brasileira, o haicai é um gênero poético já consolidado em nosso país. Em sua opinião, por que uma forma poética marcada pela brevidade é tão difundida na sociedade contemporânea?
d) Após conhecer alguns haicais de Alice Ruiz e ler uma resenha, você ficou com vontade de ler o livro *Outro silêncio*? Justifique sua resposta.

LÍNGUA EM ESTUDO

APOSTO

1. Leia a seguir outro poema escrito por João Cabral de Melo Neto.

> **O engenheiro**
>
> A luz, o sol, o ar livre
> envolvem o sonho do engenheiro.
> O engenheiro sonha coisas claras:
> Superfícies, tênis, um copo de água.
>
> O lápis, o esquadro, o papel;
> o desenho, o projeto, o número:
> o engenheiro pensa o mundo justo,
> mundo que nenhum véu encobre.
>
> (Em certas tardes nós subíamos
> ao edifício. A cidade diária,
> como um jornal que todos liam,
> ganhava um pulmão de cimento e vidro.)
>
> A água, o vento, a claridade,
> de um lado o rio, no alto as nuvens,
> situavam na natureza o edifício
> crescendo de suas forças simples.
>
> João Cabral de Melo Neto. O engenheiro. Em: *Obra completa*. Rio de Janeiro: Nova Aguilar, 1994. p. 69-70.

a) Esse poema apresenta uma reflexão sobre o ofício do engenheiro. De acordo com o texto, como o engenheiro pensa o mundo?

b) Na primeira estrofe, são enumeradas as "coisas claras" sonhadas pelo engenheiro. Quais são os três elementos indicados no poema?

c) João Cabral é considerado um poeta-engenheiro pela crítica literária. Em sua opinião, o que há em comum entre o trabalho do engenheiro e o ofício do poeta?

No poema "O engenheiro", ao acrescentar o verso "Superfícies, tênis, um copo de água", o poeta amplia o sentido da expressão *coisas claras*.

> **ANOTE AÍ!**
>
> O elemento sintático responsável por introduzir uma especificação, uma explicação ou uma enumeração referente a um termo da oração chama-se **aposto**. O aposto pode ser formado por uma palavra, expressão ou frase e aparecer antes ou depois do termo a que se refere.

2. Leia o texto a seguir, escrito por Mario Quintana.

> **Verbete**
>
> Homem ilustrado: o homem que conhece as ilustrações dos livros.
>
> Mario Quintana. *Da preguiça como método de trabalho*. Rio de Janeiro: Globo, 1987. p. 66.

a) Nesse verbete, Mario Quintana faz uma brincadeira com o sentido das palavras. Que palavra permite essa brincadeira? Explique.

b) Qual é a finalidade do poeta ao criar um verbete?

Em geral, o aposto aparece isolado por vírgulas ou depois de dois-pontos. A relação entre o aposto e o termo a que se refere ocorre de diferentes formas. Veja o exemplo a seguir.

> O engenheiro sonha coisas claras:
> Superfícies, tênis, um copo de água.

Nesses versos, o aposto **enumera** as coisas claras do sonho do engenheiro. Já no texto de Mario Quintana, o aposto **explica** a expressão *homem ilustrado*.

O aposto também pode **especificar** um termo, como no exemplo a seguir.

> O poeta **João Cabral** é considerado um engenheiro da palavra.

Observe que o nome *João Cabral* especifica a palavra *poeta*.
Leia esta outra frase:

> Imagens, sons e jogos de palavras, **tudo** contribui para a construção do poema.

O pronome indefinido *tudo* **resume** os aspectos que contribuem para a construção do poema. Portanto, há quatro tipos de aposto. Confira o esquema.

Em algumas frases, é possível substituir um termo pelo seu aposto, pois ele tem o mesmo valor semântico. Observe os exemplos a seguir.

> I. **João Cabral**, o poeta-engenheiro, escreveu a obra *Pedra do sono*.
> II. **O poeta-engenheiro** escreveu a obra *Pedra do sono*.

O aposto ("o poeta-engenheiro") é equivalente ao termo a que se relaciona (*João Cabral*). Na segunda frase, o aposto passa a exercer a função de sujeito da oração. Portanto, além de enumerar, explicar, recapitular e especificar um termo, o aposto pode substituí-lo, assumindo outra função na frase.

DIFERENÇA ENTRE ADJUNTO ADNOMINAL E APOSTO

Leia as frases a seguir.

> I. O poeta **Drummond** nasceu em Itabira, Minas Gerais
> II. O poeta **de Itabira** gostava muito das montanhas.

Observe que, na primeira frase, a palavra *poeta* é genérica. O termo destacado que a acompanha **especifica** o poeta, individualizando-o. É, portanto, um **aposto**.

Na segunda frase, o termo destacado equivale a um adjetivo – itabirano – que **caracteriza** o poeta. Funciona como um atributo, um **adjunto adnominal**.

> **ANOTE AÍ!**
>
> O **aposto** especifica, individualiza ou desenvolve um termo genérico da oração.
> Exemplos: "o poeta *Mario Quintana*", "o rio *Amazonas*", "o lago *de Itaipu*", "a cidade *de Aracaju*".
> Já o **adjunto adnominal** equivale a um adjetivo, atribui uma característica ao substantivo.
> No caso acima, "de Itabira" não especifica o "poeta", e sim caracteriza sua origem.

ATIVIDADES

RETOMAR E COMPREENDER

1. Leia a tira.

Chris Browne. *Hagar, o Horrível*.

   a) Ao apresentar os príncipes, quais são as informações que Eddie acrescenta sobre eles?

   b) Essas informações são significativas para caracterizar os príncipes?

   c) Por que Eddie Sortudo apresenta os nobres dessa maneira?

   d) Identifique o aposto em cada uma das falas e classifique-os.

   e) Crie outro aposto explicativo que caracterize o príncipe Harold.

2. Leia o texto a seguir.

   > A poesia que se está fazendo, atualmente, no Brasil parece estar voltando, devagarinho, a ser o que a poesia sempre foi, a constituição de objetos claramente estruturados, regidos por uma lei interna de construção e arquitetura, a arte aplicada ao fluxo verbal.

   Paulo Leminski. O *boom* da poesia fácil. Em: *Ensaios e anseios crípticos*. Introdução e organização de Alice Ruiz e Aurea Leminski. Curitiba: Polo Editorial do Paraná, 1997. p. 51.

   a) Encontre no trecho dois apostos que caracterizem *poesia*.

   b) Categorize os dois apostos identificados no item *a* de acordo com sua função.

3. Leia esta outra tira:

Bill Watterson. *O ataque dos transtornados monstros de neve mutantes assassinos*. São Paulo: Best, 1994. v. 2. p. 78.

   a) Que característica Calvin acrescentou ao nome dele? Por que ele fez isso?

   b) A mãe de Calvin refere-se a ele destacando outra característica. Qual? Por que ela faz isso?

   c) Quais são os apostos usados na tira? Qual é a função dos apostos nesse texto?

APLICAR

4. Leia a seguir um trecho de uma coluna de Luis Fernando Verissimo.

> O Mario Quintana disse que estilo é uma dificuldade de expressão. Na época em que a gente não podia escrever tudo o que queria, estilo muitas vezes era disfarce. Apelava-se para metáforas, elipses, entrelinhas, e dê-lhe parábolas sobre déspotas militares — na China, no século XV. Uma impostura maior, a do poder ilegítimo, obrigava à impostura da meia palavra, do truque mais ou menos óbvio. O consolo era que o medo da palavra de certa forma a enaltecia: estava implícito que o regime só sobrevivia porque a palavra não podia exercer todo o seu sortilégio. [...]

Luis Fernando Verissimo. Palavra. *O Globo*, 23 fev. 2017. Disponível em: <https://oglobo.globo.com/opiniao/palavra-20966942>. Acesso em: 25 set. 2018.

a) Qual é a função sintática de "a do poder ilegítimo" no penúltimo período?

b) Construa uma frase com um aposto recapitulativo aproveitando a ideia presente no seguinte trecho: "Apelava-se para metáforas, elipses, entrelinhas, e dê-lhe parábolas sobre déspotas militares".

c) Transforme "Mario Quintana" em um aposto especificativo reescrevendo a frase "O Mario Quintana disse que estilo é uma dificuldade de expressão".

5. No caderno, identifique e categorize os apostos das frases a seguir.

a) A poesia nos traz vários sentimentos: dor, angústia, deslumbramento e amor.

b) O poeta Carlos Drummond de Andrade, um dos maiores poetas brasileiros, trouxe em seus poemas um lirismo reflexivo.

c) Comparação, metáfora, aliteração e elipse, todas são figuras de linguagem.

d) Romance, conto, crônica, tudo o que Clarice Lispector escreveu foi brilhante.

e) William Shakespeare, o bardo inglês, também escreveu poemas.

6. Leia este trecho de uma crítica a uma exposição do artista León Ferrari:

Exposição no Masp resgata criticismo do argentino León Ferrari

Quase toda vez que se fala do argentino León Ferrari, morto em 2013, aos 92 anos, um aposto segue após seu nome — a informação de que ele foi considerado pelo *New York Times* um dos cinco artistas mais importantes e provocadores do mundo. [...]

"Quisemos concentrar no período em que León esteve no Brasil, porque ele fugiu de um regime ditatorial para um país que também estava vivendo sob ditadura", explica Julieta, curadora-adjunta no Masp e curadora chefe do Museu Jumex, na Cidade do México.

↑ Obra *Duas ruas*, de León Ferrari. Foto de 1981.

Nina Rahe. *Folha de S.Paulo*, 27 out. 2015. Disponível em: <http://www1.folha.uol.com.br/ilustrada/2015/10/1698647-exposicao-no-masp-resgata-criticismo-do-argentino-leon-ferrari.shtml>. Acesso em: 25 set. 2018.

a) Crie uma frase sobre o artista utilizando informações do primeiro parágrafo.

b) Agora, classifique o aposto que você criou no item *a*.

c) Identifique um aposto de *Julieta*, no último parágrafo, e classifique-o.

7. 🎯 **APLICAR** Faça as **atividades interativas** para praticar seus conhecimentos.

A LÍNGUA NA REAL

AS DIFERENTES FUNÇÕES DO APOSTO

1. Observe o cartaz publicitário abaixo.

A Você aprendeu que as características da água são três: inodora, insípida e incolor. Agora, são quatro: inodora, insípida, incolor e insuficiente. E as pessoas ainda desperdiçam água. Isto é muito triste.

B O desperdício é a gota d'água.

C Toda vez que você desperdiça água, cada vez mais o seu futuro, assim como o futuro de milhões de pessoas, milhões de trabalhadores, enfim, o próprio futuro do Brasil, vai direto para o ralo. Água é saúde, é vida. É preciso fazer urgentemente alguma coisa para acabar com o desperdício de água. Enquanto ainda existe água.

Cartaz da Agência Contemporânea/Sistema Firjan. (Adaptado.)

a) O cartaz nos faz um alerta. Qual?

b) Copie os dois apostos presentes no texto do cartaz. Qual é a função deles?

2. Escreva uma frase sobre a importância da água usando:

a) aposto explicativo; b) aposto especificativo.

3. A mesma informação pode ser expressa de muitas maneiras. Veja:

I. Você aprendeu que as características da água são três: inodora, insípida e incolor.	II. Você aprendeu que a água é inodora, insípida e incolor.

a) Qual é a diferença de sentido entre essas frases?

b) Qual das frases é mais adequada para um anúncio? Por quê?

4. Leia estes textos que apresentam colaboradores da revista *Piauí*:

Fernanda Torres, atriz e escritora, é autora do romance *Fim*, da Companhia das Letras.

Disponível em: <http://piaui.folha.uol.com.br/colaborador/fernanda-torres/>. Acesso em: 25 set. 2018.

Boris Fausto, historiador e ex-professor de ciência política da USP, é membro da Academia Brasileira de Ciências. Publicou *Memórias de um historiador de domingo*, pela Companhia das Letras.

Disponível em: <http://piaui.folha.uol.com.br/colaborador/boris-fausto/>. Acesso em: 25 set. 2018.

a) Identifique e classifique os apostos nessas notas biográficas.

b) Para os leitores da revista, qual é a importância das informações apresentadas pelos apostos?

5. Leia o poema abaixo, de Mario Quintana.

Tia Élida

Sua alma dilacerada pelas renas da madrugada
Enevoa minha vidraça
"Deixaste mais uma vez a lâmpada acesa!" — diz ela.
Essa tia Élida
Tão viva, a coitada,
Que eu ainda me irrito com ela.

Beatriz Mayumi/ID/BR

> Mario Quintana. Tia Élida. Em: *Quintana de bolso*: Rua dos Cataventos e outros poemas.
> Porto Alegre: L&PM, 1997. p. 71 (Coleção L&PM Pocket).

a) Encontre um aposto no poema e transcreva-o. A qual termo ele se relaciona?

b) O eu lírico tem sentimentos ambíguos em relação à tia Élida. Como o aposto contribui para explicitar tal condição?

6. Leia o trecho a seguir, retirado de uma carta do escritor Paulo Mendes Campos a Mario Quintana, no qual ele fala sobre o fazer poético do amigo.

> Os objetos que te impressionam são comuns: a caneta com que escreves, os telhados, as tabuletas, a vitrine do <u>bric</u>. Teus animais são os que estão mais próximos do homem: boi, cavalo. As sensações que te fazem pulsar são as mais cotidianas: como a de um gole d'água bebido no escuro. [...] Os mitos que te assombram são os mais familiares: o anjo da guarda, o menino Jesus, Frankenstein, Simbad, Jack, o Estripador, Lili, tia Élida, o major Pitaluga, o retrato do marechal Deodoro proclamando a República. Como fazer desses elementos uma grande poesia? Só há um jeito: deles reproduzindo não o traço descritivo, mas o contorno de uma contraimagem, e isso é a tua poesia.

bric: diminutivo de *bricabraque*, espécie de brechó ou ferro-velho.

> Disponível em: <http://www.correioims.com.br/carta/carta-a-mario-quintana/>. Acesso em: 25 set. 2018.

a) O autor utiliza uma série de apostos enumerativos ao longo do texto. Identifique-os e aponte os referentes de cada um.

b) Qual é a função desses apostos no texto?

7. Leia um trecho da resenha sobre o relançamento de um livro de Pablo Neruda.

Poesia e luta

> Poemas inéditos de Pablo Neruda, que abarcam um período que vai desde os princípios dos anos 1950 até pouco antes da morte do poeta, em 1973, reafirmam a tese de que a poesia não é só uma experiência estética, mas também um instrumento de luta. Lançados em 2014 no Chile, eles nos chegam agora em *Teus pés toco na sombra/Poemas inéditos*, edição bilíngue organizada e traduzida por Alexei Bueno (José Olympio).

> José Castello. Poesia e luta. *O Globo*, 7 ago. 2015. Disponível em: <http://blogs.oglobo.globo.com/jose-castello/post/poesia-e-luta.html>. Acesso em: 25 set. 2018.

a) Identifique e classifique o aposto presente no trecho transcrito.

b) A informação inserida por meio do aposto é importante para o texto? Explique.

c) Reescreva a primeira frase do texto, transformando *Pablo Neruda* em um aposto especificativo. Que informações podem ser acrescentadas ao texto?

> **ANOTE AÍ!**
>
> Em um texto, o aposto tem a função de **acrescentar** informações ou **especificá-las**, ampliando sua informatividade e ilustrando seu conteúdo.

195

AGORA É COM VOCÊ!

ESCRITA DE PARÓDIA DE POEMA

PROPOSTA

No início do capítulo, você leu o poema "Tecendo a manhã", de João Cabral de Melo Neto. Esse poema evoca o provérbio "Uma andorinha só não faz verão", ou seja, baseia-se na ideia de que a manhã é tecida pelo trabalho coletivo dos galos e, com isso, reforça a solidariedade entre os indivíduos para a realização de algo.

Agora você vai criar uma paródia subvertendo de maneira cômica essa ideia expressa pelo poema de João Cabral. Ao final, em uma data combinada com o professor, você e os colegas vão organizar um sarau na escola para recitar os poemas. Gravem a apresentação em vídeo para análise posterior.

GÊNERO	PÚBLICO	OBJETIVO	CIRCULAÇÃO
Paródia de poema	Colegas da escola	Criar uma paródia do poema "Tecendo a manhã" para declamar em um sarau	Sarau de poesia na escola

PLANEJAMENTO E ELABORAÇÃO DO TEXTO

1. Antes de elaborar sua paródia, leia os poemas "Canção do exílio", de Gonçalves Dias, e "Uma canção", de Mario Quintana, que foi inspirado no primeiro poema.

Canção do exílio

Minha terra tem palmeiras,
Onde canta o Sabiá;
As aves, que aqui gorjeiam,
Não gorjeiam como lá.

Nosso céu tem mais estrelas,
Nossas várzeas têm mais flores,
Nossos bosques têm mais vida,
Nossa vida mais amores.

[…]

Não permita Deus que eu morra,
Sem que volte para lá;
Sem que desfrute os primores
Que não encontro por cá;
Sem qu'inda aviste as palmeiras,
Onde canta o Sabiá.

Gonçalves Dias. Canção do exílio. Disponível em: <http://www.dominiopublico.gov.br/download/texto/bn000100.pdf>. Acesso em: 25 set. 2018.

Uma canção

Minha terra não tem palmeiras...
E em vez de um mero sabiá,
Cantam aves invisíveis
Nas palmeiras que não há.

Minha terra tem relógios,
Cada qual com sua hora
Nos mais diversos instantes...
Mas onde o instante de agora?

Mas onde a palavra "onde"?
Terra ingrata, ingrato filho,
Sob os céus da minha terra
Eu canto a Canção do Exílio!

Mário Quintana. Uma canção. In: *Mário Quintana*: poesia completa. Rio de Janeiro: Nova Aguilar, 2006. p. 443.

2. Agora, analise a relação entre esses dois poemas por meio destas questões:
   a) No poema de Gonçalves Dias, há a valorização da natureza de seu país e um sentimento saudosista. Isso também acontece no poema de Quintana?
   b) Quais são as semelhanças entre eles?
   c) Nos dois poemas, a noção de exílio é a mesma? Explique.

3 Planeje, agora, a paródia do poema "Tecendo a manhã". Releia-o pensando em quais aspectos podem ser modificados para criar um efeito de humor. Por exemplo, valorizando o egoísmo em contraposição ao trabalho cooperativo dos galos para tecer a manhã.

4 Ao escrever sua paródia, faça as adaptações necessárias para expressar o novo sentido do poema, subvertendo a temática apresentada por João Cabral Você pode usar uma estrutura de versos e estrofes parecida com a do poema "Tecendo a manhã" e reproduzir sons ou termos presentes nele.

5 Lembre-se de que para maior expressividade é importante, também, que seu poema apresente musicalidade, ritmo e poeticidade. Para isso:
- use rimas e figuras de linguagem;
- utilize palavras com sentidos inusitados ou no sentido figurado;
- explore a polissemia de algumas expressões para criar novos sentidos e sensações no leitor.

6 Dê um título a seu poema. Ele deve remeter ao do texto parodiado. Para se inspirar, observe alguns títulos de paródias da "Canção do exílio": "Canto de regresso à pátria", de Oswald de Andrade; "Nova canção do exílio", de Ferreira Gullar; "Canção do exílio facilitada", de José Paulo Paes.

AVALIAÇÃO E REESCRITA DO TEXTO

1 Forme dupla com um colega para avaliarem os textos. Em seguida, comentem o poema um do outro com base nas questões abaixo.

ELEMENTOS DO POEMA
O texto faz uma paródia do poema "Tecendo a manhã"?
O poema subverte a temática do poema parodiado?
Há expressões ou situações que remetem ao poema que inspirou a paródia?
A musicalidade e o ritmo do poema mantêm uma relação de intertextualidade com o texto-base da paródia?
O poema apresenta um efeito cômico?
O título faz referência ao poema de João Cabral?

2 Com base nos comentários do colega, reescreva os trechos que achar necessário, revisando a ortografia e a pontuação.

CIRCULAÇÃO

1 Organize, com a turma, um sarau para compartilhar as paródias.

2 Em casa, ensaie a declamação do poema, fazendo a leitura em voz alta. Não é preciso decorar o texto, mas é importante atentar para a entonação, o volume e o ritmo da voz.

3 No dia do sarau, organize e decore o lugar onde acontecerá o evento.

4 Em um sarau, a sequência de leitura é espontânea. No momento em que se sentir à vontade para se apresentar, dirija-se ao local determinado. Evite fazer muitos gestos durante a declamação. A gesticulação deve apoiar o conteúdo expresso no poema e não chamar mais atenção do que o texto.

5 Registrem o sarau em vídeo. Depois do evento, em um dia combinado, reúnam-se para assistir ao vídeo e avaliar o sarau, discutindo quais foram os pontos de destaque e o que precisa ser melhorado em uma próxima apresentação.

Capítulo 2 — OS SENTIDOS DAS IMAGENS

O QUE VEM A SEGUIR

Você vai ler um poema que mostra um pouco do universo de Paulo Leminski, um poeta que diz muito em poucas palavras, e aí reside o poder expressivo de sua escrita. A maneira como Leminski trabalha a linguagem em seus versos flerta com a subversão da forma e do significado, como se construir poemas fosse brincar com palavras. Que brincadeira você imagina que o poeta fará com as palavras neste poema? Quais recursos ele utilizará?

TEXTO

MÚLTIPLO LEMINSKI

Paulo Leminski nasceu em Curitiba, no Paraná, em 1944, e faleceu na mesma cidade, em 1989. Considerado um poeta *pop* e ao mesmo tempo erudito, foi também professor, publicitário, tradutor, crítico literário e compositor. Entre suas influências estão o Concretismo, a poesia japonesa – em especial os haicais –, a linguagem publicitária e a canção popular. O livro *Toda poesia* (2013) reúne sua trajetória poética.

↑ O poeta paranaense Paulo Leminski, em foto de 1983.

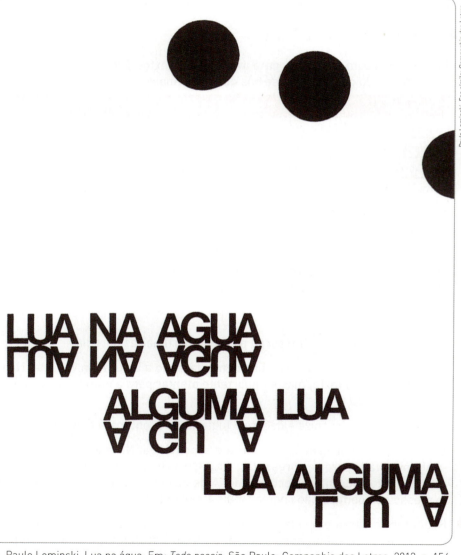

Paulo Leminski. Lua na água. Em: *Toda poesia*. São Paulo: Companhia das Letras, 2013. p. 154.

TEXTO EM ESTUDO

PARA ENTENDER O TEXTO

1. Antes da leitura, você imaginou qual brincadeira o poeta faria com as palavras. Sua hipótese se confirmou? O que você achou dos recursos usados por ele?

2. O poema "Lua na água" utiliza elementos gráficos para produzir sentido.
   a) Quais elementos gráficos estão presentes nesse poema?
   b) Como esses elementos gráficos contribuem para a relação de sentido entre a imagem visual e o conteúdo?

3. Nesse poema, os versos não estão alinhados, e sim dispostos na diagonal, assim como os dois círculos e o semicírculo acima deles.
   a) Observe os versos, os círculos e o semicírculo. Que movimento a disposição desses elementos no papel parece representar?
   b) Com base no poema de Leminski, o que você poderia afirmar sobre o uso de elementos não verbais em poemas visuais?

4. Que outro efeito gráfico você poderia adicionar ao poema "Lua na água"? Descreva-o e justifique seu uso.

5. Considerando o que você estudou no capítulo 1 sobre haicai, compare o texto de Leminski com esse gênero, identificando as semelhanças e as diferenças.

6. Leia este outro poema de Paulo Leminski.

Paulo Leminski. Até ela. Em: *Toda poesia*. São Paulo: Companhia das Letras, 2013. p. 138.

   a) Qual é a relação entre o conteúdo e a imagem visual do poema?
   b) Explique o efeito sonoro usado para conferir expressividade ao poema.
   c) Esse poema lembra um haicai, como "Lua na água"?
   d) O que é possível concluir sobre a relação entre forma e conteúdo em poemas visuais com base no poema acima e em "Lua na água"?
   e) Para você, em qual dos poemas a estratégia visual é mais explícita? Justifique sua resposta.

ANOTE AÍ!

Os **poemas visuais** estabelecem uma relação entre o **conteúdo** do poema e a **forma** como seus versos estão dispostos no papel: as letras formam um desenho e, assim, ampliam os sentidos das palavras. Nesses poemas, os **elementos gráficos** fazem parte da composição de sua expressividade.

O CONCRETISMO

No Brasil, o Concretismo nasceu em São Paulo, por volta da década de 1950, e teve como principais representantes Décio Pignatari e os irmãos Augusto e Haroldo de Campos. A poesia concreta surgiu como um estilo poético totalmente novo, baseado na poesia visual, que explora os recursos gráficos, o conteúdo sonoro e o aproveitamento do espaço do papel como se fosse uma tela, em detrimento da preocupação com as estruturas literárias tradicionais (estrofes e versos) ou com a temática.

● O CONTEXTO DE PRODUÇÃO

7. Leia o texto a seguir, escrito por Leminski, no qual ele discorre sobre a forma como compreende o poeta.

> Poeta não é só quem faz poesia. É também quem tem sensibilidade para entender e curtir poesia. Mesmo que nunca tenha arriscado um verso. Quem não tem senso de humor, nunca vai entender a piada. Tem que ter tanta poesia no receptor quanto no emissor.

Paulo Leminski. Poesia no receptor. Em: *Ensaios e anseios crípticos*.
Curitiba: Polo Editorial do Paraná, 1997. p. 51.

a) Escreva com suas palavras o que Leminski quis dizer com o texto acima.

b) De acordo com essa visão, todos os leitores são poetas? Justifique.

8. Os poemas estudados neste capítulo foram publicados originalmente em 1983 no livro *Caprichos & relaxos*, uma compilação de poemas escritos por Leminski até os anos 1980.

a) Nessa época, em razão da dificuldade de publicar livros, muitos escritores faziam publicações independentes, ou seja, sem intermédio de uma editora. Em sua opinião, o que leva uma pessoa a publicar um livro?

b) O que você imagina sobre o conteúdo dessa obra?

● A LINGUAGEM DO TEXTO

9. Analise os tipos de letra usados nos dois poemas de Leminski. Por que você acha que a letra utilizada em "Lua na água" é mais reta, enquanto a do segundo poema é mais cheia e arredondada? Modificar o tipo de letra significaria alterar o efeito dos poemas?

> **ANOTE AÍ!**
>
> A **tipografia** se refere à arte e à técnica relacionadas aos **tipos de letra** usados em um texto. Trata-se de um elemento-chave para o poema visual.

10. As palavras da língua são uma combinação entre uma cadeia de sons e sentido. Quando escritas, elas ganham uma representação gráfica. Com base nos poemas estudados, o que é possível afirmar sobre a sonoridade e a escrita das palavras em poemas visuais?

> **ANOTE AÍ!**
>
> O **poema visual** possui algumas características específicas em relação à **linguagem**:
> - estabelecimento de uma relação mútua entre significados, aspectos visuais, aspectos sonoros e aspectos tipográficos;
> - os sons e as letras podem aparecer decompostos para gerar efeitos de sentido, formando jogos de palavras;
> - em muitos poemas, aparecem neologismos e termos estrangeiros;
> - existe a possibilidade de múltiplas leituras.

11. Considerando o poema "Lua na água", responda:

a) Como você avalia a escolha do vocabulário do poema: é um vocabulário simples ou complexo?

b) De que modo a seleção das palavras se relaciona com os efeitos de sentido provocados pelo texto?

● FONE DE OUVIDO

Poesia é risco, de Augusto de Campos e Cid Campos. São Paulo: Selo Sesc, 2011. Esse CD-livro, originalmente lançado em 1995, apresenta uma mistura de sonoridades, ritmos e narrações de poemas feita com a voz de Augusto de Campos e com a musicalização do filho do poeta, Cid Campos. Acompanha um livreto com os poemas.

12. Releia os versos de "Lua na água".

a) A que classes gramaticais pertencem as palavras que compõem o poema?

b) Há algum verbo no poema?

c) Analise a imagem poética retratada no poema considerando as palavras utilizadas em sua composição. Pode-se dizer que se trata de uma imagem estática ou em movimento?

13. A palavra *alguma* tem papel importante nesse poema.

a) Quais palavras se formam a partir das letras da palavra *alguma*?

b) Qual é a diferença de sentido que a posição da palavra *alguma* estabelece nos dois últimos versos?

14. O poema apresenta a palavra *água* sem o acento agudo em sua vogal tônica, exigido na ortografia oficial da língua portuguesa. Em sua opinião, por que o poeta optou por não empregar o acento?

🔲 COMPARAÇÃO ENTRE OS TEXTOS

15. Compare os temas dos poemas "Tecendo a manhã" e "Lua na água". Como eles se aproximam?

16. Em relação à linguagem dos dois poemas, responda:

a) O poema "Lua na água" apresenta aliterações, assim como "Tecendo a manhã", de João Cabral? Explique.

b) Qual dos poemas lidos utiliza recursos mais complexos em relação à linguagem verbal?

c) Qual recurso de linguagem está presente nos dois poemas?

17. Em ambos os poemas, por meio do trabalho com a linguagem, o leitor é levado a formular hipóteses e a completar os sentidos. Levando isso em consideração, qual poema, em sua opinião, gera maior quebra de expectativa e surpresa no leitor? Justifique sua resposta.

18. Você considera que o uso de novas linguagens na poesia pode ser um atrativo para o leitor mais jovem? Justifique sua opinião.

19. Para você, qual dos poemas provoca mais reflexões sobre a linguagem? Dê exemplos para justificar sua resposta.

20. Após conhecer dois estilos bem diferentes de poema, converse com os colegas sobre as questões abaixo.

a) Em sua opinião, qual poema foi mais fácil de compreender? Justifique.

b) Com qual você mais se identificou? Por quê?

A POESIA ESTÁ NOS OLHOS DE QUEM VÊ

Neste capítulo, você viu imagens poéticas que foram apresentadas por meio de poemas. A poesia transcende os versos e as palavras, pois está presente em nossa vida, na forma como percebemos as diferentes linguagens, inclusive as não verbais.

1. 🔳 **ANALISAR** Veja um **poema concreto** em forma de animação digital e compare-o com o poema visual lido neste capítulo: Você acredita que esses poemas foram inspirados em elementos simples do cotidiano ou em coisas complexas? Explique.

2. Em que linguagens não verbais podemos perceber poesia?

3. Perceber poesia em diferentes linguagens pode mudar a maneira de vermos o mundo? Explique.

A LICENÇA POÉTICA

Licença poética é a liberdade do poeta de, em certas ocasiões, transgredir as normas da poética ou as regras gramaticais. Isso confere maior liberdade ao artista, já que, assim, pode usar as palavras com mais criatividade. Além de ser comum na poesia, a licença poética também é recorrente em músicas e anúncios publicitários.

VOCATIVO

1. Leia este poema da escritora mineira Adélia Prado.

> **Tanta saudade**
> No coração de irrefletido mau gosto
> a alegria palpita.
> Montes de borboletas entram
> [janela adentro
> provocando coceiras, risos,
> [provocando beijos.
> Como nós nos amamos e seremos
> [felizes!
> Ah! Minha saia xadrez com minha blusa
> [de listras...
> Faço um grande sucesso na janela
> fingindo que olho o tempo, ornada
> [de tanajuras.
> Papai tomou banho hoje,
> quer vestir sua camisa azul de anil,
> fio sintético transparente, um
> [bolsinho só.
> Quem me dera um só dia
> dos que vivi chorando em minha vida,
> quando éreis vivos, ó meu pai e
> [minha mãe.

Adélia Prado. Tanta saudade. Em: *Poesia reunida*. São Paulo: Siciliano, 1991. p. 253.

a) Com base no poema, explique o título do texto.

b) A quem o eu lírico se dirige no último verso do poema?

c) O modo de o eu lírico se dirigir a seus interlocutores revela que tipo de sentimento? Justifique sua resposta.

O termo usado pelo eu lírico no poema para se dirigir a seus interlocutores é chamado de vocativo.

> **RELACIONANDO**
> Em muitos poemas, o interlocutor do eu lírico é expresso por um vocativo, como no caso do poema "Tanta saudade", de Adélia Prado. Identificar quem é o interlocutor do poema nos permite muitas vezes entender melhor sua mensagem.

> **ANOTE AÍ!**
> Quando queremos chamar, atrair a atenção, convocar ou evocar alguém, usamos o **vocativo**, termo sintático que nomeia e convoca a pessoa ou a coisa a que nos dirigimos.

2. Leia a tira.

Fernando Gonsales. *Níquel Náusea*.

a) Em que consiste o humor da tira?

b) Qual é a diferença entre Mickey e Níquel Náusea?

c) Identifique os vocativos dessa tira. Como eles aparecem em cada frase?

O vocativo é um termo da oração que não está subordinado sintaticamente a nenhum outro. Ele aparece no início, no final ou no meio da frase, isolado por vírgula(s). Pode ser formado por expressões de diferentes classes gramaticais. Também pode vir acompanhado de uma interjeição de chamamento, como no poema de Adélia Prado.

ATIVIDADES

RETOMAR E COMPREENDER

1. Leia a tira abaixo, que mostra um diálogo entre Mafalda e sua amiga Susanita.

Quino. *Toda Mafalda*: da primeira à última tira. São Paulo: Martins Fontes, 2003.

a) Com que intenção a personagem Susanita se dirige a Mafalda?
b) Por que Susanita está com receio de sentir culpa?
c) Em que modo e pessoa está o verbo *escutar* no primeiro quadrinho?
d) Identifique o vocativo presente na tira.
e) Em que posição o vocativo se encontra?

2. Observe e leia esta outra tira:

Bill Watterson. *O ataque dos transtornados monstros de neve mutantes assassinos*. São Paulo: Best, 1994. v. 2. p. 78.

a) Qual é o vocativo que aparece no primeiro quadrinho?
b) Qual é a justificativa que Calvin apresenta para não responder à professora?
c) Qual é, na realidade, a intenção de Calvin ao apresentar essa justificativa?
d) Que função sintática a expressão "o corajoso" desempenha na tira?
e) Como o diretor poderia se referir a Calvin, considerando a atitude do aluno?

APLICAR

3. Crie vocativos para as frases a seguir, de acordo com a especificação indicada.

a) Traga por favor o meu jornal. (nome próprio)
b) Amei-te muito ao longo dos anos. (interjeição + pronome + substantivo)
c) A que horas você vai chegar da escola? (substantivo comum)
d) Vamos ao parque hoje? (nome próprio)
e) Não se esqueça de me escrever! (adjetivo)
f) Amanhã não haverá aula. (adjetivo + substantivo)

4. APLICAR Faça as **atividades interativas** para praticar seus conhecimentos.

A LÍNGUA NA REAL

OS EFEITOS DE SENTIDO DO VOCATIVO

1. Leia a tira abaixo.

Quino. *Toda Mafalda*: da primeira à última tira. São Paulo: Martins Fontes, 2003.

a) Qual é o vocativo utilizado no primeiro quadrinho?
b) Que sinal de pontuação separa o vocativo do restante da frase?
c) Que outro sinal de pontuação poderia ter sido utilizado?
d) O que o último quadrinho revela sobre o que Mafalda havia escrito antes?

2. Leia esta outra tira:

Charles Schulz. *Snoopy*: primeiro de abril. São Paulo: Cosac Naify, 2010. p. 5.

a) O que confere humor à tira?
b) Qual é o vocativo utilizado no primeiro quadrinho?
c) Compare os vocativos das duas tiras. Qual deles é mais formal? Por quê?

ANOTE AÍ!

Em alguns gêneros escritos, o vocativo é parte essencial, como em **cartas** e **e-mails formais**. Em outros, como **mensagens de celular** ou **recados informais**, ele pode ou não aparecer. O vocativo normalmente inicia a comunicação escrita, evidenciando, assim, quem é seu destinatário.

SÉTIMA ARTE

Snoopy e Charlie Brown: Peanuts, o filme. Direção: Steve Martino. EUA, 2015 (88 min).

Nessa animação, a aventura é garantida com a mistura entre sonho e realidade. Enquanto Charlie Brown está às voltas com a paixão por uma garota recém-chegada à cidade, Snoopy encontra uma máquina de escrever e imagina uma história cheia de surpresas.

3. Leia a primeira estrofe do soneto "À Carolina", de Machado de Assis.

> Querida! Ao pé do leito derradeiro,
> em que descansas desta longa vida,
> aqui venho e virei, pobre querida,
> trazer-te o coração de companheiro.

Machado de Assis. À Carolina. Em: *Obra completa*. Rio de Janeiro: Aguilar, 1959. v. 3. p. 313.

a) Identifique os dois vocativos presentes no poema.
b) Quais sinais de pontuação foram utilizados para separar o vocativo em cada um dos casos?
c) O que esses vocativos relevam a respeito do sentimento do eu lírico em relação ao interlocutor? Justifique sua resposta.

4. Observe e leia esta outra tira com a personagem Snoopy.

Charles Schulz. *Peanuts*.

   a) Em que consiste o humor da tira?
   b) A quem Snoopy se dirige na fala do primeiro quadrinho?
   c) Reescreva essa fala inserindo um vocativo que deixe claro seu interlocutor.
   d) Identifique o vocativo na tira. Qual é sua função no contexto?

5. Leia estas frases:

   I. **Senhor Eduardo**, não podemos retroceder.

   II. **Mano**, não fizemos por mal.

   III. **Ilustríssimo senhor**, não devemos deixar de prosseguir.

   a) Ordene as frases pelo grau de formalidade de seus vocativos, do mais formal para o menos formal.
   b) O vocativo *mano* é bastante informal. Que outros vocativos de grau similar de informalidade você utiliza no seu dia a dia?
   c) O vocativo "Ilustríssimo senhor" costuma normalmente aparecer em que tipo de situação?
   d) Qual seria a diferença em relação ao grau de formalidade se a primeira frase fosse "Eduardo, não podemos retroceder"?

6. Crie vocativos para as frases a seguir que expressem os sentimentos e o grau de formalidade indicados entre parênteses. Reescreva-as no caderno.
   a) Não se deve ultrapassar a marca indicada no chão. (formal)
   b) Não me deixe esperando notícias, por favor! (carinho)
   c) Você não merece meu afeto. (raiva)
   d) Não devo chegar em casa cedo. (familiar)
   e) Telefono assim que chegar em casa. (amor)
   f) Passo na sua casa às sete. (informal)
   g) Todas as cópias devem ser protocoladas. (formal)
   h) Entreguem os trabalhos até sexta-feira. (cordialidade)

> **ANOTE AÍ!**
>
> Os vocativos podem ser usados com **diferentes intenções**: chamar, fazer um convite, requerer a atenção, repreender, etc.
> Além disso, podem dar indícios da atitude do produtor do texto em relação ao interlocutor, demonstrando **sentimentos**, **grau de intimidade** e **grau de formalidade**.

ESCRITA EM PAUTA

VÍRGULA ENTRE OS TERMOS DA ORAÇÃO

PASSAPORTE DIGITAL

Arnaldo Antunes
No *site* oficial, é possível saber mais sobre esse artista paulistano. Além da biografia de Arnaldo Antunes, você pode ouvir as canções compostas por ele, ler alguns de seus textos literários e ainda apreciar a galeria de imagens com obras plásticas produzidas pelo artista.
Disponível em: <http://linkte.me/wiy2o>. Acesso em: 27 set. 2018.

1. Leia um trecho de uma resenha do disco *Já é*, de Arnaldo Antunes.

> Surge agora uma nova oportunidade para quem ainda resiste à ideia inicial, ou seja, a de que Arnaldo Antunes seja o melhor compositor brasileiro da atualidade. O lançamento de *Já é*, nome do décimo sexto disco da carreira solo, marca um distanciamento do som apresentado nos seus dois últimos trabalhos de estúdio, *Iê, Iê, Iê*, de 2009, e *Disco*, de 2013, nos quais Arnaldo optou por um estilo enraizado no *rock*, especialmente o *rock* dos anos 50 e 60.

André Espínola. Arnaldo Antunes: um dos melhores trabalhos da carreira. Disponível em: <http://whiplash.net/materias/cds/231188-arnaldoantunes.html>. Acesso em: 27 set. 2018.

a) Identifique um aposto que se refira a *Já é*. Qual é o tipo desse aposto?

b) Que sinal de pontuação foi utilizado para separá-lo do restante do texto?

c) Esse termo poderia ser deslocado para outro lugar na frase?

2. Leia a notícia abaixo.

> **Inhotim comemora 10 anos com exposições sensoriais inéditas**
>
> Um dos maiores museus a céu aberto do mundo completa dez anos. E para comemorar a data, o Instituto Inhotim preparou exposições sensoriais especiais para os visitantes.
>
> […]
>
> Um dos destaques é a galeria psicoativa, onde estão obras de Tunga, um dos maiores nomes da arte contemporânea brasileira, morto em 6 de junho deste ano [2016]. Uma performance criada por ele chama a atenção: as xipófagas capilares, gêmeas unidas pelos cabelos.

G1 Minas Gerais, 9 set. 2016. Disponível em: <http://g1.globo.com/minas-gerais/noticia/2016/09/inhotim-comemora-10-anos-com-exposicoes-sensoriais-ineditas.html>. Acesso em: 27 set. 2018.

a) Identifique um aposto no segundo parágrafo e classifique-o.

b) Que sinal de pontuação foi utilizado para separá-lo do restante da frase?

c) Reescreva a primeira frase do texto transformando "Um dos maiores museus a céu aberto do mundo" em aposto.

d) Ao inserir o aposto, você inseriu também algum sinal de pontuação? Explique.

3. Compare as frases a seguir.

> I. O ex-aluno Artur dos Santos passou no vestibular.

> II. O ex-aluno da escola municipal, Artur dos Santos, passou no vestibular.

a) Identifique e classifique os apostos nas duas frases.

b) Compare a pontuação em I e em II.

ANOTE AÍ!

Os apostos **enumerativos** e **explicativos** vêm separados do restante da oração por sinais de pontuação, que podem ser vírgula(s), travessão(ões), parênteses ou dois-pontos.

Em apostos **recapitulativos**, a vírgula separa a oração dos elementos recapitulados. Exemplo: *Poemas, contos, imagens, tudo é poesia*.

Em apostos **especificativos**, não se utiliza sinal de pontuação para isolá-los na frase.

206

4. Leia um trecho da novela *Os rios morrem de sede*, de Wander Piroli.

> O trem seguiu em frente, deixando os dois na pequena plataforma: o homem com o embornal e o menino com as varas. A estação havia sido derrubada. O dia estava ficando suficientemente claro para o homem ver que não existia mais a velha cerca, nem o curral nem a fazenda. Toda a mata desaparecera. Restava apenas o rio, lá embaixo, mas com a neblina que se debruçava sobre o seu leito não dava para saber como estava o rio. O homem resmungou qualquer coisa. O menino olhou para a cara do pai e preferiu não perguntar nada.
>
> Wander Piroli. *Os rios morrem de sede*. São Paulo: Cosac Naify, 2015. p. 31.

   a) Identifique o aposto no trecho e classifique-o.
   b) Que sinal de pontuação foi usado para separar o aposto do restante da frase?

5. Copie no caderno as frases a seguir, pontuando adequadamente os apostos.
   a) Ela não desejava nada além disto férias, descanso, nenhuma preocupação com provas e notas.
   b) Água doce o ouro azul corre o risco de sumir da face da Terra.
   c) A casa, o pasto, a estrebaria tudo vai ficando tão longe...
   d) Aquela rua Luz do Luar era a minha preferida.
   e) Paris a Cidade Luz recebe milhares de turistas todos os anos.

6. Copie no caderno estas frases, pontuando adequadamente os vocativos:
   a) Você meu jovem está em situação difícil.
   b) Cara eu não consegui lembrar aquela fórmula de Matemática.
   c) Venha rápido Júlia.
   d) Senhor já sabe o que vai pedir?
   e) Vem querida dançar comigo.
   f) Não faça isso meu filho!

ANOTE AÍ!

O **vocativo** deve vir separado do restante da oração por alguma pontuação, em geral por **vírgula(s)**, independentemente da posição em que aparece na frase. Quando ele está no início de uma comunicação escrita, também pode vir separado por **dois-pontos**.

7. **APLICAR** Faça as **atividades interativas** para praticar seus conhecimentos.

ETC. E TAL

Venho por meio desta explicar

Ao escrever uma carta ao presidente da República, você pode iniciá-la com os vocativos "Caro presidente" ou "Prezado senhor"? Com certeza não! Há maneiras corretas e bem específicas de se dirigir a determinadas autoridades em qualquer comunicação escrita formal, como uma carta, um *e-mail* ou um documento oficial. Confira as mais usadas:

Excelentíssimo Senhor – para Chefes de Poder (presidente da República; presidente do Supremo Tribunal Federal; presidente do Congresso Nacional).

Senhor – para senadores, governadores, ministros, juízes, etc.

Excelentíssimo Reverendíssimo – para bispos e arcebispos.

Majestade – para reis e imperadores.

AGORA É COM VOCÊ!

PRODUÇÃO DE POEMA VISUAL

PROPOSTA

Você viu que, nos poemas visuais, tanto a linguagem verbal como a não verbal atuam em conjunto na construção de imagens poéticas. Além disso, a disposição das palavras na página e a tipografia nunca são aleatórias. Observe o poema visual ao lado, do poeta, músico e compositor Arnaldo Antunes.

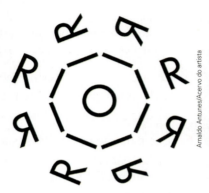

Arnaldo Antunes. Rio: o IR. Em: *2 ou + corpos no mesmo espaço*. São Paulo: Perspectiva, 1997. p. 45.

Nele, a palavra *rio* está inscrita em círculos, como se imitasse o movimento de suas águas. Não se trata de um rio que corre em linha reta, e sim de forma circular. Não parece que todos os rios – a palavra é repetida oito vezes – desembocam na letra *o*, no centro, quase como um redemoinho? Além disso, se você fizer uma leitura de dentro para fora, em vez de *rio*, lê-se "o ir", o que reforça a ideia de deslocamento. Observe ainda como o poeta brinca com a posição do *r*, invertendo-o em certos momentos.

Partindo do poema de Arnado Antunes como inspiração, você vai produzir um poema visual cujo tema apresente alguma relação com a natureza. Não precisa necessariamente ser um rio: pode ser um lugar, um animal, uma planta ou qualquer outro elemento. Ao fim da atividade, os trabalhos serão expostos em um painel de poesia na escola.

GÊNERO	PÚBLICO	OBJETIVO	CIRCULAÇÃO
Poema visual	Colegas de classe, alunos de outras turmas, professores, pais e funcionários da escola	Sensibilizar os leitores para uma construção poética visual sobre a natureza	Painel de poesia na escola

PLANEJAMENTO E ELABORAÇÃO DO TEXTO

1. Selecione o tema que você vai retratar em seu poema. Lembre-se de que a poesia pode estar presente nos pequenos detalhes da natureza: em uma gota de chuva, em uma folha que cai, no sopro do vento, na semente que brota, na árvore que floresce.

2. Com base no tema escolhido, determine a melhor forma de representá-lo: em círculo, em ondas, em forma de caracol, de ponta-cabeça... Essa escolha não pode ser aleatória – ela precisa estar em sintonia com os elementos e o tema de seu poema.

3. Pense no que você pretende com seu poema: fazer uma crítica, emocionar, denunciar certo comportamento?

4. Faça uma lista de palavras relacionadas ao tema para facilitar a composição dos versos. Procure registrar palavras significativas para o poema. Você pode pensar em objetos, pessoas, cores, aromas, sons, lugares, etc.

5. Entre o vocabulário selecionado, procure grupos de palavras que possuam sonoridade semelhante ou crie neologismos para conseguir tal efeito. Se possível, elabore jogos de palavras que possam enriquecer o texto. Lembre-se de que, nos poemas visuais, muito mais importante do que a estrutura formal de rimas, versos, estrofes e sílabas poéticas é sua composição imagética.

6. Pense em comparações e metáforas para os elementos que você selecionou.

7. Reflita sobre como você vai dispor as palavras visualmente, para alcançar a forma desejada, e como vai usá-las, a fim de transmitir a ideia definida anteriormente. Pense na grafia das palavras e em como a decomposição de letras ou sílabas pode gerar efeitos de sentido no seu texto.

8. Escreva o poema. Se julgar necessário, dê um título a ele.

9. Se possível, produza seu poema no computador, o que lhe permitirá explorar diferentes tipos, tamanhos e estilos de letras como recurso visual.

10. Não usem fotos ou ilustrações para ilustrar seus poemas, a menos que elas sejam parte essencial da composição do texto (como a figura da Lua em "Lua na água", de Paulo Leminski). O ideal é que os próprios poemas tragam em si as imagens necessárias.

COMPREENDER

Assista ao vídeo **Recursos do poema visual** para ajudá-lo na elaboração de seu poema.

AVALIAÇÃO E REESCRITA DO TEXTO

1. Troque seu poema com um colega. Você vai avaliar o poema dele e ele avaliará sua produção. Para orientar esse trabalho, respondam às questões apresentadas no quadro a seguir.

ELEMENTOS DO POEMA VISUAL
O tema do poema está claro para o leitor?
Os recursos visuais utilizados têm relação de significado com o poema?
O poema utiliza a disposição das letras e a sonoridade como recursos? Se sim, elas estão empregadas de modo a enriquecer o poema?
A finalidade do poema está clara para o leitor (criticar, denunciar, emocionar...)?

2. Com base nos comentários do colega, faça as alterações que achar necessárias e finalize seu poema.

CIRCULAÇÃO

1. Com a ajuda do professor, encontrem na escola ou na sala de aula uma área em que o painel de poesia possa ser montado.

2. Utilizem papel pardo ou cartolinas pregadas uma ao lado da outra para montar o painel. Certifiquem-se de que o espaço seja suficiente para expor todos os poemas visuais produzidos pela turma.

3. Colem os poemas produzidos no painel. Decidam em conjunto a disposição dos poemas, priorizando uma estética agradável, como em uma exposição de museu.

4. Acima dos textos, insiram um título para o painel. Pode ser algo mais objetivo, como "Poemas visuais do 8º ano", ou mais poético, como "A natureza pelos olhos dos alunos do 8º ano". Escrevam o título em letras grandes e chamativas.

5. Não se esqueçam de assinar seus poemas.

6. Convidem colegas, professores e funcionários para apreciar o painel de poesia.

ATIVIDADES INTEGRADAS

Você vai ler o primeiro soneto da série Via Láctea, do poeta Olavo Bilac (1865-1918). Nele, o eu lírico retrata um possível encontro com sua musa. Depois da leitura, responda às questões.

celeste: aquilo que está ou aparece no céu, ou algo que o habita e é próprio dele; divino, sublime.

ressoante: aquilo que pode produzir eco ou ressoar, algo que intensifica o som.

vaporoso: aquilo que contém vapores ou que tem aparência gasosa.

Via Láctea
I

Talvez sonhasse, quando a vi. Mas via
Que, aos raios do luar iluminada,
Entre as estrelas trêmulas subia
Uma infinita e cintilante escada.

Eu olhava-a de baixo, olhava-a... Em cada
Degrau, que o ouro mais límpido vestia,
Mudo e sereno, um anjo a harpa doirada,
Ressoante de súplicas, feria...

Tu, mãe sagrada! vós também, formosas
Ilusões! sonhos meus! íeis por ela
Como um bando de sombras vaporosas.

E, ó meu amor! eu te buscava, quando
Vi que no alto surgias, calma e bela,
O olhar celeste para o meu baixando...
[...]

Olavo Bilac. Via Láctea I. Em: *Antologia poética*. Porto Alegre: L&PM, 2013 (Coleção L&PM Pocket). *E-book*.

O PRÍNCIPE DOS POETAS

Olavo Brás Martins dos Guimarães Bilac nasceu em dezembro de 1865, no Rio de Janeiro. Foi contista, jornalista e, sobretudo, poeta, um dos principais representantes do Parnasianismo brasileiro, movimento que valorizava as rimas ricas e as regras da composição poética. Por sua popularidade, ficou conhecido como "o príncipe dos poetas brasileiros". Grande nacionalista, é de sua autoria a letra do "Hino à bandeira", no qual exalta todo seu amor pela pátria. Faleceu aos 53 anos, em 1918, em sua cidade natal.

ANALISAR E VERIFICAR

1. Explique o poema com suas palavras.

2. Releia este trecho, transformado em prosa a partir dos versos do poema:

> Mas via que, aos raios do luar iluminada, entre as estrelas trêmulas, subia uma infinita e cintilante escada.

a) Qual imagem é vista pelo eu lírico?
b) Reescreva a frase acima na ordem direta.
c) Na expressão "uma infinita e cintilante escada", podemos considerar "infinita e cintilante" um aposto? Justifique.

210

3. Releia a segunda estrofe do poema e responda:

a) O que o eu lírico observa?

b) Os verbos *vestir* e *ferir* são usados com significado diferente do empregado usualmente. Qual é o significado desses verbos segundo o dicionário?

c) Defina com suas palavras o significado desses verbos na estrofe do poema.

d) Nessa estrofe, encontre dois apostos e classifique-os, indicando seus referentes.

4. Releia a terceira estrofe e faça o que se pede.

a) Transcreva os vocativos presentes nessa estrofe.

b) Identifique a figura de linguagem presente no último verso.

c) A quem se refere o pronome *ela* nesse trecho?

d) Quem o eu lírico compara a um "bando de sombras vaporosas"?

e) Transforme os versos em prosa, substituindo a comparação por uma metáfora.

5. Releia a quarta estrofe do poema.

a) Transcreva do trecho um vocativo e descreva o sentimento expresso por ele, levando em conta a pontuação utilizada.

b) Transcreva do trecho um aposto, classifique-o e explique sua função no poema.

6. Agora, leia esta estrofe de outro poema de Bilac, também da série Via Láctea.

> **XVII**
>
> Por estas noites frias e brumosas
> É que melhor se pode amar, querida!
> Nem uma estrela pálida, perdida
> Entre a névoa, abre as pálpebras medrosas...

Olavo Bilac. Via Láctea XVII. Em: *Antologia poética*. Porto Alegre: L&PM, 2013 (Coleção L&PM Pocket). *E-book*.

a) Associe essa estrofe com a parte "Via Láctea I" em relação à temática.

b) Indique um vocativo na estrofe acima. Ele transmite o mesmo sentimento expresso pelo vocativo identificado na atividade **5**? Considere a pontuação utilizada.

c) Localize um aposto e classifique-o.

CRIAR

7. Assim como o poeta Olavo Bilac utilizou uma escada como elemento central de seu poema, selecione um objeto do cotidiano e crie cinco apostos que poderiam ser usados para explicá-lo. Procure fazer associações poéticas e inusitadas.

8. Em grupo, produzam um painel ilustrado em que o tema seja a Via Láctea. Insiram imagens e componham metáforas e comparações no formato de um único verso ou de um poema curto ou visual. Depois, exponham o painel em um local bem visível para que toda a comunidade escolar possa ver o que vocês produziram.

9. Após as discussões propostas nesta unidade, é provável que você tenha adquirido novas percepções sobre a poesia. Retome o que discutiu na atividade **4** da seção *Leitura da imagem* e reflita: Os poemas podem contribuir para uma redescoberta do cotidiano? O que poderia tornar o dia a dia mais poético?

IDEIAS EM CONSTRUÇÃO – UNIDADE 6

Gênero poema
- Reconheço, no poema, a forma de composição própria desse gênero literário?
- Interpreto os efeitos de sentido provocados pelos poemas, identificando:
  - a divisão em versos e estrofes?
  - o tema?
  - o ritmo?
  - as imagens criadas pelas escolhas lexicais?
- Analiso nos poemas os efeitos de sentido provocados pelo uso de figuras de linguagem, como comparação, metáfora, aliteração e elipse?
- Ao planejar a paródia de um poema, interpreto o texto-base explorando novos sentidos para o texto?
- Consigo me engajar no planejamento, na elaboração, na revisão e na reescrita de poema, respeitando a proposta de produção?

Gênero poema visual
- Reconheço, no poema visual, a forma de composição própria desse gênero literário?
- Interpreto os efeitos de sentido provocados pelos poemas visuais, identificando:
  - a ausência de divisão em versos e estrofes?
  - a disposição na página?
  - o tema?
  - a relação entre linguagem verbal e linguagem não verbal?
- Crio um poema visual utilizando recursos expressivos e explorando a relação entre linguagem verbal e não verbal?

Conhecimentos linguísticos
- Identifico e reconheço as funções dos apostos nos enunciados?
- Diferencio apostos de adjuntos adnominais?
- Compreendo o conceito de vocativo?
- Reconheço a função dos vocativos nos enunciados?
- Utilizo vocativos de acordo com a intencionalidade do discurso, respeitando os registros formal e informal da língua?
- Analiso o uso da pontuação para separar vocativos e alguns tipos de aposto?

VERIFICAR

Confira o **mapa de conteúdos** da unidade 6.

UNIDADE 7

ARTIGO DE OPINIÃO E EDITORIAL

Posicionar-se sobre um assunto socialmente relevante é uma das formas de exercer a cidadania. Essa prática existe há muito tempo e reforça nossa existência como seres sociais. Nesta unidade, você vai aprender como os gêneros artigo de opinião e editorial permitem a um articulista ou a um veículo se posicionar, argumentando em favor de seu ponto de vista diante de eventos ou temas polêmicos de interesse da sociedade.

CAPÍTULO 1
Eu penso que...

CAPÍTULO 2
O posicionamento
de um grupo

PRIMEIRAS IDEIAS

1. Quais temas de seu interesse você gostaria que fossem discutidos em um artigo de opinião? Por quê?

2. Para você, qual costuma ser o público leitor de editoriais? Você acredita que esse público varia conforme o veículo que publica o editorial? Converse com a turma.

3. Em sua opinião, qual seria a principal diferença entre um artigo de opinião e um editorial? Converse com os colegas.

4. Que palavras remetem ao significado de *conjunção*?

5. Explique qual é a diferença entre um período simples e um período composto.

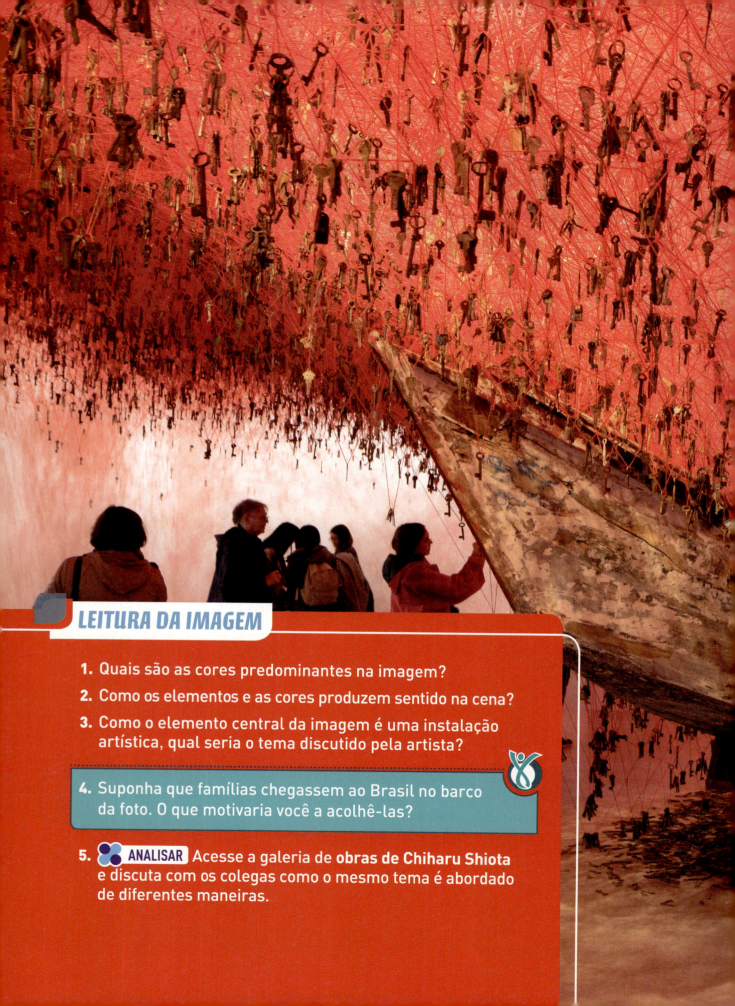

LEITURA DA IMAGEM

1. Quais são as cores predominantes na imagem?
2. Como os elementos e as cores produzem sentido na cena?
3. Como o elemento central da imagem é uma instalação artística, qual seria o tema discutido pela artista?
4. Suponha que famílias chegassem ao Brasil no barco da foto. O que motivaria você a acolhê-las?
5. **ANALISAR** Acesse a galeria de **obras de Chiharu Shiota** e discuta com os colegas como o mesmo tema é abordado de diferentes maneiras.

Foto da instalação artística *A chave na mão*, de Chiharu Shiota, no Pavilhão Japonês da 56ª Bienal de Arte de Veneza, em 2015.

Capítulo 1
EU PENSO QUE...

> **O QUE VEM A SEGUIR**
>
> No artigo de opinião a seguir, o autor trata de uma das maiores crises humanitárias da atualidade. Em sua opinião, que crise é essa? Com base no título do artigo, é possível saber o posicionamento do articulista sobre o assunto?

TEXTO

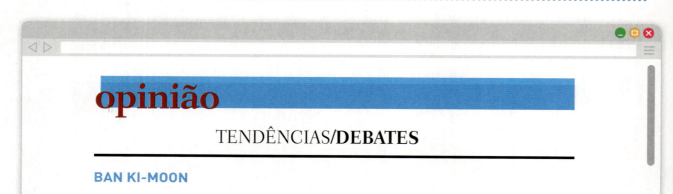

opinião

TENDÊNCIAS/DEBATES

BAN KI-MOON

Uma resposta global aos refugiados

Nenhuma outra questão da agenda global é mais suscetível à manipulação por parte dos demagogos do que a dos refugiados e migrantes. "Nós" contra "eles" é um unificador irresponsável e atemporal, usado ao longo da história para obscurecer nossa humanidade comum.

A diferença agora é que, mais do que nunca, as pessoas estão em movimento, numa época em que narrativas se espalham com velocidade viral, e vemos uma crescente xenofobia – muitas vezes irrompendo em violência.

A Cúpula da ONU para Refugiados e Migrantes, realizada na semana passada em Nova York, representa um avanço em um ponto de ruptura. Com tantas vozes estridentes dominando o debate, governos de todo o mundo respondem em tons balanceados que podem produzir resultados reais, se as promessas forem cumpridas.

A cúpula marcou a primeira reunião de líderes para discutir esse importante tema. Adotou um acordo histórico de consenso, a Declaração de Nova York, que define uma abordagem pragmática e baseada em princípios para enfrentar os desafios de pessoas em movimento.

Há 244 milhões de migrantes no mundo; mais de 65 milhões de pessoas estão deslocadas à força. Metade delas são crianças.

Refugiados enfrentam graves perigos em suas jornadas por segurança. Quando chegam a outros países, muitos sofrem discriminação – alguns são até presos. As vias legais são escassas, enquanto contrabandistas sem escrúpulos se aproveitam da situação, cobrando taxas exorbitantes por uma chance arriscada de escapar.

As guerras se tornaram mais duradouras, e os refugiados encontram dificuldades de voltar para casa. O tempo de deslocamento se estende, em alguns casos, por gerações.

Ao contrário do que em geral se pensa, a grande maioria dos refugiados não está em países ricos: 86% se deslocaram para regiões em desenvolvimento.

Esses países, por sua vez, raramente possuem condições de atendê-los de maneira adequada. No ano passado, apelos humanitários das Nações Unidas receberam pouco mais de metade dos recursos solicitados.

Os desafios são enormes, mas não devemos esquecer os benefícios. Com a abordagem certa, refugiados e migrantes podem trazer ganhos para ambas as sociedades, a de recepção e a de origem. É central, nesse processo, a Agenda 2030 para o Desenvolvimento Sustentável, nosso plano global de paz e prosperidade em um planeta saudável.

A cúpula em Nova York contou com depoimentos de pessoas diretamente afetadas. Uma delas foi a síria Yusra Mardini, que competiu nos Jogos Olímpicos do Rio pela nova equipe de refugiados estabelecida para os atletas que, como outros milhões, foram forçados a sair de suas terras natais.

Antes de nadar em competições, Yusra foi posta à prova para salvar vidas. No ano passado, deixou a Síria em um barco superlotado. Quando o motor parou, ela e sua irmã, junto a outros do grupo, mergulharam no mar Egeu e, por longas três horas, empurraram o barco até a costa. Chegaram exaustas, mas provaram o poder da solidariedade humana para nos levar à segurança.

A humanidade está junta em um só barco. Promover o medo, culpar o outro ou tornar as minorias bodes expiatórios apenas aumentará os perigos para todos.

Líderes sábios entendem que devemos, em vez de nos esforçar para salvar todos, otimizar as contribuições de cada um, orientando nosso barco comum para um destino compartilhado: um futuro de oportunidades e dignidade para todos.

BAN KI-MOON, 71, é secretário-geral da ONU — Organização das Nações Unidas. Foi diplomata e ministro das Relações Exteriores e do Comércio da Coreia do Sul.

> **bode expiatório:** pessoa ou grupo de pessoas que recebe a culpa por atos alheios.
>
> **demagogo:** aquele que tenta, por meio do discurso, manipular pessoas de forma interesseira, simulando comprometimento com as demandas populares.
>
> **xenofobia:** sentimento de aversão ao estrangeiro.

Folha de S.Paulo, 25 set. 2016. Disponível em: <http://www1.folha.uol.com.br/opiniao/2016/09/1816587-uma-resposta-global-aos-refugiados.shtml>. Acesso em: 1º out. 2018.

ORGANIZAÇÃO DAS NAÇÕES UNIDAS (ONU)

A ONU é uma organização intergovernamental criada em 1945, logo após o fim da Segunda Guerra Mundial, com a intenção de evitar outro grande conflito como aquele. Atualmente, a organização conta com 193 países-membros, incluindo o Brasil (um dos 51 membros fundadores).
Os principais objetivos da ONU são: manter a segurança e a paz mundial, promover os direitos humanos, auxiliar no desenvolvimento econômico e no progresso social, proteger o meio ambiente e prover ajuda humanitária de diversos tipos.

← Entrada do escritório das Nações Unidas em Genebra, na Suíça. Foto de 2016.

TEXTO EM ESTUDO

🟥 PARA ENTENDER O TEXTO

1. Retome as hipóteses levantadas no boxe *O que vem a seguir* e responda:
   a) A crise tratada no artigo é a mesma que você havia imaginado antes da leitura do texto? Explique.
   b) De que forma o posicionamento do articulista se relaciona com o título dado ao artigo de opinião? Debata com os colegas.

Beatriz Mayumi/ID/BR

2. No texto, além dos termos *refugiados* e *migrantes*, o articulista utiliza outras duas expressões para se referir a pessoas que estão nessas condições.
   a) Que expressões são essas?
   b) Qual das expressões indica explicitamente que a migração não é voluntária?
   c) Em sua opinião, por que os refugiados se deslocam de forma não voluntária de seus países de origem?

3. A crise de refugiados foi considerada, por alguns, a maior crise humanitária desde a Segunda Guerra Mundial, provocando alerta internacional.
   a) Nos dois primeiros parágrafos do artigo de opinião, qual é o posicionamento do articulista sobre esse assunto?
   b) Você concorda com o ponto de vista do articulista apresentado no início do texto? Justifique sua resposta.

ANOTE AÍ!

A **introdução** refere-se ao início do artigo de opinião e é uma das partes essenciais da estrutura desse gênero. Ela pode ser apresentada de várias formas – por exemplo, por meio de um **questionamento** dirigido diretamente ao leitor, por meio de uma **exemplificação** ou, ainda, de uma **tese**, a qual tem por objetivo introduzir o assunto e expressar o ponto de vista do articulista em relação a ele.

4. Segundo o artigo de opinião, houve uma reunião da Cúpula da ONU para Refugiados e Migrantes organizada na época de produção do artigo. Sobre ela, responda:
   a) Qual foi a importância da Cúpula na questão?
   b) Que documento histórico resultou desse evento?
   c) O articulista deixa claro que acredita que o que foi acordado nesse encontro pode dar certo se uma condição for cumprida. Qual é ela?

5. Para convencer o leitor do seu ponto de vista sobre o assunto tratado, o articulista recorre a várias estratégias argumentativas. Observe exemplos de uma delas.

> I. Há 244 milhões de migrantes no mundo; mais de 65 milhões de pessoas estão deslocadas à força. Metade delas são crianças.
> II. Ao contrário do que em geral se pensa, a grande maioria dos refugiados não está em países ricos: 86% se deslocaram para regiões em desenvolvimento.

   a) Que dados foram apresentados nesses argumentos?
   b) Explique a importância desse tipo de dados em argumentos.
   c) O que o argumento I busca despertar no leitor?
   d) O argumento II rebate uma ideia recorrente usada para discutir o tema dos refugiados. Qual é essa ideia? Como o articulista prova que ela é falsa?

6. Para convencer o leitor acerca dos perigos que os refugiados enfrentam, o articulista apresenta um exemplo, citando a atleta olímpica síria Yusra Mardini.

a) Qual foi o desafio enfrentado por Yusra?

b) Que efeito se espera causar no leitor com a apresentação de um exemplo desses? Que valores do articulista a atitude da atleta demonstra?

c) A conclusão do artigo retoma esse argumento. Ela o reforça ou o invalida? Justifique a resposta.

7. Releia este trecho extraído do artigo de opinião:

> Os desafios são enormes, mas não devemos esquecer os benefícios. Com a abordagem certa, refugiados e migrantes podem trazer ganhos para ambas as sociedades, a de recepção e a de origem.

a) O articulista cita a xenofobia como uma das consequências indesejáveis do processo de deslocamento de pessoas. De que forma o argumento presente no trecho acima pode combater comportamentos discriminatórios?

b) Em sua opinião, os benefícios do acolhimento de refugiados superam os desafios e problemas enfrentados por quem os acolhe? Debata o assunto com os colegas, considerando estas dicas:

- Expresse seu ponto de vista de maneira objetiva e apresente argumentos consistentes, mostrando que sua opinião tem fundamento.

- Se não concordar com um ponto de vista, manifeste-se de maneira educada e aponte seus motivos, usando expressões como: "Entendi seu ponto de vista, mas não concordo com ele porque..."; "Na minha opinião, o que realmente acontece é que... por isso..."; etc.

8. Leia a seguir o significado da palavra *etnocentrismo*.

> s.m. visão de mundo característica de quem considera o seu grupo étnico, nação ou nacionalidade socialmente mais importante do que os demais

Houaiss eletrônico: dicionário da língua portuguesa. Rio de Janeiro: Objetiva, 2009. CD-ROM.

- De que modo uma visão de mundo etnocêntrica pode estar relacionada à crescente xenofobia mencionada pelo articulista? Levante hipóteses com os colegas seguindo as dicas propostas na questão anterior.

O CONTEXTO DE PRODUÇÃO

9. O artigo lido foi publicado em um veículo de grande circulação nacional, na coluna Tendências/Debates, que faz parte da seção Opinião desse periódico.

- Consulte um exemplar do jornal impresso ou *on-line*. Qual é o objetivo dessa coluna e que público ela procura atingir? O artigo de opinião "Uma resposta global aos refugiados" é coerente com a proposta dessa coluna? Explique.

10. O articulista Ban Ki-Moon foi secretário-geral da ONU de 2007 a 2017. Por que isso o qualifica ou lhe dá autoridade para tratar da crise dos refugiados?

ANOTE AÍ!

Em um artigo de opinião, para **persuadir o leitor**, o articulista emprega **argumentos**, os quais têm por objetivo **validar sua ideia** e, em alguns casos, propor uma mudança de atitude. Para fortalecer sua tese, o autor seleciona os **tipos de argumento** que o **público-alvo** pode considerar mais convincentes, como **dados estatísticos** e **exemplos**.

SÉTIMA ARTE

Bem-vindo. Direção: Philippe Lioret. França, 2009 (110 min).
O filme conta a história de um garoto curdo que quer chegar à Inglaterra para reencontrar sua namorada, que vive nesse país. Durante seu percurso, ele é levado a um campo de refugiados na França. Então, para atingir seu objetivo, ele precisa aprender a nadar para conseguir atravessar os 32 km do Canal da Mancha que o separam da Inglaterra.

🔊 A LINGUAGEM DO TEXTO

11. Leia os trechos a seguir.

> I. "Nós" contra "eles" é um unificador irresponsável e atemporal, usado ao longo da história para obscurecer **nossa** humanidade comum.
>
> II. É central, nesse processo, a Agenda 2030 para o Desenvolvimento Sustentável, **nosso** plano global de paz e prosperidade em um planeta saudável.
>
> III. Líderes sábios entendem que devemos, em vez de nos esforçar para salvar todos, otimizar as contribuições de cada um, orientando **nosso** barco comum para um destino compartilhado: um futuro de oportunidades e dignidade para todos.

a) Como são classificadas as palavras em destaque?

b) A que pessoa do discurso elas fazem referência?

c) Por que essas palavras contribuem para estabelecer uma ligação entre autor e leitor? Explique.

12. Releia este trecho do artigo de opinião:

> A humanidade está junta em um só barco. Promover o medo, culpar o outro ou tornar as minorias bodes expiatórios apenas aumentará os perigos para todos.
>
> Líderes sábios entendem que devemos, em vez de nos esforçar para salvar todos, otimizar as contribuições de cada um, orientando nosso barco comum para um destino compartilhado: um futuro de oportunidades e dignidade para todos.

a) A palavra *barco* foi usada em seu sentido literal no trecho? Explique.

b) Com base em seus conhecimentos, qual é a relação entre a trajetória dos refugiados e o uso do termo *barco* no trecho acima?

13. Qual é o registro de linguagem empregado no artigo? No caderno, justifique sua resposta com trechos do texto.

14. Esse tipo de registro utilizado é adequado à situação comunicativa própria do artigo de opinião? Explique.

15. Caso esse artigo tivesse sido publicado em uma revista para adolescentes e jovens, o registro empregado poderia ser diferente, sem prejudicar o sentido básico do texto? Converse com o professor e colegas.

> ## ANOTE AÍ!
>
> O **argumento de competência linguística** refere-se à adequação do texto ao interlocutor. Ao escrever um artigo de opinião, é preciso ter em mente quem é o público-alvo, a fim de usar o **registro de linguagem adequado** a ele, criando uma identidade entre autor e leitor.

XENOFOBIA E DISCRIMINAÇÃO

Apesar da mobilização da ONU e de alguns países em busca de soluções para a crise dos refugiados, ainda há desafios para superá-la. Um deles diz respeito à xenofobia, um problema sociopolítico que cresce proporcionalmente aos movimentos migratórios.

1. Você já presenciou uma situação em que um imigrante foi desrespeitado em razão de sua origem? Em caso positivo, qual foi sua sensação?

2. Debata com a turma: Que ações podem ajudar a combater a xenofobia?

UMA COISA PUXA OUTRA

A outra margem

Na esperança de uma vida melhor, longe de conflitos, violência, perseguição e pobreza, refugiados se arriscam de diversas formas. A principal delas é a travessia feita pelo mar, em que adultos, crianças e até mesmo bebês partem em pequenos barcos em busca de países que os acolham. Além dos perigos da travessia, os refugiados podem ainda ter de lidar com a difícil situação de não serem bem recebidos ou de precisar passar longos períodos em campos de refugiados mantidos por organizações humanitárias, sem saber para onde serão realocados.

> **PASSAPORTE DIGITAL**
>
> **Imagens da crise dos refugiados**
> Veja, no *link* a seguir, outras fotografias que retratam a crise dos refugiados. Disponível em: <http://linkte.me/a163v>. Acesso em: 1º out. 2018.

1. A fotografia a seguir, de Aris Messinis, registra uma embarcação que transportava refugiados pelo mar Egeu até a ilha de Lesbos, na Grécia. Observe-a com atenção.

Fotografia de Aris Messinis, 8 out. 2015, Agence France-Presse (AFP). Disponível em: <http://arte.folha.uol.com.br/mundo/2015/10/14/crise-de-refugiados/>. Acesso em: 24 out. 2018.

← Coletes salva-vidas e um barco pequeno abandonados em uma praia na ilha de Lesbos, na Grécia. Os territórios gregos no mar Egeu tornaram-se um dos principais acessos de refugiados e imigrantes do Oriente Médio rumo à Europa. Foto de 2015.

a) Analisando o número de coletes deixados na margem da praia, o tamanho da embarcação e o clima registrado na imagem, como você imagina que tenha sido a travessia dessas pessoas? Que sentimentos essa situação desperta em você?

b) Na fotografia, tanto o mar quanto o céu estão em tons de cinza escuro, enquanto os coletes laranjas e a embarcação são mais claros e brilhantes. Que sentidos esse contraste entre os elementos da cena produz? Levante hipóteses com a turma.

c) Há muitas maneiras de chamar atenção para temas socialmente importantes. Um artigo de opinião costuma apelar para a razão das pessoas; uma imagem, por sua vez, pode apelar para a emoção. Converse com os colegas sobre como a foto acima pode sensibilizar as pessoas e fazê-las refletir sobre a causa dos refugiados.

221

LÍNGUA EM ESTUDO

CONJUNÇÃO

1. Leia os trechos a seguir, extraídos do artigo "Uma resposta global aos refugiados".

   > I. As guerras se tornaram mais duradouras, **e** os refugiados encontram dificuldades de voltar para casa.
   > II. Os desafios são enormes, **mas** não devemos esquecer os benefícios.

   a) Que relação a palavra *e* estabelece entre a oração que ela introduz e a oração anterior? Explique.

   b) E a palavra *mas*, que relação estabelece entre as orações? Explique.

   c) Com base nas suas respostas aos itens *a* e *b*, explique por que essas palavras são importantes em um texto.

   ### ANOTE AÍ!

   As **conjunções**, também chamadas de **conectivos**, têm por objetivo conectar orações ou termos semelhantes da mesma oração. Quando uma expressão (formada por mais de uma palavra) desempenha a função de uma conjunção, ela é chamada de **locução conjuntiva**. Ao conectar orações, as conjunções estabelecem **relação de sentido** entre as partes de um texto. Para saber o sentido expresso por uma conjunção, é importante analisar o contexto em que ela foi empregada. As conjunções, palavras invariáveis, são classificadas como **coordenativas** ou **subordinativas**.

CONJUNÇÃO COORDENATIVA

2. Leia, a seguir, um trecho de notícia.

   > Em vez de doar dinheiro para organizações que prestam ajuda, o casal Christopher e Regina Catrambone gastou metade de suas economias (aproximadamente US$ 7 milhões, ou cerca de R$ 27 milhões) para criar sua própria ONG e equipá-la com um barco para resgatar náufragos no mar.
   > "Já havia instituições ajudando os migrantes na Europa, **mas** as pessoas estavam morrendo no mar **e** ninguém estava fazendo nada. Se os governos não agem é responsabilidade da sociedade civil responder. A Moas (Migrant Offshore Aid Station) foi a primeira ONG a ir ao mar resgatar pessoas", conta Regina à BBC Brasil. [...]

   Carolina Montenegro. Família italiana usa fortuna para resgatar refugiados no Mediterrâneo. *G1*, 15 set. 2015. Disponível em: <http://g1.globo.com/mundo/noticia/2015/09/familia-italiana-usa-fortuna-para-resgatar-refugiados-no-mediterraneo.html>. Acesso em: 9 maio 2017.

   a) Explique o emprego da conjunção *mas* em destaque no trecho, relacionando-a à motivação da família em querer ajudar os refugiados náufragos.

   b) De que forma o emprego da conjunção *e* complementa e enfatiza os motivos pelos quais a família resolveu agir?

   c) As orações iniciadas pelas conjunções *e* e *mas* em destaque precisam uma da outra para que seus sentidos estejam completos? Explique.

   ### ANOTE AÍ!

   Quando uma conjunção relaciona termos em uma mesma oração ou orações independentes, ela é chamada de **conjunção coordenativa**.

Conheça, a seguir, a classificação de algumas conjunções coordenativas e as relações de sentido expressas por elas.

CLASSIFICAÇÃO	CONJUNÇÕES E LOCUÇÕES CONJUNTIVAS	RELAÇÃO DE SENTIDO
adversativa	mas, porém, contudo, no entanto, entretanto, todavia	ressalva, contraste
aditiva	e, nem, não só... mas também	acréscimo
conclusiva	portanto, logo, pois, por conseguinte	conclusão
explicativa	pois, porque, que	justificativa, explicação
alternativa	ou, ou... ou, seja... seja, quer... quer, ora... ora	exclusão ou alternância

CONJUNÇÃO SUBORDINATIVA

3. Leia as orações a seguir, extraídas do artigo "Uma resposta global aos refugiados".

I. A cúpula marcou a primeira reunião de líderes **para** discutir esse importante tema.
II. **Antes** de nadar em competições, Yusra foi posta à prova para salvar vidas.

a) Cada uma das conjunções em destaque introduz uma oração. Entre essas orações, há dependência ou independência sintática?
b) Com base na sua resposta anterior, essas conjunções podem ser classificadas como coordenativas? Por quê?
c) Qual é a relação de sentido que cada uma das conjunções expressa?

ANOTE AÍ!

As **conjunções subordinativas** conectam duas orações: uma principal e sua subordinada. Entre elas, há uma relação de dependência sintática: a oração subordinada completa a oração principal. Essas conjunções podem ser classificadas como **conjunção subordinativa integrante** (*se* ou *que*) ou **conjunção subordinativa adverbial**.

As conjunções subordinativas adverbiais exprimem a circunstância adverbial referente ao que é enunciado na oração principal e são classificadas de acordo com a relação de sentido que exprimem. Confira, no quadro abaixo, algumas conjunções e locuções conjuntivas subordinativas adverbiais.

CLASSIFICAÇÃO	CONJUNÇÕES E LOCUÇÕES CONJUNTIVAS	RELAÇÃO DE SENTIDO
causal	já que, porque, como, visto que	causa, motivo
concessiva	ainda que, se bem que, embora, mesmo que	concessão
conformativa	segundo, como, conforme	conformidade
condicional	caso, se, desde que	condição
consecutiva	de modo que, tanto que	consequência
comparativa	assim como, como, que, mais que, menos que	comparação
final	a fim de que, para que	finalidade
temporal	logo que, quando, antes que	tempo
proporcional	à medida que, à proporção que, quanto mais... mais	proporção

COMPREENDER

Acesse o recurso digital sobre **conjunções coordenadas e subordinadas** para entender um pouco mais o assunto.

ATIVIDADES

RETOMAR E COMPREENDER

1. Leia a tira, em que a personagem está brincando de aviador.

Charles M. Schulz. *Ninguém mais tem o espírito aventureiro*. Porto Alegre: L&PM, 2014. p. 23.

   a) Snoopy relata, empregando a 3ª pessoa, uma série de ações. Essas ações são praticadas por quem? Que efeito de sentido isso atribui à tira?
   b) No segundo quadrinho, identifique e classifique as conjunções.

2. Indique o sentido das conjunções e locuções conjuntivas destacadas.
   a) **Se** não almoçarem logo, as crianças ficarão com fome.
   b) Rafael é **tão** estudioso **quanto** Mateus.
   c) **Quando** chegar em casa, vou fazer uma sopa.
   d) Todos ficam mais cansados **à medida que** a noite chega.
   e) Ana Paula está exausta, **pois** nadou dois quilômetros.
   f) Augusta só deve embarcar amanhã, **visto que** perdeu o voo de hoje.
   g) Procedemos **conforme** nos foi orientado pela gerência.
   h) **Caso** não nos encontre em casa, deixe a encomenda no apartamento ao lado.
   i) Cheguei ao cinema cedo **para que** pudesse escolher o melhor lugar.
   j) **Como** poucas pessoas confirmaram presença, Igor cancelou o evento.
   k) **Já que** a maioria não compareceu, a professora adiou a atividade.
   l) **Ainda que** chova, teremos aula de educação física.

APLICAR

3. Com base no sentido dos enunciados, complete as lacunas com as conjunções.
   a) Estamos estudando a situação ★ vamos apresentar propostas para o problema.
   b) Nós vamos ajudar, ★ muita gente também esteja contribuindo.
   c) Você tem bons argumentos, ★ pode escrever um artigo de opinião bem interessante.
   d) Este drama diminuirá, ★ as pessoas se conscientizem de sua gravidade.
   e) Elas conhecem bem o tema, ★ estudaram bastante.
   f) ★ cuidamos do nosso próximo, ★ seremos muito individualistas.
   g) O tema é discutido exaustivamente ★ que se tomem providências.
   h) Eduardo não foi bem no exame ★ não estudou o suficiente.
   i) ★ Amanda tenha feito o possível, não conseguiu chegar a tempo na reunião.
   j) ★ seu irmão, Rodrigo gostaria de se tornar um músico de sucesso.
   k) Nós precisamos ajudar, ★ há muita gente que tem passado fome.

4. **APLICAR** Faça as **atividades interativas** para praticar o que aprendeu.

A LÍNGUA NA REAL

USO DE CONJUNÇÃO E PRODUÇÃO DE SENTIDOS

1. Leia um trecho de notícia.

Refugiados sírios estão recriando monumentos destruídos em miniatura

Arte é uma forma de criar registro e contar histórias

Há cerca de um ano, um líder de um campo de refugiados sírios, Ahmad Hariri, criou um grupo de artistas para recriarem monumentos e lugares históricos de seu país, que foram destruídos na guerra. **Usando material encontrado no campo**, como pedaços de madeira, pedras e argila, o grupo está trabalhando para manter sua história viva.

O professor de arte e pintor Mahmoud Hariri, um dos membros do grupo, contou a uma agência de notícias das Nações Unidas que registrar o que foi perdido é uma função importante da arte. "Muito do que sabemos sobre civilizações antigas ou povos pré-históricos está preservado por meio da arte, como os hieróglifos egípcios e as pinturas das cavernas", explicou.

Entre as construções já feitas pelo grupo, estão a antiga cidade de Palmira, a Mesquita de Damasco, a cidadela de Aleppo e as Norias de Hama, rodas de água que foram construídas há mais de 750 anos. **Usando fotografias, pinturas e ilustrações**, os artistas produzem modelos ricamente detalhados dos antigos monumentos. Atualmente, as miniaturas estão em exposição no campo de refugiados e na capital da Jordânia, Amã. [...]

↑ Miniatura da Mesquita de Damasco construída por refugiados sírios.

Cláudia Fusco. Refugiados sírios estão recriando monumentos destruídos em miniatura. Revista *Galileu*, 20 jan. 2016. Disponível em: <http://revistagalileu.globo.com/Sociedade/noticia/2016/01/refugiados-sirios-estao-recriando-monumentos-destruidos-em-miniaturaq.html>. Acesso em: 11 jul. 2018.

a) Que fato a notícia divulga?

b) Observe as orações em destaque. Elas fazem parte de períodos simples ou compostos? As construções em negrito têm em comum a forma verbal. Em que modo ela está flexionada?

c) Reescrevemos, a seguir, um dos períodos, flexionando o verbo e inserindo conjunções. No caderno, explique: que relação de sentido é expressa em cada uma das orações desenvolvidas?

   I. **Como usam fotografias, pinturas e ilustrações**, os artistas produzem modelos ricamente detalhados dos antigos monumentos.

   II. **Assim como usam fotografias, pinturas e ilustrações**, os artistas produzem modelos ricamente detalhados dos antigos monumentos.

c) Considerando o contexto da notícia, qual é o período do item c que faria sentido na matéria jornalística? Justifique.

d) Imagine que o título da notícia fosse: "Recriando monumentos do país natal, refugiados mantêm viva a própria história". Reescreva essa oração, em seu caderno, utilizando a conjunção, de maneira a indicar claramente uma relação de causa e efeito entre as orações.

ANOTE AÍ!

As **conjunções**, em geral, conectam orações e deixam claro o **sentido entre elas**. Quando não são usadas, a relação entre as orações do período fica menos evidente. Por isso, em geral, orações com o verbo no **gerúndio** ou no **particípio**, que não são introduzidas por conjunção, ampliam as possibilidades de sentido produzidas pelo leitor.

AGORA É COM VOCÊ!

ESCRITA DE ARTIGO DE OPINIÃO

PROPOSTA

A crise dos refugiados é preocupante. Embora tratados internacionais assegurem que as nações devem acolhê-los, alguns países impedem a entrada de refugiados em seu território. Escreva um artigo de opinião para se posicionar: Dificultar a entrada de refugiados por meio de leis é uma atitude legítima para garantir os direitos dos cidadãos de um país? Ou será que os refugiados podem colaborar com a economia local?

GÊNERO	PÚBLICO	OBJETIVO	CIRCULAÇÃO
Artigo de opinião	Comunidade escolar; familiares; amigos, etc.	Posicionar-se sobre o fechamento de fronteiras	Postagem no *blog* da turma

PLANEJAMENTO E ELABORAÇÃO DO TEXTO

1. É fundamental ler textos que polemizam o assunto para ter condições de formar opinião, poder argumentar e defender um ponto de vista. Portanto, leia dois textos sobre esse assunto, cada um deles com pontos de vista diferentes.

Texto I

> **Pesquisa revela alta rejeição a refugiados e imigrantes no mundo**
>
> A decisão britânica de se separar da União Europeia no plebiscito do "brexit" e a ascensão do candidato republicano à Casa Branca, Donald Trump, que defende o banimento de refugiados e a construção de um muro separando os Estados Unidos do México, refletem uma tendência global contrária à imigração.
>
> Em meio a uma grave crise global de refugiados, há uma forte opinião negativa em todo o mundo em relação ao movimento de pessoas entre nações. O dado é revelado por uma pesquisa internacional realizada em 22 países, incluindo o Brasil, que mostra uma rejeição alta e generalizada das pessoas em relação a imigrantes e refugiados.[...]

Daniel Buarque. Pesquisa revela alta rejeição a refugiados e imigrantes no mundo. *Folha de S.Paulo*, 11 ago. 2016. Disponível em: <http://www1.folha.uol.com.br/mundo/2016/08/1801673-pesquisa-revela-alta-rejeicao-a-refugiados-e-imigrantes-no-mundo.shtml>. Acesso em: 12 jul. 2018.

Texto II

> **Imigrantes fazem bem à economia, conclui estudo**
>
> Um dos maiores argumentos dos presidentes e primeiros-ministros que barram a entrada de refugiados nos países que governam é o de que o fluxo de imigrantes pode arruinar a economia de uma nação. No entanto, um estudo publicado hoje (20) na revista *Science Advances* comprovou que abrigar pessoas à procura de asilo está longe de ser um fardo econômico.[...]
>
> Os resultados encontrados foram categóricos: a entrada de pessoas em busca de asilo aumentou significativamente o PIB desses países, reduziu o desemprego e melhorou o equilíbrio das finanças públicas. [...]

Sabrina Brito. Imigrantes fazem bem à economia, conclui estudo. *Veja.com*, 20 jun. 2018. Disponível em: <https://veja.abril.com.br/ciencia/imigrantes-fazem-bem-a-economia-conclui-estudo/>. Acesso em: 12 jul. 2018.

2. Pesquise sobre o assunto em revistas, jornais, *sites* e livros, a fim de se aprofundar no tema.

3. Faça anotações sobre informações que possam ser úteis no desenvolvimento de sua argumentação. Anote os dados das fontes consultadas.

4. Ao elaborar seu artigo de opinião, considere os seguintes aspectos:
   - Apresente a questão discutida e o posicionamento a ser assumido por você.
   - Defina uma ordem para a apresentação dos argumentos.
   - Na conclusão, retome a questão inicial, dando coerência à defesa de seus argumentos e de seu ponto de vista.
   - Crie um título coerente com o texto e que instigue o leitor a ler o artigo.

5. Organize seu artigo de opinião com base nesta estrutura:

LINGUAGEM DO SEU TEXTO

1. Recorde seus estudos sobre o artigo de opinião lido neste capítulo. Considerando esse trabalho, em que pessoa é escrito um artigo de opinião?

2. Reveja estes trechos do texto:

   > I. Quando o motor parou, ela e sua irmã [...] mergulharam no mar Egeu e, por longas três horas, empurraram o barco até a costa.
   > II. Promover o medo, culpar o outro ou tornar as minorias bodes expiatórios apenas aumentará os perigos para todos.

   - Em I, que conjunção introduz a oração que indica o momento em que a atleta e sua irmã mergulharam no mar? Ela é subordinativa ou coordenativa? Em II, há uma conjunção alternativa. Copie-a no caderno. Que alternativas ela relaciona?

   Releia o artigo de opinião que você produziu, observando se empregou a pessoa do discurso adequada, se as conjunções usadas expressam o sentido desejado e se ajudam na progressão do texto.

AVALIAÇÃO E REESCRITA DO TEXTO

1. Releia e avalie seu texto, considerando os elementos a seguir.

ELEMENTOS DO ARTIGO DE OPINIÃO
O artigo foi introduzido por uma apresentação clara de seu posicionamento sobre o assunto?
Foram empregados argumentos que sensibilizam o leitor para a problemática discutida?
A conclusão está coerente com a introdução e os argumentos expostos?
O título está adequado ao texto e instigante para o leitor?

2. Com base na sua avaliação, reescreva o texto, fazendo os ajustes necessários.

CIRCULAÇÃO

1. Depois de escrita a versão definitiva, poste seu artigo de opinião no *blog* da turma e divulgue o *link* de acesso para a comunidade escolar.

Capítulo 2
O POSICIONAMENTO DE UM GRUPO

O QUE VEM A SEGUIR

No capítulo anterior, você leu um artigo de opinião sobre a crise dos refugiados. Agora, você lerá um editorial publicado em um jornal de grande circulação sobre o mesmo tema, porém, a escrita do editorial foi motivada por um evento específico. Analise o título do editorial e, com a turma, levante hipóteses sobre esse evento motivador e as circunstâncias em que ele ocorreu.

TEXTO

Opinião

A morte de 800 imigrantes

A mais nova tragédia envolvendo pessoas que tentavam chegar à Europa por mar vindas da África, desta feita com cerca de 800 mortos de uma só vez, é uma dura lembrança de como têm sido inúteis os esforços para enfrentar o problema da imigração. É o caso de perguntar qual é o número de mortos que a sociedade europeia considerará inaceitável para que finalmente demande uma atitude política firme não só dos governos do continente, mas de toda a comunidade internacional, com a qual esse fardo deve ser dividido – pois, afinal, não se pode esquecer de que na origem desse drama estão guerras e conflitos, na África e no Oriente Médio, cuja responsabilidade, ao fim e ao cabo, não é da Europa.

O Estado de S. Paulo
23 Abril 2015 | 02h06

É evidente que o problema da imigração não se resolverá apenas por um ato de vontade, que abra as portas indistintamente a todos quantos resolvam tentar uma vida melhor em terras europeias, venham de onde vierem. Tal <u>utopia</u> é alimentada por aqueles que têm <u>escuso</u> interesse em desmoralizar as potências ocidentais, retratando-as como indiferentes ao sofrimento humano.

Segundo a agência de segurança de fronteiras da União Europeia, há entre 500 mil e 1 milhão de pessoas na Líbia, neste momento, esperando uma oportunidade para embarcar rumo à Europa. Não é um número <u>trivial</u> ainda mais considerando-se o aumento brutal em relação a todo o ano passado, quando chegaram cerca de 170 mil refugiados ao continente vindos por mar da África. Nenhum país do mundo teria condições de receber tanta gente em tão pouco tempo.

No entanto, não se pode mais apoiar a política de imigração somente em medidas que tentam transferir o problema para longe do litoral europeu. Ao centrar seus esforços apenas no resgate dos náufragos, as autoridades continentais fingem que o drama de miséria do lado de lá do mar não lhes diz respeito. "Enquanto houver guerras em países vizinhos, as pessoas continuarão a procurar um lugar seguro na Europa", declarou uma autoridade da Comissão Europeia. Para o presidente do Parlamento Europeu, Martin Schulz, "sem um enfoque europeu comum apoiado na solidariedade, que dê às pessoas a oportunidade de vir legalmente para a Europa, a próxima tragédia é só questão de tempo".

Toda a movimentação diplomática e política que se seguiu à notícia do naufrágio serviu para dar a impressão de que há mesmo grande preocupação com o destino dos imigrantes ilegais. Nos bastidores, porém, há muito ceticismo a respeito dos resultados práticos.

O que se tem, até o momento, é a certeza de que a Itália e a Espanha, os principais pontos de entrada dos imigrantes vindos da África por mar, não podem suportar praticamente sozinhos o peso dessa responsabilidade. Espera-se da Comissão Europeia uma política que divida esse ônus por todos os integrantes da união. Além disso, é necessária uma reforma que adapte as regras de imigração a momentos de crise humanitária, como a que se abateu sobre a África e o Oriente Médio em razão dos conflitos na Síria, no Iraque e na Líbia. Turquia e Líbano já receberam, cada um, mais de 1 milhão de refugiados. Outros tantos estão à espera de uma oportunidade para fugir e a Europa não pode lidar com eles como se fossem só imigrantes em busca de vida melhor.

Quem tem lucrado com a situação são os "coiotes", que recebem mais de mil euros de cada um dos imigrantes para amontoá-los em barcos pesqueiros e atirá-los em uma viagem suicida. Para alguns países europeus, esse esquema é alimentado pelo programa "Tritão", que faz operações de salvamento dos imigrantes que naufragam tentando chegar à Europa. Somente no último fim de semana, 8,5 mil imigrantes foram resgatados.

Tal programa, dizem esses países, serve como incentivo para a indústria do tráfico de pessoas e, por essa razão, deveria ser reduzido ao mínimo. Mas acreditar que esses imigrantes indesejados deixarão de tentar chegar à Europa somente porque não haverá quem os salve em caso de naufrágio é ignorar o tamanho do desespero que os faz empreender essa viagem de qualquer maneira.

A morte de 800 imigrantes. *O Estado de S. Paulo*, 23 abr. 2015. Disponível em: <http://opiniao.estadao.com.br/noticias/geral,a-morte-de-800-imigrantes-imp-,1674435>. Acesso em: 1º set. 2018.

ceticismo: descrença em relação a algo.

diplomático: relativo às boas relações internacionais.

escuso: oculto, escondido; que é misterioso ou ilícito.

ônus: carga, sobrecarga; obrigação.

trivial: corriqueiro.

utopia: concepção de estado ou lugar ideal.

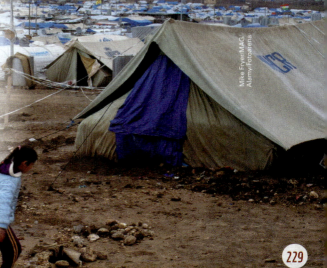

↓ Garota síria no campo de refugiados de Domiz, no norte do Iraque. Foto de 2013.

DE ONDE ELES VÊM E PARA ONDE ELES VÃO?

A Agência da ONU para Refugiados (Acnur) faz relatórios para informar sobre os refugiados que ela acompanha. Segundo os dados de junho de 2018, até o fim de 2017 foram computados 68,5 milhões de pessoas deslocadas à força. Desse total, 25,4 milhões deixaram seu país de origem. Pouco mais de um quinto desse número são palestinos sob os cuidados da Agência da ONU de Assistência aos Refugiados da Palestina. Entre os demais deslocados que deixaram seu país, dois terços são da Síria, do Afeganistão, do Sudão do Sul, de Mianmar e da Somália.

De acordo com o relatório, a maioria das pessoas busca abrigo em países próximos, que não têm recursos para atender essas populações. Entre eles, a Turquia lidera a acolhida, recebendo 3,5 milhões de refugiados, sobretudo sírios. No total, 63% dos refugiados sob a responsabilidade do Acnur concentram-se em apenas 10 países.

Fonte: Agência da ONU para Refugiados (Acnur), 2018.

TEXTO EM ESTUDO

◼ PARA ENTENDER O TEXTO

1. Retome as hipóteses levantadas no boxe *O que vem a seguir* e responda:

   a) Que fato motivou a escrita do editorial?

   b) Em que circunstâncias ocorreu o fato motivador do editorial?

2. Releia o parágrafo logo abaixo do título, que sintetiza as ideias do editorial.

   a) Qual expressão revela que a morte de imigrantes é um evento lamentável e recorrente? Copie essa expressão em seu caderno.

   b) Que dura lembrança essas mortes nos trazem? Em sua opinião, por que isso é chamado de lembrança?

   c) Sintetize, no caderno, o questionamento proposto nesse trecho. A quem ele é dirigido? Comente.

> **ANOTE AÍ!**
>
> O **editorial** apresenta o ponto de vista do veículo que o publica a respeito de um tema em discussão na sociedade. Em geral, as notícias, reportagens e entrevistas sobre determinados acontecimentos servem de **gancho** (ou motivo) para a produção do editorial de um veículo (jornal, revista, etc.). O editorial não é assinado, pois reflete a **posição ideológica do veículo** em que é publicado.

3. No primeiro parágrafo do texto, há um argumento contrário ao posicionamento defendido pelo jornal. Qual é ele?

4. No segundo parágrafo do editorial, há outro tipo de argumento: dados de pesquisa usados para indicar que o problema tratado é grave. Qual é a fonte desses dados? Indique essa fonte em seu caderno.

5. O editorial apresenta, por meio de um argumento de autoridade, uma postura crítica sobre as políticas de imigração. Que argumentos são esses? Que sinais gráficos indicam que o texto cita a voz de outras pessoas?

6. Sobre o programa Tritão, discutido no texto, responda:

   a) No que consiste esse programa e por que algumas pessoas se opõem a ele?

   b) Há um argumento que invalida a oposição feita ao programa. Qual é ele?

> **ANOTE AÍ!**
>
> Para defender uma ideia, o produtor de um texto conta com diversos tipos de argumento. Por exemplo, há o argumento de competência linguística, visto no capítulo 1. No editorial, destacamos o **argumento de dados de pesquisa**, que revela números e porcentagens, e o **argumento de autoridade**, em que se cita a **voz de uma autoridade** no tema, em razão de seus estudos ou de suas atividades profissionais.

◼ O CONTEXTO DE PRODUÇÃO

7. Você já sabe que o objetivo de um editorial é expressar a opinião de um meio de comunicação a respeito de um tema em discussão na sociedade.

   a) Identifique a seção do jornal em que o editorial foi publicado. Que aspecto essencial do texto é coerente com essa seção?

   b) Considerando o objetivo de um editorial, por que o jornal decidiu relatar seu posicionamento sobre a crise dos refugiados?

TRÁFICO DE PESSOAS

O tráfico de pessoas consiste em comercializar e escravizar vidas, privando-as de liberdade e, por isso, fere os direitos humanos. O tráfico de pessoas é uma das atividades ilegais que mais se expandiram no século XXI. Diante da busca de oportunidades e fugindo de guerras, conflitos, desastres naturais e miséria, muitas pessoas partem de seus locais de origem com a esperança de uma vida melhor e, diante dessa situação de vulnerabilidade, são ludibriadas por criminosos.

8. Releia o título do editorial e o parágrafo logo abaixo dele.

   a) Por que o título "A morte de 800 imigrantes" chama a atenção do leitor?

   b) No parágrafo abaixo do título, esse fato é relacionado a um tema mais amplo. Qual é esse tema?

> **ANOTE AÍ!**
>
> Geralmente, o **editorial** ocupa um espaço fixo no veículo onde é publicado, junto a outros textos argumentativos. O **tema** do editorial costuma ser introduzido por meio da exposição de um **fato polêmico recente** que será comentado, analisado, discutido. Aproveita-se o **interesse do leitor** a respeito desse fato para divulgar a opinião do veículo.

A LINGUAGEM DO TEXTO

9. Qual é o registro de linguagem utilizado no editorial? Ele é adequado à situação comunicativa? Explique.

10. Indicamos, a seguir, expressões que ajudam o editorialista a desenvolver a argumentação sobre o tema. Identifique-as no texto e copie-as no caderno.

    • I – locução conjuntiva adversativa: introduz uma ideia contrária à do fim do parágrafo anterior; II – conjunção conformativa: introduz a fonte dos dados estatísticos utilizados como argumento; III – expressão que indica a certeza do redator quanto ao ponto de vista que apresenta.

> **ANOTE AÍ!**
>
> Alguns recursos linguísticos-discursivos ajudam o produtor de um texto argumentativo a **desenvolver** o tema. As **conjunções** e **expressões modalizadoras**, por exemplo, ajudam a evidenciar o ponto de vista (certeza, dúvida, etc.) assumido pelo produtor de texto.

COMPARAÇÃO ENTRE OS TEXTOS

11. Nesta unidade, você leu textos de gêneros diferentes sobre um mesmo tema: o artigo de opinião "Uma resposta global aos refugiados" (capítulo 1) e o editorial "A morte de 800 imigrantes" (capítulo 2). Quais são as principais diferenças entre esses gêneros?

12. No artigo de opinião, argumenta-se que, se as propostas internacionais forem efetivadas, é possível que se solucione a crise dos refugiados. No editorial, defende-se que as medidas tomadas até então foram inúteis.

    a) Com qual dos dois posicionamentos você concorda? Por quê?

    b) Que medidas você acredita que poderiam solucionar a crise dos refugiados?

> **PASSAPORTE DIGITAL**
>
> **A crise sob a ótica de um brasileiro**
>
> No *link*, é possível conhecer algumas imagens do fotógrafo brasileiro Mauricio Lima, ganhador do Prêmio Pulitzer por seu ensaio fotográfico sobre a crise dos refugiados na Europa. Disponível em: <http://linkte.me/i1j14>. Acesso em: 19 jul. 2018.

> **OPORTUNIDADE DE RECOMEÇAR**
>
> São muitos os desafios enfrentados pelos refugiados em busca de melhores condições de vida. Ao serem realocados, suas dificuldades não cessam, pois eles precisam integrar-se à nova comunidade e encontrar atividades profissionais que possam exercer.
>
> 1. Que políticas públicas podem ajudar os refugiados a recomeçar a vida?
>
> 2. **ANALISAR** Acesse o recurso digital sobre **cidades solidárias** e converse com os colegas sobre a importância da acolhida, discutindo como a sociedade civil pode contribuir para a integração dos refugiados. Justifique seu ponto de vista.

LÍNGUA EM ESTUDO

PERÍODO SIMPLES E PERÍODO COMPOSTO

1. Leia a seguir o trecho de uma crítica sobre um livro do escritor peruano Mario Vargas Llosa, publicada no jornal *O Globo*.

Jeremy Sutton-Hibbert/Alamy/Fotoarena

↑ Mario Vargas Llosa no Festival Internacional do Livro. Escócia, 2013.

Crítica: Vargas Llosa aborda o drama dos refugiados em livro infantil

O "barco das crianças" é baseado em uma história do francês Marcel Schwob

RIO – O peruano Mario Vargas Llosa (1936-) reconta para os pequenos leitores, em *O barco das crianças*, uma história do francês Marcel Schwob (1867-1905), que, no livro *A cruzada das crianças*, narra a desafortunada aventura de viajantes mirins rumo a Jerusalém: "Mar consagrado, o que fizeste com as nossas crianças? (...) Eis por que te acuso, mar devorador, que engoliu minhas criancinhas".

Apesar da menção explícita a Schwob já na primeira página, não há como não relacionar a história de Llosa ao poema "A cruzada das crianças", do alemão Bertolt Brecht (1898-1956). Nesse poema, Brecht descreve os infortúnios de um grupo de crianças polonesas órfãs, que, em plena Segunda Guerra Mundial, vagavam em busca de abrigo: "Escapavam às batalhas/ e deixavam a dor pra trás,/ desejavam só descanso/ num país cheio de paz".

[...]

Dirce Waltrick do Amarante. *O Globo*, 7 jun. 2016. Disponível em: <https://oglobo.globo.com/cultura/livros/critica-vargas-llosa-aborda-drama-dos-refugiados-em-livro-infantil-19249008>. Acesso em: 20 jul. 2018.

a) Apesar de fazer referência a períodos históricos distintos, o que há em comum entre as três obras citadas no texto?

b) Identifique quantos verbos há no título e na linha fina do texto. Copie-os em seu caderno, concluindo quantas orações há em cada período.

ANOTE AÍ!

No **período simples**, há apenas uma oração, a qual se constrói em torno de um único verbo ou locução verbal. Por exemplo, nas orações "Ele chegou cedo" e "Ele precisa chegar cedo", há, respectivamente, um verbo e uma locução verbal, e ambos são denominados períodos simples.

2. Leia, a seguir, um trecho extraído do editorial "A morte de 800 imigrantes".

Ao centrar seus esforços apenas no resgate dos náufragos, as autoridades continentais fingem que o drama de miséria do lado de lá do mar não lhes diz respeito.

a) Identifique os verbos presentes nesse período. Copie-os no caderno.

b) Quantas orações há nesse período? Justifique.

ANOTE AÍ!

O **período composto** é formado por duas ou mais orações, construídas em torno de dois ou mais verbos ou locuções verbais. Dessa forma, o número de verbos (ou de locuções verbais) corresponde ao número exato de orações.

O período composto pode ser classificado como **período composto por coordenação** ou como **período composto por subordinação**.

COORDENAÇÃO E SUBORDINAÇÃO

3. Leia, a seguir, um trecho de uma reportagem sobre outra crise de refugiados.

> Há 16 séculos, a Europa vivia uma séria crise de refugiados. Assim como hoje, um povo usava rotas nos Bálcãs para fugir de atrocidades e buscar esperança em terras estrangeiras. Em 376, não eram os sírios que se deslocavam em massa, mas os godos, um dos povos que os romanos chamavam genericamente de bárbaros. Eles migraram para o sul e pediram abrigo no império mais poderoso do Ocidente. De origem germânica, esse povo habitava o leste europeu e se subdividia em ostrogodos (a turma mais a leste) e visigodos (mais a oeste).
>
> Naquele ano, o historiador e militar romano Amiamo Marcelino registrou que os godos estavam sendo expulsos de suas terras por uma "raça selvagem sem paralelos que desceu feito redemoinhos das montanhas, como se tivesse brotado de um cano escondido na terra, e destruiu tudo o que se encontrasse em seu caminho. Eram os hunos, um povo nômade que se deslocou para a Europa Central em busca de terras e pastagens. À medida que avançavam, expandiam seus domínios por meio de alianças e conquistas.
>
> Os godos entraram na linha de tiro huna e migraram para a Trácia, região que hoje fica nos territórios de Bulgária, Grécia e Turquia e que na época era uma província romana. Caso conseguissem se estabelecer, estariam em uma terra fértil, do outro lado do Rio Danúbio e mais protegidos da fúria dos hunos. [...]

Felipe van Deursen. Como uma crise de refugiados destruiu o Império Romano. Revista *Superinteressante*, 21 mar. 2017. Disponível em: <http://super.abril.com.br/blog/contaoutra/como-uma-crise-de-refugiados-destruiu-o-imperio-romano/>. Acesso em: 20 jul. 2018.

- A reportagem compara uma crise ocorrida no século XXI a outra no século IV. O que elas têm em comum e qual é a principal diferença entre elas?

4. Releia estes períodos compostos do trecho da reportagem:

> I. Eles migraram para o sul e pediram abrigo no império mais poderoso do Ocidente.
> II. À medida que avançavam, expandiam seus domínios por meio de alianças e conquistas.

a) Quantas orações há em cada um dos períodos? Explique.
b) Em que período há relação de independência entre as orações? Por quê?
c) Explique a relação de dependência presente no outro período.
d) Indique a conjunção e a locução conjuntiva nos períodos e explique os efeitos de sentido em cada uma delas.

Os períodos I e II correspondem, respectivamente, ao período composto por coordenação e ao período composto por subordinação. Nos dois períodos foram utilizadas conjunção e locução conjuntiva para estabelecer uma relação de sentido entre as orações. No entanto, o que difere um período do outro é a relação de dependência entre a oração 1 e 2.

COMPREENDER

Acesse o recurso digital sobre **período simples e período composto** para compreender um pouco mais o assunto.

ANOTE AÍ!

O **período composto por coordenação** é estruturado por orações coordenadas, ou seja, orações independentes sintaticamente, mas que estabelecem, entre si, uma relação de sentido. Um período em que as orações não possuem sentido sozinhas e são sintaticamente dependentes é denominado **período composto por subordinação**.

ATIVIDADES

RETOMAR E COMPREENDER

1. Leia a tira e responda às questões.

Dick Browne. *O melhor de Hagar, o Horrível*. Porto Alegre: L&PM, 2014. p. 15.

a) O humor da tira é provocado pelo fato de a imagem surpreender o leitor no segundo quadrinho. Considerando a fala de Hagar no quadrinho anterior, por que a imagem do segundo quadrinho é surpreendente?

b) No primeiro quadrinho da tira, há períodos simples. Explique como é possível identificá-los.

c) Reescreva a fala de Hagar do primeiro quadrinho de modo a transformá-la em período composto. Faça os ajustes necessários.

d) No primeiro quadrinho, com somente períodos simples na fala de Hagar, o tédio da personagem é destacado ou amenizado? Por quê?

e) Analise qual é o efeito do emprego de períodos simples e a relação estabelecida entre esse emprego e a fala de Hagar no último quadrinho.

APLICAR

2. Classifique os períodos como simples ou composto.
   a) Ontem chegamos muito tarde em casa.
   b) Luciana almoçou e já saiu.
   c) Muitas atitudes estão sendo tomadas para solucionar a crise dos refugiados, mas poucas são eficazes.
   d) Aline planejou sua viagem com muita antecedência.
   e) Ou Raul viajará nas férias ou ficará na casa de seu avô.
   f) Preciso encontrar as chaves de casa.
   g) O brasileiro é um povo acolhedor e trata bem a todos.
   h) Vanda fará um almoço para os refugiados.
   i) Marieta conseguiu arrecadar muitas doações aos refugiados.

3. Classifique os períodos (coordenação ou subordinação), identificando o sentido das conjunções.
   a) Ana estudou, mas não foi muito bem na prova.
   b) Rebeca chegou em casa, almoçou e saiu novamente.
   c) Corram, pois a casa está pegando fogo!
   d) Joaquim foi a Brasília quando voltei do Mato Grosso.
   e) Gostamos de comer pastéis de queijo.
   f) Roberto terá sucesso nas aulas de confeitaria se acreditar em seu talento.

4. **APLICAR** Faça as **atividades interativas** para praticar seus conhecimentos.

A LÍNGUA NA REAL

A CONJUNÇÃO COMO ELEMENTO DE COESÃO

1. Leia o texto e conheça um pouco sobre a Hospedaria do Imigrante, atualmente conhecida como Memorial do Imigrante, localizada na cidade de São Paulo.

> A Hospedaria do Imigrante foi criada para reunir e preservar a documentação, memória e objetos de imigrantes que vieram para o Brasil em busca de esperança, aventuras e fortuna, ou fugindo de uma situação difícil em suas pátrias de origem. O museu foi construído entre 1886 e 1888 no Brás para receber e encaminhar ao trabalho os imigrantes trazidos pelo governo [...].
>
> Disponível em: <http://www.saopaulo.sp.gov.br/conhecasp/museus/memorial-do-imigrante/>. Acesso em: 1º out. 2018.

↑ **Memorial do Imigrante**, na cidade de São Paulo. Foto de 2017.

a) De acordo com o texto, com qual objetivo a Hospedaria do Imigrante foi criada? Por que essas pessoas vieram para o Brasil?

b) Observe este período extraído do texto acima:

> A Hospedaria do Imigrante foi criada para reunir **e** preservar a documentação, memória e objetos de imigrantes [...].

- Esse período é simples ou composto? Que orações a conjunção em destaque liga? Que relação ela estabelece entre essas orações?

c) No trecho "[...] vieram para o Brasil em busca de esperança [...] ou fugindo de uma situação difícil", que elemento linguístico indica que havia mais de uma alternativa como motivo para a viagem? Explique.

2. A seguir, leia o trecho de uma reportagem.

> O Brasil é considerado acolhedor, mas a prática desfaz parte dessa imagem. Ao chegar aqui, o refugiado recebe papéis da Polícia Federal para permitir sua circulação. Porém, emprego e abrigo são difíceis.
>
> Julia Carrilo. Um refúgio na busca de vida segura e estável. *A Tribuna*, 30 abr. 2017. Disponível em: <http://www.atribuna.com.br/noticias/noticias-detalhe/cidades/um-refugio-na-busca-de-vida-segura-e-estavel/?cHash=75242b47636ef04dd6e14342eeabba61>. Acesso em: 1º out. 2018.

a) No trecho acima, indique um período simples.

b) No interior de qual período há uma oposição entre as ideias apresentadas? Que palavra indica essa relação? Qual é a classificação desse período?

c) Em um dos períodos, há uma oração que indica o momento em que ocorre um fato indicado na outra. Copie-a no caderno.

d) Uma das orações é introduzida pela conjunção *porém*. Entre quais ideias ela estabelece uma relação? Que tipo de relação é essa?

e) Há duas conjunções nesse trecho. Uma delas estabelece relação entre as orações de um mesmo período e a outra indica a relação entre orações de períodos diferentes. No caderno, indique esses casos.

ANOTE AÍ!

As **conjunções** são um recurso fundamental de **coesão textual**, pois, além de ligar as orações, estabelecem relação de sentido entre elas. Em alguns casos, relacionam ideias expressas entre os períodos, e não entre as orações do mesmo período.

ESCRITA EM PAUTA

USOS DO *POR QUE*, *POR QUÊ*, *PORQUE* E *PORQUÊ*

1. Leia a tira a seguir e faça o que se pede.

Bill Watterson. *Criaturas bizarras de outro planeta!*: as aventuras de Calvin e Haroldo. 2. ed. São Paulo: Conrad, 2011. p. 21.

a) Por que, ao final da tira, Calvin se irrita e desiste de fazer perguntas a Haroldo? Comente sua resposta.

b) Nos dos balões do primeiro quadrinho aparecem termos semelhantes. Identifique-os e formule uma explicação para o uso de cada um deles.

Veja a seguir os usos dos termos *por que*, *porque*, *por quê* e *porquê*.

USO DO *POR QUE*

Por que é a junção da preposição *por* e do pronome interrogativo *que*. O sentido atribuído à expressão é o mesmo que "por que motivo", "por qual razão". Pode também ser a junção da preposição *por* com o pronome relativo *que*, tendo o mesmo sentido de "pelo qual". Veja alguns exemplos:

> **Por que** você ainda não terminou de ler seu livro?

> O motivo **por que** não terminei o livro é que ainda não tive tempo.

USO DO *POR QUÊ*

Por quê é a junção da preposição *por* e do pronome interrogativo *que*, usada apenas em final de frases ou antes de outra pausa sintática marcada, na qual é pronunciada com mais intensidade. Veja os exemplos:

> Você não chegou antes **por quê**?

> Acordei indisposto, não sei **por quê**.

USO DO *PORQUE*

Porque é uma conjunção empregada para conectar orações, estabelecendo entre elas relação de causa (sentido de *já que*), explicação (sentido de *pois*) ou finalidade (sentido de *para que*). Veja um exemplo:

> O tempo está seco **porque** não chove há semanas.

USO DO *PORQUÊ*

Porquê é um substantivo e, por isso, é empregado depois de artigos, pronomes adjetivos e numerais. Veja um exemplo:

> Quero saber o **porquê** de você não ter gostado daquele filme.

2. Observe a seguir os termos em destaque.

> I. **Por que** algumas pessoas não conseguem assoviar?
>
> Disponível em: <http://mundoestranho.abril.com.br/saude/por-que-algumas-pessoas-nao-conseguem-assoviar/>. Acesso em: 14 maio 2017.
>
> II. **Por que** não sentimos a Terra girar?
>
> Disponível em: <http://mundoestranho.abril.com.br/ciencia/por-que-nao-sentimos-a-terra-girar/>. Acesso em: 14 maio 2017.

a) Justifique o emprego desses termos em cada um desses títulos.
b) Explique por que, nesse tipo de título, costumam aparecer essas expressões.

3. Observe as orações a seguir e reescreva-as no caderno completando as lacunas com: *porque*, *por que*, *porquê* ou *por quê*.

a) ★ você vai se atrasar amanhã?
b) Não sei o motivo ★ você ainda não enviou seu poema para o concurso.
c) Não consegui ir à aula ontem ★ estava doente.
d) Sua irmã estava chorando ★?

4. **APLICAR** Faça as **atividades interativas** para colocar em prática o que aprendeu.

ETC. E TAL

O porquê dos porquês

Leia a seguir parte de um trecho de uma reportagem que explica a história dos usos dos termos: *por que*, *porque*, *por quê* e *porquê*.

> Na maioria dos idiomas, é fácil diferenciar: em inglês, pergunta-se com *why* e responde-se com *because*, enquanto os franceses contrapõem um *pourquoi* com *parce que*. Mas, como os portugueses teimaram em usar o mesmo termo para as duas funções, os gramáticos precisaram usar a imaginação.
>
> No latim clássico, havia duas palavras: *quare* para perguntar e *quia* para responder. Mas em português prevaleceu a expressão do latim vulgar, *pro quid*, que passou a exercer dupla jornada em perguntas e respostas. "Para diferenciar, alguém teve a ideia de escrever um junto e o outro separado", explica Caetano Galindo, linguista da Universidade Federal do Paraná. Os registros mais antigos dessa distinção são do século 13, mas em 1500 Pero Vaz de Caminha ainda se atrapalhava na Carta do Descobrimento.
>
> Para complicar, em 1931 surgiram no Brasil mais duas regras: o "que" ganhou circunflexo quando é tônico (antes de pontuação) e o "porque" substantivo virou "porquê". No dia a dia, porém, simplificamos tudo radicalmente: do bilhete à internet, só existe um "pq".

Rita Loiola. Por que existem vários jeitos de escrever "por quê"? Revista *Superinteressante*, 31 out. 2016. Disponível em: <http://super.abril.com.br/comportamento/por-que-existem-varios-jeitos-de-escrever-por-que/>. Acesso em: 1º out. 2018.

AGORA É COM VOCÊ!

ESCRITA DE EDITORIAL

PROPOSTA

Agora é a vez de você e os colegas escreverem, coletivamente, um editorial que expresse o posicionamento da turma sobre um dos problemas enfrentados pelos refugiados: o tráfico de pessoas. O editorial será publicado no *blog* da turma para que todos possam conhecer o ponto de vista de vocês sobre o assunto.

GÊNERO	PÚBLICO	OBJETIVO	CIRCULAÇÃO
Editorial	Comunidade escolar; familiares; internautas em geral	Posicionar-se coletivamente a respeito do crescimento do tráfico de pessoas diante da crise dos refugiados	Publicação no *blog* da turma

PLANEJAMENTO E ELABORAÇÃO DO TEXTO

1 Leiam a notícia a seguir, que deverá ser o tema do editorial de vocês.

> **Tráfico de pessoas aproveita vulnerabilidade de migrantes e refugiados, diz ONU**
>
> *O tráfico de pessoas é um crime parasita que se alimenta da vulnerabilidade, prospera em tempos de incerteza e lucra com a inação, alertaram oficiais das Nações Unidas nesta sexta-feira (29), às vésperas do Dia Mundial de Combate ao Tráfico de Pessoas (30)*
>
> De acordo com o secretário-geral da ONU, Ban Ki-moon, os traficantes visam aos mais desesperados e vulneráveis. Segundo ele, para acabar com essa prática desumana, "precisamos fazer mais para proteger migrantes e refugiados — particularmente jovens, mulheres e crianças — daqueles que exploram sua esperança por um futuro mais seguro e mais digno".
>
> "Precisamos administrar a migração de forma segura e baseada em direitos, criar caminhos suficientes e acessíveis para a entrada de migrantes e refugiados, e combater as origens dos conflitos — a pobreza extrema, a degradação ambiental e outras crises que forçam pessoas a atravessar fronteiras, oceanos e desertos", disse o secretário-geral.
>
> Para o diretor-executivo do Escritório das Nações Unidas sobre Drogas e Crime (UNODC), Yury Fedotov, enquanto a comunidade internacional luta contra a maior crise de refugiados e migrantes desde a Segunda Guerra Mundial, traficantes de pessoas e de migrantes estão tirando vantagens da miséria para obter lucro.
>
> Segundo ele, criminosos se aproveitam de pessoas passando por necessidade e sem apoio, e veem migrantes, especialmente crianças, como alvos fáceis para exploração, violência e abuso. Além disso, conflitos armados e crises humanitárias expõem pessoas presas no fogo cruzado a um maior risco de serem traficadas para exploração sexual, trabalho forçado, remoção de órgãos, servidão e outras formas de exploração, declarou.
>
> Enquanto nem todos os migrantes são vulneráveis a serem traficados, o próximo Relatório Global do UNODC sobre Tráfico de Pessoas 2016, que será divulgado ainda este ano, identifica um padrão claro ligando migração não documentada a tráfico de seres humanos.
>
> [...]

ONU BR: Nações Unidas no Brasil, 29 jul. 2016. Disponível em: <https://nacoesunidas.org/trafico-de-pessoas-aproveita-vulnerabilidade-de-migrantes-e-refugiados-diz-onu/>. Acesso em: 20 jul. 2018.

Leandro Lassmar/ID/BR

2 Para embasar o editorial, dividam-se em grupos. Cada equipe ficará responsável por pesquisar um aspecto do tema:

- **Grupo 1**: relação entre a crise dos refugiados e o tráfico de pessoas;
- **Grupo 2**: principais desafios enfrentados no combate ao tráfico de pessoas;
- **Grupo 3**: medidas tomadas para combatê-lo.

3 Anotem as informações úteis para o desenvolvimento do texto, combinando com o professor um dia para discutir os dados pesquisados.

4 Ao elaborar o editorial, considerem a estrutura básica de um texto argumentativo: introdução, argumentação, conclusão.

5 Produzam a primeira versão do editorial, seguindo estas orientações:

- Para a introdução: façam referência ao fato divulgado na notícia motivadora, contextualizando o leitor sobre o tema que será tratado; posicionem-se sobre a questão do tráfico de pessoas.
- Para a argumentação: pensem na estratégia argumentativa para defender suas ideias; selecionem os argumentos para a defesa do ponto de vista.
- Para a conclusão: retomem o tema, reforçando o posicionamento do grupo.
- Observações: o editorial não deve ser assinado; o título deve ser coerente com o ponto de vista desenvolvido no texto.

LINGUAGEM DO SEU TEXTO

1. Releiam o trecho do início do capítulo e respondam: O que expressa a conjunção em destaque e o que ela introduz na argumentação?

> **Segundo** a agência de segurança de fronteiras da União Europeia, há entre 500 mil e 1 milhão de pessoas na Líbia, neste momento, esperando uma oportunidade para embarcar rumo à Europa.

2. Que ideias a conjunção adversativa em destaque neste segundo trecho opõe?

> Toda a movimentação diplomática e política [...] serviu para dar a impressão de que há mesmo grande preocupação com o destino dos imigrantes ilegais. Nos bastidores, **porém**, há muito ceticismo a respeito dos resultados práticos.

Agora, releiam o editorial, observando se as conjunções foram bem empregadas para expressar as relações entre as orações e os termos. Observem também se o registro de língua usado é formal, verificando a grafia e a concordância nominal e a verbal.

AVALIAÇÃO E REESCRITA DO TEXTO

1 Façam uma leitura coletiva do editorial, avaliando-o segundo estes critérios:

ELEMENTOS DO EDITORIAL
O posicionamento defendido pelo editorial está claro? Os argumentos são convincentes?
O título está coerente com o assunto do editorial?
O registro de linguagem está adequado ao público-alvo?

2 Com base nesta avaliação, reescrevam o texto, fazendo os ajustes necessários.

CIRCULAÇÃO

1 Publiquem o editorial no *blog* da turma.

2 Divulguem o *link* para que todos possam acessar o texto de vocês.

INVESTIGAR

Checagem de fatos

Para começar

Até há pouco tempo, os jornais, as revistas, o rádio e a televisão eram os responsáveis pela divulgação de informações. Com a internet e as redes sociais, os meios de comunicação se ampliaram e, hoje em dia, é possível divulgar informações de diversas maneiras. Por exemplo, uma informação séria e confiável pode ser distorcida para se tornar engraçada e reproduzida no grupo de uma rede social. No entanto, alguns podem considerar essa informação verdadeira e ter uma visão distorcida da realidade, e por isso, cada vez mais, é preciso checar as informações do que se lê. Agora, vocês vão escolher um dado polêmico utilizado para construir a argumentação em um artigo de opinião ou um fato questionável noticiado recentemente e, por meio de um estudo de caso, vão checar as informações sobre esse fato em diferentes fontes para verificar se o que foi divulgado é verdadeiro ou falso. Ao final, vocês apresentarão um seminário.

O PROBLEMA	A INVESTIGAÇÃO	MATERIAL
Como checar informações para saber se um dado é verdadeiro ou falso?	**Procedimento:** estudo de caso. **Instrumentos de coleta:** observação, entrevista, registros.	• caderno para anotações • jornais e revistas • ferramentas para apoiar apresentações orais (como *slides*) e dispositivos com acesso à internet.

Procedimentos

Parte I – Planejamento

① Reúnam-se em grupos de até cinco integrantes para iniciar o trabalho. Cada grupo ficará responsável por um dado polêmico e de relevância social noticiado recentemente ou utilizado para sustentar um argumento em um artigo de opinião para checar a veracidade das informações.

② Um texto, para ser checado, precisa apresentar: dados estatísticos e/ou históricos, referência a leis, dentre outras informações que possam ser verificadas. Dessa forma, escolham um texto que tenham dados a partir desses critérios.

Parte II – Levantamento das fontes confiáveis

① A partir fato escolhido, listem os dados que foram apresentados e que, aparentemente, podem ser falsos ou incorretos.

② Depois de listar os dados que deverão ser checados, busquem as fontes confiáveis sobre o assunto. Por exemplo, se for um dado ambiental, procurem artigos publicados em revistas acadêmicas especializadas; se o dado for referente a leis, procurem em *sites* do governo onde foram publicadas as leis relacionadas ao assunto.

Parte III – Checagem dos fatos

1 A partir das fontes selecionadas, façam a comparação entre os dados apresentados na notícia ou no artigo de opinião escolhido com os que foram obtidos nas fontes confiáveis.

2 Se a partir dessa checagem não for possível comprovar a veracidade da informação, é possível recorrer a um especialista para tentar esclarecer o dado. Assim, se o assunto estiver relacionado a um dado histórico, vocês poderão entrevistar um professor de História, por exemplo; caso o assunto esteja relacionado à área da saúde, pode, com a ajuda do professor, conversar com um médico.

Parte IV – Organização dos dados

1 Agora, vocês vão reunir todas as informações obtidas e checadas ao longo do estudo de caso e elaborar um documento com essas informações. Nesse documento, apresentem todo o caminho percorrido ao longo da checagem, incluindo todos os *links* de *sites* consultados, as referências bibliográficas e, caso tenham entrevistado um especialista, apresentem o nome, a especialidade e declaração feita por ele.

Questões para discussão

1. O dado escolhido estava de acordo com os critérios necessários para fazer a checagem?

2. Vocês tiveram dificuldade em alguma etapa? Se sim, em qual e por quê?

3. Vocês ficaram satisfeitos com os resultados obtidos ao longo da pesquisa ou acreditam que seria necessário levantar mais fontes para checar os fatos?

Comunicação dos resultados

Seminário

Compartilhem os resultados do estudo de caso do grupo com a turma. Para isso, organizem um seminário. Antes, com a ajuda do professor, estabeleçam o tempo de apresentação de cada equipe para que vocês possam programar a apresentação com base nesse tempo.

Usem o documento produzido por vocês para organizar a apresentação oral, distribuindo os itens pelos integrantes do grupo. Se possível, organizem a apresentação em *slides* ou cartolinas para que os colegas visualizem os pontos principais dos resultados obtidos. Ao preparar esse material, lembrem-se de que, em cada um dos *slides* ou em cada cartolina, deve haver um título em destaque, em letras maiores, e pouco texto, apresentando apenas os itens essenciais.

Procurem ensaiar a apresentação para que não haja repetição do que será falado e para controlar melhor o tempo. Lembrem-se de que é importante usar um texto escrito de apoio à fala; no entanto, evitem a leitura excessiva durante o seminário. É importante fazer a apresentação sem usar gírias, levando em consideração as regras de concordância verbal e nominal da língua, adequando a linguagem ao registro formal. Ao longo da apresentação dos demais grupos, escutem com atenção, mantendo uma postura respeitosa.

ATIVIDADES INTEGRADAS

A seguir, você vai ler um artigo de opinião que busca explicar por que devemos acolher os refugiados. Observe, ao ler o texto, as características do gênero artigo de opinião que você estudou na unidade e os elementos linguísticos empregados.

opinião

TENDÊNCIAS/DEBATES

MARIA LAURA CANINEU

Por que o Brasil deveria acolher os refugiados sírios?

Pouco antes de deixar o cargo no último mês, o então ministro da Justiça Eugênio Aragão deu um sinal positivo sobre a capacidade do Brasil de acolher refugiados. Com ajuda internacional, segundo ele, o país poderia acolher "até 100 mil sírios, em grupos de 20 mil por ano". Na última quinta-feira (16), o Itamaraty reafirmou a disposição do Brasil "em seguir colaborando, como tem feito, por meio da recepção de imigrantes em nosso território".

Nesta segunda (20), Dia Mundial do Refugiado, o povo brasileiro pode se orgulhar dos primeiros passos tomados, em meio a uma profunda crise política, no sentido de proteger aqueles que fogem da guerra e da perseguição. Independentemente da nossa futura situação política, devemos continuar neste caminho.

Em 2013, o Comitê Nacional para os Refugiados (Conare) autorizou as embaixadas do país a emitirem vistos humanitários para pessoas tentando escapar do conflito armado na Síria. "É, sem dúvidas, um exemplo a ser seguido", disse à época o representante do Alto Comissariado da ONU para os Refugiados (ACNUR) no Brasil, Andrés Ramirez.

O Brasil emitiu 8 450 vistos humanitários a sírios desde o início do conflito; mais de 2 000 já foram reconhecidos como refugiados no país. Embora o número seja pequeno comparado aos 4,8 milhões de refugiados que chegaram aos países vizinhos da Síria, Ramirez reconhece o Brasil por ter "mantido uma política de portas abertas para refugiados sírios".

Com políticas insuficientes de reassentamento e outros auxílios na Europa e América do Norte, os países vizinhos da Síria começaram a fechar suas fronteiras aos solicitantes de refúgio.

Cerca de 70 mil sírios estão confinados em uma faixa de deserto na fronteira do país com a Jordânia. Além disso, desde agosto de 2015, a Turquia tem repelido sírios de suas fronteiras. Em dois incidentes diferentes, desde o início do ano, guardas turcos dispararam contra refugiados que se aproximavam da fronteira, ferindo 14 pessoas e matando cinco – incluindo uma criança.

O Brasil tem a chance de fazer a diferença. Se o país assumisse o compromisso de reassentar 100 mil refugiados sírios durante os encontros sobre o compartilhamento de responsabilidade internacional, que ocorrerão à época da abertura da sessão de setembro da Assembleia Geral da ONU, poderia assim pressionar positivamente países desenvolvidos que não estão cumprindo seu papel no enfrentamento do problema. A política de portas abertas do Brasil não deve apenas continuar, mas ainda incluir aperfeiçoamentos na nossa capacidade de promover uma verdadeira integração, respeitar os direitos dos refugiados e oferecer apoio específico aos mais vulneráveis.

A avaliação do ACNUR sobre programas de reassentamento de refugiados no país, a maioria vinda da própria América Latina, indica que ainda há espaço para melhorias, mas também que 85% dos refugiados que se reestabeleceram aqui, no âmbito desses programas, permanecem no país, a maior proporção entre todos os países do Cone Sul. Refugiados bem integrados podem representar uma grande vantagem ao país. Uma injeção de sangue novo pode ajudar a recuperar uma economia em recessão.

Como declarou Ken Roth, diretor executivo da Human Rights Watch, sobre os sírios na Europa, "a vinda de pessoas que possuem a comprovada perseverança e inteligência para escapar da guerra e da repressão em seu país e atravessar todos os riscos letais inerentes à travessia até a Europa pode oferecer o ânimo e a energia de que o continente precisa". O mesmo vale para o Brasil.

Acolher refugiados não é uma questão de filantropia, é uma questão de solidariedade e compartilhamento de responsabilidade.

Ao receber refugiados e se comprometer com afinco com sua integração, o Brasil será um líder global na demonstração de respeito aos direitos humanos e compaixão. O país já começou bem; é preciso continuar nesse caminho.

Maria Laura Canineu é diretora da ONG Human Rights Watch no Brasil

Maria Laura Canineu. Por que o Brasil deveria acolher os refugiados sírios? *Folha de S.Paulo*, 20 jun. 2016. Disponível em: <http://www1.folha.uol.com.br/opiniao/2016/06/1783571-por-que-o-brasil-deveria-acolher-os-refugiados-sirios.shtml>. Acesso em: 24 out. 2018.

ANALISAR E VERIFICAR

1. Na visão da articulista, por que seria importante para o Brasil acolher os refugiados?

2. Por que ela afirma que o Brasil teria a chance de fazer a diferença?

3. Quais seriam as consequências, no âmbito internacional, se o Brasil assumisse essa responsabilidade com o acolhimento dos refugiados? E no âmbito nacional?

4. Para convencer o leitor, a articulista emprega diversas estratégias argumentativas. Cite algumas, exemplificando-as.

5. "Refugiados bem integrados podem representar uma grande vantagem ao país" é um período simples ou composto? Justifique sua resposta.

CRIAR

6. Escreva um texto sobre os motivos pelos quais você concorda ou discorda da posição de Maria Laura Canineu.

7. Em sua opinião, de que forma uma atitude dos governantes poderia amenizar a crise dos refugiados? Debata com os colegas.

243

IDEIAS EM CONSTRUÇÃO – UNIDADE 7

Gênero artigo de opinião
- Analiso a organização de textos argumentativos identificando sua estrutura básica: introdução (com o tema e a opinião a ser defendida), argumentação (argumentos, contra-argumentos, refutação), conclusão (retomada da opinião defendida)?
- Percebo e analiso recursos para convencer o leitor, como a construção do título, os tipos de argumentos empregados, a exposição ou a omissão das fontes de informações, as escolhas linguísticas e o registro de linguagem?
- Ao produzir um artigo de opinião:
  - planejo o texto de acordo com o contexto de produção proposto?
  - utilizo a organização habitual do gênero a ser produzido?
  - eu me engajo no planejamento, na elaboração, na revisão e na reorganização do texto, respeitando seu contexto de produção?
  - utilizo o registro de linguagem adequado à situação?
  - construo os períodos do texto adequadamente?
  - emprego conjunções para relacionar as orações ou os períodos adequadamente?
  - verifico a apresentação da opinião, a coerência e a força dos argumentos?

Gênero editorial
- Percebo as semelhanças e as diferenças entre um artigo de opinião e um editorial?

Conhecimentos linguísticos
- Identifico conjunções e seus efeitos de sentido em um texto?
- Percebo a diferença entre períodos compostos e períodos simples?
- Percebo a diferença entre períodos compostos por coordenação e períodos compostos por subordinação?
- Escrevo *por que*, *por quê*, *porque* ou *porquê* de acordo com as convenções ortográficas da língua portuguesa?

 VERIFICAR
Confira o **mapa de conteúdos** da unidade 7.

UNIDADE 8

CARTA DO LEITOR E DEBATE REGRADO

Você já escreveu uma carta para um veículo de comunicação posicionando-se sobre algum assunto divulgado em um texto jornalístico? Você ou seus familiares têm o hábito de assistir a debates entre candidatos a cargos políticos? Nesta unidade, você vai estudar os gêneros argumentativos carta do leitor e debate regrado, por meio dos quais é possível nos posicionarmos sobre os mais diversos assuntos.

CAPÍTULO 1
A opinião
dos leitores

CAPÍTULO 2
Discutindo ideias

PRIMEIRAS IDEIAS

1. É importante posicionar-se sobre uma notícia?

2. Acompanhar debates entre candidatos a cargos públicos é necessário para que se vote de modo consciente? Debata com os colegas.

3. Uma oração coordenada pode ser classificada como sindética ou assindética. Levante hipóteses sobre a diferença entre essas duas classificações.

4. Qual pode ser o efeito de sentido gerado no texto ao se repetir uma conjunção? Tente explicar com um exemplo.

5. Que conjunção podemos usar para expressar alternância entre duas opções?

LEITURA DA IMAGEM

1. Que elementos você consegue identificar na imagem?
2. Observe os trajes e os adornos utilizados pelas pessoas e a arquitetura do lugar. Que sensações a combinação desses elementos causa em você?
3. O que essas pessoas parecem fazer nesse local?
4. Você acha que todos os brasileiros têm acesso à moradia, à saúde e à educação de qualidade?
5. **COMPREENDER** Acesse o recurso digital sobre como podemos nos **desenvolver sem deixar ninguém para trás** e converse com os colegas.

Foto de indígenas de variadas etnias ao lado de edifício do Congresso Nacional, em Brasília, dezembro de 2015.

Capítulo 1
A OPINIÃO DOS LEITORES

O QUE VEM A SEGUIR

Você vai ler uma reportagem sobre a relação entre o programa Bolsa Família e a rotina de indígenas na região do Xingu. Depois, terá a oportunidade de ler duas cartas do leitor que comentam a reportagem. Analisando o título e a temática da reportagem, você consegue imaginar qual teria sido o posicionamento dos leitores sobre ela? Levante hipóteses com a turma.

TEXTO

poder

Bolsa Família altera rotina de indígenas na região do Xingu

FABIANO MAISONNAVE

Enviado especial ao Parque Indígena do Xingu e a Canarana (MT)

04/09/2016 2h00 – Atualizado em 07/09/2016 às 00h40

Nascida e criada no Xingu, Leiru Mehinaku entende pouco o português. Não sabe ao certo a própria idade nem a dos quatro filhos, que cria sozinha. Em 2014, um ano após ingressar no programa Bolsa Família, deixou sua aldeia e se mudou para Canarana (a 607 km a leste de Cuiabá).

"Achei que fosse o suficiente. Mas, depois que me mudei aqui, vi que era muito caro", disse, traduzida por um sobrinho, em conversa na casa de tijolo aparente e três cômodos nos fundos de um bar. Um fogão velho de quatro bocas é o único eletrodoméstico. Sobre a mesa, seis sacos de arroz, três garrafas de óleo e dois pacotes de café. "Quando morava na aldeia, não precisava de dinheiro. Aqui, fico um pouco com dinheiro e acaba", disse Leiru. Apesar das dificuldades, ela pretende continuar na cidade para que seus filhos "estudem e entendam melhor o português do que eu". O sustento é assegurado principalmente pelo filho adolescente, que trabalha numa borracharia – sua renda mensal do Bolsa Família é de R$ 300.

Assim como Leiru e os filhos, quase metade da população indígena no Brasil participa do principal programa social do país. Só na Amazônia Legal, são 63 165 famílias, segundo o Ministério do Desenvolvimento Social.

Implantados em terras indígenas de todas as regiões do país sem nenhuma adaptação, o Bolsa Família – e outros benefícios com menor abrangência, como a aposentadoria rural e o auxílio-maternidade – vem provocando mudanças profundas no modo de vida tradicional.

O principal motivo é que esses programas obrigam os beneficiários a se deslocar durante dias até a cidade para sacar o dinheiro no caixa eletrônico e realizar trâmites burocráticos. No Xingu, essa viagem dura até 20 dias; no alto rio Negro (AM), o deslocamento chega a três meses.

Durante nove dias, a reportagem da **Folha** conversou com famílias e lideranças indígenas no Xingu e em Canarana, a principal cidade do entorno do parque. Ali, com apoio da Funai (Fundação Nacional do Índio), o programa se popularizou principalmente entre os anos de 2012 e 2013, por meio de mutirões realizados nas aldeias.

"A Funai foi um órgão muito desprestigiado nos últimos governos, com um orçamento sem possibilidade de fazer muitos projetos", afirma André Villas-Bôas, secretário executivo do Instituto Socioambiental (ISA). "Em vários lugares, se restringiu a criar condições para cadastrar e facilitar o transporte dessas famílias para acessar esses programas." Nas conversas, os xinguanos afirmam que o benefício ajuda a comprar produtos do cotidiano, como facões e material de pesca. Por outro lado, relatam casos de endividamento para pagar o transporte, mudanças mal planejadas para a cidade, consumo excessivo de comida "do branco" e retenção ilegal de cartões por comerciantes.

"A família acaba gastando todo o dinheiro com frete, muito caro. Paga R$ 600 só de ida. Pra buscar [o benefício], acaba se endividando", afirma Marcelo Kamayurá, 41, agente de saúde e liderança da aldeia Morená.

"Se perder o foco, a pessoa fica dez, 15 dias dependendo de uma carona. Atrasa a roça, o serviço na aldeia."

Os obstáculos do Bolsa Família e de outros programas sociais não se restringem ao Xingu, segundo o presidente interino da Funai, Artur Mendes. Ele diz que, apesar de o programa financiar compras de produtos já incorporados, como sal e pilha, o vínculo obrigatório com a cidade altera a rotina dos indígenas de comunidades mais isoladas.

"Há um esvaziamento das aldeias e uma mudança de hábito, de vida, inclusive afetando os mais velhos, porque isso também acontece na aposentadoria [rural]", afirma Mendes.

ALIMENTAÇÃO

Um dos impactos mais fortes da entrada do dinheiro dos programas sociais e das visitas à cidade está na alimentação. No Xingu, o café açucarado pela manhã, o refrigerante e outros produtos industrializados têm cada vez mais penetração.

Há três décadas atuando no Xingu, o médico e professor da Unifesp (Universidade Federal de SP) Douglas Rodrigues afirma que o Bolsa Família tem um peso, ainda não medido, na aceleração desse processo, com efeitos devastadores na saúde.

Em 1986, ninguém foi diagnosticado com hipertensão ou diabetes durante amplo inquérito de saúde no Xingu do qual Rodrigues participou. Nos últimos anos, essas doenças estão cada vez mais comuns por causa das mudanças na dieta.

"A comida que vem de fora não tem regra nem a nossa variedade. Eles acabam usando de maneira completamente equivocada. Muito óleo, sal, açúcar", afirma a antropóloga e médica da Unifesp Sofia Mendonça, mulher de Rodrigues e também com larga experiência no Xingu.

Para Rodrigues, a implantação ativa do Bolsa Família em terras indígenas "parte de uma visão equivocada do que é pobre": "Na medida em que a política de demarcação de terras vai sendo abandonada, sobretudo a partir da segunda gestão do governo Lula [2007--2010], sobram aos índios esses programas assistencialistas, que drenam a sua população para as cidades e para o mercado".

ADAPTAÇÃO

Para minimizar esses problemas, algumas aldeias criaram soluções coletivas. Em uma comunidade da etnia waura, os cartões do Bolsa Família ficam com estudantes que moram na cidade e são mantidos pela comunidade. Com isso, os beneficiários não precisam ir à cidade no prazo máximo de 90 dias, depois do qual o dinheiro fica indisponível.

As lideranças indígenas defendem que a solução não é eliminar o Bolsa Família, mas fazer adaptações, como a implantação de pontos de saque em locais estratégicos do Xingu ou criar programas específicos à realidade local.

"Lá fora, a aplicação desse programa é pra tirar a família da miséria. Mas, no nosso caso, temos a nossa alimentação: peixe, milho, mandioca. O importante é fazer um programa de incentivo para continuarmos fazendo as roças do nosso modo", afirma Kamayurá.

Liderança do Xingu e funcionário da Funai, Ianukula Kaiabi Suia, 38, afirma que o dinheiro "é o transformador de tudo" e que não há volta atrás: "Os povos indígenas estão cada vez mais inseridos nesse sistema".

"Mas, se o dinheiro é tão desequilibrador, existe uma ausência de conversa mais aprofundada. Caso contrário, daqui a um tempo vamos ficar cada vez mais egoístas. O costume de compartilhar a nossa comida e as nossas coisas com os parentes talvez venha a desaparecer. É a minha preocupação."

Fabiano Maisonnave. Bolsa Família altera rotina de indígenas na região do Xingu. *Folha de S.Paulo*, 4 set. 2016. Disponível em: <http://www1.folha.uol.com.br/poder/2016/09/1810078-bolsa-familia-altera-rotina-de-indigenas-na-regiao-do-xingu.shtml>. Acesso em: 15 out. 2018.

painel do leitor

Leitores comentam impacto do Bolsa Família para indígenas

Gostaria de parabenizar a **Folha** pela reportagem sobre o impacto do Bolsa Família na região do Xingu. Infelizmente, esse problema não ocorre somente naquela região. No alto rio Negro a situação é semelhante e inclui os cartões de benefício do INSS, que são retidos por comerciantes. Além de saques, eles fazem empréstimos consignados sem consentimento do beneficiário. Ações da PF já prenderam vários comerciantes e fecharam a única lotérica da cidade.

LUIZ FERNANDO ZOCCA (São Gabriel da Cachoeira, AM)

★

Oportuna a reportagem sobre os indígenas da região do Xingu, homenageados também nos Jogos Olímpicos. Em um momento no qual tentamos mais uma vez reconstruir a unidade nacional, textos como esse são de fundamental importância para lembrarmos de um povo ameaçado, que não tem como se expressar durante o caos político em que nos encontramos. Muitas vezes, as questões brasileiras demandam sensibilidade, não dinheiro. Resultaremos em uma nação mais completa e digna se atentarmos para valores humanos.

JOSÉ ALENCAR GALVÃO DE FRANÇA (São Paulo, SP)

Folha de S.Paulo, 5 set. 2016. Disponível em: <http://www1.folha.uol.com.br/paineldoleitor/2016/09/1810274-leitores-comentam-impacto-do-bolsa-familia-para-indigenas.shtml>. Acesso em: 15 out. 2018.

TEXTO EM ESTUDO

PARA ENTENDER O TEXTO

1. Retome as hipóteses levantadas por você e pelos colegas no boxe *O que vem a seguir*. Elas se confirmaram após a leitura dos textos? Explique.

2. A reportagem trata dos impactos do programa federal Bolsa Família na rotina de indígenas da região do Xingu.

   a) Quais foram os impactos sofridos por essa população em razão da implantação do programa Bolsa Família?

   b) Qual é a principal crítica apresentada na reportagem sobre a introdução desse programa social nessa região?

   c) Ao longo do texto, diversos depoimentos são apresentados. Com qual objetivo eles foram utilizados na reportagem?

3. Na reportagem, relatam-se mudanças na alimentação dos indígenas devido à inserção do Bolsa Família nas comunidades.

   a) De que modo isso ocorreu?

   b) Essas mudanças foram negativas ou positivas? Explique.

   c) Os depoimentos de um médico e de uma antropóloga, na reportagem, constituem um argumento de que tipo? Explique.

4. Com base na leitura da reportagem "Bolsa Família altera rotina de indígenas na região do Xingu" e do boxe *O que é o Bolsa Família?*, responda no caderno:

   a) Pode-se afirmar que o programa cumpre de fato os objetivos de combater a fome e a miséria e de promover a emancipação de famílias em situação de pobreza na região do Xingu? Explique.

   b) Em sua opinião, como o programa deveria ser adaptado para evitar os impactos negativos relatados na reportagem? Converse com os colegas, ouvindo com atenção os argumentos deles e apresentando os seus educadamente, sempre respeitando a opinião de seu interlocutor.

5. A reportagem cita uma solução criada pelos indígenas para diminuir o impacto do programa Bolsa Família em suas rotinas e, ao mesmo tempo, beneficiar a comunidade. Que solução é essa?

6. Após a reportagem, foram apresentadas duas cartas do leitor.

   a) Com que objetivo as cartas do leitor foram produzidas e enviadas a um jornal de grande circulação? Comente sua resposta.

   b) Elas expressam um posicionamento favorável ou contrário às ideias expostas na reportagem? Explique.

   c) Qual é sua opinião sobre o assunto da reportagem? Converse com os colegas, lembrando que é preciso apresentar sua opinião de modo educado.

O QUE É O BOLSA FAMÍLIA?

É um programa de transferência de renda do governo federal voltado a famílias em situação de pobreza e extrema pobreza. Criado em 2003, seu objetivo é combater a fome e a miséria, promovendo a emancipação financeira das famílias beneficiadas. O valor destinado a cada beneficiário varia de acordo com alguns fatores, como: quantidade de membros da família, idade e renda declarada. Para usufruir do cartão Bolsa Família – por meio do qual é sacado um valor mensal –, os beneficiários devem cumprir compromissos relacionados à saúde e à educação de seus filhos, como vacinação em dia e frequência na escola.

ANOTE AÍ!

A **carta do leitor** é um gênero predominantemente argumentativo, por meio do qual o leitor se posiciona sobre um assunto abordado em alguma publicação de um jornal ou de uma revista. Para isso, são empregados argumentos que validam sua posição.

Diferentes objetivos podem motivar o leitor a escrever para um veículo: comentar, criticar ou elogiar uma notícia, uma reportagem ou uma entrevista, posicionando-se sobre o assunto tratado.

251

PASSAPORTE DIGITAL

Bolsa Família
No *link* a seguir, você pode encontrar mais informações sobre o Bolsa Família – o que é esse programa, quais são seus principais objetivos, como ele funciona, quem pode participar, como recebê-lo, que benefícios estão previstos, etc. Disponível em: <http://linkte.me/x62s4>. Acesso em: 18 set. 2018.

7. Em sua carta, Luiz Fernando Zocca afirma que "Infelizmente, esse problema não ocorre somente naquela região".

   a) A que problema ele se refere? Para comprovar essa afirmação, que tipo de argumento utiliza? Explique.

   b) O uso do advérbio **infelizmente** evidencia uma apreciação do autor da carta. Que tipo de apreciação ele faz?

   c) Se no lugar de **infelizmente** o autor da carta tivesse escrito **curiosamente**, qual seria a mudança de apreciação?

8. Em "Resultaremos em uma nação mais completa e digna se atentarmos para valores humanos", o autor apresenta uma hipótese sobre o futuro desde que seja cumprida determinada condição, estabelecendo uma relação de causa-consequência. Qual é essa hipótese? Qual é a condição para que ela ocorra?

ANOTE AÍ!

O **argumento por raciocínio lógico** fundamenta-se nas relações de causa-consequência, de analogia e de condição em torno de uma hipótese, tendo como objetivo persuadir o leitor sobre a defesa das ideias apresentadas. Na carta do leitor, além desse argumento, pode haver outras **estratégias argumentativas**, como argumentos de autoridade, de competência linguística, de exemplificação e, ainda, o contra-argumento.

O CONTEXTO DE PRODUÇÃO

9. Em que veículo de comunicação a reportagem lida e as cartas do leitor foram publicadas? Esse veículo tem abrangência regional ou nacional? Justifique.

10. Sobre as cartas do leitor estudadas, responda:

   a) A quem elas foram destinadas?

   b) Para você, cartas do leitor como as que foram publicadas podem influenciar a opinião de outros leitores sobre o assunto? Explique.

11. Nos veículos *on-line*, é comum haver um espaço para os leitores comentarem o texto lido. Abaixo, há a reprodução do cabeçalho de um desses espaços e de alguns recursos disponíveis para o leitor. Observe estes itens:

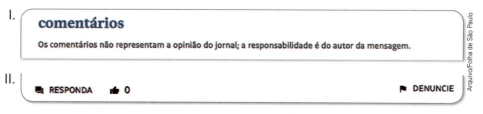

   a) No item I, ao ler o recado que antecede os comentários dos leitores, nota-se que o veículo trata de modo diferente o comentário e a carta do leitor. Que diferença é essa?

   b) Ao observar os recursos disponíveis no item II, além de comentar a notícia ou a reportagem lida, o que mais o leitor pode fazer nesse espaço? Justifique.

   c) É possível um leitor denunciar comentários que considere indevidos. Na página acima, como ele poderia fazer isso? Converse com a turma: o que torna um comentário indevido?

12. Além da carta do leitor, de que outras maneiras os leitores podem se posicionar diante de assuntos e notícias veiculados? Converse com a turma.

A LINGUAGEM DO TEXTO

13. Em geral, os leitores iniciam a carta fazendo referência à reportagem que pretendem comentar. Veja a seguir.

   I. Gostaria de parabenizar a Folha pela reportagem sobre o impacto do Bolsa Família na região do Xingu.
   II. Oportuna a reportagem sobre os indígenas da região do Xingu, homenageados também nos Jogos Olímpicos.

   a) Com que objetivo os leitores fazem referência à reportagem?
   b) Nos dois trechos acima, foram empregadas palavras que evidenciam, logo no início da carta, a postura adotada pelos autores. Identifique-as e explique de que forma elas fazem isso.

↑ Dançarinos do festival de Parintins, em homenagem às culturas indígenas, na cerimônia de abertura dos Jogos Olímpicos do Rio de Janeiro. Foto de 2016.

14. Releia um trecho da segunda carta do leitor e responda às questões.

   Em um momento no qual tentamos mais uma vez reconstruir a unidade nacional, textos como esse são de **fundamental** importância para lembrarmos de um povo ameaçado, que não tem como se expressar durante o caos político em que nos encontramos.

   a) Em que pessoa do discurso o texto foi escrito?
   b) Qual é o efeito do emprego dessa pessoa do discurso?
   c) Qual é o efeito da palavra em destaque?
   d) Qual é a classe gramatical da palavra em destaque?

15. Sobre a linguagem empregada na reportagem e nas cartas, responda:
   a) Qual é o registro predominante nesses textos?
   b) Esse registro está adequado à situação comunicativa? Explique.

ANOTE AÍ!

A carta do leitor é um gênero predominantemente argumentativo, por isso a **linguagem** nela empregada visa contribuir para a realização dos objetivos do autor. Assim, ela pode ser utilizada para **valorizar o discurso** e, dependendo do objetivo a que se propõe, pode, ainda, **contra-argumentar**, desqualificando o discurso do oponente. Pode também gerar uma grande identificação do leitor com o ponto de vista defendido pelo autor, pelas estratégias argumentativas usadas.

ESTADO DE BEM-ESTAR SOCIAL E SOLIDARIEDADE

O Estado de bem-estar social é uma concepção de governo em que o Estado exerce um papel importante na promoção e na proteção do bem-estar social e econômico de seus cidadãos. Essa concepção baseia-se no princípio de igualdade de oportunidades e distribuição de renda, de modo a garantir aos menos favorecidos condições mínimas de vida. Programas federais de distribuição de renda como o Bolsa Família alinham-se a essa concepção de Estado, pois auxiliam aqueles que se encontram em situação de maior vulnerabilidade econômica e social.

1. Você concorda que todo cidadão tenha direito a um conjunto mínimo de bens e serviços oferecidos pelo Estado? Faça uma reflexão com a turma.
2. Em sua opinião, qual é a importância da promoção de políticas de bem-estar social em um país como o Brasil? Converse com os colegas.

PARQUE INDÍGENA DO XINGU

Criado em 1961, o parque localiza-se no estado do Mato Grosso e possui uma área de aproximadamente 2 700 000 hectares, onde vivem 6 090 indígenas de várias etnias. É considerado um dos mais importantes locais de cultura indígena no Brasil.

UMA COISA PUXA OUTRA

Reivindicações de povos indígenas

O Brô MC´s é o primeiro grupo brasileiro de *rap* indígena. Eles lançaram um CD, aclamado pela crítica, não apenas pela riqueza das letras, da música e do tema, como também pelo valor cultural do encontro inusitado entre o *rap* e a cultura indígena e entre a língua portuguesa, falada no Brasil, e a língua guarani. De estranhamento inicial, o *rap* indígena tornou-se uma forma de expressão e de atuação política.

Escritas em guarani, as letras de Brô MC´s pretendem restituir o protagonismo da história do povo indígena. Para conhecer um pouco sobre a produção musical do grupo, leia a letra de *Koangagua*, reproduzida a seguir, ao lado de sua tradução para o português.

Koangagua	Nos dias de hoje (tradução)
Hai amoite ndoikua'ai mbaeve	Olha lá, eles não sabem de nada
Korap oguarê amoite tenonde	Esse *rap* chegou lá na frente
Apuka penderehe, nde ave reikotevê	Dou risada de vocês, agora que você precisa
Che ñe'e avamba'e oi chendive	Porque minha fala é forte e está comigo
Añe'e haetegua ndaikosei ndechagua	Falo a verdade, não quero ser que nem você
Aporahei opaichagua ajuahechuka	Canto vários temas e isso que venho mostrando.
Ava mombeuha ava koangagua	Voz indígena é a voz de agora
Rap ochechuka upea ha'e tegua	O *rap* mostra o que é a verdade
Koa mombeuha ape orereta	Essa é a verdade e aqui somos uma banca
Orejavegua ndo aleike repuka	E a nossa galera está com a gente, só não pode dar risada
Nandejara ochecha upea tuicha	Porque Deus está vendo e Ele é grande
Uperupi aha mombyryma aguata	E assim sigo em frente, já estou indo longe
Jaha ke ndeava ara ohasa	Vamos nós indígenas, porque o tempo está passando
Ndo aleike nderea upeicha javya	Só não pode cair, pra gente ser feliz
Jaikoporã ñande rekoporã	Pra gente viver bem, pra ter uma vida boa
Koanga jahecha ñande hente ovyapa	E com isso a gente vê nosso povo feliz
Ara ohasa upetcha che aha	O tempo está passando e assim vou caminhando.
Ymã ovyapa	Antigamente era muito mais feliz.
[...]	[...]

Brô MC's. *Koangagua*. Disponível em: <https://www.youtube.com/watch?v=IBafJlZxT6s>. Acesso em: 19 set. 2018.

↓ Cena do *clip* da música *Koangagua*, do Brô MC's.

1. O *rap,* originalmente jamaicano, chegou aos Estados Unidos na década de 1970 e se difundiu nos bairros menos favorecidos de Nova York. Reproduzindo a fala, esse tipo de música, produzida por autores socialmente excluídos, pretende reivindicar formas de vida mais justas. O título da música do ***rap*** indígena convoca o tempo presente "Nos dias de hoje". Ao fazê-lo, o autor dialoga com o passado. Lendo a tradução em português, explique a razão desse diálogo entre o passado e o presente.

2. Leia o trecho a seguir sobre o Brô MC's.

> [...] jovens indígenas da aldeia Jaguapirú Bororó, localizada na área urbana da cidade de Dourados, começam em 2007 a construir outros caminhos para suas vidas por meio da música, em específico pelo *rap*. Influenciados por músicas que tocavam no Programa de rádio *Ritmos na Batida*, voltado para o público do Movimento *Hip-Hop* de Dourados e região, os jovens foram aderindo à cultura *hip-hop*, influenciados pelo estilo e demais especificidades do movimento, seja a forma de se vestir, a forma de dançar (*breaking*), pelo grafite, pela música *rap* [...]

Release Brô MC's. Disponível em: <http://brunoveron.tnb.art.br/>. Acesso em: 19 set. 2018.

a) Jovens indígenas, que construíram outros caminhos por meio do *rap*, foram influenciados por quem?

b) Reveja a foto que registra uma cena de um *clip* do Brô MC's. Por ela, é possível afirmar que essa influência se deu apenas na música? Explique.

c) O texto do início deste capítulo demonstra como o Bolsa Família alterou o ponto de vista e a rotina dos indígenas. Por meio da imagem do *clip,* como você observa essa mudança? Comente.

3. No trecho I, em *Nova gramática do português brasileiro*, o professor Ataliba T. de Castilho resgata a história dos indígenas e de suas línguas; no trecho II, os versos do *rap* "Nos dias de hoje" evidenciam a voz indígena. Após a leitura dos trechos, responda às questões.

> I.
> À chegada dos portugueses, entre 1 e 6 milhões de indígenas povoavam o território, falando cerca de 300 línguas diferentes, de que sobrevivem hoje cerca de 160.
> CASTILHO, A. T. de. *Nova gramática do português brasileiro*. São Paulo: Contexto, 2016. p. 177.
> II.
> Porque minha fala é forte e está comigo
> Falo a verdade, não quero ser que nem você
> Canto vários temas e isso que venho mostrando.
> Voz indígena é a voz de agora
> O *rap* mostra o que é a verdade

a) Que sentido assume a palavra *voz* no contexto do *rap*? O que há em comum entre a letra cantada pelo Brô MC's e o relato feito no trecho I?

b) Na sua opinião, qual é a importância de o Brô MC's cantar alguns *raps* em guarani?

LÍNGUA EM ESTUDO

ORAÇÕES COORDENADAS ASSINDÉTICAS E SINDÉTICAS ADITIVAS, ADVERSATIVAS E ALTERNATIVAS

1. Releia este trecho, extraído da reportagem lida neste capítulo.

> As lideranças indígenas defendem que a solução não é eliminar o Bolsa Família, **mas** fazer adaptações, como a implantação de pontos de saque em locais estratégicos do Xingu **ou** criar programas específicos à realidade local.

a) Com que função a conjunção *mas* foi empregada nesse trecho? Explique de que forma a conjunção *mas* relaciona semanticamente as duas orações.

b) Qual é a relação estabelecida entre as orações conectadas pela conjunção *ou*?

Nas orações acima, as conjunções *mas* e *ou* conectam duas orações, estabelecendo relação de sentido entre elas. No entanto, nem sempre uma oração precisa se conectar a outra por meio de uma conjunção.

2. Leia a tira a seguir.

Bill Watterson. *Criaturas bizarras de outro planeta!*: as aventuras de Calvin e Haroldo. 2. ed. São Paulo: Conrad-Ed. do Brasil, 2011. p. 32.

a) Observe a expressão facial de Calvin no primeiro e no último quadrinhos. Explique, no caderno, o que cada uma das expressões revela e por que houve essa mudança.

b) No primeiro quadrinho, na fala de Calvin, há o seguinte período composto: "Nada encaixou direito, as instruções estavam incompreensíveis, os decalques rasgaram, a tinta derramou e tem cola pra todo lado". Quantas orações há nesse período? Como você as identificou?

c) Apenas uma dessas orações se conecta à anterior por meio de conjunção. Que oração é essa?

d) Qual é a relação de sentido que as orações do primeiro quadrinho da tira estabelecem entre si? Explique.

e) De que modo as orações, que não apresentam conjunção, são separadas?

ANOTE AÍ!

As **orações coordenadas assindéticas** são orações coordenadas que não apresentam conjunção, mas são delimitadas pela pontuação. Já as **orações coordenadas sindéticas** são orações coordenadas que se conectam por meio de conjunções.

3. Leia a sinopse do livro *Kafka e a boneca viajante*, baseada em uma história vivida pelo escritor Franz Kafka, e, em seguida, responda às questões.

> **Kafka e a boneca viajante**
>
> Uma história pouco conhecida vivida por Franz Kafka, um dos mais influentes escritores do século 20, foi contada pelo grande amor de sua vida, Dora Diamant, **e** inspirou o autor deste livro.
>
> Kafka é conhecido por utilizar uma narrativa baseada na dor e no realismo. Mas, ironicamente, um ano antes de sua morte, é surpreendido por uma garotinha que chorava em um parque de Berlim por ter perdido sua boneca. Comovido, ele inventa uma bela e emocionante história para alegrar a menina.
>
> Ele se apresentou como um "carteiro de bonecas" e disse que a boneca teria viajado, **mas** ele se encarregaria de entregar a ela todas as cartas enviadas pela boneca. Em seguida, o escritor fez a primeira carta das aventuras vividas pela boneca em sua viagem ao redor do mundo, para confortar a menina e, durante três semanas, muitas outras se seguiram.
>
> Emocionado pela bela história, o autor deste livro teve a árdua tarefa de imaginar como o grande escritor teria retratado a saga da boneca mundo afora, já que as cartas nunca foram encontradas.
>
> Disponível em: <http://livraria.folha.com.br/livros/baseado-em-fatos-reais/kafka-boneca-viajante-jordi-sierra-i-fabra-1022427.html>. Acesso em: 25 out. 2018.

a) De que forma Kafka tentou agradar à menina que chorava no parque?
b) Qual é a função da conjunção *e* e da conjunção *mas* destacadas no texto?

ANOTE AÍ!

As **orações coordenadas sindéticas adversativas** se ligam a uma outra, à qual se contrapõem, estabelecendo uma relação de oposição. Exemplos de conjunções coordenativas adversativas: mas, contudo, porém, entretanto, todavia, no entanto.

As **orações coordenadas sindéticas aditivas** exprimem uma relação de adição, soma. Exemplos de conjunções coordenativas aditivas: e, nem, não só... mas também.

4. Leia a tira a seguir.

Jim Davis. Garfield. *Folha de S.Paulo*, 31 jan. 2016. Disponível em: <http://www1.folha.uol.com.br/ilustrada/cartum/cartunsdiarios/#31/01/2016>. Acesso em: 25 out. 2018.

- Quais os desejos do novelo de lã? Entre eles, há uma relação de exclusão ou de soma de ideias? Que conjunção sinaliza a relação entre os desejos?

ANOTE AÍ!

As **orações coordenadas sindéticas alternativas** exprimem ideia de alternância, opção ou exclusão. Exemplos de conjunções coordenativas alternativas: ou, ou... ou, ora... ora.

ATIVIDADES

RETOMAR E COMPREENDER

1. Leia a sinopse do filme *Sete minutos depois da meia-noite*.

> O longa conta a história de Connor O'Malley, um garoto que se sente invisível e leva uma vida cheia de problemas: a mãe enfrenta um câncer, a avó não gosta muito do neto, o pai está sempre ausente e os colegas de escola não o deixam em paz. Seu único amigo é um monstro-árvore com quem se encontra todas as noites para contar e ouvir histórias.

Guia Folha. Disponível em: <http://guia.folha.uol.com.br/cinema/drama/sete-minutos-depois-da-meia-noite-spcine-cine-olido-centro-336734154.shtml>. Acesso em: 25 out. 2018.

a) O título de um livro ou de um filme pode destacar alguns dos elementos da narrativa, como o espaço, o tempo, a personagem. Quais desses elementos estão em destaque no título desse filme?

b) Para você, como o título se relaciona com a história do filme?

c) No trecho, há um período construído por uma sequência de orações coordenadas. Identifique-as e classifique-as.

d) Com que intenção essa sequência de orações coordenadas foi empregada?

2. Leia a tira a seguir.

Fernando Gonsales. Níquel Náusea. *Folha de S.Paulo*, 27 maio 2016. Disponível em: <http://www1.folha.uol.com.br/ilustrada/cartum/cartunsdiarios/?cmpid=menupe#27/5/2016>. Acesso em: 22 maio 2017.

a) Na tira, o garçom diz à cliente que só pode haver dois motivos pelos quais sua salada está se mexendo. Que motivos são esses?

b) Que orações sinalizam essas duas possibilidades para a salada estar se mexendo? (Observação: em uma delas o verbo está subentendido.)

c) Qual é a relação de sentido expressa pela conjunção *ou*?

APLICAR

3. Leia os períodos a seguir e copie-os no caderno, substituindo o símbolo ★ por conjunções coordenativas adequadas ao contexto.

a) Os programas sociais contribuíram para minimizar as situações de extrema pobreza no Brasil, ★ muitos brasileiros não o aceitam.

b) Na próxima semana, acordaremos cedo todos os dias ★ caminharemos.

c) Renato ★ sorria, ★ chorava.

d) Maria Clara acorda cedo ★ faz atividades físicas.

e) Amanhã, podemos fazer o jantar ★ podemos pedir *pizza* por telefone.

4. APLICAR Faça as **atividades interativas** para praticar o que aprendeu.

A LÍNGUA NA REAL

O USO DA CONJUNÇÃO E OS EFEITOS DE SENTIDO

1. Leia a tira a seguir.

Charles M. Schulz. *Snoopy 10*: sempre alerta! Porto Alegre: L&PM, 2013. p. 75.

a) Na tira, Charlie Brown assiste a um noticiário. As notícias são introduzidas por uma afirmação positiva e, ao mesmo tempo, são seguidas de uma ressalva. De acordo com o jornalista, quem indica essas ressalvas?

b) Como essas ressalvas contribuem para o acontecimento na última cena?

c) Explique de que forma o emprego de *mas*, nos dois primeiros quadrinhos, contribui para os sentimentos de Charlie Brown sobre o noticiário.

2. Agora, leia o poema a seguir.

Via Láctea

Uma lua é muito pouco,
precisava de três ou mais
e da Via Láctea inteira
e de cardumes imensos
e de imensos temporais,
precisava de mil árvores,
de segredos pré-históricos,
de abismos descomunais,
para enganar essa fome
de infinito.

Roseana Murray. Via Láctea. Em: *Recados do corpo e da alma*. São Paulo: FTD, 2003. p. 13.

a) Que sensações esse poema desperta em você? Comente com os colegas.

b) No poema, para expressar um desejo, foi utilizada uma sequência de elementos caracterizada pelo exagero. O que esses elementos indicam em relação ao desejo do eu lírico?

c) Identifique uma conjunção recorrente no poema. Qual é a relação entre o uso repetitivo dessa conjunção e o sentimento expresso no texto?

d) Para você, qual é o sentido da expressão "fome de infinito"? Comente.

ANOTE AÍ!

Para criar um **efeito de sentido expressivo** em um texto, pode-se empregar a repetição intencional das **conjunções**, criando, assim, um efeito intensificador por meio do encadeamento de orações.

AGORA É COM VOCÊ!

ESCRITA DE CARTA DO LEITOR

PROPOSTA

Nas cartas do leitor que você leu, foram apresentados comentários sobre uma reportagem que trata dos impactos do programa Bolsa Família na região do Xingu, no Mato Grosso. Agora, é sua vez de produzir uma carta do leitor motivada por uma notícia de temática similar: o encerramento de um programa social testado na Finlândia.

Depois de escrita, sua carta será enviada ao jornal em que a notícia foi publicada, e a turma fará uma roda de conversa sobre o assunto.

GÊNERO	PÚBLICO	OBJETIVO	CIRCULAÇÃO
Carta do leitor	Editor e leitores do jornal, colegas e professor	Escrever uma carta sobre uma notícia e enviá-la ao jornal que a publicou	Enviar a carta ao jornal responsável pela notícia e, na classe, conversar sobre os posicionamentos

PLANEJAMENTO E ELABORAÇÃO DO TEXTO

1. Situada ao norte da Europa, a Finlândia é considerada um dos países com melhor qualidade de vida do mundo. Durante dois anos testou-se um programa social debatido mundialmente. Leia a seguir uma notícia que informa o encerramento desse projeto no país.

> **Finlândia decide encerrar projeto de renda mínima universal**
> *Durante dois anos, 2 000 desempregados foram escolhidos para receber R$ 2.300 mensais*
>
> A Finlândia, celebrada nos últimos dois anos por seu experimento de renda mínima universal, decidiu encerrar o projeto-piloto no início do próximo ano.
>
> O país entrega hoje o equivalente a R$ 2.300 mensais a 2 000 desempregados escolhidos aleatoriamente sem exigir que busquem trabalho – mesmo quem encontrou um posto não deixou de receber o dinheiro.
>
> O programa, realizado como um teste para entender os efeitos de longo prazo de benefícios sociais, era pioneiro na Europa. A ideia é discutida em outros países.
>
> O governo deve testar alternativas de redistribuição de renda e de bem-estar social, mas defensores do experimento descontinuado criticam as autoridades por não terem dedicado tempo o suficiente a ele.
>
> Já estava previsto desde a inauguração que o piloto durasse apenas dois anos, mas havia alguma expectativa de que ele pudesse ser ampliado. O governo não justificou a interrupção do projeto.
>
> À **Folha** Miska Simanainen, representante do Kela (agência finlandesa de seguridade social), disse apenas que "o governo quer analisar os resultados antes de tomar decisões sobre novos experimentos". Ainda não há resultados a analisar, porém. A avaliação preliminar começará em 2019 e só deverá terminar em 2020.
>
> Outro pesquisador do Kela, Olli Kangas, havia dito às autoridades que o piloto precisaria de mais fundos – de R$ 170 milhões a R$ 300 milhões – para um experimento mais ambicioso. Mas, diante de um contexto político desfavorável, o governo não aceitou a proposta da agência.

"Dois anos é um período muito curto para podermos extrair conclusões de um experimento tão extenso", Kangas disse à rádio pública finlandesa. "Deveríamos ter recebido mais tempo e dinheiro".

A reportagem da **Folha** procurou o Ministério de Saúde e Assuntos Sociais da Finlândia para perguntar sobre a avaliação do projeto-piloto e as razões de seu fim. O escritório não respondeu, no entanto, aos pedidos por informações.

Relatos da imprensa sugerem que o experimento foi vítima de uma série de circunstâncias. Em primeiro lugar, a recente aprovação de uma medida pelo Parlamento determinando que esse tipo de projeto social precisa ser condicionado à busca do beneficiado por emprego.

Pesquisas apontaram também que o apoio popular ao projeto caía quando os cidadãos eram informados de que, para expandir o experimento, o governo teria que aumentar os impostos.

Outro motivo para o fim dos testes é a demora na apresentação dos resultados, que, como disse Simanainen, só acontecerá em 2020. Com isso, não se sabe atualmente que efeito de médio e longo prazo o projeto teve de fato.

Uma das perguntas dos investigadores finlandeses, ainda não respondida, é se um programa de distribuição de renda como este incentivaria ou não os beneficiários a buscar empregos remunerados e se reduziria a ansiedade sofrida pelos desempregados ou por quem tem receio de mudar de posto.

A Finlândia tem hoje 8,5% de desemprego, considerados altos na região se comparados aos 4,1% da Noruega e aos 6,5% da Suécia.

Caso tivesse sido aplicada a todo o país, a renda mínima universal provavelmente substituiria os demais auxílios sociais dados pelo Estado, como auxílio-moradia, seguro-desemprego e bolsas de estudo.

Outra tese dos pesquisadores é de que, nesse modelo, o governo precisaria investir menos verba pública do que atualmente. Com uma burocracia menor, o número de funcionários públicos necessários para manter o mecanismo de bem-estar social poderia ser reduzido.

"Acho que deveríamos apoiar experimentos sociais em geral, porque eles nos dão informações sobre uma política específica, e isso é fundamental na hora de tomar decisões", disse o pesquisador Simanainen.

Projetos de salário mínimo universal são apoiados por personalidades como Mark Zuckerberg, do Facebook, e Elon Musk, da Tesla. O partido antissistema italiano 5 Estrelas, que venceu as eleições de março, propõe um modelo parecido, ainda não detalhado. Na Suíça, essa ideia foi rejeitada recentemente por voto popular.

Diogo Bercito. Finlândia decide encerrar projeto de renda mínima universal. *Folha de S.Paulo*, 24 abr. 2018. Disponível em: <https://www1.folha.uol.com.br/mundo/2018/04/finlandia-decide-encerrar-projeto-de-renda-minima-universal.shtml>. Acesso em: 19 set. 2018.

2 Para verificar a compreensão do texto lido, copie, no caderno, o quadro a seguir e complete-o:

Fato noticiado	
Argumentos favoráveis ao fim do teste	
Argumentos contrários ao fim do teste	

3 Defina seu posicionamento sobre o fato noticiado. Para isso, reflita sobre as perguntas a seguir e anote, no caderno, suas respostas:

- Em sua opinião, a notícia foi bem estruturada, possibilitando o acesso do leitor a informações relevantes sobre o assunto? Em caso positivo, o que facilitou a compreensão do assunto? Em caso negativo, o que faltou?

RENDA BÁSICA UNIVERSAL (RBU)

Alguns países têm debatido uma proposta para reduzir a desigualdade econômica da população avaliando a possibilidade de estabelecer uma renda mínima universal. Essa proposta é denominada Renda Básica Universal, pois orienta que os auxílios sociais oferecidos pelo Estado sejam substituídos por um único benefício, distribuído igualmente pela população. Em outras palavras, a implantação desse benefício leva à extinção do auxílio-moradia, do auxílio-saúde, etc. A ideia é o Estado providenciar a todos os cidadãos o suficiente para viver.

- Você considera que o jornalista conseguiu equilibrar, na notícia, os argumentos favoráveis e contrários ao teste, ajudando o leitor a perceber o fato por vários pontos de vista?
- Você considera que publicar uma notícia sobre a Finlândia é relevante para o leitor brasileiro? Por quê?
- Você gostaria de sugerir ao jornal que publicasse outras matérias sobre essa temática?
- Você considera que a proposta de renda mínima universal pode ser eficaz no Brasil? Por quê?

4 O processo de pesquisa é essencial para quem deseja expressar uma opinião embasada em informações verdadeiras e relevantes. Portanto, se possível, acesse a notícia no *link* indicado na fonte do texto. Você perceberá que ela apresenta *hiperlinks,* cujo objetivo é transportar o leitor para outras páginas, nas quais há informações relacionadas ao tema. Desse modo, você poderá pesquisar mais dados sobre a Finlândia e o projeto de renda universal experimentado nesse país.

5 Defina seu posicionamento na carta: elogiar a notícia e/ou a medida do governo finlandês, criticar um dos dois, comparar a medida com programas sociais implementados no Brasil, etc.

6 Elabore a carta, considerando esta estrutura:
- No início da carta, dirija-se ao editor do jornal em que a notícia foi publicada e indique que notícia você vai comentar e qual é o conteúdo dela.
- Apresente seu ponto de vista e, planejando sua estratégia argumentativa, defina alguns tipos de argumento para defendê-lo (argumento por raciocínio lógico, por exemplificação, por competência linguística, por citação de autoridade, contra-argumentos).
- Antes de finalizar sua carta, verifique, no *site* do jornal, quais são os critérios para enviá-la com sucesso.
- Encerre o texto agradecendo a oportunidade de manifestar sua opinião.
- Lembre-se: mesmo que discorde do modo como foi elaborada a notícia ou ainda que não concorde com o teste na Finlândia ou com o encerramento dele, seja educado e respeitoso.
- Antes de encerrar esta etapa, verifique se seguiu todos os passos anteriores.

LINGUAGEM DO SEU TEXTO

1. Nas cartas dos leitores referentes à reportagem "Bolsa Família altera rotina de indígenas na região do Xingu", você observou que foram utilizadas certas palavras que evidenciam o posicionamento de seus autores. No caderno, indique essas palavras.

2. Releia as cartas e observe: Que conjunção coordenativa é empregada para relacionar orações? Que sentido expressa?

Ao escrever seu texto, escolha, conscientemente, as palavras e expressões que você vai utilizar para indicar seu posicionamento. Verifique também o uso de conjunções na construção de períodos compostos, verificando se foram empregadas as conjunções que expressam o sentido adequado ao que você pretende exprimir.

Além disso, ciente de que, em uma carta do leitor, é essencial utilizar o registro mais formal da linguagem, fique atento à concordância verbal e nominal, à regência verbal, à pontuação, etc.

AVALIAÇÃO E REESCRITA DO TEXTO

❶ Agora, chegou a vez de descobrir a opinião de outra pessoa sobre seu texto e de conhecer outro texto do mesmo gênero, escrito por um colega. Assim, troque sua carta com a de um colega e avalie-a segundo os critérios abaixo.

ELEMENTOS DA CARTA DO LEITOR
No início da carta, há referência à notícia motivadora e ao editor?
Os objetivos da carta foram apresentados claramente?
Sua estratégia argumentativa considerou diferentes tipos de argumento apresentados ao longo da carta para defender o ponto de vista apresentado?
Por meio do texto da carta, é possível afirmar que a opinião apresentada é embasada em dados verdadeiros e informações pesquisadas?
O registro está adequado à situação comunicativa?
Foram utilizados conectivos adequados para manter a coesão do texto?
O posicionamento defendido na carta é apresentado de maneira respeitosa?

❷ Em uma folha avulsa, anote sua avaliação da carta que foi escrita pelo colega.

❸ Após receber a avaliação do colega, leia esses comentários e converse com ele para esclarecimentos e troca de ideias.

❹ Reescreva seu texto, fazendo as modificações que considerar pertinentes e necessárias à sua carta do leitor.

CIRCULAÇÃO

❶ Pesquisem no *site* do jornal qual é o *e-mail* para o envio das cartas do leitor (ou se há alguma outra ferramenta por meio da qual os textos podem ser enviados).

❷ Combinem com o professor e com os colegas a data em que as cartas serão enviadas ao jornal.

❸ Lembrem-se de que, mesmo que as cartas não sejam selecionadas para publicação, é importante o leitor manifestar sua opinião sobre o que lê e sobre os assuntos de interesse da população.

❹ Sob a orientação do professor, haverá uma roda de conversa da turma para que todos possam ler as cartas e compartilhar as opiniões sobre o fato noticiado e sobre a própria notícia lida. Nessa ocasião:

- Ouça os colegas e exponha seu posicionamento de modo educado.
- Apresente seus argumentos para defender e sustentar seu ponto de vista, sem ofender seus colegas ou professores. Tenha em vista sempre defender uma ideia e não atacar, pessoalmente, um colega. As ideias podem ser defendidas, sem que haja desrespeito ou ofensa.
- Espere o colega terminar de falar para tomar a palavra.
- Enquanto seu colega fala, você pode tomar nota das ideias dele, para poder, com respeito, defender seu ponto de vista, com base no diálogo.
- Indique que o ouviu com atenção. Use expressões, como "Concordo parcialmente com sua opinião, porque...", "Entendo o seu ponto de vista, mas...", "Embora seus argumentos sejam consistentes, gostaria de lembrar que...".

Capítulo 2
DISCUTINDO IDEIAS

O QUE VEM A SEGUIR

Em 2014, candidatos à presidência participaram de debates e uma das pautas era o programa Bolsa Família. A seguir, há um trecho do debate entre os candidatos pastor Everaldo (PSC) e Marina Silva (PSB), mediados pelo jornalista William Bonner. Como você acha que esses candidatos se posicionaram sobre o assunto?

COMPREENDER
Assista ao vídeo do **debate entre os presidenciáveis**.

TEXTO

03/10/2014 08h45 – Atualizado em 03/10/2014 19h50

Leia e veja íntegra do Debate na Globo
Encontro realizado pela TV Globo reuniu sete presidenciáveis no Rio.
Debate teve quatro blocos e mais de duas horas de duração.

Fabio Braga/Folhapress

William Bonner: Olá, boa noite! Bem-vindos à Central Globo de Produção, no Rio de Janeiro! A partir de agora, nós teremos o último debate entre os candidatos à Presidência da República antes da votação de domingo. É mais uma oportunidade de avaliar os planos e as ideias dos candidatos.

Estão conosco aqui, nesta noite, Eduardo Jorge, do PV, Levy Fidelix, do PRTB, Dilma Rousseff, candidata do PT, Marina Silva, do PSB, Luciana Genro, do PSOL, Aécio Neves, do PSDB, e o Pastor Everaldo, do PSC. Esse posicionamento dos candidatos aqui no estúdio foi decidido por sorteio; nós temos aqui, também, convidados, assistindo ao debate na plateia. Eles vão se manter em silêncio, para não prejudicar nem os candidatos nem você, que acompanha pela TV. Mas, agora, e só agora, a gente vai abrir, aqui, uma exceção para aplaudir os sete debatedores. Muito obrigado pela presença de todos, na plateia, e dos candidatos também. Nós vamos ver agora quais são as principais regras deste debate.

Nos quatro blocos de debate, os candidatos farão perguntas entre si. No primeiro e no terceiro blocos, os temas para essas perguntas serão livres: os candidatos fazem as perguntas sobre os assuntos que quiserem. No segundo e no quarto blocos, serão temas determinados por sorteio, aqui ao vivo; a cada nova pergunta, será sorteado um novo tema. Em todos os blocos do debate, cada candidato terá direito a fazer uma pergunta, cujo tempo será sempre de 30 segundos.

O escolhido para responder tem um minuto e meio para resposta, quem perguntou tem 40 segundos para a réplica e quem respondeu também tem 40 segundos para tréplica. A ordem das perguntas foi sorteada anteriormente na presença de representantes dos candidatos. No fim do quarto bloco, cada um poderá fazer suas considerações finais, em ordem também estabelecida por sorteio.

O primeiro bloco será de tema livre. Neste bloco, e somente nele, cada candidato poderá fazer uma pergunta, e todos os candidatos terão que ser questionados uma vez. Cada candidato terá que perguntar sempre a quem ainda não falou. No segundo, terceiro e quarto blocos, cada candidato poderá ser escolhido para responder, no máximo, a duas perguntas. O candidato que se sentir alvo de uma ofensa pessoal, ou de uma calúnia, pode pedir o direito de resposta. Esse pedido vai ser analisado por mim e pela produção do programa, e a decisão será anunciada assim que for possível. Se o pedido for considerado procedente, o candidato ofendido terá um minuto para sua defesa, como acontece em todos os debates promovidos pela Rede Globo.

A preocupação maior de todos nós aqui é que esse encontro seja útil para você, eleitor. E é por isso que nós pedimos que as discussões sejam civilizadas e que todos os convidados se mantenham em silêncio. Vamos, então, ao primeiro bloco deste debate, bloco de tema livre, como eu já disse.

[...]

William Bonner: Candidatos, obrigado. Pelo sorteio, quem faz a pergunta agora é a candidata Marina Silva, que pode se aproximar aqui do púlpito. Candidata, a qual dos seus oponentes a senhora deseja fazer a pergunta?

Marina Silva: Ao Pastor Everaldo. Pastor, por favor. Candidato Pastor Everaldo, em função dos graves problemas de concentração de renda, de oportunidade de ensino digno, uma boa parte da nossa população vive em situação de pobreza. Os programas sociais, como o Bolsa Família e tantos outros, são importantes. Como é a sua visão de programas sociais, considerando o Bolsa Família, que o governo diz que, se outro candidato ganhar, vai acabar?

Pastor Everaldo: Candidata Marina, eu tenho falado que ajudei, como precursor do Bolsa Família, a implantar, no Rio de Janeiro, o Cheque Cidadão. Àquela altura, nós atendíamos às famílias com a obrigatoriedade de que cada família colocasse suas crianças nas escolas. Tinham que estar com a carteira de vacinação em dia e com a carteira escolar em dia para poder aprender. Nosso objetivo era esse. E pude constatar, nas mais de 70% das primeiras famílias que receberam o Cheque Cidadão, o precursor do Bolsa Família, o testemunho de que, pela primeira vez, puderam comprar um iogurte para os seus filhos, comprar um biscoito para as suas crianças. Então, eu acredito que o Bolsa Família não é patrimônio de um partido, ele já vem antes desse governo que está aí. Já havia o embrião e foi associado, como foi. Tem que dar os parabéns, porque foi feito de uma maneira correta, e agora, as pessoas estão recebendo. Então, isso não é patrimônio. Eu tenho a minha experiência de vida. Muitas das vezes, menino pobre, nascido na comunidade do Acari, pude comer a melhor comida na escola pública, a merenda escolar; então, eu sei da necessidade que é um programa social como o Bolsa Família. Por isso, eu tenho repetido que, no nosso governo, ganhando essa eleição, a partir de primeiro de janeiro, nós vamos ter condições de dar uma melhorada no Bolsa Família... Depois a gente continua.

Marina Silva: A minha proposta em relação aos programas sociais é de que eles devem ser estendidos para alcançar a maior parte da população que ainda não foi alcançada. No caso do Bolsa Família, ainda faltam 4 milhões que estão no cadastro e não foram alcançados, e nós temos uma proposta, que é de dar o décimo terceiro salário para aquelas pessoas que hoje recebem o Bolsa Família, porque a pior coisa que tem é chegar ao Natal e não ter como sequer dar uma ceia para o seu filho. Nós, no nosso governo, vamos dar o décimo terceiro salário para o Bolsa Família, que isso vai melhorar a condição de vida das pessoas.

Pastor Everaldo: Continuando, então, como eu estava falando... Há a necessidade de aprimorarmos. Eu acredito o seguinte... Eu tive condições, aos 14 anos de idade, depois de ser camelô na feira, servente de pedreiro, aos 14 anos, fiz um concurso, passei para o Instituto de Resseguros do Brasil, fui ser *office boy* e tive a minha carteira assinada. Para mim, o melhor programa social é quando o beneficiário pode dizer assim: eu não preciso mais dele, então temos que dar capacitação, capacitar cada assistido para que possa ter condições de ter sua carteira assinada e receber seu salário. No meu governo, nenhum brasileiro vai passar fome.

William Bonner: Candidatos, obrigado. [...]

Leia e veja íntegra do Debate na Globo. *G1*. Disponível em: <http://g1.globo.com/politica/eleicoes/2014/noticia/2014/10/leia-e-veja-integra-do-debate-na-globo.html>. Acesso em: 17 out. 2018.

TEXTO EM ESTUDO

■ PARA ENTENDER O TEXTO

1. As hipóteses, que você levantou antes da leitura em relação ao posicionamento dos candidatos, se confirmaram?

2. Com relação ao debate, responda:
   a) Com que objetivo ele foi realizado?
   b) Quem foram os debatedores?
   c) Quais debatedores participaram do trecho apresentado?

3. Antes da realização efetiva do debate, são apresentadas algumas regras pelo mediador. Sobre isso, responda:
   a) Quem é o mediador desse debate? Depois de identificá-lo, explique a função que ele desempenha.
   b) Por que, nesse gênero, as regras são importantes?
   c) Qual é a preocupação inicial exposta pelo mediador nesse debate regrado? Comente sua resposta.

4. Conforme sinalizado pelo mediador, o debate foi composto de quatro blocos. No primeiro e no terceiro, os temas foram livres; no segundo e no quarto, os temas foram definidos por sorteio. Para cada bloco de perguntas, o debate foi organizado conforme a estrutura ilustrada no texto lido.
   a) No trecho apresentado, qual dos candidatos do esquema ao lado representa Marina Silva? E o pastor Everaldo? Justifique sua resposta.
   b) Identifique qual das falas de Marina Silva e do pastor Everaldo corresponde à pergunta, à resposta, à réplica e à tréplica.

5. Em um debate, para convencer seus oponentes e o público, o debatedor pode apresentar diversos tipos de argumento.
   a) Segundo Marina Silva, qual é a previsão do então governo sobre o futuro do programa Bolsa Família caso outro candidato ganhe a eleição?
   b) Por que Marina Silva cita essa previsão do governo?
   c) Que contra-argumentos o pastor Everaldo apresenta para rebater essa fala de Marina Silva?
   d) Em sua resposta à candidata Marina Silva, o pastor Everaldo destaca sua origem pobre. Com que intenção ele faz isso?
   e) Qual é a proposta de Marina Silva em relação ao Bolsa Família?
   f) Na finalização do debate, qual argumento é utilizado pelo pastor Everaldo em sua tréplica à candidata?

ANOTE AÍ!

O **debate**, gênero do discurso oral, é predominantemente argumentativo, por meio do qual duas ou mais pessoas buscam apresentar seu ponto de vista sobre um assunto. Para isso, elas empregam **argumentos** para convencer o público e, consequentemente, validar suas ideias.

Quando um debate apresenta as regras que devem ser seguidas pelos participantes, ele recebe o nome de **debate regrado**. Nesse gênero, os debatedores devem respeitar o tempo determinado a suas falas, a sequência da participação de cada um, entre outras regras. Os debates regrados são habituais em épocas pré-eleitorais, nas quais os candidatos procuram conquistar eleitores por meio da apresentação de suas propostas de governo.

● O CONTEXTO DE PRODUÇÃO

6. Antes de iniciar o debate entre os candidatos, William Bonner faz uma introdução, apresenta os participantes e expõe aos debatedores e ao público as regras que vão direcionar o debate.

   a) Além dos participantes do debate, a quem interessam tais informações?

   b) Explique por que essas informações são importantes.

7. O debate foi televisionado nacionalmente. Levando em consideração o tema do debate e o contexto em que ele foi produzido, para você quem são os possíveis espectadores desse debate regrado?

ANOTE AÍ!

Alguns fatores podem determinar o **público** de um debate. Entre eles, podemos destacar: o **tema** que vai ser discutido, a **formação dos debatedores** e o **envolvimento** que eles têm com o assunto. Assim, caso o tema "programas sociais" fosse discutido por cientistas políticos, provavelmente o público seria diferente.

8. A ilustração a seguir reproduz o cenário em que ocorreu o debate regrado e mostra a disposição dos candidatos, do mediador e do público. Observe-a e faça o que se pede.

   a) Descreva o cenário do debate, procurando ater-se à quantidade de elementos apresentados, ao visual/estilo escolhido, às informações nele destacadas, às cores predominantes e à disposição dos candidatos e do mediador.

   b) Em sua opinião, o cenário cumpre uma função nesse debate? Ele foi planejado com o objetivo de passar uma mensagem ao telespectador? Justifique.

   c) De acordo com as regras comunicadas no início do debate, explique como foi decidida a posição de cada candidato nos assentos.

   d) Ao observar a ilustração, é possível perceber que o mediador está afastado do palco principal, em um nível mais baixo do cenário e de costas para o público presente. Por que é possível afirmar que a posição do mediador no cenário foi planejada de acordo com o objetivo fundamental do debate?

   e) A origem do púlpito como plataforma ou palco foi na igreja, onde ele era construído como uma plataforma elevada que deveria ser utilizada por oradores. Em sua opinião, o púlpito do cenário está próximo ou distante dessa origem? Faça uma reflexão, debatendo com os colegas essa questão.

QUEM CONVIDAR PARA O DEBATE ELEITORAL

Os debates com os candidatos precisam considerar a lei que regulamenta a campanha eleitoral. Trata-se da Lei 13.488/2017, que, no Artigo 46, determina que as emissoras de rádio e TV são obrigadas a convidar para os debates os candidatos dos partidos que tiverem, no mínimo, cinco parlamentares no Congresso Nacional, entre deputados e senadores. Quanto aos demais candidatos, as emissoras têm autonomia para convidá-los ou não.

Essa lei pode ser consultada na internet. Disponível em: <http://linkte.me/e0597>. Acesso em: 20 set. 2018.

A LINGUAGEM DO TEXTO

9. Leia o trecho da fala do jornalista Willian Bonner, quando ele expõe aos candidatos e ao público as regras que vão direcionar o debate. Em seguida, responda à questão.

> Nos quatro blocos de debate, os candidatos **farão** perguntas entre si. No primeiro e no terceiro blocos, os temas para essas perguntas **serão** livres: os candidatos fazem as perguntas sobre os assuntos que quiserem. No segundo e no quarto blocos, **serão** temas determinados por sorteio, aqui ao vivo; a cada nova pergunta, **será** sorteado um novo tema. Em todos os blocos do debate, cada candidato **terá** direito a fazer uma pergunta, cujo tempo **será** sempre de 30 segundos.

- Os participantes de um debate seguem regras. Bonner, no entanto, explica as regras sem o uso do imperativo. Qual é o efeito de sentido de apresentar as regras usando o modo e o tempo verbais indicados na fala do mediador?

10. Retome o diálogo entre a candidata Marina Silva e o pastor Everaldo.

a) Os dois candidatos utilizam ora a primeira pessoa do singular, ora a primeira pessoa do plural. Comente o efeito de sentido desses dois usos.

b) Em sua opinião, por que eles escolheram, em suas falas, essa oscilação na pessoa do discurso? Compartilhe sua resposta com os colegas.

11. Releia os seguintes trechos do debate entre Marina Silva e o pastor Everaldo.

> **I.**
> **Pastor Everaldo:** Àquela altura, nós atendíamos às famílias com a **obrigatoriedade** de que cada família colocasse suas crianças nas escolas. Tinham que estar com a carteira de vacinação em dia e com a carteira escolar em dia para poder aprender.
> **II.**
> **Marina Silva:** A minha proposta em relação aos programas sociais é de que eles devem ser estendidos para alcançar a maior parte da população que ainda não foi alcançada.

a) No trecho I, a palavra destacada indica que o debatedor considera o atendimento às condições do programa como uma possibilidade ou um dever?

b) Ainda no trecho I, que expressão reforça esse sentido? Explique.

c) No trecho II, indique uma expressão que suaviza o sentido de dever, de fazer algo com obrigatoriedade.

d) Considerando as expressões analisadas, qual desses trechos sugere que o debatedor avalia o que diz como possibilidade e não como certeza?

e) Qual diferença de sentido há entre o trecho I e o trecho II? Justifique, no caderno, sua resposta.

ANOTE AÍ!

O **debate regrado** ocorre na oralidade. A expressão do **posicionamento** dos participantes configura-se na relação entre a **linguagem não verbal** — postura corporal, gestos, sinais da face, direção do olhar, cor da vestimenta — e a **linguagem verbal** (o conteúdo da fala). As escolhas das palavras, dos modos e tempos verbais ou, ainda, da pessoa empregada (em geral, primeira do singular ou plural) compõem um conjunto de traços formadores das **estratégias argumentativas**, a fim de persuadir o público em relação às ideias defendidas.

12. Em diversos momentos de sua fala, o pastor Everaldo utiliza a expressão *eu acredito,* como no trecho a seguir. Reveja:

> Então, **eu acredito** que o Bolsa Família não é patrimônio de um partido [...].

a) O uso dessa expressão indica que o debatedor percebe o que diz como uma certeza ou como uma possibilidade? Justifique sua resposta.

b) Na sua opinião, o que o fato de o candidato repetir essa expressão, ao longo da apresentação de sua proposta de governo, revela sobre seu engajamento com essa proposta? Explique.

ANOTE AÍ!

Algumas palavras ou expressões direcionam o modo como o produtor do texto avalia o que diz. Trata-se dos **modalizadores**. O público pode notar, por exemplo, se um debatedor diz o que diz como uma certeza ou como uma possibilidade, como uma obrigação ou uma livre escolha. Além disso, o autor da fala evidencia se ele lamenta o que diz ou se considera o que afirmou como algo agradável. Os modalizadores revelam maior ou menor grau de **proximidade do produtor do texto** com a ideia que defende.

■ COMPARAÇÃO ENTRE OS TEXTOS

13. Nesta unidade, você leu dois textos predominantemente argumentativos. No entanto, há diferenças entre eles. Comente-as em seu caderno, considerando os itens a seguir.

a) Forma original do texto (oral ou escrito).
b) Finalidade.
c) Contexto de produção.
d) Público-alvo.
e) Veículo de circulação.

14. No debate, o pastor Everaldo e Marina Silva apresentam posicionamentos distintos sobre o Bolsa Família. Quanto a isso, responda no caderno:

a) Qual é o posicionamento de cada um desses candidatos em relação ao programa social Bolsa Família?
b) Você concorda com uma dessas propostas? Explique.

15. Ao debater o Bolsa Família, as posições de Marina Silva e do pastor Everaldo se assemelham à posição do texto do primeiro capítulo, que afirma que, além do choque cultural, esse programa social trouxe alguns impactos negativos à comunidade indígena na região do Xingu? Justifique sua resposta.

O DEBATE E A ESCOLHA CONSCIENTE DO VOTO

O debate regrado é um gênero que permite aos eleitores conhecer os candidatos e suas propostas antes de definir seu voto.

1. Conhecer um candidato, por meio de debates regrados, é suficiente para decidir em quem votar? Além dessa maneira, como se pode escolher um candidato? Debata com os colegas.

2. **ANALISAR** Acesse o recurso digital sobre **voto e cidadania** e converse com os colegas sobre a importância do voto e as possibilidades de participação política garantidas pela Constituição, no governo democrático.

SÉTIMA ARTE

O grande desafio. Direção de Denzel Washington. EUA, 2007 (126 min).
O filme é baseado na história verídica do professor Melvin B. Tolson, que, por meio de métodos não convencionais, convenceu uma equipe de alunos a se tornar debatedores e a participar de um campeonato de debates na Universidade de Harvard.

COMPREENDER

Acesse o recurso digital sobre o **Congresso Nacional**.

LÍNGUA EM ESTUDO

ORAÇÕES COORDENADAS SINDÉTICAS EXPLICATIVAS E CONCLUSIVAS

1. Releia o trecho extraído do debate regrado apresentado no início do capítulo.

> [...] vamos dar o décimo terceiro salário para o Bolsa Família, **que** isso vai melhorar a condição de vida das pessoas.

   a) Observe a conjunção *que* em destaque no trecho. De que forma ela relaciona semanticamente as duas orações?
   b) Que conjunções poderiam substituir o *que* sem alterar o sentido da oração?

2. Leia a seguir o trecho de uma resenha sobre uma exposição do artista espanhol Pablo Picasso.

> **Mostra com "Picassos de Picasso" traz visão mais ampla do artista**
>
> Poucos artistas visuais tiveram uma produção tão vasta, tão diversificada e tão visível como o espanhol Pablo Picasso (1881-1973). Certamente, suas duas facetas mais reconhecidas dividem-se entre sua fase cubista e seu ativismo político.
>
> A primeira, no início do século 20, é considerada essencial na história da arte por acabar de vez com o uso da perspectiva na representação, permitindo toda liberdade que se segue a partir de então. Já a fase militante alcança, com *Guernica*, um dos mais importantes manifestos do século 20 contra os horrores da guerra.
>
> Contudo, o espanhol é muito mais do que essas duas facetas e é justamente isso que se pode comprovar na mostra "Picasso – Mão Erudita, Olho Selvagem", com curadoria de Emilia Philippot, em cartaz no Instituto Tomie Ohtake. A exposição reúne nada menos que 116 trabalhos do artista, todos do Museu Nacional Picasso-Paris.
>
> Isso é, aliás, um dos principais trunfos da seleção, já que todas as obras de lá podem ser chamadas de "Picassos de Picasso", **pois** pertenciam ao artista até sua morte e entraram para uma coleção pública em troca de isenção de impostos para seus herdeiros. Com isso, o museu abarca todas as fases de Picasso, escolhidas por ele mesmo, o que significa um importante apreço avalizado por seu criador.

Fabio Cypriano. Mostra com "Picassos de Picasso" traz visão mais ampla do artista. *Folha de S.Paulo*, 25 jun. 2016. Disponível em: <http://www1.folha.uol.com.br/ilustrada/2016/06/1785303-mostra-com-picassos-de-picasso-traz-visao-mais-ampla-do-artista.shtml>. Acesso em: 24 out. 2018.

↑ Pablo Picasso em sua residência chamada Villa La Californie, em Cannes, França. Foto de 1956.

   a) Na resenha, comenta-se sobre duas facetas de Picasso. Por que uma delas é considerada essencial na história da arte? Explique.
   b) Como a locução conjuntiva em destaque na resenha se relaciona com a oração anterior?
   c) Identifique no trecho outra oração que tenha a mesma função da oração introduzida pela locução conjuntiva *já que*.

> **ANOTE AÍ!**
>
> As orações que exprimem uma explicação, uma justificativa para o que se declara na outra oração, são chamadas de **orações coordenadas sindéticas explicativas**. Essas orações são introduzidas por conjunções coordenativas explicativas, como *pois*, *que*, *porque*, *porquanto*.

270

3. Agora, leia o trecho de artigo a seguir.

Curto, logo existo

Como o ato de "curtir" no Facebook alterou nossa forma de encarar o mundo, os outros e nós mesmos

Com a evolução e o aumento de usuários e da importância das redes sociais, o nome e a fotografia de cada pessoa passaram a funcionar como o substituto do sujeito. O "eu" real se esvaziou para dar lugar ao "perfil". O filósofo francês René Descartes estabeleceu um novo modelo de pensamento no século XVII, ao formular em latim a seguinte proposição: "**Penso, logo existo**" (*Cogito, ergo sum*). Era uma forma de demonstrar que aquele que existe raciocina e, por conseguinte, põe em xeque o mundo que o cerca. A dúvida científica substituía a certeza religiosa. Hoje, Descartes se reviraria no seu túmulo em Estocolmo, caso pudesse observar o que se passa na cabeça dos seres humanos. "**Curto, logo existo**" (*Amo, ergo sum*) parece ser a nova atitude lógica popularizada pelo Facebook. A dúvida científica cedeu espaço à presunção tecnológica.

Melhor ainda é a formulação da jornalista americana Nancy Jo Sales no livro *Bling Ring – a gangue de Hollywood*, a dúvida sobre a existência do ego deu lugar, na cultura do ultraconsumismo e das celebridades, a um outro tipo de pergunta: "Se postei algo no Facebook e ninguém 'curtiu', eu existo?".

A resposta é: provavelmente não. Eu existo se meus tuítes não são comentados nem retuitados? Claro que não. E se são curtidos ou retuitados, tampouco! Ninguém existe nas redes sociais senão como representações, que estão ali no lugar dos indivíduos. Não há uma transparência ou uma continuidade natural entre o que somos de fato e o que queremos ser nas redes sociais. Isso parece óbvio, mas não o é para muita gente [...].

[...]

Luís Antônio Giron. Curto, logo existo. Revista *Época*, 1º ago. 2013. Disponível em: <http://epoca.globo.com/colunas-e-blogs/luis-antonio-giron/noticia/2013/08/bcurtob-logo-existo.html>. Acesso em: 8 nov. 2018.

a) O autor compara a afirmação de René Descartes à forma como agimos nas redes sociais. Explique em que consiste essa comparação.

b) Que resposta o autor dá à pergunta da jornalista Nancy Jo Sales? Explique como Luís Antônio Giron argumenta em favor da resposta dada.

c) Você concorda com a crítica feita pelo autor sobre a atuação das pessoas nas redes sociais? Comente com os colegas.

d) Observe a conjunção em destaque nos períodos a seguir e explique como ela estabelece sentido entre as orações que relaciona.

> Penso, **logo** existo.

> Curto, **logo** existo.

e) Substitua a conjunção em destaque nos períodos acima por outra conjunção ou locução conjuntiva, sem que haja alteração de sentido.

ANOTE AÍ!

Quando uma oração exprime sentido de conclusão em relação à ideia presente na oração anterior, ela é chamada de **oração coordenada sindética conclusiva**. Essas orações são introduzidas por conjunções ou locuções conjuntivas coordenativas como: *portanto, por isso, logo, por conseguinte, então*. É importante destacar que a conjunção *pois* também pode ser conclusiva. Nesse caso, ela aparece após o verbo ou isolada por vírgulas. Exemplo: "Ela estudou bastante; passou, *pois*, no vestibular".

ATIVIDADES

RETOMAR E COMPREENDER

1. Leia o texto a seguir e responda às questões.

> ### Como fazíamos sem... Talheres?
>
> Facas, garfos e colheres utilizam um mecanismo tão simples que parecem ter sido inventados em um passado remoto. E foram. Mas seu uso só se popularizou da maneira como utilizamos hoje durante o século 18. Ou seja, até bem pouco tempo atrás, os participantes de qualquer refeição (desde os almoços triviais até grandes banquetes) usavam as mãos para pegar a comida do prato.
>
> A falta de talheres influenciava também o cardápio nas mesas nobres. "Durante os séculos 18 e 19, as pessoas comuns comiam espaguete com as mãos. Quando o garfo foi inventado, massa virou comida para a realeza também, **porque** agora eles podiam comer sem perder a dignidade", diz a americana Linda Stradley, especialista em culinária. Talvez tenha sido **por isso** que os italianos se interessaram logo por talheres. Já no século 16, eles eram os únicos na Europa que comiam com garfos e facas individuais.
>
> Na Inglaterra e França, as mesas só tinham duas ou três facas. Todos serviam-se da mesma travessa, usando as mãos. As sopas eram colocadas em uma mesma tigela, de onde bebiam duas, três ou mais pessoas. [...]

Como fazíamos sem... Talheres? Revista *Aventuras na História*. Disponível em: <http://aventurasnahistoria.uol.com.br/noticias/almanaque/como-faziamos-sem-talheres.phtml#.WSrrc2grKUk>. Acesso em: 17 out. 2018.

a) Por que a realeza passou a consumir espaguete depois da invenção do garfo?

b) Como a conjunção *porque*, em destaque no trecho, é classificada? De que forma ela contribui para as ideias expressas na questão anterior?

c) A locução conjuntiva *por isso* expressa o mesmo valor semântico de *porque*?

APLICAR

2. Preencha corretamente as lacunas com conjunções ou locuções conjuntivas.

> I. Estou sem dinheiro, ★ não sairei hoje.
> II. A situação política no país está caótica, exigiremos, ★, mudanças radicais.
> III. Preciso chegar logo em casa, ★ tenho muito trabalho a fazer.

a) já que, pois, porque

b) portanto, pois, pois

c) pois, portanto, já que

d) porque, pois, pois

e) logo, pois, portanto

3. Classifique as orações em destaque.

a) O meio ambiente precisa de cuidados; **faça, pois, a sua parte**.

b) Estude bastante, **pois aquela vaga do concurso será sua**.

c) Não se desespere com sua nota, **pois o semestre ainda não terminou**.

d) Partiremos amanhã bem cedo; **durma, pois, antes da meia-noite**.

e) A avaliação será na quinta-feira, **pois na sexta-feira será feriado**.

4. 🔵 APLICAR Faça as **atividades interativas** para praticar o que aprendeu.

272

A LÍNGUA NA REAL

EFEITOS EXPRESSIVOS DAS ORAÇÕES COORDENADAS SINDÉTICAS ALTERNATIVAS

1. Leia a seguir um trecho de um poema de Fernando Pessoa.

> Não tenho razão
> Pra dizer que não
> Nem tenho fim
> Pra dizer que sim.
> Se acordo enganado
> E não vejo nada
> Ou se digo assim:
>
> Talvez, ou por uma vez,
> Ou então ao invés
> Ou então a fingir,
> Eu quero crer...
> Mas não vou dizer...
> Se já vou saber
> Quero decidir.

Fernando Pessoa. *Obra poética de Fernando Pessoa*. Rio de Janeiro: Nova Fronteira, 2015. p. 321-322.

a) Identifique, nesse trecho do poema de Fernando Pessoa, dois exemplos de orações coordenadas sindéticas alternativas.

b) Qual é o sentido expresso por essas orações?

2. Agora, leia um poema da escritora paulistana Flora Figueiredo.

Caos

> Não sei se rasgo de vez
> ou se costuro;
> se desmancho tudo
> ou se decoro;
> se aumento o espaço
> ou se levanto o muro.
> Desajuste.
> Se eu tirar a goma,
> a folha entorta
> mas se eu a deixar,
> é folha morta;
> se eu limpar o trilho,
> fica liso
> mas se deixar ficar, perde-se o brilho.
> Um pouco de emoção, um pouco de loucura.
> A roda passa, a vida dura
> até o dia em que a poesia se desmanche
> e de uma vez pra sempre a música se canse.
> A pedra do chão então se abre ao meio
> e vira-se recheio de uma terra em transe.

Flora Figueiredo. Caos. Em: *Chão de vento*: poesia. São Paulo: Geração Editorial, 2011. p. 54.

a) Do que a voz em primeira pessoa trata nesse poema? De que forma isso se relaciona ao título? Explique.

b) O poema é introduzido pela expressão "Não sei". Que efeito de sentido essa expressão adquire no poema, considerando o assunto apresentado?

c) Nos primeiros versos do poema, uma conjunção foi empregada repetidamente. Que conjunção é essa?

d) Que efeito expressivo a repetição dessa conjunção imprime ao texto?

> **ANOTE AÍ!**
>
> Ao repetir intencionalmente as **conjunções coordenativas alternativas**, criam-se **efeitos expressivos**: além de indicar alternância ou exclusão, elas também podem sugerir incerteza ou indecisão diante de algo.

ESCRITA EM PAUTA

USOS DO HÍFEN

1. Leia a tira a seguir.

Bill Watterson. *Calvin e Haroldo:* e foi assim que tudo começou. 2. ed. São Paulo: Conrad, 2010. p. 89.

a) Na tira, duas palavras foram grafadas com hífen. Identifique-as.

b) Essas palavras são formadas por outras palavras e/ou elementos da língua. Quais são eles? Indique a que classe de palavras pertencem.

c) As palavras grafadas com hífen mantiveram a ortografia original? E o significado original? Justifique.

d) Reescreva no caderno a fala de Calvin no último quadrinho, substituindo a expressão *este micro-ondas* por um pronome oblíquo. Que sinal gráfico você usou para ligar o verbo *carregar* ao pronome oblíquo?

> **ANOTE AÍ!**
>
> O **hífen** é usado nas seguintes situações:
> - Para unir elementos que formam palavras compostas ou derivadas.
> - Para conectar pronomes oblíquos a verbos.
> - Para indicar a separação silábica de uma palavra no final da linha e no início da seguinte.

CASOS EM QUE SE EMPREGA O HÍFEN

- Nos substantivos e nos adjetivos compostos por justaposição, em que se preserva a ideia de composição. Ex.: *tatu-bola, arco-íris* (substantivos); calça *azul-marinho,* línguas *indo-europeias* (adjetivos).

- Nas palavras com os prefixos **circum-** e **pan-** quando o segundo elemento é iniciado por uma vogal ou pelas letras **m** ou **n**. Ex.: *circum-escolar; circum-navegação; pan-africano.*

- Nas palavras que têm o segundo elemento iniciado com a letra **h**. Ex.: *anti-herói; pré-histórico.*

- Nas palavras cujo prefixo termina com a mesma vogal que inicia o segundo elemento. Ex.: *micro-ondas, semi-intensivo; micro-ônibus.*

- Nas palavras formadas com os prefixos tônicos **pós**, **pré**, **pró**. Ex.: *pós-escrito; pré-aviso; pró-ativo.*

- Nas palavras formadas com os prefixos **hiper-**, **inter-** e **super-** quando seguidos de elementos iniciados por **r** ou **h**. Ex.: *hiper-robusto; inter-racial; super-realizar; super-homem.*

CASOS EM QUE NÃO SE EMPREGA O HÍFEN

- Nas formações de palavras com os prefixos **co-** e **re-**. Ex.: *coocupar, cooperar, reeducar, reeleger.*
- Nas formações de palavras em que o prefixo termina em **vogal** e o segundo elemento começa com **r** ou **s**. Nessa situação, a consoante deve ser duplicada. Ex.: *antirreflexo, contrarreforma, microssegundo.*
- Nas formações em que o prefixo termina em **vogal** e o segundo elemento começa com uma **vogal diferente**. Ex.: *antiaéreo, autoescola.*

ANOTE AÍ!

No processo de formação de palavras, há dois modos de **composição**: por justaposição e por aglutinação. Se os elementos que formam a nova palavra forem mantidos, trata-se de **justaposição** (*beija-flor, segunda-feira, passatempo*); se sofrerem alguma perda, trata-se de **aglutinação** (*embora = em + boa + hora; pernalta = perna + alta*). Há casos em que novas palavras se formam por meio de acréscimos de **prefixos** à palavra primitiva (a de origem). Esse processo recebe o nome de **derivação prefixal**. Exemplos: *antiaéreo = anti* (prefixo) + *aéreo*; *pré-histórico = pré* (prefixo) + *histórico*. Assim, pode haver ou não hífen, a depender da letra que finaliza o prefixo e da que inicia a palavra primitiva.

2. Reescreva as frases no caderno, aplicando a grafia correta das palavras.

| bem/humorado | contra/regra | pré/natal | super/heróis |

a) Ana foi fazer o exame ★.
b) O trabalho do ★ é essencial na montagem de um espetáculo teatral.
c) Gosto de encontrar o José, pois ele está sempre ★.
d) Isabela adora filmes de ★.

3. **APLICAR** Faça as **atividades interativas** e coloque em prática o que aprendeu.

ETC. E TAL

Cão-guia ou *cão de cego*?

Em 2006, o Tribunal de Justiça de São Paulo garantiu a uma advogada o direito de frequentar o metrô acompanhada de seu cão-guia, o labrador Boris. A seguir, leia o texto com curiosidades sobre os termos *cão-guia* ou *cão de cego*.

Há duas curiosidades sobre a palavra, escrita sempre com hífen. A primeira é que não é registrada pela maioria dos dicionários. É estranho, porque esse tipo de cão existe há um bom tempo. O "Houaiss" faz uma rápida menção ao termo, diluída na explicação do verbete "cão".

É do "Houaiss" que extraio a segunda curiosidade. O dicionário registra um sinônimo, "cão de cego", sem hífen. A expressão sintetiza melhor a função do cachorro: está lá para auxiliar uma pessoa cega. Talvez o uso dessa forma crie nas pessoas a impressão – errada, diga-se – de que seja uma expressão pejorativa. Isso poderia justificar a preferência pela outra construção.

Cão-guia se escreve com hífen. Mas é bom saber que há um sinônimo para a palavra, **cão de cego**, tão correto quanto.

Paulo Ramos. UOL Educação. Disponível em: <https://noticias.uol.com.br/educacao/dicasport/ult2781u277.jhtm>. Acesso em: 3 nov. 2018.

AGORA É COM VOCÊ!

DEBATE REGRADO

PROPOSTA

Neste capítulo, você leu o trecho de um debate no qual os candidatos à presidência do Brasil em 2014, Marina Silva e pastor Everaldo, se posicionaram em relação ao programa Bolsa Família. Agora, é sua vez de participar de um debate e expressar seu ponto de vista sobre esse tema, que costuma despertar opiniões controversas.

GÊNERO	PÚBLICO	OBJETIVO	CIRCULAÇÃO
Debate regrado	Colegas da turma e professor	Posicionar-se oralmente em relação ao programa Bolsa Família	Debate regrado em sala de aula

PLANEJAMENTO E ELABORAÇÃO

1. Ao planejar e elaborar um debate, é preciso definir a função dos participantes: mediador, debatedores e público.

2. Um aluno será escolhido para ser o **mediador** e terá, portanto, de definir as regras do debate:
   - A quantidade de blocos do debate.
   - A quantidade de debatedores participantes.
   - Como será o sorteio da ordem dos debatedores que farão as perguntas e dos que responderão a elas.
   - Como será o sorteio que vai indicar a disposição dos debatedores no espaço.
   - As regras de comportamento do público.
   - O tempo de fala durante cada um dos momentos do debate (pergunta, resposta, réplica e tréplica).

3. Caberá também ao mediador e à sua equipe elaborar uma introdução que será comunicada aos participantes e ao público, devendo apresentar:
   - Os participantes do debate (nome completo e ano em que estudam).
   - O objetivo do debate (discutir o programa Bolsa Família).
   - As regras da organização do debate e do comportamento do público, definidas previamente, para garantir o bom andamento da atividade.

4. Sob a orientação do professor, definam a organização do espaço em que o debate ocorrerá, de modo a garantir ao público boa escuta e boa visualização.

5. Os alunos, que forem os **debatedores**, devem se preparar para a discussão sobre o assunto. Para isso, podem seguir as orientações abaixo.
   - Pesquisem em *sites*, revistas e jornais o que é o programa Bolsa Família. Para fazer uma pesquisa mais profunda, decomponham o assunto em itens: como funciona esse programa, que órgãos públicos são responsáveis por ele, qual é seu objetivo, quem são os beneficiários, quais são os critérios usados para sua distribuição, de onde sai a verba destinada a ele, etc.
   - Com a ajuda do professor, identifiquem os possíveis posicionamentos variados, semelhantes ou contrastantes, relativos ao tema; percebam semelhanças e contradições, para firmarem sua posição crítica.

- Definam, com base nos passos anteriores, o posicionamento que será adotado por vocês em relação ao tema escolhido: favorável ou contrário ao programa Bolsa Família.

- Selecionem, em textos diversos, informações que possam servir de argumentos que fundamentem o posicionamento defendido. Para isso, lembrem-se dos tipos de argumento (dados numéricos, exemplos, opinião de especialistas, etc.).

- Em uma folha avulsa, listem os argumentos que poderão ser usados durante o debate, a fim de organizar melhor as ideias.

- Prevejam alguns questionamentos que poderão ser feitos a outros participantes do debate, de modo que sejam levados a expor melhor suas ideias ou que evidenciem a falta de fundamento delas.

- Levantem os argumentos que poderão ser apresentados por um debatedor que defenda outro ponto de vista e planejem contra-argumentos que poderão empregar para mostrar a pouca força de tais argumentos.

- Assistam a debates regrados que envolvam o assunto para analisar outros posicionamentos e argumentos.

6 Os debatedores devem estar conscientes de que tanto a linguagem verbal quanto a não verbal colaboram para a argumentação, pois transmitem informações ao público sobre o posicionamento de quem participa do debate. Portanto, ao se prepararem para a atividade, devem:

- Selecionar, para usar no debate, palavras que ajudem a comunicar as informações, conforme suas intenções, empregando a linguagem verbal para fundamentar e defender os argumentos que estruturam sua ideia.

- Lembrar-se de que um debate regrado, na escola, é uma situação de oralidade que exige o registro mais formal da língua, ou seja, será preciso estar atento à concordância verbal e nominal, à escolha das expressões mais adequadas que se ajustam a esse tipo de registro.

- Estar ciente de que, ao comentar a fala de outro participante do debate e iniciar sua argumentação, é preciso demonstrar sua atenção à fala do colega e deixar claro seu posicionamento em relação ao que ele disse. Para isso, podem ser usadas expressões como "Compreendo sua opinião e concordo com ela em parte já que...", "Entendi seu ponto de vista, mas discordo porque...", "Concordo inteiramente com essa ideia, portanto, defendo que...", etc. Importante lembrar que se deve respeitar o ponto de vista dos colegas.

- Planejar a postura corporal, os gestos diante do público para que essa escolha corporal e gestual também contribuam para uma transmissão adequada de seu posicionamento ao público.

7 Os debatedores não podem ler no momento do debate, mas podem levar notas para consultar rapidamente durante a atividade. Portanto, vale a pena anotar argumentos como dados estatísticos e citações diretas, e a respectiva fonte de referência, para que possam apresentar essas informações de modo correto, fundamentado e preciso.

8 Outro recurso útil aos debatedores é ensaiar a apresentação dos argumentos fundamentais selecionados. O ensaio vai colaborar para o ajuste do registro, mais formal, utilizado em debate regrado.

9 Os alunos que farão parte do **público**, ou seja, que vão assistir ao debate também devem pesquisar o assunto, para que possam acompanhar adequadamente o desenvolvimento do debate, avaliar os argumentos apresentados e efetuar perguntas aos debatedores.

(DES)CONFIE DO QUE LÊ NA INTERNET

Fazer uma pesquisa nos dias de hoje é um jogo de contradições, no qual o papel daquele que deseja se informar é encontrar o equilíbrio: se, por um lado, a internet facilita o acesso a informações, por outro, ela também dissemina as chamadas *fake news* ou informações falsas. Embora tenham uma formatação de texto jornalístico e, por isso, pareçam notícias, as *fake news* alteram os fatos que apresentam. Assim, é preciso desconfiar das informações que circulam na internet e nas redes sociais. Durante a pesquisa, portanto, observe se o texto lido é assinado e se ele pertence a uma fonte confiável; além disso, procure outros textos sobre o assunto para perceber se eles confirmam ou não tais informações.

10 Caso o público também possa fazer perguntas aos debatedores, devem ser estipuladas regras sobre o tempo das respostas.

11 Espera-se que o público também tome nota de opiniões que considerar mais relevantes, de maneira a documentar o evento. Essas notas vão ajudar também a apresentar as impressões dos alunos na roda de conversa a ser organizada depois do debate, pois, nesse momento, a turma vai:

- Retomar argumentos utilizados no debate para defender os posicionamentos, avaliando a força de cada um.

- Comparar posicionamentos e informações apresentadas.

- Identificar coincidências e contradições.

- Elaborar uma conclusão própria sobre o Bolsa Família e apresentá-la aos colegas da turma.

- Avaliar se a sua opinião inicial sobre o tema se manteve depois do debate ou se foi modificada pela discussão.

12 Depois de todos estarem preparados para a discussão sobre esse tema, definam com o professor a data para a realização do debate.

13 Decidam, ainda com o professor, se vão elaborar um cenário para o debate ou se usarão só os elementos presentes na sala de aula.

◉ PASSAPORTE DIGITAL

Eleições 2014 – Rede Globo e Rede Bandeirantes

O portal *G1* disponibiliza vídeos e outros recursos relacionados às eleições ocorridas no país em 2014. Entre eles, há os debates pré-eleitorais dos candidatos à presidência no 1º turno e no 2º turno. Disponível em: <http://linkte.me/k0kz6>. Acesso em: 21 set. 2018.

O portal *UOL* disponibiliza os vídeos dos cincos blocos que compuseram o debate pré-eleitoral dos candidatos à presidência no 1º turno na Rede Bandeirantes. Disponível em: <http://linkte.me/gt97u>. Acesso em: 21 set. 2018.

MÚLTIPLAS LINGUAGENS

Sob a orientação do professor, escolham um vídeo com trechos de um debate regrado em que se discuta um tema de importância nacional. Analisem as linguagens verbal e não verbal usadas nessa situação levando em conta estas perguntas:

1. De que modo o mediador apresenta o debate a seus participantes?

2. De que maneira o mediador indica as regras definidas para o debate?

3. Prestem atenção ao ritmo e à entonação da fala dos debatedores. Eles procuram falar de modo pausado, pronunciando bem as palavras, para que suas opiniões sejam compreendidas com clareza?

4. Os debatedores usam um registro formal de linguagem? Eles se dirigem uns aos outros de maneira educada?

5. É possível identificar palavras que sinalizam o modo como os debatedores avaliam o que expressam, indicando se consideram o que dizem uma certeza, uma obrigação ou uma possibilidade, por exemplo?

6. Observem também a linguagem corporal dos debatedores. Eles gesticulam de maneira enérgica ou mostram expressões faciais marcantes? Procuram se mostrar flexíveis e gentis? O que dizem é coerente com sua linguagem não verbal? Converse com os colegas sobre essas questões.

No momento de apresentar sua opinião, procurem manter um ritmo e uma entonação que tornem a fala mais compreensível. Escolham as palavras que melhor expressem seu ponto de vista e adotem uma postura formal, evitando gesticular muito. Ao mesmo tempo, escolham momentos propícios para oscilar a entonação, evitando que a fala fique monótona; se bem dosados, os gestos podem ajudar nessa tarefa.

CIRCULAÇÃO

1 No dia do debate, organizem a sala de acordo com a seguinte configuração:
- Os debatedores deverão ficar sentados em cadeiras na frente do público.
- O público deverá ser disposto em semicírculo, voltado para os debatedores.
- O mediador deverá ficar na lateral da sala, próximo aos debatedores, mas distante do centro do "palco".
- Se estiver previsto na regra, o público poderá se manifestar de onde estiver sentado e com a permissão do mediador.

2 Para iniciar o debate, o mediador deverá apresentar a introdução previamente elaborada, com as regras a serem seguidas.

3 Em seguida, dar voz aos debatedores, na ordem estabelecida por sorteio.

4 É importante que, na primeira fala, o debatedor agradeça aos organizadores do debate e agradeça também pela presença dos participantes no debate.

5 O debatedor deve se dirigir de forma direta a quem lhe fez a pergunta.

6 Todos os participantes, ao se manifestar, devem empregar um tom de voz adequado, nem muito alto, nem muito baixo, a fim de serem compreendidos.

7 Os participantes devem escolher o registro formal como modo de comunicação durante o debate regrado.

8 A plateia deve fazer silêncio e respeitar o momento de fala dos debatedores.

9 É fundamental que os debatedores respeitem o turno de fala dos colegas e o tempo estabelecido para suas falas.

10 Ao apresentar seu ponto de vista e ao tomar a palavra, os debatedores deverão respeitar os demais participantes e o público, sem ofensas.

11 Mesmo nos momentos de discordância, será fundamental manter a calma e a educação, respeitando sempre o ponto de vista dos colegas.

AVALIAÇÃO

1 Em seu caderno, avalie a atividade conforme as questões a seguir.

ELEMENTOS DO DEBATE REGRADO
O debate foi fiel ao tema proposto?
O mediador conseguiu organizar o debate, aplicando as regras definidas por ele?
Cada debatedor apresentou claramente seu posicionamento?
Os argumentos apresentados pelos debatedores eram embasados em dados confiáveis?
Os argumentos apresentados pelos debatedores eram convincentes?
Os contra-argumentos empregados foram coerentes e relevantes?
Os debatedores e o público respeitaram as regras estipuladas pelo mediador?
Todos usaram o registro formal da língua em sua fala?
Os debatedores conseguiram manter um discurso respeitoso?
O público contribuiu para o debate com sua participação?

2 Façam uma lista com pontos positivos e pontos negativos da realização do debate, para que, em uma próxima vez, essa atividade possa ser melhorada.

3 Ao final, promovam uma roda de conversa para que todos possam compartilhar a avaliação do debate regrado e apresentar uma opinião sobre o tema discutido. Ao apresentar seus pontos de vista, vocês poderão avaliar se eles mudaram ou não depois da participação no debate. Os alunos, que atuaram como público, deverão iniciar a conversa com suas considerações finais.

NA RODA DE CONVERSA

Ao rever uma atividade produzida com toda a turma, é fundamental apresentar seu ponto de vista sobre a experiência para que, nessa troca de impressões, todos possam conhecer como os demais colegas perceberam a atividade. Nesse momento, certamente vão surgir sugestões para que, em uma oportunidade futura, um novo debate possa ser encaminhado de modo mais dinâmico e eficiente. Portanto, procure refletir sobre o ocorrido e expressar suas impressões de modo claro e educado.

ATIVIDADES INTEGRADAS

Nesta unidade, você leu duas cartas do leitor e um trecho de um debate regrado. Leia, agora, duas cartas do leitor destinadas a uma revista e responda às questões.

POTÊNCIA DOS TRÓPICOS

Foi com grande satisfação que recebi a piauí deste mês aqui em Helsinque. A reportagem sobre Ricardo Paes de Barros ("O liberal contra a miséria", **piauí_74**, novembro) é muito boa. Estudo economia e o sucesso do Bolsa Família é uma unanimidade na academia, no Brasil e no mundo. Aqui na Finlândia tento vender a ideia do Brasil como potência emergente nos trópicos, com indicadores sociais em ascensão, mas ainda com problemas. É impressionante como os finlandeses saíram de uma sociedade devastada no pós-guerra para uma economia de alto nível com grande segurança social. Temos muito a aprender com eles.

LUÍS CRISTÓVÃO_Helsinque/Finlândia

O perfil de Ricardo Paes de Barros é confuso e não está no bom nível de outros publicados pela revista.

O texto enfatiza que Carlos Langoni e Paes de Barros demonstraram que um maior nível de escolaridade aumentaria a renda, assim como a melhor distribuição da educação melhoraria a desigualdade de renda. Mas, no final do texto, citando estudos do próprio Paes de Barros, mostra justamente que, além da educação (30%), a distribuição e o aumento do valor das aposentadorias (20 a 30%) e o Bolsa Família (10-15%) foram os responsáveis pela melhoria da renda e da sua distribuição. Portanto, a própria reportagem indica que pelo menos esses três fatores estão ligados à renda e que a educação, com 30%, não pode ser considerada o principal fator.

Além disso, o perfil dá a paternidade do Bolsa Família a Paes de Barros, mas o próprio texto mostrou que vários contribuíram para a elaboração do programa, que não teve pai único.

Por fim, não há contraponto às críticas feitas a Marcio Pochmann. Se não conseguiram uma entrevista com o mesmo, deveriam pelo menos ter conseguido contato com pesquisadores do grupo dele.

ALFREDO DA COSTA PEREIRA JR_São José dos Campos/SP

NOTA DA REDAÇÃO: Na Finlândia gostaram, Alfredo.

Cartas. Revista *Piauí*, ed. 75, dez. 2012. Disponível em: <http://piaui.folha.uol.com.br/materia/o-mentor-do-bolsa-familia-causa-polemica/>. Acesso em: 18 out. 2018.

ANALISAR E VERIFICAR

1. Após a leitura de duas cartas do leitor, responda:
   a) Em que meio de comunicação esse texto foi veiculado? Como você concluiu isso?
   b) Qual é o título desse texto? Qual é o assunto discutido nele? Anote em seu caderno.
   c) Por que o veículo intitulou a publicação dessas cartas de "Potência dos trópicos"?

2. Sobre a primeira carta, responda:
   a) Qual foi a intenção do leitor ao escrevê-la para a revista *Piauí*? Comente sua resposta.
   b) Que expressões empregadas no início da carta revelam a opinião do leitor sobre a reportagem?
   c) Por viver na capital da Finlândia, Helsinque, o leitor estabeleceu um paralelo entre o Brasil e a Finlândia. Qual é a comparação feita por ele?

↑ Capa da revista *Piauí*, n. 75, dez. 2012, em que foram publicadas as cartas dos leitores.

3. Sobre a segunda carta, responda:
   a) Na carta desse leitor, percebe-se o mesmo posicionamento que o da primeira carta? Explique.
   b) Que tipo de argumento esse leitor emprega para defender seu ponto de vista? Com que objetivo ele faz isso?
   c) Releia o trecho a seguir.

   > O perfil de Ricardo Paes de Barros é confuso **e** não está no bom nível de outros publicados pela revista.

   - O que a conjunção em destaque nesse trecho indica e de que modo ela contribui para a crítica do texto?
   d) Por que o emprego de conjunções é importante em textos argumentativos?

CRIAR

4. Na *nota da redação*, a revista *Piauí* dá uma resposta ao leitor Alfredo da Costa Pereira Jr.
   a) A *Piauí* é uma revista conhecida por tratar temas sérios sem perder o humor. Essa proposta é coerente com o tom da resposta que ela deu ao leitor? Explique.
   b) Qual foi a estratégia argumentativa da revista ao defender sua publicação e dar uma resposta ao leitor? Imagine que você faz parte da redação da revista. O que você diria a esse leitor que criticou a reportagem e apontou incoerência nas informações?

5. Ao longo da unidade, você refletiu sobre temas sociais relacionados à moradia, à saúde e à educação. Teve, ainda, a possibilidade de conhecer melhor um programa de bem-estar social implementado no Brasil, o Bolsa Família. Agora, reúna-se com os colegas e compartilhe ideias de como a discussão desse tema alterou ou não seu posicionamento sobre esses assuntos.

281

IDEIAS EM CONSTRUÇÃO – UNIDADE 8

Gênero carta do leitor
- Ao ler uma carta do leitor, identifico o tema, o ponto de vista e me posiciono de forma crítica e fundamentada, ética e respeitosa diante de fatos e opiniões relacionados a ela?
- Analiso os argumentos e as estratégias utilizados em cartas do leitor, avaliando sua força argumentativa?
- Analiso a escolha de certas palavras e expressões que indicam de que modo o autor da carta avalia o que expressa?
- Ao produzir uma carta do leitor, levo em consideração o contexto de produção definido para ela? Utilizo argumentos que defendem meu ponto de vista?

Gênero debate regrado
- Identifico e analiso os posicionamentos defendidos e refutados em um debate regrado?
- Reconheço e analiso os efeitos de sentido de estratégias argumentativas empregadas na fala dos debatedores?
- Identifico, na fala dos debatedores, palavras que evidenciam o ponto de vista assumido por eles?
- Sou capaz de me posicionar em relação a posicionamentos defendidos e refutados em debates?
- Consigo construir meu próprio posicionamento por meio de pesquisas de informações e dados confiáveis?
- Em relação a um tema, apresento e defendo meu posicionamento oralmente de maneira ética e respeitosa?

Conhecimentos linguísticos
- Identifico, em textos lidos, orações coordenadas?
- Diferencio as orações coordenadas assindéticas das sindéticas?
- Identifico as orações coordenadas aditivas, adversativas, alternativas, explicativas e conclusivas?
- Identifico os efeitos de sentido produzidos pelo uso das conjunções?
- Identifico os efeitos expressivos das orações sindéticas alternativas?
- Compreendo o emprego do hífen?

VERIFICAR
Confira o **mapa de conteúdos** da unidade 8.

INTERAÇÃO

SIMULAÇÃO ONU

A Organização das Nações Unidas (ONU) é uma entidade internacional, com 193 Estados-membros, cujo objetivo é harmonizar a ação desses países com a intenção de realizar metas comuns, entre elas: manter a paz e a segurança internacionais, desenvolver relações amistosas entre as nações e incentivar a cooperação internacional. Essa organização nasceu, em 1945, após a devastação causada pela Segunda Guerra Mundial. A primeira reunião da Assembleia Geral da ONU ocorreu em Londres, no ano seguinte. A simulação da qual você vai participar com os colegas tem o objetivo de encenar essa reunião, que ocorre até hoje e promove debates muito importantes para o desenvolvimento mundial.

Na época de sua criação, a ONU contava com a participação de 51 países comprometidos com a manutenção da paz – entre eles, o Brasil. Desde seus primeiros anos, o debate foi essencial para que a ampla cooperação internacional fosse alcançada. Atualmente, grande parte dos países do mundo faz parte dessa organização e está disposta a aceitar as propostas da instituição.

De acordo com a carta de sua fundação, a ONU é composta de seis órgãos principais: a Assembleia Geral, o Conselho de Segurança, o Conselho Econômico e Social, o Conselho de Tutela, a Corte Internacional de Justiça e o Secretariado.

Neste projeto, vocês vão encenar um debate na reunião da Assembleia Geral, evento que acontece todo ano, desde 1946, e reflete as relações entre os países que compõem as Nações Unidas.

Objetivos

- Pesquisar as funções da Assembleia Geral da ONU e, em seguida, decidir a qual delas a turma se dedicará durante a simulação.
- Investigar os diversos países-membros da ONU e definir quais deles farão parte da simulação da Assembleia Geral.
- Definir uma questão de relevância social para a discussão na assembleia.
- Desenvolver a capacidade argumentativa, embasada na pesquisa de dados confiáveis, e, com o professor e os colegas, refletir sobre a melhor maneira de construir um discurso argumentativo convincente.
- Redigir um documento que apresente o posicionamento oficial do país representado diante da questão levantada pela assembleia. Na Assembleia Geral da ONU, o nome desse texto é Documento de Posição Oficial.
- Participar da assembleia de maneira ética e responsável, respeitando o turno de fala dos colegas, bem como exercitando a empatia e a troca de ideias sobre um assunto de importância internacional.
- Redigir um documento coletivo que, refletindo sobre a questão escolhida, apresente posicionamentos em comum.
- Avaliar o processo de pesquisa, organização e apresentação do projeto.

Planejamento

Organização da turma

- Na Parte I, vocês serão divididos em grupos para pesquisar a ONU e as funções da Assembleia Geral. Em seguida, uma roda de conversa será promovida para definir o assunto que será abordado no debate da assembleia.

- Na Parte II, vocês definirão quem ocupará os cargos de secretário-geral, de presidente da Assembleia e de chefes de Estado. O secretário-geral e o presidente vão pesquisar mais sobre o tema proposto, e os chefes de Estado deverão aprofundar seus conhecimentos sobre o país que escolheram representar.
- Na Parte III, um documento oficial de cada país, contendo uma proposta para o assunto, será apresentado oralmente na simulação. A abertura do evento ficará por conta do presidente e do secretário-geral.
- Na etapa de Circulação, serão encaminhados os discursos e a votação. Então, vocês vão elaborar um documento oficial coletivo, com o objetivo de reafirmar as propostas escolhidas.

Procedimentos

Parte I – Definição do assunto

1. Para iniciar a atividade, organizem-se em grupos de até cinco alunos para pesquisar sobre o que é a ONU, qual é sua importância no contexto mundial e de que forma ela costuma atuar por meio das reuniões da Assembleia Geral.

2. Durante essa atividade, anotem as informações mais importantes e selecionem aquelas que merecem ser compartilhadas com os colegas.

3. Em um dia marcado pelo professor, organizem uma roda de conversa para compartilhar as informações encontradas pelos grupos durante a pesquisa.

4. Reservem um momento, ao final da roda de conversa, para escolher qual assunto será debatido na simulação da Assembleia Geral. Para auxiliar a decisão, é importante que vocês reconheçam as funções da assembleia:

- discutir questões ligadas a conflitos militares – com exceção daqueles na pauta do Conselho de Segurança;
- discutir formas e meios para melhorar as condições de vida das crianças, dos jovens e das mulheres;
- discutir assuntos ligados ao desenvolvimento sustentável, ao meio ambiente e aos direitos humanos.

Na Assembleia Geral da ONU, todos os países têm direito a um voto e todos os votos têm o mesmo peso de decisão. Ou seja, as resoluções são tomadas com total igualdade. Já que vocês estão em uma simulação, que tal fazer a escolha do assunto utilizando o mesmo critério?

Parte II – Preparação dos chefes de Estado

1. Durante as assembleias da ONU, reúnem-se os chefes de Estado de 193 países. Além deles, estão presentes o presidente da assembleia e o secretário-geral da ONU, que organizam a reunião e asseguram que as regras sejam cumpridas.

2. É a Assembleia Geral que escolhe e nomeia as duas pessoas que ocupam esses cargos. Façam o mesmo e elejam o presidente e o secretário-geral. Eles ficarão responsáveis por pesquisar informações sobre o assunto escolhido e sobre a organização da Assembleia Geral, da ONU, além de preparar e apresentar o evento.

3. Na sequência, cada aluno deverá escolher um país para representar. Caso mais de um aluno escolha o mesmo país, façam um sorteio para definir a distribuição. Como 193 países fazem parte da assembleia, nem todos serão contemplados nessa simulação. Lembrem-se de que o sistema de votação da assembleia, segundo o qual todo voto tem o mesmo peso, a torna um espaço de debate igualitário, muito importante para o posicionamento dos países menos poderosos.

Kosugue/ID/BR

4. Após definir os chefes de Estado, cada aluno deve realizar uma pesquisa sobre o país que representará para decidir qual será sua posição oficial sobre a questão que será discutida. Para isso, pesquise:

- o histórico das ações de política externa do país, em linhas gerais;
- o posicionamento do país perante o problema a ser discutido na assembleia;
- os principais acordos, inclusive a participação em blocos econômicos e geopolíticos, que eventualmente o país possui com outras nações.

Parte III – Produção do Documento de Posição Oficial de cada país

1. Na sequência, cada chefe de Estado deve elaborar um documento oficial, que pode ser escrito em uma única página e conter: o nome do país e do aluno que o representa e o posicionamento (política externa) do país frente ao problema apontado. Além disso, o documento pode apresentar exemplos de medidas realizadas internamente e que estejam relacionadas com a problemática em questão. Assim, possíveis soluções podem ser propostas. O texto deve ser objetivo, sem longas considerações ou dados geográficos e históricos meramente ilustrativos. As informações precisam ser pontuais e elucidativas.

2. O posicionamento apresentado no documento oficial precisa ser coerente com a postura adotada pelo país nos mais variados assuntos. Logo, para formular o documento, é preciso utilizar os dados coletados na pesquisa proposta na Parte II.

3. Após terminar e revisar o documento, faça cópias a fim de entregá-las a todos os presentes no dia da simulação. Na data proposta, você não lerá o documento, mas fará um discurso baseado em seu conteúdo antes de declarar seu voto. A entrega do documento para todos os membros é um costume das reuniões da ONU e auxilia os outros chefes de Estado a compreender o posicionamento de cada país.

4. Utilize as anotações para preparar o que você vai pronunciar no momento do debate, durante a simulação. A qualidade de seu discurso será determinante para uma boa participação no evento e também para acarretar votos a favor de sua proposta. Por isso, é importante discursar sobre o seu ponto de vista de maneira clara e convincente, empregando o registro formal. Para que sua oratória não fique tediosa e longa, organize seu discurso e ensaie sua fala antes do evento.

5. De acordo com a Carta das Nações, para a melhor comunicação entre os membros, vindos de todos os cantos do planeta, seis idiomas foram escolhidos como oficiais: inglês, francês, espanhol, árabe, chinês e russo. Neste projeto de simulação, entretanto, a comunicação ocorrerá apenas em português.

6. Notem que, tanto no documento quanto no decorrer da simulação, vocês deverão argumentar e agir de acordo com a política externa do país que estão representando, mesmo que isso contrarie a posição pessoal de vocês.

7. Os alunos que representarão o presidente e o secretário-geral também deverão produzir um documento, que será utilizado para abrir o evento. Ao presidente caberá redigir um texto que explique o objetivo da reunião e apresente as regras que devem ser seguidas pelos participantes. O secretário-geral vai apresentar informações adicionais sobre o problema que será discutido e a razão do destaque dado a ele na assembleia.

Compartilhamento

1. No dia do evento, organizem o local em que acontecerá a atividade. Disponham as carteiras em semicírculo para que todos possam se ver durante a apresentação.

2. O presidente abrirá a Assembleia Geral da Simulação ONU com um discurso de boas-vindas e com a informação sobre a sequência das falas, que deverá obedecer a ordem alfabética do nome do país.

3. Em seguida, o secretário-geral solicita aos chefes de Estado que entreguem as cópias do Documento de Posição Oficial do país para que sejam distribuídas. Então, expõe a questão que será discutida e, enfim, cede a palavra ao primeiro chefe de Estado.

4. Os chefes de Estado farão um breve discurso baseado no documento entregue.

5. Durante a exposição dos chefes de Estado, o presidente e o secretário-geral se dividirão para produzir uma ata da reunião, anotando as propostas apresentadas. As informações anotadas serão retomadas na votação das propostas, no final do evento.

6. Após a apresentação de cada chefe de Estado, um tempo pode ser reservado para questionamentos direcionados. Na sequência, o chefe de Estado que for questionado tem o direito de responder ao que foi solicitado.

7. Durante a atividade, vocês devem agir com cortesia e, quando houver discordâncias, elas devem ser debatidas com respeito; afinal, o objetivo é chegar a uma proposta de intervenção benéfica para todos os países.

8. Após todos os chefes de Estado se pronunciarem, o presidente da Assembleia Geral dará início à votação das propostas. Para isso, o secretário deve relembrar resumidamente as propostas apresentadas para que os participantes possam escolher.

9. Cada chefe de Estado deve votar oralmente, podendo escolher duas propostas. O presidente deve anotar os votos. No final, as três propostas mais votadas serão consideradas vitoriosas.

UMA DISCUSSÃO RELEVANTE

Um sentimento recorrente, presente inclusive entre os próprios chefes de Estado, é o de preocupação com a falta de efetividade das decisões tomadas na Assembleia Geral. A pergunta que fica é: até que ponto essa instância consegue, de fato, tratar de problemas que afetam diretamente as sociedades ao redor do mundo? Tal apreensão ocorre porque, mesmo as decisões sendo votadas na Assembleia, os países não são obrigados a adotá-las em suas legislações internas.

10. Definidas as propostas, o secretário-geral deverá redigir, com todos os participantes, um documento oficial que explique as regras e as medidas adotadas em relação aos tópicos discutidos (o que deverá ser feito, de que forma e em quanto tempo). Esse documento oficial coletivo é chamado de Proposta de Resolução na ONU e segue um padrão específico:
    - cabeçalho, composto de nome da assembleia, título do tópico discutido, data e idioma em que a Assembleia Geral foi realizada;
    - cláusulas preambulares: descrevem o problema discutido, retomam ações passadas e explicam o propósito da resolução, oferecendo assim suporte para as cláusulas operacionais. As cláusulas preambulares se iniciam com verbos no gerúndio e em itálico (buscando, relembrando, etc.);
    - cláusulas operativas: expõem as ações que serão tomadas pelo comitê. Todas as cláusulas operacionais deverão ser numeradas e começar com verbos conjugados no indicativo (*proclama*, *autoriza*, *recomenda*, etc.);
    - signatários (assinaturas dos participantes).
11. Feito isso, o secretário-geral lê a Proposta de Resolução e o presidente encerra a Simulação ONU, agradecendo a participação de todos os envolvidos.

Avaliação

O projeto de Simulação ONU contou com a contribuição de todos e o trabalho em grupo em todas as suas etapas. Portanto, é natural que a avaliação da experiência seja realizada da mesma maneira. Em uma roda de conversa, discutam sobre as questões a seguir.

1. No início da atividade, foi discutida a importância da ONU para a sociedade mundial?
2. A pesquisa inicial em grupos, proposta na Parte I, foi realizada de maneira produtiva?
3. Foram sugeridos diversos assuntos de importância mundial e, em seguida, um deles foi definido?
4. A votação do assunto ocorreu de maneira compartilhada e participativa?
5. Foram pesquisadas informações relevantes sobre o assunto escolhido?
6. Durante a simulação, a definição das tarefas de cada aluno aconteceu em comum acordo e de maneira organizada?
7. Após a definição dos países representados, cada aluno pesquisou informações relevantes de cada país?
8. O documento oficial apresentado na assembleia foi produzido de maneira objetiva, clara e coerente com as características solicitadas?
9. O discurso de todos os envolvidos foi coerente com o contexto e convincente?
10. A Proposta de Resolução foi desenvolvida com a participação efetiva de todos?
11. O debate da assembleia e a consecutiva votação ocorreram de maneira respeitosa?
12. Quais são os pontos positivos e os pontos negativos da experiência?

Kosugue/ID/BR

288

INTERAÇÃO

APRESENTAÇÃO TEATRAL

A representação teatral nos proporciona a experiência singular de dar voz e corpo às mais diversas personagens. No entanto, entre o texto do gênero dramático e a *performance* do ator, há muitos outros processos e profissionais envolvidos até que uma peça chegue ao palco. É o que vocês vão descobrir, neste projeto, ao produzir uma apresentação teatral.

Assistir a um espetáculo teatral pode ser uma experiência intensa e emocionante. No palco, o texto dramático ganha vida nas falas e nas ações das personagens. No encontro entre atores e espectadores, o texto é o ponto de partida, porém, muitos outros elementos colaboram para produzir os efeitos de sentido da história encenada: palavras, gestos, movimentos, expressões faciais, modulações de voz, som, silêncio, jogos de luz. Há muitos profissionais envolvidos na elaboração do espetáculo, que requer uma preparação minuciosamente organizada até a estreia.

Neste projeto, vocês vão planejar e executar a montagem de uma apresentação teatral. Para isso, conhecerão mais a fundo as diferentes funções desempenhadas pelos profissionais do teatro, além de investigar as etapas, os recursos e os materiais necessários para a montagem do espetáculo. Por fim, vão convidar a comunidade escolar para assistir à apresentação.

Objetivos

- Investigar as atividades e as etapas envolvidas na montagem de uma peça teatral.
- Refletir sobre as próprias capacidades na escolha de uma atividade a ser exercida na montagem da peça teatral.
- Definir critérios para a escolha do texto a ser encenado e, com base neles, pesquisar, ler e compartilhar textos do gênero dramático.
- Escolher um texto desse gênero para ser encenado.
- Produzir e apresentar um espetáculo teatral a ser exibido para a comunidade escolar.
- Divulgar as apresentações.
- Avaliar todo o processo de montagem da peça, bem como o envolvimento dos participantes durante a atividade.

Planejamento

Organização da turma

- Na primeira parte do projeto, organizem-se em grupos de quatro a seis integrantes para pesquisar as funções e as etapas que envolvem a montagem de uma peça teatral. Essa proposta de estudo tem a finalidade de aprofundar o conhecimento sobre teatro e também de proporcionar a cada um de vocês a identificação com determinada etapa ou uma função específica.
- Na segunda parte, vocês farão uma pesquisa de textos dramáticos para escolher aquele que será encenado na montagem teatral. Nessa etapa, será feita a primeira leitura do texto escolhido, a qual deve ser acompanhada por todos os alunos já em suas respectivas funções. Cada aluno lerá o texto de acordo com sua função.

- Na terceira parte, o planejamento das equipes finalmente começa a se concretizar. O texto dramático já estará devidamente adaptado pelo dramaturgo, as diretrizes gerais para o estilo e a interpretação desse texto serão decididas pela direção e pelos atores, e os outros recursos que compõem a peça também serão colocados em prática. Por fim, os ensaios gerais poderão começar.

Procedimentos

Parte I – Funções e etapas de uma montagem teatral

1 Em grupos de quatro a seis pessoas, pesquisem e discutam sobre as funções envolvidas na produção de um espetáculo teatral. Como ponto de partida, considerem os seguintes profissionais:

- **Ator:** interpreta personagens.
- **Cenógrafo:** cria os cenários da história.
- **Contrarregra:** acompanha o desenrolar de uma encenação teatral, comandando o trabalho do sonoplasta, do cenógrafo, do figurinista, entre outros.
- **Diretor:** dirige os atores e outros profissionais envolvidos na cena.
- **Dramaturgo:** escreve ou adapta o texto do gênero dramático.
- **Figurinista:** cria e/ou desenha figurinos.
- **Iluminador:** responsável por elaborar e executar a iluminação de palco.
- **Maquiador:** cria a maquiagem adequada à peça e às personagens e a executa nos atores.
- **Produtor:** responsável pela produção, ou seja, por toda a organização de que a peça depende para acontecer, dentro e fora dos palcos.
- **Sonoplasta:** responsável por criar e aplicar os recursos sonoros para a montagem teatral: trilha sonora, ruídos, efeitos acústicos, etc.
- **COMPREENDER** Antes de dar início à pesquisa, acessem o recurso digital que apresenta alguns **profissionais envolvidos em uma montagem de teatro**.

2 Concluída a pesquisa, reservem uma data, junto com o professor, para que cada grupo apresente à turma o resultado de seu estudo, a fim de que todos possam conhecer um pouco mais sobre esses profissionais. Vocês pensaram em quais habilidades são exigidas de cada um?

3 Novamente em grupos, conversem sobre o que acontece em cada uma das etapas da montagem de uma peça:

- escolha do texto do gênero dramático;
- seleção do elenco e distribuição dos papéis;
- seleção da equipe geral (cenógrafo, contrarregra, dramaturgo, figurinista, etc.);
- primeira leitura;
- leitura dramática;
- construção de personagens;
- criação de cenários, figurinos, adereços;
- maquiagem;
- marcação de cenas;
- ensaios com figurinos e adereços;
- ensaio geral.

4 Voltem a compartilhar com a turma o que foi discutido e avaliem se os grupos chegaram a respostas semelhantes.

5 Com a ajuda do professor, distribuam entre os grupos a responsabilidade de pesquisar mais a fundo uma das profissões relacionadas ao teatro e uma das etapas de montagem de uma peça.

6 Na data definida, apresentem o resultado da pesquisa à turma. Com base nas informações compartilhadas, discutam: Que funções vocês consideram importantes para a montagem do espetáculo da turma? Que etapas precisam ser percorridas para essa produção teatral?

7 Após a discussão e com base no que foi debatido, façam um levantamento inicial para identificar quem gostaria de atuar em cada uma das funções definidas para o espetáculo. Pensem na diversidade de capacidades da turma e em como elas podem se encaixar nas funções que esse projeto de montagem teatral exige.

dramático

1. Para essa montagem teatral, o texto dramático será adaptado pelo dramaturgo. Portanto, o próximo passo é escolher um texto para ser adaptado ao contexto do espetáculo que vocês vão montar. Para iniciar a atividade, dividam-se em grupos de até quatro alunos e pesquisem, na biblioteca ou na sala de leitura da escola, em bibliotecas do bairro ou na internet, textos dramáticos que vocês gostariam de encenar.

2. Ao pesquisar um texto, levem em consideração temas que vocês gostem para definir se vai ser uma peça do tipo comédia, terror, suspense, fantasia, aventura, ficção científica, romance, etc. Respeitem a indicação de idade, pensando inclusive no público que vai assistir à peça, que contará com muitos alunos da escola.

3. Cada grupo deve selecionar apenas um texto para compartilhar com a turma.

4. Combinem uma data com o professor para que os textos escolhidos sejam apresentados. Na data especificada, levem anotações com um breve resumo do texto escolhido pelo grupo e também informações sobre o autor do texto.

5. Após a apresentação de todos os textos, avaliem coletivamente qual é o mais adequado à montagem que será feita pela turma. Levem em conta, além do enredo, o número de personagens, a extensão do texto, a infraestrutura requisitada e a adequação ao público-alvo.

6. Caso seja necessário, realizem uma votação para escolher o texto.

7. Definido o texto, vocês devem iniciar a primeira leitura dele para que todos possam conhecer os detalhes da obra. Neste momento, é preciso que todos já tenham escolhido a função que vão exercer, de forma que, na leitura do texto, cada um pense na contribuição que vai dar à montagem da peça. É importante observar que, mesmo em produções profissionais, muitas funções são exercidas por uma equipe e não apenas por um profissional.

8. Embora alguns alunos já saibam que serão os atores da peça, ainda não é o momento de distribuir os papéis.

9. O dramaturgo, precisa começar a se dedicar nesse começo do projeto, verificando se o texto precisa de adaptações em decorrência das restrições do contexto e do público da peça. A ajuda do professor será valiosa no acompanhamento deste trabalho.

UMA CORRIDA DE REVEZAMENTO

O trabalho da montagem de uma peça pode ser comparado a uma corrida de revezamento: cada profissional tem o seu momento de trabalhar, de se esforçar, e isso nem sempre acontece no mesmo período – é preciso passar o bastão. O trabalho do dramaturgo, por exemplo, é imprescindível no começo da montagem e, embora ainda seja requisitado para algumas modificações durante o ensaio, diminui com o tempo.

O produtor faz o caminho contrário, pois está presente em toda a produção, mas precisa assumir maior fôlego no final para que a peça aconteça! O importante é se lembrar de que a montagem de uma peça teatral se trata de um trabalho em equipe.

Parte III – Montagem do espetáculo

1. Esta etapa deve começar com a leitura do texto já revisto pelo dramaturgo.

2. Conversem sobre os pontos levantados e definam diretrizes gerais para o estilo de interpretação e direção, a concepção dos cenários, da luz e do som e a criação dos figurinos e da maquiagem. Durante essa conversa, é importante que o contrarregra e o produtor se organizem e comecem a produção da peça.

3. As equipes de cenografia, figurino, iluminação, maquiagem e sonoplastia também precisam pensar nos materiais necessários para a confecção do espetáculo, definindo estratégias para obtê-los. Lembrem-se de que, neste momento, a criatividade é de grande ajuda: objetos de casa, empréstimos de familiares e de amigos e o talento de cada um vão fazer a diferença. O importante é que os recursos utilizados estejam de acordo com o texto.

4. O contrarregra e o produtor ficarão responsáveis por escolher o espaço mais adequado à apresentação teatral. Com a ajuda do professor, reservem o lugar com antecedência para os ensaios gerais e a apresentação.

5. Enquanto isso, os atores e o diretor devem estar empenhados em conhecer melhor o texto que será encenado.

6. Quando a equipe estiver mais familiarizada com o texto, os atores vão realizar uma leitura dramática. Em seguida, o diretor e sua equipe devem iniciar a marcação de cena, investigando os movimentos, as expressões faciais e as modulações de voz mais expressivas para cada momento do texto.

7. Assim que possível, marquem uma data para que todos conheçam o espaço de apresentação e façam experimentações com o cenário, a luz, o som, a maquiagem, o figurino. Aproveitem para já incluir nos ensaios os momentos de entrada do som e de mudança da luz.

8. É importante que todos participem desse processo de montagem da peça no espaço em que será encenada. Olhares diferentes para uma mesma situação contribuem muito para o desenvolvimento e a construção de sentido do espetáculo.

9. Realizem ensaios individuais e em grupo para ganhar fluência no texto e montem partes cada vez mais extensas da peça, até que todo o texto esteja decorado e as cenas estejam marcadas. Contem com o professor e a comunidade escolar como primeiros críticos e espectadores desses ensaios.

10. Façam pelo menos três ensaios gerais, com todas as equipes participando.

Compartilhamento

1. Com duas a três semanas de antecedência, iniciem a divulgação das apresentações. Esse é o momento em que os produtores entram em ação!

2. Eles devem montar um programa da apresentação para ser distribuído antes do espetáculo. No programa, é preciso constar uma ficha técnica com informações sobre o texto, os papéis e as funções desempenhadas pelos alunos. É interessante apresentar imagens de ensaios e dos integrantes do grupo teatral.

3. Para divulgar o espetáculo, os produtores também podem criar cartazes, com o dia, o local, o horário e o nome do evento, passar nas salas de aula dando recado sobre a peça ou divulgá-la nas redes sociais.

ChrisGorgio/iStock/Getty Images

4. Caberá também à produção a distribuição de convites para os interessados em assistir à peça. A quantidade de ingresso distribuída deve ser exatamente a que o local comporta. Caso os ingressos acabem e existam ainda muitos interessados, não há por que se preocupar com o sucesso! Uma sessão extra pode ser aberta para o mesmo dia ou para o dia seguinte. Converse com o professor sobre essa possibilidade.

5. Enquanto o produtor fica responsável pela organização externa da peça, espera-se que o contrarregra e o diretor estejam focados em tornar coeso o trabalho de todas as outras funções. Caso seja necessário fazer alguma alteração, este é o momento; por isso, o dramaturgo deve estar presente.

6. Em seguida, na data definida, acontecerá a estreia do espetáculo, momento de experimentar um intenso trabalho de colaboração e a sensação de receber uma salva de palmas!

7. Em outra data, será necessária uma reunião de avaliação com toda a equipe para que os pontos positivos e negativos possam ser levantados. Essa reunião é comum inclusive em grupos teatrais profissionais e tem o objetivo, muitas vezes, de averiguar se as apresentações terão continuidade. Caso vocês se animem, o grupo de vocês também pode prosseguir com as apresentações!

Avaliação

1. Durante a pesquisa sobre as funções e as etapas de uma montagem teatral, que novos conhecimentos vocês construíram a respeito do teatro?

2. A pesquisa de textos dramáticos ocorreu de forma colaborativa e produtiva, possibilitando que vocês conhecessem novos textos sobre os mais variados assuntos?

3. A peça escolhida apresentou faixa etária adequada ao público?

4. A divisão de tarefas para a montagem do espetáculo funcionou bem?

5. Todos os alunos participaram efetivamente da produção do espetáculo?

6. Vocês conseguiram articular os diferentes elementos da montagem teatral para construir uma apresentação coesa, expressiva e fluente?

7. Os cartazes divulgando a peça foram distribuídos para toda a comunidade escolar, como pais, professores, colegas, etc.?

8. Os convites foram produzidos e distribuídos adequadamente?

9. Na semana que antecedeu a apresentação, todos os detalhes foram conferidos?

10. Como foi a apresentação da peça? Que sensações vocês experimentaram durante a encenação?

11. As emoções do texto foram passadas para o público? Como a plateia reagiu durante a peça?

12. Após a montagem da peça, vocês desenvolveram maior interesse pelo gênero texto dramático?

13. Alguma etapa do trabalho não funcionou bem? O que poderia ser revisto?

14. Apontem o aspecto do projeto que vocês acharam mais interessante e por quê.

DE OLHO NO ENEM — PARTE 1

Questão 1

Não se matam os pobres-diabos

[...]

— Conte o que aconteceu da forma mais simples possível.

— Como posso fazer isso se não vi nada? É como se nada tivesse acontecido... Ele voltou às seis e meia como nos outros dias... Sempre chega na hora... Até preciso apressar as crianças, porque ele faz questão de jantar logo que chega...

Ela falava do marido, cuja fotografia ampliada se via na parede, ao lado da foto da mulher. E não era devido à tragédia que a mulher tinha aquele ar triste. Já no retrato tinha a fisionomia ao mesmo tempo abatida e resignada de alguém que leva nos ombros o peso do mundo.

[...]

Georges Simenon. *Todos os contos de Maigret*.
Porto Alegre: L&PM, 2009. p. 299. v. 2.

Em um conto de enigma, a atenção aos detalhes é fundamental para desvendar um crime. No trecho acima, o comissário Maigret, ao mesmo tempo em que conversa com a viúva de um homem assassinado, observa o retrato dela na parede. Essa observação permite inferir que o assassinato

a) alterou consideravelmente a fisionomia da viúva.

b) foi responsável pelo o ar abatido da viúva.

c) pouco determinou o semblante da mulher.

d) causou a fisionomia abatida da mulher.

e) fez a viúva levar nos ombros o peso do mundo.

Questão 2

Assassinatos na rua Morgue

[...]

A edição vespertina do jornal declarava que a maior excitação ainda perdurava no *Quartier St.-Roch*, que os aposentos do prédio tinham sido novamente examinados e novos exames das testemunhas realizados, tudo sem o menor resultado. [...]

Eu somente podia concordar com toda Paris ao considerá-los um mistério insolúvel. Não via maneira através da qual fosse possível identificar o assassino.

— Não podemos julgar os meios — disse Dupin — a partir de um exame tão superficial. A polícia parisiense, que é tão exaltada por sua argúcia, é esperta, mas nada mais do que isto. Não existe método em seus procedimentos, além do método sugerido pela inspiração do momento. [...]

Edgar Allan Poe. *Assassinatos na rua Morgue e outras histórias*.
Porto Alegre: L&PM, 2002. p. 49.

O trecho lido do conto "Assassinatos na rua Morgue", do escritor estadunidense Edgar Allan Poe, revela uma das principais características temáticas do conto de enigma, que é a

a) inspiração para investigar um crime.

b) esperteza da polícia durante as investigações.

c) cautela das testemunhas de um crime.

d) valorização do método investigativo.

e) defesa da rapidez nas investigações.

Questão 3

Bertram

[...]

Era alta noite: eu esperava ver passar nas cortinas brancas a sombra do anjo. Quando passei uma voz chamou-me. Entrei. Ângela com os pés nus, o vestido solto, o cabelo desgrenhado e os olhos ardentes tomou-me pela mão... Senti-lhe a mão úmida... Era escura a escada que subimos: passei minha mão, molhada pela dela, por meus lábios. Tinha <u>saibo</u> de sangue.

— Sangue, Ângela! De quem é esse sangue?

A Espanhola sacudiu seus longos cabelos negros e riu-se.

Entramos numa sala. Ela foi buscar uma luz e deixou-me no escuro.

Procurei, tateando, um lugar para assentar-me, toquei numa mesa. Mas ao passar-lhe a mão senti-a banhada de umidade: além senti uma cabeça fria como a neve e molhada de um líquido espesso e meio coagulado. Era sangue...

Quando Ângela veio com a luz, eu vi... era horrível... O marido estava degolado.

[...]

Álvares de Azevedo. *Noite na taverna*.
Rio de Janeiro: Ediouro, 1995. p. 26.

saibo: gosto desagradável.

Nesse trecho de um conto de terror de Álvares de Azevedo, tempo e espaço contribuem para

a) a manutenção da calma de Ângela.
b) o conflito psicológico do narrador.
c) o efeito de suspense da cena.
d) o abrandamento da tensão.
e) a objetividade da narração.

Texto para as questões 4 e 5.

Folha Vitória. Disponível em: <http://www.folhavitoria.com.br/geral/blogs/midiaemercado/2013/04/30/viver-com-menos-pressao/>. Acesso em: 7 mar. 2019.

Questão 4

Alguns verbos precisam de complementos para ter sentido completo, outros, não. No anúncio acima, considerando a combinação de elementos verbais e não verbais, os verbos *economizar* e *ter*

a) têm o mesmo complemento, mas está implícito.
b) não têm complementos e sentido completo.
c) geram sentidos opostos ao conteúdo visual.
d) não têm sentido e não possuem complementos.
e) possuem o mesmo complemento do verbo *fazer*.

Questão 5

O sujeito é o ser sobre o qual se faz uma declaração. Ele pode ter um ou mais núcleos, estar oculto (quando não está expresso, mas pode ser identificado pela desinência do verbo) ou indeterminado (quando se desconhece o sujeito). Há casos, também, em que ele não está presente, como quando os verbos são impessoais ou representam fenômenos da natureza. Na primeira oração desse anúncio, é possível afirmar que

a) o sujeito está indeterminado.
b) o sujeito está oculto.
c) o sujeito é composto.
d) o sujeito é simples.
e) não há sujeito.

Questão 6

1984

[...] A teletela recebia e transmitia simultaneamente. Todo som produzido por Winston que ultrapassasse o nível de um sussurro muito discreto seria captado por ela; mais: enquanto Winston permanecesse no campo de visão enquadrado pela placa de metal, além de ouvido também poderia ser visto. Claro, não havia como saber se você estava sendo observado num momento específico. Tentar adivinhar o sistema utilizado pela Polícia das Ideias para conectar-se a cada aparelho individual ou a frequência com que o fazia não passava de especulação. Era possível inclusive que ela controlasse todo mundo o tempo todo. Fosse como fosse, uma coisa era certa: tinha meios de conectar-se a seu aparelho sempre que quisesse. Você era obrigado a viver — e vivia, em decorrência do hábito transformado em instinto — acreditando que todo som que fizesse seria ouvido e, se a escuridão não fosse completa, todo movimento examinado meticulosamente.

George Orwell. *1984*. São Paulo: Companhia das Letras, 2009. p. 13.

Uma das características dos textos de ficção científica é a temática do impacto das novas tecnologias e das inovações científicas na humanidade. Nesse trecho do romance *1984*, um dos clássicos do gênero, o impacto do equipamento tecnológico "teletela" está relacionado

a) à leitura de pensamentos.
b) ao controle da vida social.
c) ao combate à corrupção.
d) ao vício em informação.
e) à repressão à violência.

Questão 7

Como relata o historiador Tadeu Chiarelli, Portinari, no início da carreira, declara a intenção de criar uma pintura caracteristicamente nacional, baseada em tipos brasileiros, manifestando admiração pela obra do pintor ituano Almeida Júnior (1850-1899). O ideal de Portinari encontra apoio nas ideias do escritor e crítico Mário de Andrade (1893-1945), que defende a necessidade da criação no Brasil de uma arte nacional e moderna. Como nota Chiarelli, para Mário de Andrade, em grande parte de suas pinturas, Portinari não está preocupado em retratar um brasileiro determinado (como faz Almeida Júnior no fim do século XIX), mas o brasileiro. Ao superar a pintura regionalista de Almeida Júnior, que antecede o modernismo, Portinari produz uma obra que possui esse caráter nacional e moderno, não apenas pelos temas tratados mas também por suas grandes qualidades plásticas.

[...]

Enciclopédia Itaú Cultural. Disponível em: <http://enciclopedia.itaucultural.org.br/pessoa10686/candido-portinari>. Acesso em: 14 mar. 2019.

O texto acima é um trecho de um verbete de enciclopédia digital dedicado ao artista plástico brasileiro Candido Portinari. A característica que permite associar esse texto ao gênero verbete de enciclopédia é

a) o predomínio de verbos no presente.
b) o registro formal e o texto objetivo.
c) o uso de termos científicos.
d) a abordagem nacionalista.
e) o tom opinativo.

Texto para as questões 8 e 9.

Artigo 26

1. Toda a pessoa tem direito à educação. A educação deve ser gratuita, pelo menos a correspondente ao ensino elementar fundamental. O ensino elementar é obrigatório. O ensino técnico e profissional deve ser generalizado; o acesso aos estudos superiores deve estar aberto a todos em plena igualdade, em função do seu mérito.

2. A educação deve visar à plena expansão da personalidade humana e ao reforço dos direitos do Homem e das liberdades fundamentais e deve favorecer a compreensão, a tolerância e a amizade entre todas as nações e todos os grupos raciais ou religiosos, bem como o desenvolvimento das atividades das Nações Unidas para a manutenção da paz.

3. Aos pais pertence a prioridade do direito de escolher o gênero de educação a dar aos filhos.

Declaração Universal dos Direitos Humanos. Disponível em: <https://www.ohchr.org/EN/UDHR/Pages/Language. aspx?LangID=por>. Acesso em: 12 mar. 2019.

Questão 8

O texto acima foi retirado da *Declaração Universal dos Direitos Humanos*, um documento que foi proclamado pela Assembleia Geral da ONU em 1948. Esse artigo afirma que

a) a educação deve favorecer o livre pensamento, a compreensão e a tolerância entre os povos.

b) a manutenção da paz pressupõe um compromisso entre a ONU e grupos raciais e religiosos.

c) a obrigatoriedade do ensino elementar e superior promove a igualdade entre os povos.

d) as liberdades fundamentais devem preponderar em relação ao acesso à educação.

e) os direitos dos seres humanos admitem tensões entre grupos raciais e religiosos.

Questão 9

A *Declaração Universal dos Direitos Humanos* é um texto normativo, por isso esse documento apresenta um conjunto de preceitos, com o intuito de reger os direitos de todos os seres humanos. Sobre esse texto é possível afirmar que

a) a linguagem é formal, para expressar polidez.

b) o título expressivo atrai a atenção do leitor.

c) os verbos estão no imperativo para dar ordem.

d) a autoria está omitida para dar caráter pessoal.

e) os artigos numerados facilitam a organização.

Questão 10

Nasa anuncia que lançará missão para estudar de perto o Sol em 2018

Sonda será lançada em 2018 para estudar o Sol a uma proximidade nunca alcançada. A nave entrará na coroa solar, milhares de vezes mais quente que a superfície da estrela

Depois de explorar os mais distantes pontos do Sistema Solar, a Nasa finalmente chegará à "estrela principal" da fascinante dança de corpos celestes da qual a Terra faz parte. A agência espacial norte-americana anunciou nesta quarta-feira (31/5) que lançará, no próximo ano, a primeira sonda que "tocará o Sol". [...]

Humberto Rezende. Nasa anuncia que lançará missão para estudar de perto o Sol em 2018. *Correio Braziliense*, 31 maio 2017. Disponível em: <http://www.correiobraziliense.com.br/app/noticia/ciencia-e-saude/2017/05/31/interna_ciencia_saude,599132/nasa-anuncia-que-lancara-missao-para-estudar-de-perto-o-sol-em-2018.shtml>. Acesso em: 7 mar. 2019.

No trecho de notícia acima, o advérbio *finalmente* expressa

a) o sucesso da sonda em explorar os pontos mais distantes do Sistema Solar.

b) o fracasso da Nasa em lançar uma missão bem-sucedida de estudo do Sol.

c) a empolgação do jornalista pelo sucesso da missão de estudo da Nasa.

d) o julgamento da Nasa sobre a dificuldade de estudar de perto o Sol.

e) a opinião do jornalista sobre a demora da Nasa em chegar ao Sol.

DE OLHO NO ENEM

Questão 11

Mauricio de Sousa. *Turma da Mônica*.

Com base nos elementos verbais e não verbais dessa tira, verifica-se que o efeito de humor decorre da

a) homonímia, pois a pronúncia de *acento* pode remeter a duas palavras de sentidos diferentes.
b) paronímia, pois a palavra *acento* é parecida foneticamente com outra de sentido oposto.
c) comparação, pois Cascão compara a calçada em que estão a um assento de ônibus.
d) ironia, pois Mônica deu à palavra *acento* um sentido diferente do que desejava.
e) antonímia, pois Cascão demonstra entender o sentido contrário ao esperado.

Questão 12

Associação dos Profissionais de Propaganda de Uberlândia. Disponível em: <http://www.appudi.com.br/appudi.qps/Ref/TENN-9KHR5K>. Acesso em: 7 fev. 2017.

Com base na combinação de elementos verbais e não verbais desse anúncio de propaganda, verifica-se uma estratégia argumentativa para afirmar que o desperdício de alimentos, além de implicar um problema financeiro, impede o combate de outro problema de ordem

a) paisagística.
b) ambiental.
c) política.
d) urbana.
e) social.

Texto para as questões 13 e 14.

Há um ditado que diz: "O papel é mais paciente que o homem". Lembrei-me dele em um de meus dias de ligeira melancolia, quando estava sentada, com a mão no queixo e tão entediada e cheia de preguiça que não conseguia decidir se saía ou ficava em casa. Sim, não há dúvida de que o papel é paciente, e como não tenho a menor intenção de mostrar a ninguém este caderno de capa dura que atende pelo pomposo nome de diário — a não ser que encontre um amigo ou amiga verdadeiros —, posso escrever à vontade. Chego agora ao xis da questão, o motivo pelo qual resolvi começar este diário: não possuo nenhum amigo realmente verdadeiro.

Vou explicar isso melhor, pois ninguém há de acreditar que uma menina de treze anos se sinta sozinha no mundo. Aliás, nem é esse o caso. Tenho meus pais, que são uns amores, e uma irmã de dezesseis anos. Conheço mais de trinta pessoas a quem poderia chamar de amigas — e tenho uma porção de pretendentes doidos para me namorar e que, não o podendo fazer, ficam me espiando, na classe, por meio de espelhinhos. Tenho parentes, tios e tias, que também são uns amores, além de um lar agradável. Aparentemente, nada me falta. Mas acontece sempre o mesmo com todos os meus amigos: gracejos, brincadeiras, nada mais. Jamais consigo falar de algo que não seja a rotina de sempre. O problema é que não conseguimos nos aproximar uns dos outros. Talvez me falte autoconfiança; seja como for, o fato é esse, e não consigo mudá-lo.

Anne Frank. O *diário de Anne Frank*.
Tradução de Elia Ferreira Edel. São Paulo: Círculo do Livro.

Questão 13

Analisando o trecho extraído do diário escrito pela adolescente Anne Frank, verifica-se que, para ela, seu convívio com parentes e amigos é

a) atribulado, pois ninguém entende um ao outro.

b) tedioso, na medida em que a rotina é a mesma.

c) superficial, pois não se fala algo além da rotina.

d) frustrante, por não ser compreendida.

e) desgastante, pois são as mesmas conversas.

Questão 14

No texto, a afirmação "não há dúvida de que o papel é paciente" apresenta o recurso expressivo

a) comparação, pois compara o papel e a paciência.

b) aliteração, porque há repetição da letra *p*.

c) personificação, pois atribui características humanas ao papel.

d) ironia, pois afirma o contrário do que pensa.

e) metonímia, pois o papel representa o diário.

Questão 15

Dia de São Sebastião. Um dia feio, nevoento. Olho a baía de Botafogo, cheio de tristeza. Não acho tão bela como sempre achei. Os longes dos Órgãos não se veem; estão mergulhados em névoa. As montanhas de Niterói estão sem o cobalto de sempre; e as manchas de cortes e chanfraduras nelas aparecem como chagas. O casario está mergulhado, confuso, não se desenha bem no horizonte. Tudo é triste. O céu é muito baixo, cheio de fuligem, fumaça. O Pão de Açúcar está emoldurado de nuvens brancas, parecem abaixar do cume.

Lima Barreto. Diário do hospício. Em: *Diário do hospício*
e *O cemitério dos vivos*. São Paulo: Cosac Naify, 2010. p. 92.

chaga: ferida aberta.

chanfradura: corte em ângulo.

cobalto: tom escuro de azul.

Órgãos: Serra dos Órgãos (RJ), região de mata atlântica.

O trecho acima foi retirado do diário do escritor brasileiro Lima Barreto. Ao descrever a paisagem carioca, Lima Barreto

a) projeta o estado de espírito no cenário.

b) relembra dias de tristeza fora do hospital.

c) privilegia termos geológicos e climáticos.

d) deixa-se abater pela força negativa da natureza.

e) desmente sua antiga impressão desse cenário.

Questão 16

Manifesto de abertura da Biblioteca Pública Câmara Cascudo

Para: Vossa Excelência Governador(a) do estado do Rio Grande do Norte

[...]

O estado de belas praias e paisagens naturais precisa urgentemente considerar como prioridade de governo a abertura efetiva da Biblioteca Pública criada pela Lei nº 2.885 de 08/04/1963, e fechada, para reforma, desde 2012. Durante todos esses longos anos de portas cerradas, a comunidade foi privada de acessar o espaço cultural, informacional, educacional e de memória, de uma biblioteca que dispõe de mais cem mil exemplares, entre livros, revistas, jornais, fitas VHS, fitas k7, CD's, DVD's e uma hemeroteca (recorte de jornais), os quais encontram-se guardados desde a reforma.

[...]

Desejamos ver em o mais breve possível a Biblioteca Pública, de fato, aberta; repleta de vida, fazendo jus ao estado democrático e a democratização do acesso aos bens culturais do povo potiguar, brasileiro, para toda a comunidade do estado do Rio Grande do Norte.

Petição pública. Disponível em: <https://peticaopublica.com.br/pview.aspx?pi=BR111019>. Acesso em: 13 mar. 2019.

O trecho acima foi retirado de uma petição *on-line*, texto argumentativo que busca convencer o leitor a tomar uma atitude, por meio de argumentos. Considerando o conteúdo desse trecho e o veículo em que foi publicado, o objetivo dele é

a) dialogar com o representante do estado sobre acesso a espaços culturais.

b) reivindicar a democratização do acesso a bens culturais para todos os brasileiros.

c) divulgar o manifesto de abertura da biblioteca e incitar os leitores a assinar a petição.

d) informar sobre o acervo da Biblioteca Pública Câmara Cascudo para os leitores do *site*.

e) denunciar o fechamento da Biblioteca Pública Câmara Cascudo e cobrar ações da mídia.

Questão 17

Sonda tenta desvendar mistério de minilua "embutida" em anel de Saturno

Será que Peggy finalmente irá aparecer para o mundo?

Cientistas que estudam o esplendor dos anéis de Saturno esperam ter em breve uma foto de um objeto que eles sabem estar ali, mas não conseguem vê-lo.

A minilua, chamada de Peggy em homenagem à sogra do pesquisador londrino Carl Murray, foi descoberta em 2013. Os efeitos sobre partículas de gelo e poeira ao redor dela foram observados desde então.

No entanto, nenhuma imagem que mostre a forma de Peggy chegou a ser obtida, e agora há pouco tempo para fazê-lo.

A missão da espaçonave Cassini, enviada pela Nasa a Saturno [...], está chegando ao fim. Em setembro, a sonda será destruída na atmosfera do enorme planeta e o então constante fluxo de fotos e dados dos últimos 13 anos terá um fim abrupto.

Carl Murray e sua equipe da Universidade de Queen Mary, em Londres, sabem que eles têm apenas alguns meses para conseguir uma imagem definitiva de Peggy.

Felizmente, a nave Cassini passará o tempo que lhe resta sobrevoando próxima ao planeta e ao local da minilua no chamado "anel A".

[...]

BBC, 13 jan. 2017. Disponível em: <https://www.bbc.com/portuguese/geral-38608060>. Acesso em: 10 abr. 2019.

A notícia é um gênero jornalístico que visa à imparcialidade. No entanto, mesmo em uma notícia, pode haver elementos de subjetividade, isto é, palavras que expressem impressões do autor do texto. No trecho, uma das palavras que revelam a subjetividade do autor é

a) "homenagem".

b) "felizmente".

c) "londrino".

d) "abrupto".

e) "últimos".

Textos para as questões 18 e 19.

Texto I

Atualmente, a biografia e a existência de Aleijadinho são questionadas por alguns críticos. A historiadora Guiomar de Grammont (1963), autora do livro *Aleijadinho e o aeroplano: o paraíso barroco e a construção do herói*, publicado em 2008, critica a primeira biografia do artista – escrita em 1858 por Rodrigo José Ferreira Bretas – e tenta desconstruir o mito criado em torno da sua figura. Segundo ela, Bretas teria composto a biografia baseada na história de Quasímodo, personagem de *O corcunda de Notre Dame*, do escritor francês Victor Hugo (1802-1885). A paternidade do artista também é posta em questão. Para Grammont, Bretas teria falado de um pai branco para que Aleijadinho fosse melhor aceito na época do segundo império brasileiro, tornando-o mestiço.

Enciclopédia Itaú Cultural. Disponível em: <http://enciclopedia. itaucultural.org.br/pessoa8614/aleijadinho>. Acesso em: 8 mar. 2019.

Texto II

Nos últimos três anos ocorreram significativas exposições nas quais se pode observar o caráter pragmático do colecionismo em torno do Aleijadinho e a falta de critérios de curadores na seleção de peças. Nas exposições *Universo Mágico do Barroco Brasileiro* [...] e na mostra *Brésil Baroque: entre ciel el terre* realizada em Paris [...] havia tantas peças de atribuição duvidosa ao escultor. Não é raro que peças sejam expostas como de autoria comprovada do Aleijadinho – a maioria proveniente de coleções particulares –, quando é conveniente aos donos para lhes conferir mais prestígio e valor. O problema da investigação de autoria revela que "há no espírito humano uma instintiva tendência a acreditar em qualquer sinal aparente de autoria. Um nome numa página de título, uma atribuição num catálogo, induzem fortemente a aceitar a autoria ou a atribuição, sem maior discussão."[3]

[3] Andre Monze, *Problems and Methods of Litterary History*. Boston: Guinov & Co., 1923. p. 189. Apud Afonso Pena Junior, Crítica de Atribuição de um Manuscrito da Biblioteca da Ajuda. Rio de Janeiro: Imprensa Oficial, 1943.

Sônia Maria Fonseca. *A invenção do Aleijadinho: Historiografia e colecionismo em torno de Antônio Francisco Lisboa*. 2001. Dissertação (Mestrado em História) – Instituto de Filosofia e Ciências Humanas, Universidade Estadual de Campinas, Campinas. Disponível em: <http://repositorio.unicamp.br/jspui/bitstream/REPOSIP/278822/1/ Fonseca_SoniaMaria_M.pdf>. Acesso em: 8 mar. 2019.

Questão 18

Esses trechos são de um verbete de enciclopédia digital e de uma dissertação acadêmica respectivamente. Ao compará-los verifica-se que

a) ambos fazem referência a outras obras.

b) a dissertação utiliza registro informal.

c) ambos apresentam textos citados.

d) o verbete é direcionado a leitores especialistas.

e) o verbete digital apresenta *hiperlinks*.

Questão 19

Os textos I e II mencionam informações a respeito da vida e da obra de Aleijadinho, sugerindo que se construiu um mito entorno desse artista. A construção desse mito se deve em função

a) da certeza em relação à autoria de suas obras.

b) da primeira biografia escrita sobre esse artista.

c) da imprecisão a respeito de sua aparência.

d) do valor dado a suas obras pelos colecionadores.

e) da riqueza de detalhes da biografia desse artista.

Questão 20

Em 2007, quando a Fifa anunciou a escolha do Brasil para sediar a Copa do Mundo de 2014, a situação de nossos aeroportos foi apontada como uma das ameaças ao evento pelo vozerio que combinava o necessário espírito crítico com o daninho complexo de Terceiro Mundo.

Sete anos depois, a realização desse grande evento esportivo foi reconhecida como um grande sucesso, tanto nos gramados como no funcionamento da infraestrutura, nela incluídos os aeroportos e o transporte aéreo. [...]

Moreira Franco: muito além da Copa. *Folha de S.Paulo*, 14 jul. 2014. Disponível em: <http://www1.folha.uol.com.br/opiniao/ 2014/07/1485455-moreira-franco-muito-alem-da-copa.shtml>. Acesso em: 7 mar. 2019.

O complemento nominal pode retomar, resumir ou expressar opinião em um texto. É possível afirmar que a expressão "desse grande evento"

a) rebate uma opinião.

b) complementa uma ideia.

c) reproduz um argumento.

d) expressa um ponto de vista.

e) acrescenta uma informação.

303

DE OLHO NO ENEM — PARTE 2

Questão 1

JULHO DE 1922. TARSILA, DE COMBINA-ÇÃO, AJEITA AS MEIAS E AS LIGAS. DEPOIS, DIANTE DO ESPELHO, PINTA OS OLHOS, OS LÁBIOS EM FORTE TOM VERMELHO, COLOCA OS BRINCOS E FINALMENTE ENFIA UM LINDO VESTIDO *POIRET*. ELA EXAMINA-SE VAIDOSA E APROVA O QUE VÊ.

ENQUANTO ELA SE ARRUMA EM *OFF*, SUA PRÓPRIA VOZ, CINQUENTA ANOS DEPOIS.

TARSILA – Eu cresci numa fazenda de café entre rochas e cactos... era muito livre, corria muito, brincava, subia em muros, em árvores e fazia bonecas de mato. Fora isso, tudo respirava França. Nossos sabonetes, nossas leituras, até os vestidos e os laços de fita eram franceses.

Maria Adelaide Amaral. *Tarsila*. São Paulo: Globo, 2004. p. 13.

combinação: roupa íntima feminina.

Poiret: referente ao estilista francês Paul Poiret, que, nos anos de 1920, inovou a silhueta dos vestidos femininos, dispensando o uso de espartilho devido ao corte mais solto de suas peças.

A voz em *off* é um recurso comum em textos dramáticos. Trata-se de uma voz exterior à ação que pode tanto narrar a cena quanto trazer informações que de alguma maneira se relacionem com ela. Nesse excerto do texto dramático sobre a pintora Tarsila do Amaral, a voz em *off* contribui para

a) relembrar as histórias de infância da pintora.

b) introduzir o narrador, que apresenta Tarsila.

c) revelar pensamentos de Tarsila ao se arrumar.

d) unir dois planos temporais da vida de Tarsila.

e) partilhar segredos da infância de Tarsila.

Questão 2

CHICÓ

Que foi isso, João?

JOÃO GRILO

O cabra estava vivo ainda e atirou em mim.

CHICÓ

Ai, minha Nossa Senhora, será que você vai morrer, João?

JOÃO GRILO

Acho que vou, Chicó, estou ficando com a vista escura.

CHICÓ

Ai, meu Deus, pobre de João Grilo vai morrer!

JOÃO GRILO

Deixe de latomia, Chicó, parece que nunca viu um homem morrer! Nisso tudo eu só lamento é perder o testamento do cachorro.

Ariano Suassuna. *O auto da compadecida*.
Rio de Janeiro: Agir, 2004. p. 133.

latomia: lamentação, choradeira.

Nesse texto dramático, o uso das expressões "cabra" e "Deixe de latomia" contribui para a

a) ênfase do laço de amizade entre personagens.

b) caracterização de uma variedade regional.

c) representação da agonia das personagens.

d) descrição do tom melancólico da cena.

e) demarcação da classe social de Chicó.

Questão 3

Nova reserva de água é encontrada no Cantareira

Técnicos da Sabesp realizam estudos para confirmar viabilidade de uso

Nova reserva de água é encontrada no Cantareira. *Band*, 10 fev. 2015. Disponível em: <http://noticias.band.uol.com.br/cidades/noticia/100000735555/nova-reserva-de-agua-e-encontrada-no-sistema-cantareira.html>. Acesso em: 8 mar. 2019.

Uma notícia apresenta informações em ordem de relevância. Nesse título, o recurso linguístico utilizado para destacar a informação principal foi

a) a ordem direta, enfatizando o sujeito da ação.
b) a voz passiva, enfatizando o resultado da ação.
c) o uso de verbos no presente.
d) o sujeito oculto, enfatizando a ação.
e) a omissão do advérbio, ocultando o local da ação.

Textos para as questões 4 e 5.
Texto I

Pablo Picasso. *Autorretrato*, 1955.
Tinta sobre papelão, 39,7 cm × 31,8 cm.

Texto II

Depois de receber o aviso foi ao banheiro para ficar sozinha porque estava toda atordoada. Olhou-se maquinalmente ao espelho que encimava a pia imunda e rachada, cheia de cabelos, o que tanto combinava com sua vida. Pareceu-lhe que o espelho baço e escurecido não refletia imagem alguma. Sumira por acaso a sua existência física? Logo depois passou a ilusão e enxergou a cara toda deformada pelo espelho ordinário, o nariz tornado enorme como o de um palhaço de nariz de papelão. Olhou-se e levemente pensou: tão jovem e já com ferrugem.

Clarice Lispector. *A hora da estrela*. Rio de Janeiro: Rocco, 1998. p. 25.

Questão 4

O autorretrato de Pablo Picasso e o trecho lido do romance de Clarice Lispector representam o olhar de uma pessoa para si mesma. Em comum, os olhares de Picasso e da personagem de Clarice expressam a

a) instabilidade psíquica e emocional de ambos.
b) desobediência aos padrões de representação.
c) dificuldade de aceitação de imagens objetivas.
d) influência da subjetividade na autoimagem.
e) negatividade da vida social às subjetividades.

Questão 5

No excerto do romance, um dos elementos que mais contribuem para a representação desse exame que personagem faz de si mesma é

a) o narrador personagem.
b) a narração não linear.
c) o discurso direto.
d) a voz reflexiva.
e) o diálogo.

Questão 6

Despalavra

Hoje eu atingi o reino das imagens, o reino da despalavra.

Daqui vem que todas as coisas podem ter qualidades humanas.

Daqui vem que todas as coisas podem ter qualidades de pássaros.

Daqui vem que todas as pedras podem ter qualidade de sapo.

Daqui vem que todos os poetas podem ter qualidades de árvore.

Daqui vem que os poetas podem arborizar os pássaros.

Daqui vem que todos os poetas podem humanizar as águas.

Daqui vem que os poetas devem aumentar o mundo com suas metáforas.

Que os poetas podem ser pré-coisas, pré-vermes, podem ser pré-musgos.

Daqui vem que os poetas podem compreender o mundo sem conceitos.

Que os poetas podem refazer o mundo por imagens, por eflúvios, por afeto.

Manoel de Barros. *Poesia completa*. São Paulo: Leya, 2010. p. 383.

Nesse poema de Manoel de Barros, a expressão "reino da despalavra" sintetiza uma ideia de poesia baseada

a) na recusa às regras gramaticais.
b) na crítica ao pensamento lógico.
c) no desregramento das sensações.
d) na liberdade de criação de sentidos.
e) na multiplicidade de pontos de vista.

Questão 7

"olho muito tempo o corpo de um poema"

olho muito tempo o corpo de um poema
até perder de vista o que não seja corpo
e sentir separado dentre os dentes
um filete de sangue
nas gengivas

Ana Cristina Cesar. Em: *Os cem melhores poemas brasileiros do século*. Organização de Ítalo Moriconi. Rio de Janeiro: Objetiva, 2001. p. 249.

Além dos elementos linguísticos e sonoros, elementos visuais dão expressividade a um poema. Nesse poema de Ana Cristina Cesar, a disposição dos versos na página contribui para expressar

a) a finitude implacável da vida.
b) a passagem rápida do tempo.
c) o silêncio gradual do eu lírico.
d) a decomposição gradual do poema.
e) a melancolia progressiva do eu lírico.

Questão 8

Último poema

Agora deixa o livro
volta os olhos
para a janela
a cidade
a rua
o chão
o corpo mais próximo
tuas próprias mãos:
aí também
se lê

Ana Martins Marques. *O livro das semelhanças*. São Paulo: Companhia das Letras, 2015. p. 25.

Ao pedir ao leitor que deixe o livro e volte os olhos para a janela e outros elementos, o eu lírico desse poema de Ana Martins Marques convida o leitor a

a) dar sentido ao livro com a leitura da paisagem.
b) aplicar o ato da leitura para além das palavras.
c) relacionar as palavras com a paisagem urbana.
d) distrair-se com a paisagem após a leitura do livro.
e) interpretar o poema observando as próprias mãos.

Questão 9

O vocativo faz parte da introdução da fala, que é o momento em que devemos nos dedicar para conquistar os ouvintes. [...] Por isso, ao cumprimentar, faça-o como se estivesse diante de um amigo muito querido, com o mesmo carinho, a mesma atenção e o mesmo entusiasmo. Não cumprimente como se fosse apenas uma formalidade, como se fosse uma obrigação. Assim estará transformando sua plateia num grupo de amigos e as pessoas terão mais interesse em ouvi-lo. Verifique também como é que os adversários estão cumprimentando as pessoas para não repetir a fórmula e não cair no lugar comum.

Escolha bem o vocativo. Ele é o primeiro passo no seu discurso e pode ser um dos primeiros na sua campanha, que espero seja vitoriosa.

[...]

<small>Reinaldo Polito. Faça do vocativo uma das suas marcas na oratória política. Disponível em: <https://reinaldopolito.com.br/faca-do-vocativo-uma-das-suas-marcas-na-oratoria-politica/>. Acesso em: 13 mar. 2019.</small>

O vocativo é um termo linguístico usado para interpelar ou chamar o interlocutor. Nesse texto, ele é pensado como uma estratégia para

a) agir com formalidade.
b) conquistar eleitores.
c) criticar adversários.
d) preservar amizades.
e) iludir ouvintes.

Questão 10

Texto I

Texto II

Em comum, os textos I e II apresentam um recurso linguístico para persuadir o leitor, que é(são)

a) o emprego de verbos no presente.
b) os elementos da oralidade.
c) o uso de aliterações.
d) a inversão sintática.
e) o uso de aposto.

DE OLHO NO ENEM

Texto para as questões 11 e 12.

Vivemos uma era do desperdício. Tudo é fácil, líquido e "barato". Meus filhos têm montanhas de carrinhos. Eles vão à banca e pedem uma revista que já têm só porque estão viajando. E tenho de explicar que não vamos comprar outra porque eles já têm uma... Em paralelo, vejo ficar forte uma corrente de pensamento pregando a era da abundância. Também sou otimista, mas não quero ser ingênuo. E por isso acredito muito em outra corrente que está emergindo: a dos *makers* ou *doers* (fazedores, em inglês), ou corrente "mão na massa".

O tricô, algo que se passa de mãe para filha, já voltou a ser *cult*. Uma espécie de massa epóxi, o Sugru, está virando objeto de desejo. São exemplos da inteligência coletiva mão na massa ganhando força. Podem até dizer que a blusa de tricô e um objeto consertado com Sugru não são tão bonitos. A estética é um ramo filosófico que conjuga o belo, o bom e o verdadeiro. O papel reciclado, marrom, com aspecto sujo, já foi belo anos atrás. Hoje, temos o papel branco certificado. Não se trata da estética rústica, mas de uma nova maneira de enxergar o mundo, que aceita a beleza da imperfeição como parte do processo. "Nossa sabedoria é o ponto de vista a partir do qual, finalmente, passamos a enxergar o mundo", escreveu Proust. Talvez seja um mundo em que os estímulos facilitem arrumar uma tábua de passar mais do que comprar outra.

Rodrigo Vieira da Cunha. O mundo mão na massa. *Vida Simples*, 1º jul. 2013. Disponível em: <http://planetasustentavel.abril.com.br/noticia/atitude/o-mundo-mao-na-massa-desperdicio-abundancia-vida-simples-752307.shtml>. Acesso em: 12 fev. 2017.

cult: cultuado nos meios intelectuais e artísticos.

Questão 11

Ao propor uma nova maneira de enxergar o mundo baseada na aceitação da beleza da imperfeição, o autor do texto visa persuadir seu leitor a

a) consumir objetos consertados.

b) participar da corrente "mão na massa".

c) combater o consumismo entre crianças.

d) valorizar a rusticidade de itens de artesanato.

e) privilegiar a funcionalidade em vez da beleza.

Questão 12

No texto, o autor utiliza as expressões em inglês *makers*, *doers* e *cult*. Esse recurso contribui para

a) basear a argumentação em dados internacionais.

b) enriquecer a argumentação com termos técnicos.

c) adequar o estilo a um determinado público leitor.

d) atrair o leitor habituado a gírias no dia a dia.

e) internacionalizar a linguagem do texto.

Texto para as questões 13 e 14.

Que o Brasil é um país racista não necessitamos de muito esforço para comprová-lo: basta olharmos à nossa volta para constatar a ausência quase completa de negros inseridos no âmbito da classe média. Embora representem, segundo dados do Instituto Brasileiro de Geografia e Estatística (IBGE), metade do total da população, dificilmente nos deparamos com médicos, engenheiros, professores, advogados, jornalistas, escritores, oficiais militares ou políticos negros. A renda média mensal dos negros, mesmo registrando um significativo crescimento ao longo das últimas décadas, ainda equivale a apenas 57,4% da dos brancos.

Mas, antes de tudo, os brasileiros somos hipócritas. Aqui, o racista é sempre o outro. Pesquisas apontam que 97% dos entrevistados afirmam não ter qualquer preconceito de cor, ao mesmo tempo em que admitem conhecer, na mesma proporção, alguém próximo (parente, namorado, amigo, colega de trabalho) que demonstra atitudes discriminatórias. [...]

Luiz Ruffato. O Brasil hipócrita: a questão do racismo. *El País*, 16 set. 2014. Disponível em: <http://brasil.elpais.com/brasil/2014/09/16/opinion/1410894019_400615.html>. Acesso em: 14 mar. 2019.

Questão 13

No primeiro parágrafo, o autor faz uma constatação sobre o racismo no Brasil baseada

a) na dificuldade de acesso da população negra a serviços públicos.

b) na resistência declarada da classe média em relação a negros.

c) no contraste entre dados demográficos e indicadores socioeconômicos.

d) no descaso em combater a desigualdade social.

e) no alto índice de desemprego entre negros.

Questão 14

No segundo parágrafo, ao usar a construção "os brasileiros somos hipócritas", o autor

a) insere-se na crítica de que racista é o outro.

b) critica a desinformação sobre racismo.

c) sugere que o povo brasileiro incentiva o racismo.

d) duvida da seriedade de pesquisas sobre racismo.

e) condena a falta de ações de combate ao racismo.

Questão 15

Mensagens por celular banalizam o ato de desmarcar compromissos

[...]

A artista plástica Rachel Libeskind, 23, de Nova York, está constantemente navegando por seus círculos sociais no iPhone.

Ela marca três ou até quatro compromissos para as noites dos fins de semana, sabendo que há só 60% de chance de comparecer a algum deles.

"As pessoas me mandam uma mensagem: 'Vamos fazer alguma coisa no fim de semana?', e eu fico com três ou quatro planos à vista para a semana. Em média, mais de metade deles fura", disse Libeskind. "Os planos sociais que eu faço estão sempre mudando."

Caroline Tell. Mensagens por celular banalizam o ato de desmarcar compromissos. *Folha de S.Paulo*, 19 nov. 2012. Disponível em: <http://f5.folha.uol.com.br/humanos/1188024-mensagens-por-celular-banalizam-o-ato-de-desmarcar-compromissos.shtml>. Acesso em: 14 mar. 2019.

As conjunções contribuem para a coesão textual, pois conectam orações e estabelecem relações de sentido entre elas. No segundo parágrafo, no trecho "sabendo que há só 60% de chance de comparecer a algum deles", a forma verbal *sabendo* poderia ser substituída, sem prejuízo de sentido, por

a) *se souber*.

b) *porque sabe*.

c) *quando sabe*.

d) *embora saiba*.

e) *à medida que sabe*.

Texto para as questões 16 e 17.

Maioridade penal

Não acho que reduzir a maioridade penal com Judiciário falho como o nosso seja a solução ("Após acordo, redução da idade penal deve avançar", Cotidiano, 17/6). Nossas cadeias mal suportam os presos que já estão lá. Levar um adolescente para uma penitenciária, sem a mínima estrutura para a reintegração do jovem, irá apenas agravar o problema. A prioridade deve ser maior acesso à educação para que a violência não seja um caminho decorrente da falta de opções. O que o presidente da Câmara e grande parte da população procuram é uma solução para o efeito, não para a causa.

Samuel Jonathan da Silva Pereira. *Folha de S.Paulo*, 18 jun. 2015. Disponível em: <http://www1.folha.uol.com.br/fsp/opiniao/223031-painel-do-leitor.shtml>. Acesso em: 14 mar. 2019.

Questão 16

O principal elemento que caracteriza esse texto como uma carta do leitor é

a) a defesa de um ponto de vista.

b) o diálogo com uma publicação.

c) a crítica de cunho pessoal.

d) a identificação da autoria.

e) o posicionamento político.

Questão 17

Sobre a redução da maioridade penal, o leitor se posiciona contrariamente, pois acredita que a solução para a redução da criminalidade seja

a) construir cadeias adequadas.

b) garantir o acesso à educação.

c) ampliar as vagas nos presídios.

d) tratar os efeitos e não as causas.

e) reintegrar os jovens na sociedade.

DE OLHO NO ENEM

Texto para as questões 18 e 19.

Mediadora – Essa semana, 20 colégios [...] fizeram uma manifestação dizendo que viam nessa proposta uma forma de cercear ou que podia vir a cercear o trabalho pedagógico que é desenvolvido nessas instituições.

Thiago Cortêz – [...] Não são todos os professores que... se encaixam na... na... categoria de doutrinador, como a gente poderia falar. E, mas é uma realidade que muitas pessoas sofreram, que a gente poderia usar um termo, assim, pra gente conseguir entender, o assédio ideológico, digamos, em sala de aula. [...] De maneira nenhuma, a ideia do projeto é... e do movimento é de cercear a liberdade de ninguém. Muito pelo contrário. O que a gente quer é promover o debate em sala de aula, o debate político em sala de aula é... considerando-se as diferentes opiniões, os diferentes pontos de vista. O projeto ele todo é pautado pelo artigo 206 da constituição [...] (liberdade de ensinar, liberdade de aprender e a liberdade de cátedra do professor), isso é muito importante. [...]

Daniel Cara – O que eu considero de preocupante no projeto; quer dizer, aquilo que eu vejo que ele fere a liberdade de cátedra [liberdade de ensino], é que você não tem *a priori* como definir o que é doutrinação e o que não é doutrinação e como se dá o processo de ensino-aprendizagem em sala de aula. [...] O trabalho do professor é estimular o aluno ao processo de aprendizado. [...] Não dá pra construir em cada escola, é..., por meio de uma lei, um tribunal pedagógico em que você vai ficar julgando o professor sobre aquilo que ele ensina e sobre aquilo que ele não ensina. [...]

Escola Sem Partido. *Dois lados da moeda*. Disponível em: <https://www.youtube.com/watch?v=iOcnLezYwBI>. Acesso em: 14 mar. 2019.

Questão 18

Esse trecho é uma transcrição de um debate sobre o projeto Escola Sem Partido, movimento que propõe a "neutralidade ideológica" do professor em sala de aula. Nesse trecho, a principal divergência apontada pelo segundo debatedor diz respeito à

a) ideia de liberdade de expressão.

b) isenção dos tribunais pedagógicos.

c) importância do engajamento do professor.

d) caracterização da doutrinação em sala de aula.

e) constitucionalidade da proposta do movimento.

Questão 19

Analisando as características do texto transcrito, verifica-se que ele se caracteriza pelo uso de

a) dicção literária.

b) registro informal.

c) frases curtas e diretas.

d) jargões do mundo político.

e) reformulações e hesitações.

Questão 20

O verbo no infinito

Ser criado, gerar-se, transformar
O amor em carne e a carne em amor; nascer
Respirar, e chorar, e adormecer
E se nutrir para poder chorar

Para poder nutrir-se; e despertar
Um dia à luz e ver, ao mundo e ouvir
E começar a amar e então sorrir
E então sorrir para poder chorar.

E crescer, e saber, e ser, e haver
E perder, e sofrer, e ter horror
De ser e amar, e se sentir maldito

E esquecer tudo ao vir um novo amor
E viver esse amor até morrer
E ir conjugar o verbo no infinito...

Vinicius de Moraes. Disponível em: <http://www.viniciusdemoraes.com.br/pt-br/poesia/poesias-avulsas/o-verbo-no-infinito>. Acesso em: 14 mar. 2019.

Nesse poema de Vinicius de Moraes, a repetição da conjunção "e" contribui para expressar

a) a ansiedade diante de vários acasos.

b) a facilidade de se mudar de comportamento.

c) as diversas experiências ao longo da vida.

d) os sentimentos desencadeados pela paixão.

e) o acúmulo de obrigações que levam à melancolia.

Bibliografia

ABREU, A. S. *Curso de redação*. 12. ed. São Paulo: Ática, 2004.

_____. *Gramática mínima*: para o domínio da língua padrão. 2. ed. Cotia: Ateliê Editorial, 2006.

ARAÚJO, J. C. (Org.). *Internet e ensino*: novos gêneros, outros desafios. Rio de Janeiro: Lucerna, 2007.

BAGNO, M. *Nada na língua é por acaso*: por uma pedagogia da variação linguística. São Paulo: Parábola, 2007.

BAKHTIN, M. Os gêneros do discurso. In: _____. *Estética da criação verbal*. 6. ed. São Paulo: WMF Martins Fontes, 2011.

BARBOSA, J. P. (Coord.). *Notícia* – relatar. São Paulo: FTD, 2001 (Coleção Trabalhando com os Gêneros do Discurso).

BAZERMAN, C. *Escrita, gênero e interação social*. São Paulo: Cortez, 2007.

BECHARA, E. *Moderna gramática portuguesa*. 37. ed. Rio de Janeiro: Nova Fronteira, 2009.

BENVENISTE, E. *Problemas da linguística geral*. Campinas: Pontes, 2005.

BRANDÃO, H. N. (Coord.). *Gêneros do discurso na escola*: mito, conto, cordel, discurso político, divulgação científica. 4. ed. São Paulo: Cortez, 2003. v. 5 (Coleção Aprender e Ensinar com Textos).

BRONCKART, J.-P. *Atividade de linguagem, textos e discursos*: por um interacionismo sociodiscursivo. 2. ed. Trad. Anna Rachel Machado e Péricles Cunha. São Paulo: Educ, 2008.

CITELLI, A. *O texto argumentativo*. São Paulo: Scipione, 1994 (Série Ponto de Apoio).

_____. *Outras linguagens na escola*: publicidade, cinema e TV, rádio, jogos, informática. 4. ed. São Paulo: Cortez, 2004. v. 6 (Coleção Aprender e Ensinar com Textos).

CUNHA, C. F.; CINTRA, L. F. L. *Nova gramática do português contemporâneo*. 5. ed. Rio de Janeiro: Lexicon, 2008.

DIONISIO, A. P.; MACHADO, A. R.; BEZERRA, M. A. (Org.). *Gêneros textuais e ensino*. São Paulo: Parábola, 2010.

GEBARA, A. E. L. *A poesia na escola*: leitura e análise de poesia para crianças. São Paulo: Cortez, 2002. v. 10 (Coleção Aprender e Ensinar com Textos).

ILARI, R. (Org.). *Gramática do português falado*: níveis de análise linguística. 4. ed. Campinas: Ed. da Unicamp, 2002.

_____. *Introdução ao estudo do léxico*: brincando com as palavras. 4. ed. São Paulo: Contexto, 2006.

_____; BASSO, R. *O português da gente*: a língua que estudamos, a língua que falamos. São Paulo: Contexto, 2006.

KARWOSKI, A. M.; GAYDECZKA, B.; BRITO, K. S. (Org.). *Gêneros textuais*: reflexões e ensino. São Paulo: Parábola, 2011.

KOCH, I. G. V. *A coesão textual*. 21. ed. São Paulo: Contexto, 2007.

_____; BENTES, A. C.; CAVALCANTE, M. M. *Intertextualidade*: diálogos possíveis. São Paulo: Cortez, 2007.

_____; ELIAS, V. M. *Ler e compreender*: os sentidos do texto. São Paulo: Contexto, 2006.

_____; TRAVAGLIA, L. C. *A coerência textual*. 17. ed. São Paulo: Contexto, 2006.

LEITE, L. C. M. *O foco narrativo*. 11. ed. São Paulo: Ática, 2007.

MARCUSCHI, L. A. *Da fala para a escrita*: atividades de retextualização. 10. ed. São Paulo: Cortez, 2010.

NEVES, M. H. M. *Gramática de usos do português*. 2. ed. São Paulo: Ed. da Unesp, 2010.

SAUSSURE, F. *Curso de linguística geral*. São Paulo: Cultrix, 2004.

SCHNEUWLY, B. et al. *Gêneros orais e escritos na escola*. 2. ed. Trad. e org. Roxane Rojo e Glaís Sales Cordeiro. Campinas: Mercado de Letras, 2010.

VILELA, M.; KOCH, I. G. V. *Gramática da língua portuguesa*: gramática da palavra, gramática da frase, gramática do texto/discurso. Coimbra: Almedina, 2001.

Créditos obrigatórios

p. 39 Um estudo em vermelho (trecho). Conan Doyle. Trad. Maria Luiza X. de A. Borges. Rio de Janeiro: Zahar, 2013, p. 17-20.

p. 55 Pedro Carrilho/Folhapress.

p. 101 Clauber Santana. Alemão julga resultado injusto e reclama de gols perdidos. LeiaJá, Recife, 8 set. 2015.

p. 102 Tite é absolvido e segue dirigindo o Internacional. AE, Agência Estado, São Paulo, 19 set. 2008.

p. 110 Copyright da tradução francesa © Robert Laffont, Paris, 2014. Copyright © Central National Archive for Historical-Political Documents, São Petersburgo, 2012. Copyright © Notas e estabelecimento do texto by Dr. Alexander Chistikov, Dr. Alexander Rupasov, e Dr. Valentin M. Kovalchuk, 2012. Copyright da tradução brasileira © 2014 by Editora Globo s.a. Mukhina, Lena, 1924-1991. *O diário de Lena*: a história real de uma adolescente durante a Segunda Guerra / Lena Mukhina; tradução Jorge Bastos. – 1. ed. – São Paulo: Globo Livros, 2014. p. 101.

p. 118 Reprinted with permission from Encicoplédia Escolar Britannica, © 2017 by Encyclopedia Britanica Inc.

p. 122 Reprinted with permission from Encicoplédia Escolar Britannica, © 2017 by Encyclopedia Britanica Inc.

p. 138 PARATODOS, de Chico Buarque; 100%© by MAROLA EDIÇÕES MUSICAIS LTDA. Todos os Direitos Reservados.

p. 146 Reprinted with permission from Encicoplédia Escolar Britannica, © 2017 by Encyclopedia Britanica Inc.

p. 154 Terceiro Ato. Cena II. p. 63-86. (*Sonho de uma noite de Verão*. SHAKESPEARE, William. Tradução de Beatriz Viégas-Faria. Porto Alegre: L&PM, 2001).

p. 159 Dirceu Alves Jr./Abril Comunicações S/A.

p. 162 *Mundo Estranho*/Abril Comunicações S/A.

p. 163 SONETO DE SEPARAÇÃO – In: *Nova Antologia Poética de Vinicius de Moraes*, seleção e organização de Antonio Cícero e Eucanãa Ferraz, São Paulo, Cia das Letras, Editora Schwarcz Ltda. p. 100, 2008. VM Empreendimentos Artísticos e Culturais Ltda. e Cia das Letras (Editora Schwarcz).

p. 175 *Superinteressante*/Abril Comunicações S/A.

p. 184 TECENDO A MANHÃ - In: *A educação pela Pedra*, de João Cabral de Melo Neto, Alfaguara, Rio de Janeiro; © by herdeiros de João Cabral de Melo Neto.

p. 190 O ENGENHEIRO – In: *O cão sem plumas*, de João Cabral de Melo Neto, Alfaguara, Rio de Janeiro; © by herdeiros de João Cabral de Melo Neto.

VERBETE – In: *Da preguiça como método de trabalho*, de Mario Quintana, Alfaguara, Rio de Janeiro; © by Elena Quintana.

p. 193 PALAVRA, de Luis Fernando Verissimo, publicado no jornal *O Globo*, em 23 de fevereiro de 2017; © by Luis Fernando Verissimo.

p. 195 TIA ÉLIDA – In: *Apontamentos de história sobrenatural*, de Mario Quintana, Alfaguara, Rio de Janeiro; © by Elena Quintana.

p. 202 TANTA SAUDADE – In: *Terra de Santa Cruz*, de Adélia Prado, Editora Record, Rio de Janeiro; © by Adélia Prado.

p. 208 Rio – Arnaldo Antunes – "2 ou + Corpos no mesmo espaço". São Paulo, Editora Perspectiva.

p. 217 Ban Ki-Moon/Folhapress.

p. 225 Cláudia Fusco/Revista *Galileu*.

p. 229 A morte de 800 imigrantes. *O Estado de S. Paulo*, São Paulo, 23 abr. 2015.

p. 237 Rita Loiola/Abril Comunicações S/A.

p. 243 Maria Laura Canineu/Folhapress.

p. 250 Fabiano Maisonnave/Folhapress.

p. 265 TV Globo.

p. 270 Fabio Cypriano/Folhapress.

p. 271 Luís Antônio Giron/Editora Globo.

p. 273 Flora Figueiredo. *Chão de vento*: poesia. São Paulo: Geração Editorial.

p. 302 ©BBC2017 Reproduced by permission.

"Olho muito tempo o corpo de um poema". In: *Poética*, de Ana Cristina Cesar. São Paulo: Companhia das Letras, 2013.

p. 306 DESPALAVRA – In: *Meu quintal é maior do que o mundo*, de Manoel de Barros, Alfaguara, Rio de Janeiro; © by herdeiros de Manoel de Barros.

p. 308 Rodrigo Vieira da Cunha/Editora Caras S/A. www.vidasimples.co

p. 310 O VERBO NO INFINITO – In: *Para viver um Grande Amor*, de Vinicius de Moraes, organização de Eucanãa Ferraz, São Paulo, Cia das Letras, Editora Schwarcz Ltda., 2008, p. 143. VM Empreendimentos Artísticos e Culturais Ltda. e Cia das Letras (Editora Schwarcz).